Elard Hugo Meyer

Indogermanische Mythen
Bd.1: Ghandarven- Kentauren

Meyer, Elard Hugo: Indogermanische Mythen
Hamburg, SEVERUS Verlag 2011.
Nachdruck der Originalausgabe von 1883.

ISBN: 978-3-86347-065-4
Druck: SEVERUS Verlag, Hamburg 2011

Der SEVERUS Verlag ist ein Imprint der Diplomica Verlag GmbH.

Bibliografische Information der Deutschen Nationalbibliothek:
Die Deutsche Nationalbibliothek verzeichnet diese Publikation in der Deutschen Nationalbibliografie; detaillierte bibliografische Daten sind im Internet über http://dnb.d-nb.de abrufbar.

© **SEVERUS Verlag**
http://www.severus-verlag.de, Hamburg 2011
Printed in Germany
Alle Rechte vorbehalten.

Der SEVERUS Verlag übernimmt keine juristische Verantwortung oder irgendeine Haftung für evtl. fehlerhafte Angaben und deren Folgen.

Inhalt.

	Seite
Vorwort	I
1. Stand der Untersuchung	1
2. Zeugnisse	4
a) der indischen Litteratur	4
b) der iranischen Litteratur	35
c) der griechischen Litteratur	35
d) der griechischen Kunst	58
3. Entwicklung	84
a) der Gandharvensage	84
b) der Kentaurensage	100
4. Deutung der Gandharven-Kentauren	136
a) der äusseren Erscheinung	137
b) der Herkunft	147
c) der Handlungen	150
d) der Eigenschaften	202
5. Mythologische Stellung der Gandharven-Kentauren	210
Anhang	229
Zusätze	235
Register	238

Druckfehler.

S. 12. Svāna st. Svana.
„ 15. Agni macht st. Agni, macht.
„ 17. Ayaçringī st. Ajaçringī.
   Çikandhin st. Çikhandhin, wie S. 137.
„ 23. 24. Pannaga st. Panaya.
„ 26. mythisch st. rein mythisch.
„ 58. d) Zeugnisse st. c) Zeugnisse.
„ 149. Namuçi st. Namuci.
„ 154. ἀγακλυτός st. ἀγακλυτός.
„ 181. Aipythos st. Aipytos.
„ 200. Thethys st. Tethys.

Vorwort.

Eine längere Beschäftigung mit der deutschen Mythologie hat mich gelehrt, dass ein bedeutenderer Fortschritt derselben kaum anders als auf dem Wege der vergleichenden Methode gemacht und dass auch die Mythologien der andern indogermanischen Völker, die derselben schon jetzt manches verdanken, kaum anders gründlich verstanden und richtig dargestellt werden können. Dies sollten gerade auch Diejenigen einräumen, die sich nur um die Erkenntniss der nationalen Geltung der Mythen eines Einzelvolkes kümmern und von einer Vergleichung der Mythen verschiedener Völker aus diesem oder jenem Grunde absehen. Denn eine wahrhaft vergleichende Betrachtung geht nicht darauf aus, die nationalen Glaubens- und Vorstellungsunterschiede zu verwischen, sondern im Gegenteil das Besondere und Eigenartige des einzelnen Volkes, ja der einzelnen Stämme und sogar der verschiedenen Klassen in desto helleres Licht zu setzen, je deutlicher sie das Gemeinsame herauserkannt hat. Nationalmythologie und vergleichende Mythologie sind auf einander angewiesen, indem jene dieser ihr kritisch untersuchtes, sorgsamst gesichtetes und erklärtes Urkundenmaterial zur Verfügung stellt, diese jener oft die leitenden Gesichtspunkte liefert, die sehr häufig entweder nicht im Überlieferungsschatz einer einzelnen Nation zu finden sind oder aber überhaupt erst jenseits der Grenze historischer Beurkundung durch Vergleichung und wesentlich auf Vergleichung gestützten Rückschluss entdeckt werden können.

Das vorliegende Büchlein, das bestimmt ist eine Reihe vergleichender Mythenforschungen zu eröffnen, befasst sich vorzugsweise mit einer wichtigen Gruppe der indischen und griechischen Sagenwelt, obgleich der Verfasser desselben weder Sanskritist, noch klassischer Philologe ist. Er erwartet daher von den Forschern der indischen und griechischen Mythologie manichfache Berichtigung und Aufklärung, zugleich aber auch eine gütige Berücksichtigung der gegenwärtigen Lage der vergleichenden Mythologie, einer noch im Werden begriffenen Wissenschaft, die etwa gleich der Geographie genötigt ist, an sehr viele und nicht immer leicht zugängliche Türen zu klopfen, um bald aus dieser, bald aus jener wissenschaftlichen Disciplin sich das nötige Material zusammenzuholen. Und in dieser Lage wird sie wol noch lange verharren müssen. Jedoch bieten sich auch Mittel der Erleichterung dar. Als ein solches begrüsse ich das Unternehmen eines neuen Handlexicons der griechischen und römischen Mythologie von Roscher. Noch wichtiger wäre eine umfassende urkundliche Darstellung der indischen Mythologie, zu der manche deutsche, französische und englische Gelehrte, unter diesen namentlich Muir, so wertvolle Vorarbeiten geliefert haben. Aber noch wirksamer würde in den Gang der mythologischen Wissenschaft ein anderes Werk eingreifen. Nachdem das grosse Heldengeschlecht der Mythologen dahingegangen ist, können wir Epigonen nichts Besseres tun, als durch engeren Zusammenschluss und durch bessere Organisierung der gemeinsamen Arbeit etwas fertig zu bringen suchen, was unsrer Vorgänger einigermassen würdig ist. Dieser Zweck würde am besten erreicht werden durch die Gründung einer Zeitschrift für vergleichende Mythologie, welche analog den Zeitschriften für vergleichende Sprachforschung einzurichten wäre und alle indogermanischen Mythologen Deutschlands, die ihre Aufsätze jetzt über ein kaum übersehbares Feld der verschiedenartigsten Zeitschriften verstreuen, um sich versammelte.

Dass die Schreibung der Namen nicht ganz consequent durchgeführt ist, bitte ich zu entschuldigen, namentlich dass ich öfter bei bekannteren oder häufiger wiederholten indischen Namen Längenbezeichnungen fortgelassen habe.

Zum Schluss spreche ich Herrn F. A. Brockhaus in Leipzig, dem Verleger des Werkes: Milchhöfer Die Anfänge der Kunst in Griechenland. 1883. dafür meinen Dank aus, dass er die Originalclichés zu den drei S. 109 gegebenen Gemmenbildern mir bereitwillig zur Verfügung gestellt hat.

Freiburg, im September 1883.

E. H. M.

1. Der Stand der Untersuchung.

Adalbert Kuhns Aufsatz über die Gandharven und Kentauren, der in seiner Zeitschrift für vergleichende Sprachforschung (Z. V. S.) 1, 513 ff. im Jahre 1852 veröffentlicht wurde, gehört zu den früheren epochemachenden Abhandlungen, durch welche dieser Forscher die Wissenschaft der vergleichenden indogermanischen Mythologie begründete. Er erklärte jene beiden Dämonengruppen indischen und griechischen Glaubens nicht nur ihrem Namen, sondern auch ihrem Wesen nach für identisch und sah in dem indischen Einzel-Gandharva eine alte Vorstellung von der hinter Wolken und Nebeln verborgenen Sonne verkörpert, aus der sich die Eigenschaften und Handlungen des Gandharven- und Kentaurenvolkes sehr wol ableiten liessen. Doch bemerkte Kuhn (Z. V. S. 1, 535), indem er die sachlichen Vergleichungspunkte zusammenstellte, etwas kleinlaut: „Aber wenn auch das Ross und die Wolke (als Eltern des Kentauros) zu der oben nachgewiesenen (indischen) Naturanschauung stimmen, so ist doch die mit ihr sich vermählende Sonne in den griechischen Mythen weniger klar". Später, 1859, liess Kuhn in seiner wertvollsten mythologischen Studie, der Herabkunft des Feuers S. 174, die Sonne fallen und nannte die Gandharven kurzweg „unzweifelhafte Wolkendämonen".

Diese Gleichstellung der Gandharven und Kentauren, die anfangs manchen Beifall fand, ist je länger desto bestimmterem Widerspruch von verschiedenen Seiten her begegnet. Die vergleichenden Sprachforscher haben sich gegen die Annahme der lautlichen Gleichheit der beiden mythischen Namen erklärt, weil sie den Lautregeln widerspreche. So Fick in der Spracheinheit der Indogermanen 1873, S. 153, und G. Curtius Grundzüge [5] 1879 beobachtet auch hier seine nicht unbegründete Zurückhaltung mythologischen Namen gegenüber, indem er die Kentauren nicht einmal der Erwähnung würdigt.

Für die sachliche Identität der Gandharven und Kentauren trat W. Schwartz im Ursprung der Mythologie (S. 141, 170, 179) ein, obgleich er abweichend von Kuhn in den Kentauren ausschliesslich Gewittererscheinungen zu erkennen glaubte. Auch de Gubernatis (Die Thiere in der indogerm. Mythol. deutsch. 1874. 1, 286) war geneigt, die Kuhn'sche Ansicht zu teilen. Dagegen lehnte Plew es ab, auf die von der vergleichenden Mythologie versuchte Gleichstellung weiter einzugehen (Preller griech. Myth. [3] 2, 16. N. Jahrb. f. Philol. und Pädagogik 1873, 107, 203). Auch Grassmann (Wörterb. z. Rigveda. 1875. S. 377) hielt den Zusammenhang der Gandharven mit den Kentauren für unwahrscheinlich. Die meiste Beachtung aber verdient der treffliche Mannhardt, der im 2. Band seiner Wald- und Feldkulte 1877 (W. F. K.) die Kentauren genau untersuchte u. a. O. S. 88 erklärte, nicht nur die sprachliche, sondern auch die von Kuhn ausführlich begründete sachliche Uebereinstimmung jener indischen und griechischen Wesen verschwinde bei näherer Prüfung unter den Händen. Da Kuhn in den Gandharven in Wolken verborgene Sonnenwesen, Mannhardt hingegen in den Kentauren Sturmdämonen sieht, so scheinen dem letzteren die Uebereinstimmungen, dass die Gandharven nach Trunk und Weibern lüstern, und Sammler heilkräftiger Kräuter, dazu die Gatten der Apsarasen, d. h. Wasser- oder Wolkenfrauen seien, auch gleich Hunden oder Affen harig erschienen, während eine Abart von ihnen, die Kinnaras (d. h. Halbmenschen) als Männer mit Pferdeköpfen geschildert würden, nicht hinzureichen, um das Urteil der historischen Identität beider Wesen zu begründen, so lange die Grundvorstellung auseinandergehe. Das Gewicht der eben angeführten denn doch immerhin höchst auffälligen Uebereinstimmungen veranlasste Mannhardt nicht, die Berechtigung dieser von Kuhn behaupteten Grundvorstellung der Gandharven zu untersuchen. So kam es zu keiner eigentlichen Lösung dieser für die vergleichende Mythologie so bedeutsamen Frage. Daher scheint mir eine Wiedereröffnung der Debatte über das zweifelhafte Verhältniss der Gandharven zu den

Kentauren erforderlich und zwar um so mehr, als die beiden fragwürdigen Wesengruppen in dem Glauben ihres Volkes eine höchst eigenartige, in vielen Hinsichten unvergleichliche Stellung eingenommen und wiederum zu den verwandten Wesen der anderen indogermanischen Völker in merkwürdigen Beziehungen gestanden haben.

2. Die Zeugnisse.

a) Zeugnisse der indischen Litteratur.

Die Zeugnisse, die für die Vorstellungen von den indischen Gandharven und den griechischen Kentauren beigebracht werden können, gehören den verschiedensten Zeitaltern der Litteratur der Inder und Hellenen an. Sehr frühe Zeugnisse kommen häufiger nur in der indischen Dichtung vor, die griechische, bezw. klassische, bietet dagegen erst im weiteren Verlauf ihrer Entwickelung zahlreichere und nicht immer directe, sondern aus anderen Quellen geschöpfte Belege, die dafür aber auch durch eine Fülle bildnerischer Darstellungen illustriert werden. Hiezu gesellen sich ein paar wertvolle iranische Zeugnisse über die Gandharven.

Die Hauptquelle unserer Kenntniss ist auch in diesem Falle der Rigveda. Dass die mehr als 1000 Lieder dieser grossen Sammlung aus verschiedenen Perioden stammen, dass dieselbe aus mehreren kleineren Sammlungen zusammengefügt ist, dass auch diese schon in schriftlicher Fassung dem Sammler vorgelegen haben und dass überhaupt der Vedendichtung eine ältere dichterische Tätigkeit vorausgegangen ist, die jedenfalls noch über das Jahr 1000 v. Chr. hinaufreicht, darf nach den Untersuchungen unserer Vedenforscher nicht mehr bezweifelt werden. Aus ihnen ergibt sich auch, dass von den 10 Büchern der ganzen Sammlung 7, nämlich Buch II—VIII, als solche zu betrachten sind, deren Gesänge dem Haupte einer und derselben Priesterfamilie entsprossen und in ihr als Familienheiligtum aufbewahrt oder von Verwanten weiter fortgebildet wurden.

Unter diesen 7 Büchern bildet das letzte, das 8. Buch, einen Übergang zum 1. und 10. Buch des Rigveda, indem es, abweichend von den übrigen 6 Familienbüchern, neben dem einen Hauptverfasser Kanva eine grosse Schar mythischer Sänger als Verfasser nennt, was auf eine bereits schwankende Überlieferung hinweist. Auch sind jene 6 Bücher nach einem und demselben Princip geordnet, so dass die Agnihymnen den Anfang machen, ihnen die Indralieder, dann die an den Gebetsherrn oder die Götterscharen folgen, während schliesslich Götterpaare oder einzelne Götter gefeiert werden. Auch an diese Anordnung bindet das 8. Buch sich nicht. Von den andern noch viel weiter von jenen Familienbüchern abweichenden 3 Büchern (1, 9, 10) besteht das erste aus 14 einzelnen Sammlungen, deren jede die Lieder eines Sängers oder einer Sängerfamilie enthält, das zehnte aber knüpft nur eine geringe Zahl seiner Lieder an eine Familie, während die Hauptmasse aus älteren und jüngeren Gesängen verschiedensten Ursprungs und buntesten Inhalts in ziemlich später Zeit zusammengestellt ist. Endlich unterscheidet sich das neunte Buch von allen anderen dadurch, dass alle seine Lieder ausschliesslich dem Gotte Soma gewidmet sind.[1]

Es ist nun beachtenswert, dass von den 16 den oder die Gandharven erwähnenden Liedern des Rigveda in den soeben charakterisierten drei Sammelbüchern 13 sich finden, während nur 3 in den sieben Familienbüchern vorkommen und zwar nur in denjenigen zwei Familienbüchern, die wiederum innerhalb ihrer Gruppe eine besondere Stellung einnehmen. Denn zwei von jenen drei Stellen enthält das 8. Buch, von dem schon oben bemerkt ist, dass es sich nicht der strengen Einheitlichkeit der Überlieferung rühmen kann, wie die übrigen Familienbücher, nämlich

1) 8, 1, 11 nach Grassmann:

Er (Indra) stachle an der Sonne Ross (Etaça),
Des Windes (Vāta) schnelles Vogelpaar,
Vielwirkend fahr er Kutsa Arjuneya her,
Besiege des Gandharven Macht.

Kuhn (Z. V. S. 1, 522):

Als Sûra (die Sonne) den Etaça (das Sonnenross) spornte, führte Çatakratu (Indra) des Vāta Rosse dem Arjuniden Kutsa zu und floh den unverletzlichen Gandharva.

---

[1] Von den neueren Untersuchungen über diese Fragen führe ich an Grassmann Rigveda 1, 1. 2, 1. 288. 183. Ludwig Rigveda 3, 180. 262. Kuhn und Roth Z. V. S. 18, 321. 26, 53.

2) ferner 8, 66, 4—6 nach Grassmann:

4. In einem Zuge trank er dann
 Wol dreissig Seen (Kübel. Ludwig)
 auf einmal,
 Die Somaschalen Indra aus.[1]
5. Im bodenlosen Raum der Luft
 Durchbohrte den Gandharven er,
 Den Betern Indra zum Gewinn.
6. Die gare Speise rettend schoss
 (Er bekam den garen Kuchen L.)
 Nun Indra aus der Wolkenkluft
 Den wolgezielten Pfeil hervor.

Kuhn (Z. V. S. 1, 522):

5. In den bodenlosen Wassern traf Indra den Gandharva den Frommen zum Heil.
6. Her von den Bergen schoss Indra, die fruchtbare Wolke führend, den langgestreckten Pfeil.

Roth Erl. z. Nirukta: S. 98.

6. Es heftete in die Wolkenmassen — dort bewahrte er (der Gandharve) die köstliche Speise — Indra den wolgezielten Pfeil.

Die dritte Stelle aber begegnet im dritten Familienbuche, der Sammlung des Viçvāmitrageschlechts, das in Punkten des Rituals und Glaubens schon vor Alters von den andern Geschlechtern, besonders dem des Vasishtha, dem das 7. Buch angehört, abwich.[2] So wird es z. B. gewiss kein Zufall sein, dass der Brahmane Vasishtha weitaus die meisten Varunahymnen gesungen hat, während Viçvāmitra's Lieder fast ausschliesslich Agni, Indra und den Viçvedevas gewidmet sind (Eggeling, Çatapath. Brahm. 1, XVII). Wie das Viçvāmitrabuch nun z. B. das einzige Familienbuch ist, das in der zweiten Strophe seines Aprīliedes den Agni Tanūnapāt (den selbsterzeugten) statt des Agni Narāçansa (Männerpreis) anruft[3]), so ist es auch das einzige, von dem eben benutzten achten halbschlächtigen Familienbuch abgesehen, das der Gandharven erwähnt, und zwar 3) 3,

---

[1]) Yāska: „Hiezu bemerken die Opferkundigen: bei der Mittagsspende sind dreissig für einen Gott bestimmte Uktha-Schalen, diese werden alsdann auf einmal getrunken und heissen hier Saras. Die Erklärer sagen, dass die helle wie die dunkle Mondshälfte je 30 Tage und Nächte zählt. Die Mondsgewässer, welche ihm (in der 1. Monatshälfte) zuwachsen, werden von den Sonnenstrahlen in der andern (dunkeln) Hälfte aufgetrunken". Roth Erläut. z. Nirukta, S. 61.

[2]) Weber Ind. Stud. 10, 88 ff.

[3]) Vgl. über diese Frage Roth Erläut. z. Nirukta S. 117 ff., 122. M. Müller Hist. of anc. Sanskr. Lit. S. 463 ff.

38, 6: „Ich (der Dichter) sah dort (beim Opfer) im Geiste hinwandernd die Gandharven mit windflattern'den Haren (vāyukeça) bei ihrem Werke". Dabei ist nun noch daran zu erinnern, dass dies absichtlich dunkel gehaltene Lied wahrscheinlich erst später eingeschaltet ist.[1])

Sehen wir nun zunächst von diesem dritten neutralen und, wie es scheint, jüngeren Gandharvencitat ab, so stellen sich durch jene zwei gandharvenfeindlichen Lieder des 8. Buches die Familienbücher in Gegensatz zu der Gesamtheit der den drei Sammelbüchern angehörigen Gandharvenerwähnungen, die nämlich diesen dämonischen Wesen geneigt sind, stimmen dagegen merkwürdigerweise in dieser ungünstigen Auffassung derselben mit der altiranischen Überlieferung (s. u.) überein. Wenn wir aber weiter dem 8. Buch aus dem oben angeführten Grunde nicht das volle Ansehen eines alten Familienbuchs zusprechen wollen, so darf man behaupten, dass die 6 Familienbücher des Rigveda die Gandharven überhaupt der Erwähnung nicht wert halten, ebensowenig, was hier sofort beigefügt werden mag, wie die Frauen und Geliebten derselben, die Apsaras oder die gleichbedeutige apiā yoshā, apiā yoshanā, die Wasserjungfrau. Denn das überschwängliche Loblied auf Vasishtha Rigveda 7, 33, das allerdings die Apsaras V. 9 nennt, darf als offenbar moderneres Einschiebsel[2]) nicht dagegen angeführt werden. Auch apiā yoshanā wird nur noch 3, 56, 5, ohne irgend welche Beziehung zu den Gandharven, von drei Wasserjungfrauen in einem mystisch mit der Dreizahl tändelnden Hymnus[3]) gebraucht.

Eine ganz andere Rolle spielen die Gandharven in den drei Sammelbüchern des Rigveda. Auch hier freilich erscheint der Gandharve besonders deutlich als Somahüter oder Somafinder, aber als Freund und Genosse Indra's, nicht als sein und der Götter Feind. So [4]) 10, 139, 4—6 in einem eigens an ihn gerichteten Gebet nach Grassmann (Ludwig):

---

[1]) Grassmann Rigveda 1. S. 530.
[2]) Grassmann Rigveda 1, 552. Muir Orig. Sanskr. T. 3, 143 vgl. M. Müller Essays (deutsch) 2, 89. Roth Erläut. z. Nirukta S. 64. Der Apsaras wird nur an Stellen gedacht, die sonst Kennzeichen der späteren Zeit tragen.
[3]) Das Apias RV. 6, 67, 9, das Grassmann Wb. als gen. sg. fem. auffasst und übersetzt „der Wasser" Söhne, ist unsicher, wie denn Ludwig dafür „(des?) Apī" ansetzt. Übrigens ist jedenfalls auch hier keine Gandharvenfrau gemeint.

4. O Soma, als die Wasser den allreichen (Viçvāvasu L.)
   Gandharven sahn, da rannen sie wie's Recht ist (zu ihm vom Opfer
       weg L.)
   Er ging in Eile hin zu ihren Strömen (Dies von ihnen fand Indra
       heraus, das sich verborgen L.)
   Und sah ringsum des Sonnengottes Wehren (er sah sich um nach den
       Umgebungen Sūrya's. L.)
5. Das gebe uns der himmlische Gandharve,
   Der alles Gut hat (Viçvāvasu L.), der die Luft durchwandert,
   Zu wissen recht, was wahr ist und was nicht wahr,
   Den Bitten hold, gewähr er unsre Bitten.
6. Den Spender (Beutesucher L.) fand er auf der Bahn der Ströme,
   Er öffnete der Felsenställe Türen,
   Der Ströme Labsal rühmte (amrita verkündigte L.) der Gandharve
   Und Indra hat erprobt des Drachen Stärke.

   Dies Lied wird erläutert durch mehrere Verse im 9. Buche.
   5) 9, 83, 4:
Gandharva ist es, der des Soma Ort bewacht,
Und unsichtbar der Götter Stämme hütend schützt,
Der Herr des Netzes fängt mit seinem Netz den Feind,
Die Frommsten sind zum Trunk des süssen Safts gelangt.
   6) 9, 85, 12:
Gandharva hat des Himmels Höh' erstiegen,
Betrachtend jede Glanzgestalt des Soma's,
Mit hellem Lichte hat sein Glanz gestrahlet,
Die Wellen-Eltern hat erhellt der lichte.
   7) 9, 86, 36:
Die Mütter, sieben Schwestern eilen hin zum Spross,
Dem neugebornen, herrlichen, begeisterten,
Dem männerschauenden, himmlischen, der Fluten Herrn,
Dem Soma, dass er herrsche über alle Welt (dem Gandharva der Fluten,
       dem himmlischen Leiter der Männer, Soma. Kuhn, Z.
       V. S. 1, 524).
   8) 9, 113, 3:
Den Büffel, den die Wolke nährt (den von Parjanya grossgezogenen L.)
Ihn trug der Sonne Tochter her,
Gandharven haben ihn erfasst,
Zum Soma fügten sie den Saft (legten als Saft ihn in den Somastengel.
       Ehni Z. D. M. G. 33, 166).
   Zur Somagandharvensage gehört auch noch
   9) 1, 22, 14:
Denn ihre (Himmels und der Erde) butterreiche Milch
Saugt eifrig auf der Weisen Schar

An des Gandharven festem Ort (vgl. Kuhn, Z. V. S. 1, 520: Von ihrem buttergleichen Nass kosten die Weisen durch ihre Taten, an des Gandharven fester Stätte).

Ein zweites deutliches Gandharvenverhältniss ist das zu den Apsaras oder Wasserfrauen:

10) 10, 10, 4:
„Gandharva in dem Luftmeer und die Meerfrau (apiā yoshā)
„Sind Eltern uns (unsere Sippe Ludw.) und wir die Nächstverwanten."
(„Der Gandharva in den Wassern und die Wasserfrau
Sind unsre Vereinigung, sie sind unsre beste Verwantschaft."   Kuhn, Z. V. S. 1, 447.)

Worte der Yamī an ihren Zwillingsbruder Yama, den sie zur Liebe verführen will.

11) 10, 11, 2:
Es rauschte laut Gandharva und die Wasserfrau (apiā yoshanā)[1]
Sie schütze bei des Stieres Toben meinen Sinn.

Beide Verhältnisse des Gandharven, das zum Soma, wie das zu den Apsaras, behandelt

12) 10, 123, das uns in Kuhns (Z. V. S. 1, 518), Grassmanns und Ludwigs Übertragung vorliegt und, mit Zugrundelegung der Kuhnschen Wiedergabe, lautet:

Str. 1. Der Wonnige (Holde G. Vēna L.), Lichtgeborne (lichtumhüllte G. dessen Bärmutter das Licht L.) treibt der bunten Wolke (Pṛçnī L.) Söhne (Töchter G.) an, die Luft durchmessend; ihm schmeicheln, bei der Vereinigung der Sonne mit den Wassern, die Weisen K. (Sänger) wie ein Kind mit Liedern. Str. 2. Aus der Flut (dem Meer) treibt Vēna, der wolkengeborene, einen Strom, da zeigte sich des Geliebten (des schönen dunstentstiegenen G.) Rücken, über des Reinen Fläche leuchtete des Himmels Feste und die gemeinsame Wohnstätte (den gleichen Schoss G.) priesen die Frauen (Scharen). Str. 3. Im gemeinsamen Hause, zahlreich dem gemeinsamen zujauchzend, standen des jungen Stiers (des Kindes G. des Lieblings L.) Mütter, über des reinen (Wassers) Fläche K. (an des ewgen Himmels Wölbung G. über des Weltalls Rücken L.) hinschreitend, schlürfen die Scharen (hallenden K.) vom süssen Amrita K. (süssen Tau des Himmels G. Honigtau der Unsterblichkeit L.). Str. 4. Die Weisen, seine Gestalt erkennend, priesen ihn, denn sie kamen zum Brüllen (Donnern G.) des wilden Stiers (des Löwen K.), mit Opfer (mit dem reinen K.) nahend erreichten sie den Strom, der Gandharva fand,

---

[1] Die Übersetzung ist unsicher. Grassmann 2, 514 vermutet gandharvo statt gandharvīr, da neben der Wasserfrau wie im vorhergehenden Lied ein gandharva und nicht das Femin. gandharvī zu erwarten sei, das auch in der Vedasprache noch nicht vorkomme. Kuhn Z. V. S. 1, 526 bezieht rapad (rauscht oder preist) auf gandharvī.

(gewährte K.) herrliches Amrita (die Himmelswasser G. die Wasser der Unsterblichkeit oder das Unsterbliche L.). Str. 5. Die Apsaras, den Buhlen anlächelnd, hegt (trägt G. ernährt L.) ihn im höchsten Himmel (Raume L.), als Geliebter (Buhle G. Freund L.) wanderte er in des Lieben (Freundes L.) Wohnung (zum Schooss der Buhlen G.), Vena liess sich mit dem goldnen Flügel (auf die goldne Stätte G.) nieder. Str. 6. Als die im Herzen dich Verehrenden dich (den Adler G.) am Himmel hinfliegen sahen, Varuna's Boten mit goldnem Flügel, den zu Yama's Sitz hinfliegenden Vogel (vgl. Kuhn Herabk. S. 28), Str. 7. stand hoch (aufrecht G.) am Himmel der Gandharve, seine schönen (bunten G.) Waffen ihm entgegentragend, angetan mit der duftigen Waffe (in duftigen Mantel G.), schön zu schauen, er zeugte das verehrte Liebe wie die Sonne K. (wie Himmelsglanz liess Liebliches er blicken G.)[1]), als Svar nämlich bewirkte er Liebliches L.). Str. 8. Wenn der Tropfen (er als Funke G.) zum Meere eilt, mit des Geiers Blick in den Lüften (am Himmel G.) schauend, schafft der Strahlende, (sein Strahl G.) mit reinem Glanze leuchtend, Liebes (liebliche Gestalten G.) in der dritten Welt (am dritten Himmel G. im dritten Raume L.)

Vollständig mystisch dagegen, wie das ganze Lied 13) 1, 163, ist auch die 2. Strophe desselben:

Dieses von Yama geschenkte (Sonnenross) hat Trita angeschirrt, Indra zuerst bestiegen; der Gandharva ergriff seinen Zügel, aus der Sonne hattet ihr, Vasu's, ein Ross geschaffen (Z. V. S. 1, 529).

Noch dunkler, aber ebenfalls auf eine Beziehung des Gandharven zur Sonne zielend ist 14) 10, 177, 2, das nach Kuhn (Z. V. S. 1, 526) lautet:

Der geflügelte (d. i. Agni der Blitz) trägt mit Bedacht die Vāc, sie sprach der Gandharve im Innern des Schosses (der Wolke),
nach Grassmann:

Der Vogel (d. i. die Sonne) trägt das Lied in seinem Herzen,
Im Mutterleibe sang es der Gandharve.

Muir O. S. T. 3, 156:

The bird cherishes speech with his mind,
the Gandharva has uttered her in the womb.

Endlich zeigt das vielerklärte inhaltsreiche Lied 15) 10, 85, das von den Vedenforschern z. B. Grassmann 2, 480 zu den spätesten Erzeugnissen des Rigveda gerechnet wird, den Gandharven in einem völlig neuem Lichte. Beim Besteigen des Wagens durch die eben vermählte Braut wird der Gandharve Viçvāvasu aufgefordert:

Str. 21. Erhebe dich von hier; denn diese ist vermählt, ich ehre

---

[1]) Lassen, J. A. 1, 787: Den duftenden, glänzenden Saft einziehend gebar er die geliebten Gewässer.

dich, Viçvāvasu, ehrfurchtsvoll. Suche dir eine andere Schöne, die noch beim Vater weilt; denn das ist von Hause aus dein Loos, das wisse. Str. 22. Erhebe dich von hier, o Viçvāvasu, wir verehren dich in Demut; eine andere üppige suche, die Gattin überlasse dem Gatten. Str.. 40. Soma erhielt dich (o Braut) zuerst, der Gandharve als der zweite dein dritter Gemahl wurde Agni, dein vierter der Mensch. Str. 41. Soma gab sie dem Gandharva, Gandharva dem Agni, und darauf hat mir (dem Bräutigam) Agni dies Weib gegeben und mit ihr auch Reichtum und Söhne[1]).

16) Auch Rigveda 10, 136, das späte Munilied, nähert sich der volkstümlichen Vorstellung. Es heisst vom langharigen Muni oder Büsser Str. 6, er wandere auf der Apsaras, der Gandharven, der mrigas (d. h. der wilden Tiere oder Unholde) Bahn.

Aus diesem Überblick über die auf die Gandharven bezüglichen Rigvedastellen ergiebt sich, dass meistens von einem einzelnen Gandharva die Rede, der No. 4 und 15 den Eigennamen Viçvāvasu führt, und nur an 3 Stellen (No. 3, 8 und 16) von Gandharven in der Mehrzahl. Ferner treten zwei Verhältnisse des Gandharven deutlich hervor: Er ist Somafinder oder -hüter, und er ist Liebhaber der Apsaras und der irdischen jungen Frauen. Unklar ist seine Beziehung zur Sonne und dem Sonnenross. Weiter ist er als Somahüter in dem Familienbuch, dem 8. des Rigveda, Indra's Feind, in den andern dagegen dessen Freund, überhaupt ein erhabenes göttliches Wesen. Als Freund der jungen Frauen wird er mit scheuer Ehrfurcht behandelt. Die Gandharven (Pl.) sind windharig, Genossen der mrigas und spenden Regen. Endlich die eigentlichen strengen Familienbücher 2—7 nennen weder die Gandharven, noch die Apsaras.

Ich schliesse hieraus auf drei verschiedene Richtungen im Rigveda. Die eine strenge altpriesterliche der Familienbücher behandelt die Gandharven mit Stillschweigen oder entschiedener Missgunst, die zweite modernere, aber auch theologische, der Mystik verfallende, sucht die Gandharven möglichst zu idealisieren, wie die meisten Stellen des Rigveda bezeugen, und endlich die dritte, die wir in No. 15 (bez. No. 3 und 16) ausgedrückt finden, ist eine derbere und volkstümlichere, welche das dämonische Wesen des Gandharven verehrt und anbetet, aber mit Zittern und Zagen. Es liegt die Vermutung nahe, dass diese dritte Auffassung, obgleich jünger bezeugt, von den dreien die älteste ist, aus der sich die beiden anderen priesterlichen folgerichtig ergaben, in-

---

[1]) Vgl. Weber Ind. Stud. 5, 185. 191. 210.

dem die eine die alten Dämonen verstiess oder herabsetzte, die andere aber sie zu den neuen Göttern zu erheben suchte.

Die drei anderen vedischen Sammlungen, der Sama-, Yajur- und Atharvaveda, haben mit der oppositionellen und negativen Tendenz des altpriesterlichen Hauptstocks des Rigveda gebrochen und sich entweder der idealisierenden, oder der einfach volksmässigen Auffassung der Gandharven angeschlossen, und zwar so, dass, vom wenig eigenartigen Samaveda abzusehen, im Yajurveda, soweit ich urteilen kann, der theologische Geist gelehrter Deutung und Deutelei überwiegt, daneben aber auch eine vierte, auf epische, heldenhafte Traditionen zurückgehende Kunde sich verlauten lässt, während die natürliche Bedeutung des Mythus fast ganz verloren ist, im Atharvaveda hingegen neben der verhimmelnden Mystik die volkstümliche Überlieferung in überraschender, fast demonstrativer Weise sich ausbreitet.

Samaveda und der Vajasan. Sanh.-Text des Yajur 7, 6 verraten schon dadurch ihre Abhängigkeit von der mystisch-gelehrten Auffassung des Rigveda, dass sie die Hälfte des Gandharvenhymnus 10, 123 (s. o. No. 12) ebenfalls bringen, wobei sie den hier angerufenen als Soma deuten (Z. V. S. 1, 519). Aber auch die andern mir bekannten Stellen bestätigen diese Meinung.

Ausser mehreren von Streitwagen und Waffen entlehnten Gandharvennamen (Rathagritsa, Rathasvâna, Rathaprota, Rathaujas, Rathecita, Asamaratha, Arishtanemi, Senajit, Sushena. V. S. 15, 15—19) kennt die Vaj. Sanh. sieben Gandharven als Somahüter, nämlich Svâna, Bhrâja, Anghâri, Bambhâri, Hasta, Suhasta, Kriçânu, von denen der erste auch von Sayana zu Rigveda 1, 112, 21, die drei letzten in der Taittir S. als Somawächter genannt werden (Z. V. S. 1, 523. Weber Ind. Stud. 5, 245). Als Opferhüter kommt der Gandharve Viçvâvasu in der Stelle V. S. 2, 3 vor, mit deren Worten: „Möge der Gandharve Viçvâvasu dich herumlegen für die Sicherheit des Alls. Du bist eine Schutzwehr (paridhi) für den Opferer, du bist Agni, verehrt und wert der Verehrung" der Mittelstab des Opferbrennholzes zuerst auf die Westseite des Altars gelegt wurde nach Çatap. Br. 1, 3, 4, 2 (s. Eggeling, der auch auf Ç. Br. 3, 2, 42 und 14, 9, 4, 18 verweist, in seiner Uebersetzung zu dieser Stelle. Weber Ind. Stud. 13, 134). Noch höher wird der Gandharva V. S. 9, 1, 11 und 7, 17, 32 gehoben, wo Savitar, und V. S. 17, 32, wo, wie es scheint, Agni Gandharva heisst (Z. V. S. 1,

453, 518, 520). Wenn nun ferner V. S. 18, 38 ff. Agni Surya Candramās Vâta Yajna (Opfer) und Manas (Herz) neben den ihnen beigesellten Apsaras als Gandharven angerufen werden (Z. V. 1, 524. 528. Weber Ind. Stud. 1, 90. 13, 285), so bekommt dieser Titel hier und an der entsprechenden Stelle des Taitt. S. 3, 4, 7, 3, wo noch ausser jenen sechs Mrityu, Parjanya, Mrityu (nochmals!) und der Liebesgott Kāma als Gandharven und als des letzteren Apsaras die Sehnsuchtsgedanken, brennend mit Namen, angeführt werden (Ind. Stud. 5, 225), den allgemeinen Begriff des Göttlichen. Und so wundern wir uns nicht mehr darüber, dass es V. S. 9, 9. 11, 7 heisst: „Der himmlische Gandharva, der Reiniger der Geister, möge unseren Geist reinigen!" wobei Gandharva durch Aditja d. h. Lichtgott erklärt wird (Lassen Ind. Altertumsk. 1, 773), oder V. S. 9, 7: „Wind oder Geist sind die 27 Gandharven, sie haben im Anfang das Ross angeschirrt, ihm haben sie Schnelligkeit verliehen", wobei sie der Commentar als die 27 nakshatra erklärt (Z. V. S. 1, 529. Ind. Stud. 1, 89), oder endlich an einer andern Stelle: „Als unsterblich verkündigt dies der Wissende, der Gandharva" (Ind. Stud. 2, 84). In der langen Opfermenschenliste der V. S. 30, in der über 100 Menschen des verschiedensten Standes und Charakters unter heiligen Sprüchen geweiht werden, sind nur in wenigen Fällen die damit bedachten höheren Wesen wirkliche Gottheiten oder Dämonen, unter diesen aber ausser den Winden, Geistern der Öde (rikshīkās), Schlangen und Devajana, Piçāca, Yātudhāna, Ribhu und Sādhya, Feuer, Erde, Wind, Luft, Himmel, Sonne, Mond und Sternen und Prajāpati auch die Gandharva und Apsaras, denen ein Vrātya, d. h. ein nicht brahmanisch lebender Arier, geweiht wird. (Z. D. M. G. 18, 276 ff. Weber Ind. Stud. 1, 139. Ind. Literaturgesch. [1] 65. 76. 106 ff.) — Unter dieser willkürlich grübelnden Speculation haben sich übrigens hie und da noch die Reste einer, wie es scheint, volkstümlicheren Anschauung erhalten, so V. S. 12, 98: „Dich gruben die Gandharven, Indra, Brihaspati aus, dich, o Pflanze, der König Soma, dein kundig, ward er vom Siechtum befreit" (Z. V. S. 1, 528). T. S. 1, 2, 9, 1 erscheint neben dem paripārin, den paripanthin (Wegelagerern) und den bösen Wölfen der Gandharve Viçvāvasu, den aber die Parallelstelle V. S. 4, 34 weglässt (Ind. Stud. 13, 134). T. S. 3, 4, 8, 4 heissen die dichtschattigen Bäume die Häuser der Gandharven und Apsaras (Ind. Stud. 13, 136).

Diese Stellen leiten zum Atharvaveda hinüber, der, vorzugsweise auf Abwendung der Gefahren des gewöhnlichen Lebens gerichtet, einen weit volkstümlicheren, bäuerlicheren Charakter, als die drei anderen vedischen Sammlungen trägt, und eine von ihnen gesonderte Stelle einnimmt (Ind. Stud. 1, 298. 13, 432).

Dies tritt ganz besonders scharf in der Auffassung der Gandharven und Apsaras hervor. Allerdings ist auch Atharvaveda nicht frei von jenen theologischen Idealisierungsversuchen. Atharvaveda 2, 1, 2 heisst es: Der Gandharve, der das Ewige (amritam) kennt,[1]) melde uns, was als höchster Grund im Verborgnen ruht (Muir 3, 158: Der Gandharve, der die Welt der Unsterblichkeit kennt, melde uns den höchsten und geheimnissvollen Aufenthalt) vgl. Ind. Stud. 13, 130. Diesem Liede folgt Atharvaveda 2, 2 ein anderes, von Weber (Ind. Stud. 13, 133) als Würfelsegen erklärtes, das ebenfalls in hohem Ton beginnt, aber im Verfolg schon deutlich die natürlichere und sinnlichere Auffassung der Gandharven hervorkehrt.

1. Der himmlische Gandharva, der als Weltherr
    einzig zu ehr'n ist, für die Leut' preiswürdig, —
    Dich banne ich, himmlischer Gott, durchs Spruchlied.
    Verneigung sei dir, dessen Sitz am Himmel.

2. Zum Himmel hin reicht er, der Opferwürd'ge,
    Sonnfarbige (eig. Sonnenhaut habende), göttlichen Zorns Abwehrer!
    Mild sei uns der Gandharva, der als Weltherr
    einzig zu ehr'n ist und voll guten Heiles.

3. Mit den Tadellosen kam ich (der Dichter) zusammen;
    Der Gandharva unter den Apsarā war.
    Im Meer ist, sagt man, ihr Sitz, allwo sie
    Beständig herwärts und abwärts steigen.[2])

4. O Wolkige, Blitzige du, du Sternige,
    Die ihr da folgt Viçvāvasu, dem Gandharv' —
    Euch Göttinnen bringe ich hier Verneigung.

---

[1]) Weber, a. O. S. 131 fasst hier gandharva in der abgeschwächten Bedeutung: ein Weiser und erinnert an die manushya-gandharva in Taitt. Up. 2, 8 (s. u.) Mir scheint richtiger, hier noch die ursprüngliche Bedeutung festzuhalten und auch das amritam entsprechend Rigveda 10, 139 B (s. o. No. 4) sinnlicher zu fassen, oder vielmehr ein Übergangsstadium von der sinnlicheren zu der abstracteren Auffassung zu erkennen, trotz der abstracten Fortsetzung.

[2]) Nach Weber a. O. S. 135 hat der Dichter eine Erscheinung der immer nur zu lobenden Apsarā und des Gandharven.

5. Die ihr da kreischt, im Dunkeln weilt (tamishīcayas),
   die Würfel liebt (cakshakāmāh), den Geist verwirrt —
Diesen Frauen des Gandharva,
   den Apsarā ich mich verneige.

Dies Lied wird zunächst erläutert durch Atharvaveda 4, 38, 4: Die siegende, glücklich spielende Apsaras, die den Gewinn in den Becher gibt, ruf ich her, die mit den Würfeln tanzt herum, entnehmend dem Becher den Gewinn, sie soll uns Gewinn gewinnen wollen, die an den Würfeln sich erfreuende Apsaras und 7, 109: Die Apsaras sollen meine Hände mit Ghṛta überschütten (im Würfelspiel), den feindlichen Falschspieler preisgeben (Muir O. S. T. 5, 430). Dazu wird 7, 109, 5 der Wunsch geäussert, dass der Gott an der Opferspende Wolgefallen habend, sich mit den Gandharven am gemeinsamen Mahle freuen möge (Ludwig Rigvedaübersetzung 3, 456) und 14, 2, 37 ff. heisst es: Die Apsaras halten ihr Trinkgelage (freuen sich geschart. Weber.) zwischen dem havirdhāna[1]) und der Sonne. Anbetung dem Wolwollen des Gandharva erweisen wir, dem zornigen Auge vollziehen wir. Viçvāvasu, mit dem brahma (Gebet) sei Anbetung dir, geh hinweg zu den Apsaras, deinen Frauen. Mit Reichtum mögen wir sein, frohen Mutes. Hinweg von hier trieben wir den Gandharva. Es gieng der Gott hin zu dem weitsten Standort. Wir kamen dahin, wo man dehnt das Leben (Ind. Stud. 5, 210). Auch über Glück im Wagenrennen verfügen die Apsaras, wie sie denn die kriegerischen Namen Rathajit, Ugrajit, Ugrampaçyā, Rāshtrabhrit Atharvaveda 16, 118, 1. 2, sowie samjayante 4, 38, 1 führen (Ind. Stud. 5, 245). Diesen Apsaras, die auf dem Wagen siegen (rathajit), die dem Wagensieger angehören, steht nach Atharvaveda 6, 130 ein smara, ein Minnezauber, zu Gebote, der mit dem Wunsch schliesst: o Maruts, Götter (Winde. Weber), Agni macht ihn (den Mann) wahnsinnig (Ludwig a. O. 316. Ind. Stud. 5, 244. 13, 137). Wie sie Wahnsinn verhängen, können sie auch davon erlösen, Atharvaveda 6, 3: Agni, die Apsaras, Indra und Bhaga sollen vom Wahnsinn befreien (Ludwig a. O. 3, 513). Ähnlich die Gandharven. Denn Atharvaveda 4, 57 wird gebeten, der Sterbliche möge von den Gandharven verschont bleiben, nicht von

---

[1]) Havirdhāna ist ein auf dem Opferplatz errichteter Schuppen, in dem die havirdhāne, die mit den Somapflanzen beladenen Karren, stehen. Ind. Stud. 5, 210. 13, 136. Grassmann Rigveda 2. 465. Eggeling zu Çat. Br. 1, 1, 2, 9.

ihnen besessen werden (Z. V. S. 1, 527, vgl. Ludwig a. O. 3, 548). Atharvaveda 8, 5, 13 üben Gandharven und Apsaras sogar tötlichen Einfluss auf den Menschen aus (Ind. Stud. 13, 138). Der Hauptcharakterzug der Gandharven ist aber im Atharvaveda die Begierde nach Weibern, die schon auf der Fahrt der Braut nach ihrer neuen Heimat gefürchtet wird. Atharvaveda 14, 2, 9: Horcht denn, ihr Leute, wol auf mich, dass durch den Spruch Glückswonne erreiche das Brautpaar. Alle die göttlichen Gandharven und Apsaras, die über diese Bäume die Oberaufsicht haben,[1]) glückbringend sollen sie dieser Frau sein, nicht schädigen den Hochzeitszug, während er geleitet wird (Ludwig 3, 472. Weber Ind. Stud 5, 205. 13, 136 ff). Atharvaveda 14, 24, 25, wie auch Çatapath. Br. 14, 9, 4, 18 (s. u.) wird Viçvāvasu vor dem ersten Beilager, richtiger als an der entsprechenden Stelle Rigveda 85, 21 (oben S. 15), aufgefordert sich fortzubegeben (Ind. Stud. 5, 185, 210. 13, 134). Ein weit schrofferes Verfahren wird aber gegen die Gandharven Atharvaveda 8, 6, 1—26, (vgl. 12, 1, 50) eingeschlagen. Hier finden wir die Gandharven in einer sehr anrüchigen Gesellschaft. Ein umfassender Bannfluch wird hier nämlich gegen alle bösen Plagegeister geschleudert, die den Weibern nachstellen, sie als priapische, dickhodige Buhlgeister im Schlaf heimsuchen, beschleichen, beriechen, belecken, betasten, umschlingen, beschlafen, sie entkräften, ihnen die Milch aussaugen, die Knäblein in Mädchen verwandeln, Fehlgeburt, Unfruchtbarkeit und Kindertod verursachen. Sie heissen Fleischfresser, nähren sich von rohem Fleich, insbesondere Menschenfleisch und verzehren die Hoden der Knaben. Sie tanzen und tosen in Felle und Häute gehüllt im Walde, umhüpfen aber Abends, denn das Sonnenlicht meiden sie, die Häuser, laut wie Esel schreiend, sie machen am Pfosten Licht und stecken kichernd im Ofen. Die Gestalt des Bruders oder Vaters annehmend oder vermummt oder in scheuss-

---

[1]) Weber übersetzt vānaspatyeshu durch: „was in diesen Hölzern weilt" und versteht darunter hölzerne Musikinstrumente oder Wagenteile, aber die obige Übertragung Ludwigs wird vorzuziehen sein, da auch im Kauçikasûtram 77, 7 (Ind. Stud. 5, 394) die in den Bäumen weilenden Gandharven und Apsaras, wenn der Brautzug an grossen Bäumen vorüberkommt, um Gnade gebeten werden und diese auch sonst (oben S. 13) als ihre Wohnörter betrachtet werden. Eine schöne Gandharventochter sitzt auf einem Baum im Vetalapañcaviṃç. Benfey Pantschat. 1, 154. 496.

licher Missgestalt erscheinen sie, zweimäulig, dickschnäuzig, rolläugig, vieräugig, vierfüssig, die Fussspitzen nach hinten, die Fersen nach vorn gerichtet, höckrig und bucklig, hängebäuchig, mit übermässigem Rumpf, dazu schwarzharig (keçava), borstig, struppig (munikeça), kupferfarben und von Bocksgestank. Das wirksamste Mittel gegen sie ist ein gelbes, starkduftendes Kraut, der Baja oder Pinga, oder auch das Kraut Ayaçringī (Bockshorn) mit dem die hinleuchtenden, im Wasser sich spiegelnden Piçācas, worunter nach dem Petersb. Wb. wol Irrlichter zu verstehen sind, und die Rakshasas verscheucht werden (Weber Ind. Stud. 5, 251 ff. 13, 138. 183). Atharvaveda 8, 6, 9 lautet nun: Die unversehens die Kinder töten, die bei den Wöchnerinnen liegen, der Pinga soll die Gandharven, die ihre Frauen bereits haben (die frauenlüsternen. Weber), wie der Wind die Wolke hinwegtreiben (Ludwig 3, 525). Am grimmigsten aber äussert sich Atharvaveda 4, 37 (Z. V. S. 13, 118 ff. Ind. Stud. 13, 136. Ludwig 3, 352): Mit dir, o Kraut Ayaçringī (Bockshorn), mit dem die Atharvas früher die Rakshasas geschlagen, — mit dir scheuchen wir die Apsaras und Gandharven. Bockshorn, jage die Rakshasas fort, verscheuch durch deinen Duft sie all! Zum Fluss sollen die Apsaras gehen, wie weggehaucht zur Wasserfurt, Guggulū, Pīlā, Naladī, Aukshagandhi, Pramandanī. Wo die açvatthas, nyagrodhas, die grossen bewipfelten Bäume (s. o.), wo sich die goldnen und silbernen Schaukeln der Asparas finden und ihre Cymbeln und Lauten erklingen, dorthin entweicht, Apsaras, wir haben euch erkannt. Die kräftigste der Pflanzen und der Kräuter kam herbei, die bockshörnige Arātaki, die spitzhörnige, sie durchbohre. Des herantanzenden Gandharven, des Gatten der Apsaras, mit dem Haarbusch (Çikandhin), dessen Hoden zerreisse ich, dessen Rute binde ich fest (schneide ab. Kuhn). Indra's Pfeile stossen aus (Geschosse mit hundert Spitzen, die ehernen, damit durchbohre er. K.) die havisessenden Gandharven, die Eieresser [1]), die Gandharven, die glühenden, die in den Wassern, die Lichtgeizigen, (?) alle Piçācas, zermalme. Einer wie ein Hund, ein andrer wie ein Affe, ein ganz behaartes (sarvakeçaka) Kind anzusehen, wie der Freund (zu

---

[1]) Vgl. Atharvaveda 6, 138, 2: Indra möge ihm (dem ungetreuen Liebhaber) mit beiden Steinen zermalmen sein Hodenpaar, flucht eine Frau. Weber Ind. Stud. 5, 246. Die Eieresser (avaka) sind gleichbedeutend den Hodenessern (āndād), welche, wenn ihnen ihr Vorhaben gelingt, die

einem schönen Hund, einem schönen Affen, einem rauhen Knaben, lieblichen Anblicks geworden. K.) hängt der Gandharve sich an die Frau. Ihn vertreiben wir von hier durch dies kräftige Gebet. Eure Frauen sind ja die Apsaras, Gandharven, ihr seid ja Gatten, lauft fort, hängt euch nicht an Sterbliche.

Endlich führe ich noch eine freundlichere Stelle an, die den Gandharven und ihren Gattinnen einen lieblichen Geruch zuschreibt, nämlich Atharvaveda 12, 1 (Ludwig 3, 546): Der Duft, o Prithivī (Erde), der aus dir entstanden ist, den mitführen die Wasser und die Pflanzen, der zu Teil geworden den Gandharven und den Apsaras, mit dem mache mich wolriechend.

Die Brahmanas, Ritualbücher, welche die Anwendung der vedischen Texte im Cultus genau bestimmen und den Sinn der heiligen Handlung deuten, benutzen öfter die durch die Texterklärung gebotene Gelegenheit, die in den Veden meistens noch sehr schwachen epischen Keime zu entwickeln oder auch von den Veden verschmähte ältere Züge volkstümlicher Überlieferung (Zeitschr. f. deutsche Philologie 1, 119. M. Müller, Hist. of ancient Sanskr. Liter. S. 40) in ihre Darstellung einzuflechten. Unter diesen sind besonders beliebt allerhand Kämpfe und Streitigkeiten der Götter mit den Asuren, einer zu riesischen Dämonen herabgesetzten Göttergruppe; aber auch mit den Gandharven sehen wir mehrfach die Götter in Händel wegen des Soma's und einer Göttin verwickelt, durch die wir wieder erinnert werden an jenen nur im 8. Rigvedabuche besungenen Kampf Indras mit dem Gandharven um den Göttertrank. Aitar. Br. 1, 27 erzählt: „Soma war König unter den Gandharven, an den dachten die Götter und Rishis, wie möchte wol König Soma zu uns kommen": Die Vāc sprach: „Weiberlustig sind ja die Gandharven, verkauft mich in Frauengestalt". „Nein," sagten die Götter, „wie könnten wir ohne dich sein." Sie sprach: „Verkauft mich nur; wenn ihr mich nötig haben werdet, dann werde ich zu euch zurückkehren". So kauften die Götter den König Soma für die zu einer mahānagni (?) Gewordenen. (Z. V. S. 1, 525. Bei 'Muir a. O. 5, 263 verkaufen die Götter Vāc als ein nacktes Weib, das sie aber durch Gesang wieder zur Rückkehr

---

Knaben in Mädchen verwandeln. Weber a. O. 5, 260, vgl. Atharvaveda 8, 6, 25: Schütz die Geburt, Pinga! dass nicht den Knaben machen sie zum Weib! Dass nicht die Andād Schaden tun der Frucht. Treib die Kimīdin fort. Vgl. Ludwig 3, 325.

veranlassen). Nach dem Çatapatha Brahmana, einer liturgisch-dogmatischen Exegese der Vajasan. Sanh., 3, 2, 4, 1 ff. verlangten die Götter auf Erden nach dem Soma im Himmel, um mit ihm zu opfern. Gâyatrī holte ihn, wurde aber unterwegs vom Gandharven Viçvāvasu desselben beraubt, der sich mit ihm darauf ins Wasser zurückzog. Nun schickten die Götter die Vāc zu den weiberlustigen Gandharven, die durch die veda sie zum Bleiben bei ihnen zu bewegen suchten. Vāc aber liess sich zu den Göttern locken, die ihr die Leier (vīnā) verschafften und sie durch Sang, Spiel und Tanz erfreuten (Z. V. S. 1, 525. Weber Ind. Stud. 13, 134. Muir a. O. 5, 263). In einer ähnlichen Legende Aitar. Br. 3, 25 verwundet Kriçānu als Somapāla oder Somawächter die Suparnī (= Vāc) und spaltet ihr eine Kralle, die nun ein Dorn (çalyaka) wurde. (Ind. Stud. 1, 224. 2, 213. Kuhn Herabk. S. 147). — Das Verhältniss der Gandharven zu den Apsaras wird vor Allem durch die merkwürdige, schön entfaltete Sage von König Purūravas und der Apsaras Urvaçī aufgeklärt (Çat. Br. 11, 5, 1, 1 ff. 3, 3, 1—17), die im nächsten Band gesondert besprochen werden soll. Hier bemerke ich nur, dass Urvaçī eine Freundin der Gandharven ist, die Gandharven eifersüchtig ihren Gatten Purūravas zur Trennung von Urvaçī treiben, dann aber ihm die Wiedervereinigung mit ihr gestatten und ihm die Unsterblichkeit verleihen.[1]) Die Gandharven leben mit den Apsaras zusammen, wie der Mond mit den Nakshatras oder Sternen, die als göttliche Weiber mit unbeschnittenen Flügeln dargestellt, Çatap. Br. 9, 4, 1, 9, dagegen Çatap. Br. 6, 5, 48 als Lichter der zum Himmel eingehenden Frommen betrachtet werden (Z. D. M. G. 9, 238. Eggeling zu Çatap. Br. 1, 9, 3, 10). Çat. Br. 13, 4, 3, 7. 8 werden die Atharvan mit den Gandharven, die Angiras mit den Apsaras in Verbindung gesetzt (Weber, Ind. Stud. 1, 295). — Vom Verhältniss der Gandharven zu den Erdenweibern sprechen Çatap. Br. 14, 9, 4, 18, wo der Gandharve Viçvāvasu beim ersten Beilager aufgefordert wird, sich zu entfernen, und Çatap. Br. 14, 6, 3, 1. 7, 1. Ait. Br. 5, 29, Çānkhay. Br. 2, 9 und Brihad-Arany.

---

[1]) Wie Urvaçī zu den Stammmüttern der Monddynastie gehört (S. 29), ist auch die Apsaras Çakuntalā Çat. Br. 13, 6, 13 als Gattin Dushyanta's und Mutter des Königs Bharata im Mah. Bh. mit dieser Dynastie verbunden, sowie auch hier die Urvaçī und die Flussgöttin Sarasvatī. (Lassen Ind. Alt. 1, Anh. CVIII. XXII).

5, 4 und 7. Eine heiliger Weisheit volle Frau oder Jungfrau heisst dort gandharvagrihītā d. h. von einem Gandharven ergriffen, besessen. Der eine der hier in die Weiber eingedrungenen Gandharven heisst Ç. Br. und Brih.-Ar. Sudhanvan Angirasa, der andre Kabandha Atharvana (Z. V. S. 1, 526 ff. Ind. Stud. 1, 217. 5, 245. 10, 118. 13, 134. 408. 15, 36. Weber Ind. Literaturgesch. 121. Kuhn Westfäl. S. 2, 19). Nach Çatap. Br. 13, 3, 1, 1 erzählt der Priester am dritten Tage des Pferdeopfers den schönen Jünglingen, wie die Gandharven Varuna's Volk und beim Opfer gegenwärtig seien und fügt hinzu: „Der Atharvaveda ist der Veda", während er am vierten Tage den jungen schönen Mädchen lehrt, dass die Apsaras das Volk Soma's und ebenfalls gegenwärtig seien, wobei er sagt: „Der Angirasaveda ist der Veda" (M. Müller Hist. of ancient Sanskr. Liter. S. 38). Çatap. Br. 11, 5, 1, 11 erwähnt die goldnen Paläste der Gandharven, im Çānkhy. Br. 6, 10 nimmt die Morgenröte, Tochter Prajāpati's, Apsarasgestalt an (Ind. Stud. 2, 38. 301).

In den Götterreihen der Upanishad nehmen die Gandharven bald die dritte Stelle zwischen Brahma, Prajāpati einerseits und den Devas, Pitris und Menschen andrerseits ein, bald werden sie eine Stufe tiefer zwischen die Devas und Pitris, bald noch tiefer zwischen die Pitris und Menschen, also auf die letzte Stufe göttlicher Wesen, gesetzt und in diesem Falle noch wieder in Deva- und Manushyagandharven d. h. Götter- und Menschengandharven gesondert (Weber Ind. Stud. 1, 90. 2, 224. 230). Im ersten Capitel der Maitrayanā Upan., in welchem die Nichtigkeit der Welt beklagt wird, werden auch die Gandharven zu den vergänglichen Wesen gerechnet, denn es heisst: „Andere, noch Grössere, Gandharva's, Asura's, Rakshasa's, Scharen von Geistern, Piçāca's, Uraga's, Grāha's sehen wir der Zerstörung hingegeben." (Ind. Stud. 1, 274). Aber von bedeutsamerem mythischen Gehalt, als er in diesen hohlen Speculationen steckt, ist die Schilderung in der Kaushītaki Upan. 1, 2, nach welcher der Brahmakundige auf dem Götterweg durch verschiedene Welten zum Thron des Brahma gelangt, der von den Ambāh und Ambāyavah genannten Apsaras und den Ambayāh genannten Nadyas d. h. Flussgöttinnen umgeben ist. Naht er sich der Welt des Brahma, so spricht dieser zu seinen Dienern und den Apsaras: „Empfangt ihn ehrenvoll, denn er hat den Strom Vijarā überschritten. So wird er nicht altern." Da eilen ihm 500

Apsaras entgegen, mit Perlenschnüren, Waschwasser, Wolgerüchen, Gewändern und Juwelen, schmücken ihn und geleiten ihn vor Brahma (Ind. Stud. 1, 397 ff. Weber Ind. Lit. 49).[1] Nrisinha-Taipaniya Upan. 1, 1, 2, 2 nennt den Luftraum von den mit den Gandharven vereinten Apsarasscharen umhegt. (Z. V. S. 1, 520. Ind. Stud. 9, 76). Nach einer der ältesten Upanishad, der Brihad-Arany. 3, 6 (s. o.) liegt die Welt der Gandharven, gandharvaloka, in der Wolkenregion, zwischen Adityaloka und Antarikshaloka d. h. zwischen Sonne und Luft, und wird ebenda 3, 4 von den nakshatralokah getrennt gedacht. Gandharvanagaram endlich, die Gandharvenstadt, bezeichnet geradezu die Fata Morgana (Ind. Stud. 1, 40. 89. 2, 206. 225. 13, 463).

Von der brahmanischen Theologie wenden wir uns zu den Hausregeln und Gesetzen hinüber, die uns die volkstümliche Verehrung der Gandharven und ihr Verhältniss zumal zum Geschlechtsleben der Frauen bezeugen. Çánkhāy. Grihyasutra 4, 9 meldet, dass der Brahmanenschüler nach dem Bade die Götter, Rishi, Opfer, Nakshatra, Flüsse, Berge, Felder, Wälder, Bäume, Gandharven und Apsaras, Schlangen, Vögel, Siddha, Sādhya, Vipra, Yaksha, Rakshasa und Gespenster speise (Ind. Stud. 15, 91). Im Grihyasamgraha des Gobhilaputra I 22 b. 23 erhalten die Rakshasa, Asura, Schlangen, Piçāca, Gandharva und Yama ein Opfer (Z. D. M. G. 35, 552). Nach der Waschung der Braut bis zum Haupt wird dem Agni, Soma, Prajāpati, Mitra, Varuna, Indra, der Indrānī, dem Gandharva, Bhaga, Pūshan, Tvashtar, Brihaspati und dem Könige Pratyānīka ein Opfer dargebracht. Çānkh. 1, 11 (Ind. Stud. 15, 25). Zur Zeit der Menstruation fordert der Gatte den Gandharven Viçvāvasu auf sich zu entfernen, abweichend sowol von Rigveda, wie von Atharvaveda und Çatap. Br. (s. o.), und berührt, wenn er die Zeugung vollziehen will, mit dem Spruch: „Du bist des Gandharven Mund" die Scham seines Weibes. Çānkh. 1, 19 (Ind. Stud. 13, 134. 15, 36). Ein Mädchen, bei dem die Schamhare schon gewachsen, würde Soma (der Mond) geschlechtlich geniessen, eine, bei der schon Brüste entwickelt sind, die Gandharven, eine, die schon

---

[1] Einen noch sinnlicheren Ausdruck hat die Verheissung für die Frommen im Mahābhāshya, einem wahrscheinlich noch vor Christus verfassten Werke gefunden, denn das Beilager mit den Apsaras wird hier als Opferlohn im Himmel versprochen (Ind. Stud. 13, 474) vgl. u. S. 28.

menstruiert hat, Agni. Grihyas. Gobhilaputra (II) 19. Im Yājnavalkya I 71 tauchen diese drei Gottheiten in der obigen Reihenfolge im Verhältniss zur Braut wieder auf, aber dieses wird hier als ein wünschenswertes angesehen; „denn Soma gab den Frauen Glanz, ein Gandharva gab ihnen eine schöne Stimme, Agni allgemeine Reinheit" (Z. D. M. G. 35, 572). Auf diese Vorstellungen bezieht sich auch Pantschatantra str. 210 ff.: Man sagt ja: Von Göttern, Soma, Gandharven, dem Agni werden Frauen zuerst geliebt, von Menschen dann später, darum sind sie von Sünde frei. Str. 213: Sowie die Zeichen (der Mannbarkeit) eintreten, liebt Soma auch die Maid, im Busen wohnen die Gandharven und Agni im Monatsfluss (vgl. Benfey Pantsch. 2. S. 498).

Unter den zahlreichen altindischen Rechtsbüchern nimmt Vasishtha's Gesetzbuch, das nach Jolly (Z. D. M. G. 31, 134) noch der vedischen Litteraturperiode einzureihen ist, wegen seines Alters einen besonders hohen Rang ein. Statt der späteren acht Formen der Eheschliessung kennt es, wie auch Apastamba, nur deren sechs und zwar die brahmanische, die der Götter, der Rishi, der Gandharven, der Kshatriya und der Menschen, unter denen die vierte erklärt wird durch den Satz: „Heiratet ein Liebender eine Liebende aus gleichem Stande, so ist es die Ehe der Gandharven (Z. D. M. G. 31, 132). Dagegen führen die späteren Gesetzbücher und schon das nach Jolly sich an die vedische Litteratur unmittelbar anschliessende Dharmasutra Baudhayana's I 8, wie auch Manu's Gesetzbuch III 27—38[1]) 8 Eheformen an und zwar so, dass an der vierten Stelle die Prajāpatiehe eingeschoben und die Kshatriya- und Menschenehe durch die Asura-, Paiçāca- und Rakshasaehe ersetzt werden. Die Gandharvaehe nimmt nun also die fünfte Stufe ein, wird aber, wie früher, charakterisiert als die Ehe, die nach gegenseitiger Übereinstimmung der Liebenden (ohne elterlichen Consens) geschlossen wird. Sie ist dem Vaiçya und Çudra erlaubt, „nach Einigen", wie schon Baudhayana angibt, allen Kasten, woraus Jolly auf eine weitere Verbreitung der Gandharvaeheform schliesst, als er sie früher annahm (Z. D. M. G. 31, 131).[2]) Nach Grih-

---

[1]) Vgl. die acht Eheformen und ihre Reihenfolge in Açvalāy. 1, 6. Manu und Yājnavalkya 1, 58—61 in den Ind. Stud. 5, 283 ff.

[2]) Die freie, allein durch den Willen der Liebenden geschlossene Ehe heisst auch im Pantschat. ein paarmal Gandharvenehe (Benfey 1, 52. 2, 186). In der wunderlichen Lehre Nampi's über die inneren Gegen-

yasamgr. Gobhilap. (II) 37 geht bei der Gandharva-, Asura-, Paiçāca und Rakshasaehe der Opferschrotceremonie das Herumführen der Braut (parinaya) voran, das bei den andern vier Ehen derselben folgt (Z. D. M. G. 35, 576).

In der religiösen und theologischen Litteratur nehmen also die Gandharven die verschiedensten Rangstufen der Götter- und Geisterwelt ein, als himmlische, erhabene, strahlende, angebetete Götter erscheinen sie und wieder als gefürchtete und verfluchte lüsterne, rauhharige, tierartige Unholde. Das indische Epos weist ihnen, wie den ihnen eng verbundenen Apsaras, eine mittlere Stellung an, entsprechend den Worten des Yuddha Kanda (Muir 4, 151): Es gibt drei Welten, die der Götter, der Gandharven und der Dānavas (Dämonen). Als die Götter und Asuras das Milchmeer zweitausend Jahr gebuttert haben, um das Amrita zu gewinnen, erhebt sich aus dem Meer der erste heilkundige Mann (Dhanvantari) mit Stab und Krug, darauf die Apsaras, die weder Deva noch Dānava für sich wählen, weshalb sie Gemeingut werden. Ramay. I 45, 15 ff. ed. Schlegel (Kuhn Herabk. S. 248 vergl. Vishnupurāna a. O. S. 249). Die Gandharven und Apsaras sind im Epos niedere Gottheiten, deren Hauptbestimmung es ist die höheren zu bedienen. Im Ramay. 1, 14, 1 ff. (Muir 4, 140) begeben sich die Götter zum Opfer mit den Gandharven, Siddha (Untergöttern, die als Muster des Lebenswandels gelten) und Muni (Büssern). Hier wie an einer andern Stelle dieses Gedichts (Muir 4, 390) gilt es den Helden für höchste Göttergunst, durch Götter, Gandharva, Yaksha[1]), Rakshasa, Danava und Pannaga nicht vernichtet werden zu können. Ramay. 3, 30, 20 ff. (Muir 4, 382) versammeln sich die Götter mit den Rishi (heiligen Sängern), Gandharva und Siddha. Das Götterpaar Nara und Narayana, das bestimmt ist die Asuren zu töten, wird von den Göttern und Gandharven angebetet. Mbh. Udy. P. v. 1920 (Muir 4, 197). Weder Götter, noch Asuren, noch Gandharven,

---

stände, einer tamulischen Schrift, wird die Ehe in eine heimliche und keusche geteilt und die erste Cap. 1, 27 ff. 2, 1 eine natürliche Verbindung voll herzerfüllender Lust genannt, die die wahrheitsmelodischen Lautenschläger, die himmlischen Gandharba, lieben und die den Haupt-, wie den niederen Kasten zusteht (Z. D. M. G. 11, 373. 379).

[1]) Die Yaksha sind nach Weber Ind. Stud. 2, 185 entstellt aus Raksha d. i. Hüter, nämlich der Schätze des Kuvera im Himavat. Sie galten für böse Geister und wurden hauptsächlich vom Volk verehrt.

noch Pannagas, die auf den zornigen Bogenführer (Mahadeva d. i. Çiva-Rudra) blicken, können Ruhe geniessen (Muir 4, 168). Die Apsaras heissen auch wohl Devakanyās (Göttermädchen), seltener Devastriyas (Götterfrauen). Mbh. 1, 130, 6. 12, 342, 33. Z. D. M. G. 33, 633.

Mit den Apsaras bedienen die Gandharven verschiedene Einzelgötter, vor allen Indra's. In das alte Indragefolge der Sturmgeister, der Maruts, haben sich im Epos allerlei andere verwante und unverwante Geister gedrängt, die Yaksha, Vidyādhara, Siddha und Sādhya, und so auch die Gandharven und die Apsaras, jene meist musicierend, diese tanzend, beide des Gottes Taten durch Lieder feiernd. Auf diese Weise erheitern sie ihn, wenn der Götterkönig in seinem Palast auf dem Thron sitzt auf dem Berge Meru oder Mandala oder in seinem Lusthain Nandana wandelt, und sie umtanzen, umschweben ihn, folgen ihm auf leuchtendem Wagen (vimâna, Mbh. 3, 166, 4), wenn er auf seinem donnernden, wolkenumhüllten, blitzumzuckten Wagen dahin saust. In Mbh. 2, 1751 reichen ihm die Apsaras den Trank (s. die Stellen im Mbh. bei Ad. Holtzmann Z. D. M. G. 32, 297 ff. 33, 633 Muir 4, 227). Amarāvati, der 8 Vasu Lust, den reinen Göttern geeignet, mit leuchtender Apsarasgärtenlust ausgestattet, wird Indra's Palast genannt. Ieimini Bhārata cap. 2, 11 (Z. D. M. G. 25, 30). Die Apsaras heissen geradezu Indrakanyās, Indras Mädchen. (Mbh. 13, 107, 21), und mit der Apsaras Rambhā scheint Indra sogar in ein Liebesverhältniss verwickelt. (Mbh. 19, 11250. Z. D. M. G. 33, 634, Z. D. M. G. 33, 633) und Indra bekam tausend Augen (wie Çiva vier Köpfe), um die schöne, alle Götter rechts umwandelnde Apsaras Tilottama genau sehen zu können. (Mbh. Z. D. M. G. 32, 295. 33, 638). Indra sendet die Apsaras und die Gandharven häufig auf die Erde hinab, jene um die heiligen Büsser, die durch ihre Heiligkeit seine Macht bedrohen, zur Sinnlichkeit zu verführen. So wird z. B. die Apsaras Menakā, begleitet vom Liebesgott Manmatha und Vāyu, der mit ihrem Kleide spielen soll, von Indra zum Viçvāmitra geschickt, der sie zu sich ruft, wie er sie nach ihrem mondfarbigen Gewande haschend vor seiner Hütte sieht, und mit ihr die berühmte Çakuntalā zeugt, nach deren Geburt die Mutter rasch zu Indra's Himmel zurückkehrt. Mbh. 1, 71, 20. Jedoch abermals von der durch Indra gesendeten Apsaras Rambhā versucht, verwandelt Viçvāmitra diese durch seinen zornigen Fluch in einen Stein. Ramay. 1, 535 (Z. D. M.

G. 33, 636. Z. f. deutsche Myth. 3, 219, Lassen I. A. 1, 724).
Fünf andere verführungslustige Apsaras werden im Mbh. in
Alligatoren durch Büsserfluch verwandelt und von Arjuna nach
100 Jahren erlöst, andere in einen Fisch oder in eine Gazelle (Z.
D. M. G. 33, 638 ff. 34, 590). Jenen fünf gelingt im Ramay. die Verführung des Büssers, sie werden seine Frauen, mit denen er sich in
einem unsichtbaren Hause in einem Teich (Pançāpsaras) belustigt,
woher man ihre Gesänge hören konnte (Lassen Ind. A. 1, 564).
In Mbh. Vana P. v. 15960 ff. (Muir 4, 412) heisst eine solche von
den Göttern hinab gesante Apsaras, nämlich Dundubhi, eine
Gandharvin, Gandharvī, mit welchem Ausdruck auch im Ramay.
Devavati und Narmada bezeichnet werden (Muir 4, 412, 415).
Auch die Gandharven erhalten von Indra Aufträge für die Erde.
So sendet er den Gandharvenkönig Citrasena aus, den König
Duryodhana, der in den Wald Draitavana eindringen will, zu
fangen. Die im Kampf mit diesem gefallenen Gandharven belebt Indra durch einen himmlischen Amritaregen. Mbh. 3, 236 ff.
(Lassen I. A. 1, 682. Z. V. S. 1, 530. Z. D. G. M. 32, 300.
33, 635).[1]) In innigster Beziehung steht Indra zu Nārada, der
Mbh. I, 7011 mit Viçvāvasu und Parvata zu den besten Gandharven gerechnet wird, ein stets auf der Wanderung begriffener
Bote Indra's, der diesem alles, was auf Erden Merkwürdiges vorgeht, berichten muss. Mbh. 3, 2116. 12, 13768. 3, 770. Sein
Freund heisst Parvata. Mbh. 3, 2116. (Weber Ind. Stud. 1,
204. Z. D. M. G. 32, 316).

Ebenso häufig wie in Indra's Gefolge, erscheinen im Mbh.
die Gandharven und Apsaras in dem Kuvera's, des Schatzgottes,
in welchem übrigens die Yaksha und Guhyaka ursprünglicher sind,
wie an Indra's Hofe die Maruts. In Kuvera's Lustwald Caitraratha,[2])
der sogar seinen Namen einem Gandharvenkönig Citraratha (S. 30.
31) verdankt, auf seinen Spielplätzen (ākrīda), auf dem Himavat
und auf dem Kailāsa und Gandhamādana singen und tanzen die

---

[1]) Mārkandeya-Purāna 8, 239 lässt Indra ebenfalls einen Amritaregen
auf einen Holzstoss fallen und rettet dadurch Hariscandra's Söhnchen
vom Tod. (Z. D. M. G. 13, 130).

[2]) Dieser Wald wird bald an den Gandhamādana, bald an die Ganga
verlegt. Es befand sich der hochheilige Wallfahrtsort des Soma darin, ein
grosses Opfer brachte Krishna in demselben dar und Yayati, Urenkel des
Pururavas, wohnte daselbst mit der Apsaras Viçvaçī (Muir, 4, 193. Lassen
I. A. 1. Anh. S. XVIII).

Gandharven und Apsaras um ihn und umschweben seinen Wagen und ihrer fünf heissen sogar Mbh. 3, 231, 26 die Geliebten des Kuvera (Holtzmann, Z. D. M. G. 33, 634, 640).

Ja die Gandharven bedienen singend und tanzend auch Varuna, Brahman und den Todesgott im Mbh. und endlich auch die Volksgötter Çiva mit seiner Gattin Uma oder Parvati und seinem Sohn Skanda sowie Vishnu mit seiner Mutter Aditi, die später die brahmanischen Götter verdrängen und von sich abhängig machen. Çiva heisst sogar apsaroganasevita d. h. der von den Apsarasscharen verehrte Mbh. 13, 17, 117 (Muir 4, 227. Z. D. M. G. 33, 634).

Auch in der Anweisung der Wohnsitze zeigt sich die vermittelnde Richtung des Epos. Die Gandharven und Apsaras treffen wir bald im Himmel und in himmlischen Götterwohnungen, bald sind diese und so auch die Aufenthaltsörter der Gandharven, gemäss der Neigung des Epos, auf die Erde, aber auf ferne, entlegene, gleichsam noch über der Erde erhabene Berggipfel verpflanzt, bald finden wir sie in den Wäldern und auf den Flüssen und Seen des Landes. So heissen die Gandharven wol noch Himmelsbewohner (divaukasas) und fliegen nach einer Niederlage in die Luft empor Mbh. Vanap. 14 877 ff. (Z. V. S. 1, 530). Auch die Apsaras des Mbh. wohnen im Himmel und empfangen hier singend und tanzend die gefallenen Krieger und tapferen Jäger und eilen ihnen mit dem Ruf entgegen: Sei du mein Gatte! (Muir 4, 235. Weber I. St. 1, 398. Z. D. M. G. 33, 642).[1]) Auch kehren sie nach Lösung eines Fluches oder nach der Geburt eines Kindes in den Himmel zurück (s. o.) Als Lieblingsörter der Apsaras werden Mbh. 5, 11, 13 hauptsächlich die Berge Kailâsa, Himavat (beide im nördl. Himalayah), Mandara, Çveta, Sahya, ? Mahendra (Ostghats), Malaya (Westghats) genannt, von denen übrigens wol nur der Mandara und Çveta mythisch sind, nicht auch, wie Holtzmann Z. D. M. G. 33, 640 meint, der Kailâsa. Zum Gebirge Himavat gehören die Berge Munjavat, ein Hauptsitz der Apsaras, und der Gandhamâdana mit dem Lotusteich und dem Walde Saugandhika, einem Besitztum des Kuvera, Z. D. M. G. 33, 641. Dazu kommt der Berg Meru (S. 24)

---

[1]) Noch in einer Liedersammlung des 14. Jahrh. heisst es: Jetzt (in der Schlacht) gilt es, dem Gebieter die Schuld für den Unterhalt abzutragen, den grossen Einsatz zur Gewinnung von Ruhm zu machen oder eine Apsaras als Gattin zu freien. Z. D. M. G. 27, 92 vgl. oben S. 21.

Der Gandhamādana, der mit Düften erfreuende, der wie der
See Saughandika, der Wolriechende, durch Namen und Eigenschaft insbesondere für die durch ihren Wolgeruch ausgezeich-
neten Gandharven ein geeigneter Aufenthalt ist, bildet einen
nördlich an den Himalayah stossenden Gebirgsstock, welcher
Gewässer in die drei Riesenströme Indiens, Indus, Ganges und
Brahmaputra, sendet. Zwischen diesem und dem sagenreichen
Kailāsa breitet'sich der heilige Mānasa-See aus. Dies Hochland des
äussersten Nordens, das von geweihten Flüssen durchrauscht, von
den Schneegipfeln kräuter-, gold- und edelsteinreicher Gebirge um-
schlossen, hoch über die anderen Länder, wie in eine andere,
reinere Welt erhoben ist, wurde von Pilgern stark besucht
und war mit vielen Einsiedeleien besetzt. Denn es galt in der
epischen Zeit ganz vorzugsweise für den Sitz und Spielplatz der
Götter, Gandharven und Apsaras, der gedrängt voll von Götter-
wagen und von Gesängen durchtönt war (Lassen a. O.1, 731. 773.
841 ff. Anh. S. XXXIX). Hierhin strebten auch die Helden. So
ging Arjuna nach dem höchsten Himalayah, um von Çiva die
göttlichen Waffen zu erhalten, und wurde von Indra auf dem
Berge Gandhamādana besucht, und zu gleichem Zwecke begab
sich Rama nach dem Gandhamādana. (Mbh. III. 13 v. 1526 ff.
116 v. 11 017 ff. Lassen 1, 716. 78. 1. Z. D. M. G. 32, 324). Auf
diesem Berge fand sich Hanumant, der Sohn des Windes, mit
dem Pandaver Bhīma, der ebenfalls ein Sohn des Windes genannt, im Mbh. zusammen (Gubernatis die Tiere i. d. indogerm. Mythol., übers. von Hartmann S. 59) und im Ramay. VI.
82. 83 eilte er nach dem, von den auf seine Heilkräuter und
Heilwasser eifersüchtigen Gandharven bewachten Berge Oshadhi
(d. i. Kraut) oder damit synonym gebrauchten Gandhamādana,
um die Pflanzen zu finden, welche die Seelen halbtoter Helden
zu beleben vermochten (Gubernatis a. O. S. 39 ff. 283).
Auch ist nach Mbh. 5, 63 v. 2469 ff. auf einem dem Gandhamādana gegenüberliegenden Berge der süsse Honig der ākshika
(Morinda tinctoria) zu holen, welcher Jugend, neue Sehkraft und
Unsterblichkeit verlieh und dem Gotte Kuvera sehr lieb war,
und wer nach dem von den Gandharven und Siddha verehrten
Ursprung des Indus wallfahrtete und dort fünf Nächte wohnte,
der gewann viel Gold. Mbh. 3, 84 v. 8024, wie denn auch im
Handel der Honig, die Heilkräuter und das Gold dieser nörd-
lichen Gebirge wichtige Artikel waren (Lassen Ind. A. 1, 853.

567. 2, 567 ff). Von dem schönbelaubten Himavat holte man für die Kranken den heilkräftigen Kushtha Ath. 5, 19, 39, 1 (Ind. Stud. 9, 421).

Viel bedeutsamer aber ist, dass in der epischen Dichtung das Wesen der Gandharven und Apsaras zwischen dem hochgöttlichen und dem niedrig koboldartigen Charakter, den die verschiedenen Vedas ihnen zuschreiben, die Mitte hält, doch brechen aus der Schilderung manchmal noch die alten volkstümlichen Dämoneneigenschaften deutlich hervor. Die Gandharven und Apsaras sind im Mbh. nach ihrer Herkunft Brüder und Schwestern, denn ihre gemeinsamen Eltern sind Kaçyapa, Sohn des Marīci, und zwei Töchter des Daksha, nämlich Prādhā und Kapilā, Mbh. 1, 65, 45, im Harivamça noch eine dritte, Munī.[1]) Die anderen gelegentlichen Abstammungsangaben des Mbh. haben wenig Wert, nur ist von Bedeutung, dass 3, 230, 39 die Mutter der Apsaras, ohne Angabe eines Namens, unter den weiblichen Unholden, welche neugeborene Kinder rauben, angeführt wird. (Z. D. M. G. 33, 633. 644). Von den Gandharven werden als die besten bezeichnet (S. 25) Viçvāvasu, Nārada und Parvata, bedeutsamer treten auch noch hervor Citrasena, Citraratha, Citrāṅgada, Tumburu und Urnāyu. Ad. Holtzmann (Z. D. M. G. 33, 632) führt 102 Apsarasennamen aus dem Mbh. an, von denen einige nur weibliche Formen von Gandharvennamen, wie Citrāṅgadā und Citrasenā, oder ähnlicher Bildung sind, wie Surathā. Mehrere Namen, wie Cārunetra und Sulocanā schönaugig, Sukeçī und Keçinī lockig, Sugrīvī schönnackig, Subāhu Schönarm, Surūpā schöngestaltig bezeichnen ihre Schönheit. Eigenartiger und älter scheinen Ambikā, Arunapriyā, Arunā, Arūpā, Asurā, Urvaçī, Budbudā, Marīci, Vidyutā, Sugandhā, Somā, Hāsinī. Bemerkenswert wird auch eine der verschiedenen Scharen (gaṇā) der Apsaras Vidyutprabhā, blitzleuchtend, genannt. Die bedeutendsten Apsaras sind Urvaçī, Purvacittī, Sahajanyā, Menakā, Viçvācī, Ghritācī, Adrikā und Rambhā (Z. D. M. G. 33, 632 ff). Den innigsten Verkehr haben die Apsaras mit ihren Brüdern, den Gandharven, deren Spiel-,

---

[1]) Einige Purānas, wie z. B. das Padma Pur., nennen die Gandharven auch Söhne Kaçyapa's und der Vāc (Lassen Ind. A. 1, 773). Insbesondere heissen Parvata und Nārada Kāçyapau und treten in den Brahmanas als Rishi und Priester auf (Weber Ind. Stud. 1, 204). Auch Indra gilt im Mbh. immer als ein Sohn des Kaçyapa und der Aditi (Z. D. M. G. 32, 301).

Tanz- und Sanggenossinnen, aber auch deren Geliebte sie oft
sind. Den in den Wald Draitavana eindringenden König Duryodhana warnt Mbh. 3, 240, 22 ein Gandharve: „Unser König (Citrasena) ist hieher gekommen, um an den Teichen des Waldes mit
den Apsaras zu spielen" (Z. D. M. G. 33, 635). Im Caitraratha-
wald (S. 25) wird der Gandharvenkönig Citraratha, von Arjuna
Mbh. I 6442 ff., von der Renuka an einer andern Stelle des
Mbh. überrascht, wie er lotusbekränzt sich im Wasser der
Ganga mit Apsaras belustigt. (Lassen I. A. 1, 665 ff. 717.
Z. V S. 1, 531). Regelmässig werden im Mbh. schöne Flüsse
bezeichnet als „von Apsaras und Gandharven besucht". Denn
die Apsaras spielen gern an ihren Ufern oder baden in ihrem
Gewässer, besonders dem der Ganga (Z. D. M. G. 33, 641) Mbh.
5, 117, 16 wird die Ehe des Gandharven Urnāyu mit Menakā
und die des Tumburu mit Rambhā glücklich gepriesen, auch ist
der Gandharvenkönig Viçvāvasu von jener Menakā Vater der
Pramadvāra 1, 8, 6 (Z. D. M. G. 33, 635), die ähnlich der Eurydike nach ihrem Tode der Unterwelt wieder entrissen wird, nachdem ihr dem Orpheus vergleichbarer Geliebter Ruru die Hälfte
seines Lebens für das der Geliebten dahingegeben (Z. V. S. 4, 120).
Das Liebesbündniss der Apsaras mit den Gandharven oder anderen
göttlichen Wesen gilt aber im Allgemeinen für ein sehr lockeres.
So raubt Ravana die Rambhā, obgleich sie an einen Sohn
Kuvera's verheiratet ist, mit der Entschuldigung: „die Apsaras
sind nur Buhlerinnen ohne Männer." Ramay. Utt. K. 31 (Muir
4, 394) und Mbh. 3, 46, 42 sagt Urvaçī dem Arjuna, der ihren
Anträgen als denen einer Stammmutter seines Geschlechts aus-
weicht: „Das kümmert mich nicht, wir Apsaras sind frei in der
Liebe" (Z. D. M. G. 33, 640). Die nahe Wesensverwantschaft
zeigen die Gandharven und Apsaras darin, dass sie beide gern
mit Sterblichen buhlen und eifersüchtig auf ihre Liebe sind.
So gibt die Königstochter Draupadī, die Gattin der fünf Panda-
verbrüder, an, ihr Versucher sei von fünf Gandharven erschlagen,
weil sie deren Frau sei. Mbh. 4, 664 ff (Z. V. S. 1, 725. Lassen
I. A. 1, 685).[1]) Die Apsaras andrerseits sind die Stammmütter
des Mondgeschlechts, dem Purūravas angehört (S. 19), auch
brahmanische Familien rühmten sich gern der Abkunft von

---

[1]) In Malabar wird zu Ehren des Dharma, seiner Brüder und ihres
Weibes Draupadi ein Fest gefeiert, bei welchem die Vishnupriester mit
blossen Füssen durchs Feuer gehen. Mannhardt W. F. K. 2, 307.

einer Apsaras (Z. D. M. G. 33, 635 ff.).[1]) Die Apsaras suchen Büsser und Helden zu verführen (S. 24). Die Kinder, die aus diesen Verbindungen hervorgehen, pflegen sie gleich nach deren Geburt rücksichtslos zu verlassen, auf dem Berge Himavat, oder in der Wildniss am Flusse, was im nächsten Bande zu erörtern ist.

Wie bereits in den Brahmanas, bilden die Gandharven auch im Epos ein Volk, das von Königen beherrscht wird, die der Musik, der Waffen, Rosse und, wie es scheint, auch der Heilkräuter wol kundig und auch mit einigen übermenschlichen Eigenschaften ausgestattet sind. Der Gandharvenfürst Citrasena lehrt dem Arjuna die ganze gāndharva d. h. Gandharvenkunst Mbh. I 101 v. 4068 d. h. die Musik,[2]) wie sie denn ja auch überall im Epos als Musikanten den Göttern aufspielen. Doch auch in den Waffen waren sie geübt, wie denn schon der Name Citrasena d. i. Glanzgeschoss darauf hinweist und ein andrer Gandharvenkönig, Cithraratha, einen furchtbaren Bogen spannt Mbh. I 6442 ff. (Z. V. S. 1, 531). Sie sind streitbar, leben mit anderen Völkern, z. B. den Sauvīra, einem am Indus wohnenden Stamme, in Krieg (Lassen, I. A. 1, 656), Citraratha wagt gegen Arjuna den Kampf (S. 29), Citrasena streitet siegreich mit König Duryodhana, aber unglücklich mit Arjuna Mbh. 3, 15 012 (Z. V. S. 1, 530. Z. D. M. G. 32, 324). Ein dritter fürstlicher Citra- oder Glanzgandharve, Citrāngada, erschlägt nach dreijährigem Kampf den ihm namensgleichen Sohn der Satyavatī, der erst alle menschlichen Könige überwunden, dann die Götter und Götterfeinde angegriffen hatte. Mbh. I 101 v. 4068 ff. (Lassen I. A. 1, 632). Endlich sind auch noch die Gandharven Tumburu und Nārada zu erwähnen, deren erster in Gestalt des Wasserungetüms Viradha dem Rama die Sita entführt, um sich von diesem töten zu lassen und dann in den Himmel aufsteigen zu können. Ramay. III 8

---

[1]) Der Vater des heiligen Agastya ist Mitra oder Varuna im Mbh., seine hier nicht angegebene Mutter nach anderen Quellen Urvaçī. Z. D. M. G. 34, 589.

[2]) Während Kuhn Z. V. S. 1, 532 unter gāndharva die Waffenkunst versteht, erklären Wilson und Lassen I. A, 2, 958 sie mit mehr Recht als die Sangeskunst, vgl. auch Weber Ind. Stud. 2, 67, wo sieben aus dem Gāndharvaveda citierte Noten erwähnt werden, und unten die Inschrift Açoka's. Die Inder zählen vier Upaveda auf, Ayurveda Medicin, Dhanurveda Kriegskunst, Gāndharvaveda Musik und Arthaçāstram Technik. Weber Ind. Literatur. 1 239.

(Gubernatis a. O. 649). Nārada wird trotz seiner Affengestalt von seiner Frau geliebt und als er seine schöne Gestalt wiedererhält, zuerst von ihr geflohen. Mbh. 12, (III, 404) 1082 ff. (Benfey, Pantschant. 2, 261). Die Stärke der Gandharven wächst während der Nacht. Mbh. I 6484 ff. (Gubernatis a. O.). Berühmt sind die Rosse der Gandharven, welche die Helden unter den Rossen genannt werden, durch ihre Unverwundbarkeit, Gedankenschnelligkeit, Ausdauer und das Vermögen ihre Farbe zu wechseln und nach Wunsch sich zu nahen. Mbh. I 6484 ff (Z. V. S. 1, 531. Gubernatis a. O. 240). Sie sind dunkelfleckig und haben die wunderbare Farbe von Papageienflügeln und Pfauen (Z. V. S. 1, 531).[1)] Merkwürdiger Weise werden Mbh. I v. 11762 die Gandharva selber die besten Rosse (hajottamās) genannt, von den Yakshas an den Wagen Kuvera's gespannt und wiehern gleich Pferden (Z. V. S. 1, 453).[2)] Citraratha, der von der himmlischen Agniwaffe besiegt und vor Yudishthira geschleppt wurde, machte dankbar für die erhaltene Verzeihung diesem viele schöne Rosse und die göttliche Fähigkeit, Alles zu sehen, was er in den drei Welten zu sehen wünsche, d. h. die cākshushī vidya, zum Geschenk Mbh. I 6478 (Z. V. S. 1, 531). Citraratha belehrt auch den Held Arjuna darüber, dass er ihn und die Seinen angegriffen hätte, weil sie ohne Feuer und Feueropfer und sonder Leitung eines Brahmanen einherzögen. Mbh. I 6442 (Lassen 1, 665 ff. Z. V. S. 1, 531).[3)]

Die Apsaras sind im Mbh. durch ihre sprichwörtliche Schönheit ausgezeichnet, sie haben grosse Lotusaugen (āyatā oder padmalocanās), lockiges, mit Blumen geschmücktes Haar, volle Brüste und Hüften. Schöne Frauen werden bewundernd gefragt: „Bist du eine Apsaras?" Ihre Kleider sind luftig, zart, wolkenfarbig glänzend. Sie sind in Liebeskünsten erfahrene Tänzerinnen, rauben Sinn und Verstand (cetobudhimanoharās Mbh. 3, 43, 32. Z. D. M. G. 33, 644) mit ihrem schiefem Blick

---

[1)] Diese Farbenangaben verlieren an Auffälligkeit, wenn man von den regenbogen-, morgenrot-, rebhuhnfarbigen Pferden liest, die von nördlichen Völkern, auch von den Einfüsslern, her nach Indien eingeführt wurden (Lassen I. A. 1, 854. 2, 547).

[2)] Übrigens spannt im Mbh. Nahusha auch die Rishi vor seinen Wagen. Z. D. M. G. 34, 395.

[3)] Samaveda 20, 12 wird ein Citraratha mit seinen Priestern als erster Vollbringer einer Ceremonie erwähnt. Weber Ind. Stud. 1, 32.

katâksha und ihrem Lachen. Sie haben gedankenschellen Gang und die Fähigkeit überall zu wandeln. Sie erhöhen ihre Fröhlichkeit durch ein Getränk aus Zuckerrohrsaft sīdhu. Auch sie sind ausser dem Tanz in anderen Künsten, wie der Musik, erfahren und fahren auf hellleuchtenden Wagen dahin (A. Holtzmann Z. D. M. G. 33, 631 ff.). Sie verwandeln sich auch in einen Papagei oder eine Hirtin, daher heisst eine Kāmarūpini Hariv. 10002 d. h. die nach Belieben Gestalten annimmt und Arūpā Mbh. 1, 65, 46 (Z. D. M. G. 33, 639. 644). In späterer Zeit haben auch sie, wie die Gandharven ein Oberhaupt, nämlich den Liebesgott Kāma oder Kāmadeva 19, 12499 (Z. D. M. G. 33, 633).

Von einem Kultus der Apsaras findet sich nach A. Holtzmann im Mbh. keine Spur, doch werden einige ihnen geweihte Wallfahrtsorte erwähnt, so die fünf Apsaras geweihten fünf Teiche Nāritīrtha und das tīrtha der Urvaçī (Z. D. M. G. 33, 343. 34, 590. Lassen I. A. 1, 564).

Eine der ältesten buddhistischen Schriften, das Dhammapadam v. 105, sagt: Nicht ein Gott, nicht ein Gandhabba (d. i. Gandharva), nicht Māra (d. i. der Versucher) mit Brahman vereint, kann je den Sieg eines Mannes, der sich selbst bezähmt, zur Niederlage machen. v. 420: Wessen Wege nicht erkennen die Götter, Menschen, Gandhabba, wer gebrechenfrei, würdig ist — 'nen Solchen nenn' ich Brāhmana (Z. D. M. G. 14, 47. 85). Andere ältere buddhistische Werke nennen unter den Halbgöttern des Brahmanentums auch die Gandharvas und Kinnaras. Im dritten Jahrh. v. Chr., als der Buddhismus siegreich in die nordwestlichen Gebirgsländer Indiens vordrang, wurden hier die Schlangengottheiten, wie die übrigen Halbgötter des Himavat, die Gandharvas, Yakshas und die missgestalten Kumbhāndas [1]) bekehrt d. h. deren Verehrer (Lassen Ind. Altert. 1, 736. 2, 235 vgl. 2, 454). Die buddhistische Tradition bezeichnet einen der Hauptverbreiter des Buddhismus, den Pancaçikha, als Gandharva d. h. Halbgott (Weber Ind. Litteraturgesch. 248). Auf die Dauer hat, wie es scheint, die neue Religion sich dieser, wie so vieler anderer Gestalten der alten Religion nicht erwehren

---

[1]) Die in den buddhistischen Sūtra so häufig genannten Yakshas, Garudas, Kinnaras, Kumbhāndas sind in den Brahmanas noch unbekannt. Die Kumbhāndas sind Zwerge mit Hoden so gross wie Kübel? (Weber Ind. Litteraturgesch. 263).

können. Das buddhistische Sūryodgamana sutra c. 2 zählt zu den lebenden Wesen ausser den Menschen, Devas, Brahmas auch die Gandharven und andere Dämonen (Ind. Stud 3, 125). Aus uralter Zeit aber klingt in die des Buddhismus eine Nachricht herüber, die uns der grosse Grammatiker Panini aufbewahrt hat, in dem Citat: „Die Gandharven melkten die Apsaras" (Z. V. S. 1, 529). Endlich belehrt uns noch über die Gandharven eins der wichtigsten historischen Denkmäler Indiens, nämlich die berühmte Açokasäule in Allahabad, welche unter der älteren Inschrift König Açoka's eine andere jüngere, des um 200 n. Chr. regierenden Königs Samudragupta enthält, die zu den Tugenden desselben in Zeile 24 auch die rechnet, dass er die Lehrer des Götterkönigs Indra in der Gāndharva (d. i. Musik), Nārada und Tumburu (oben S. 28. 30) durch seine Überlegenheit beschämt habe, wie er denn auch auf einer seiner Münzen als Harfen- oder vielmehr Vīnāspieler dargestellt ist (Lassen Ind. Altert. 2, 939. 958).[1]

Die reiche Erzählungs- und Märchenlitteratur der Inder hat sich der Gandharven und Apsaras vielfach bedient, so z. B. das Pantschatantra, das aus einem weiten Kreise verschiedenartigster Überlieferungen, nicht nur buddhistischer und griechischer, sondern auch vedischer und epischer seine Nahrung zieht. Es kennt III, 6 einen König Citraratha, der zwar nicht namentlich als Gandharve bezeichnet wird, aber offenbar mit dem Gandharvenkönig Citraratha im Mbh. (oben S. 30. 31) identisch ist. Denn auch er besitzt ein von Kriegern wol behütetes Gewässer, hier Padmasaras d. i. Lotussee genannt. Statt der Apsaras schwimmen viele goldne Schwäne darin, die alle sechs Monate ihren Schweif als Abgabe fallen lassen, bis ein grosser Vogel, Sauvarna (der goldne), dem sie den See streitig machen, sie beim Könige anschuldigt. Dieser schickt denn auch Leute mit Knütteln gegen sie, um sie zu töten, aber auf Rat eines alten Schwans entziehen sie sich ihrem Verderben durch die Flucht (Benfey 2, 245).

Im Sinhāsana dvātriṃçikā lässt Indra einen Streit im Himmel zwischen den beiden Apsaras Urvaçī und Rambhā durch Vikramārka schlichten, der sich für Urvaçī entscheidet und dafür von

---

[1] Als Schüler des Kalāpin, Verfassers einer vedischen Schrift, werden die Taumburavinah und Aulapinah angeführt, jene, wie es scheint, nach dem Gandharven Tumburu, diese nach der Apsaras Ulūpī genannt, die Mbh. I 7793 an der Ganga wohnte und Arjuna's Gemahlin war. (Ind. Stud. 1, 150. 13, 441).

Indra dessen herrlichen, mit 32 goldnen Statuen gezierten Thron erhält (Benfey Pantsch. 1, 123. Ind. Stud. 15, 217). Ebenda vernimmt ein König eine unsichtbare Stimme am Fluss und fragt: „Bist du ein Gott, ein Gandharve, ein Kimnara oder ein Mensch?" Es war ein Gandharve, der Türsteher Indra's, von diesem wegen seines Gelüstes nach fremden Weibern in einen Esel (gardabha) verwandelt, der des Königs Tochter verlangt und auch bekommt, nachdem er ihm in einer Nacht die Stadt mit Kupfermauern umgeben und einen Palast gebaut hat. Nach der Vermählung nimmt er eine himmlische Gestalt an und wohnt mit seiner Frau auf dem Meru oder Mānasasarovara oder in der Stadt der Yaksha und Kimnara. Als aber seine Schwiegermutter während eines Besuchs sein Eselsfell ins Feuer wirft, sagt er zu seiner Gattin: „Holde, nun gehe ich in den Himmel zurück, mein Fluch ist zu Ende". Darauf antwortet sie: „Wäre ich nicht schwanger von dir, so gienge ich mit dir". Damit fuhr er gen Himmel. Das Kind aber, Vikramāditya, erhielt trotz der Bedrohung seines Lebens durch den Grossvater und trotz seiner Aussetzung das Reich desselben (Ind. Stud. 15, 252 ff.).[1]

Im Vīracaritra 6, einem epischen Gedichte des Ananta, das zwischen 1000 und 1400 n. Chr. verfasst sein wird, gibt sich Çīrshaya, ein rumpflos geborenes Wesen, für einen Lehrer der Gandharven aus und hebt dessen zum Zeugniss einen entzückenden Gesang an (Ind. Stud. 14, 106). Ebenda 13 wird eine Apsaras aus ihrer Verwandlung in ein Holzbild von einem Brahmanen erlöst und fährt mit ihm auf einem Zauberwagen in Indra's Himmel. Dem Sohn des Brahmanen führt sie dann aus dem Himmel eine Braut zu (Ind. Stud. 14, 120. vgl. 145. 402).

aa) Zeugnisse der indischen Kunst.

Den litteraischen Zeugnissen müsste sich ein Überblick über die bildlichen Gandharvendarstellungen anschliessen, aber ich muss bei mangelnden Kenntnissen und Hilfsmitteln darauf verzichten. Ich kann nur auf eine Bemerkung Max Müllers Urspr. d. Relig. S. 131 verweisen, nach welcher die Gandharven

---

[1] Varianten bei Benfey Pantsch. 1, 260, wo der Gandharva, der verdammt ist, Tags als Esel, Nachts als Mensch auf Erden zu weilen, bis er wieder in seinem göttlichen Leibe zum Himmel emporfliegt, sogar ein Sohn Indra's heisst. Vgl. die Legende bei Lassen Ind. Altert. 2, 802 und die Geschichte von Ardschi Boschi (de Gubernatis Die Tiere, 1, 104).

mit den Apsaras, Kinnaras und Schlangen die ältesten Motive zur Ornamentirung öffentlicher Gebäude bilden, und ausserdem auf die zwei Abbildungen in Lübkes Denkm. d. Kunst [4] 11. Tafel 2 und 9. Beide darin wiedergegebene Reliefs, das eine von Elephanta, das andere von Mahamalaipur, stellen Çiva und seine Gattin Parvati nebst ihrem Sohne Kārttikeya (oder Skanda) dar. Neben, hinter und über ihnen knien, stehen und schweben auf dem reicheren Relief von Elephanta, das wahrscheinlich den jubelnden Empfang des im Gangaschilf aufgefundenen Götterkindes auf dem Kailasa (Z. D. M. G. 27, 193 ff.) darstellt, männliche und weibliche Gestalten, teils anbetend, teils in Wolken tanzend und musicierend. Auf dem Relief von Mahamalaipur sind hinter den sitzenden drei Gottheiten zwei dienstbare, wie es scheint anbetende Wesen angebracht, die auch auf Gandharven gedeutet werden können. Von einer bestimmteren Charakteristik ist keine Spur vorhanden.

b) Zeugnisse der iranischen Litteratur.

Die iranische Litteratur gewährt uns nur zwei, aber höchst kostbare Zeugnisse über den dem indischen Gandharva entsprechenden Gandrawa oder Gandharawa, das eine im Jescht der Ardvīçūra 10. Kereçaçpa richtet an Ardvīçūra den Wunsch: gib mir, o herrliche, segnende Ardvīçūra, unbefleckte, dass ich überwinde den Gandhrawa Zairipāçna (mit goldnen Klauen oder Zehen), der besetzt hält die Ufer (Enden) des Sees Voura Kascha (mit vielen Buchten oder Gestaden) (Z. V. S. 1, 541). Die Pārsi bezeichnen die Fata Morgana als Gandharvenstadt nach Sachau Journ. R. As. Soc. 1869. 4, 251. 257 (Weber Ind. Stud. 13, 136).

c) Zeugnisse der griechischen Litteratur.

Wir wenden uns nun den Quellen unserer Kentaurenkunde in der griechischen Litteratur zu. Aus dem homerischen Dichtungsgebiet sind folgende Zeugnisse zu entnehmen: In der Ilias 1, 262 ff. rühmt Nestor als die stärksten Menschen der Vorzeit Pirithoos, Dryas, Kaeneus, Exadios und den gottähnlichen Polyphemos und fährt V. 267 fort:

> Κάρτιστοι μὲν ἔσαν καὶ καρτίστοις ἐμάχοντο,
> φηρσὶν ὀρεσκῴοισι, καὶ ἐκπάγλως ἀπόλεσσαν.

Der Schiffskatalog Il. 2, 740 ff. erwähnt als einen Führer einen Sohn des Zeussohnes Pirithoos, Polypoites

> τὸν ῥ᾽ ὑπὸ Πειριθόῳ τέκετο κλυτὸς Ἱπποδάμεια
> ἤματι τῷ ὅτε φῆρας ἐτίσατο λαχνήεντας,
> τοὺς δ᾽ἐκ Πηλίου ὦσε καὶ Αἰθίκεσσι πέλασσεν.

Il. 11, 830 bittet der verwundete Eurypylos den Patroklos um ἤπια φάρμακα

> ἐσθλά, τά σε προτί φασιν Ἀχιλλῆος δεδιδάχθαι,
> ὃν Χείρων ἐδίδαξε, δικαιότατος Κενταύρων.

Il. 4, 218 ist es Machaon, der ἤπια φάρμακα

> πάσσε, τά οἷ ποτε πατρὶ φίλα φρονέων πόρε Χείρων.

Il. 16, 140 ist von dem ἔγχος die Rede

> βριθὺ, μέγα, στιβαρόν· τὸ μὲν οὐ δύνατ᾽ ἄλλος Ἀχαιῶν
> πάλλειν, ἀλλά μιν οἶος ἐπίστατο πῆλαι Ἀχιλλεὺς,
> Πηλιάδα μελίην, τὴν πατρὶ φίλῳ πόρε Χείρων
> Πηλίου ἐκ κορυφῆς φόνον ἔμμεναι ἡρώεσσιν,

wiederholt Il. 20, 388—391.

Die Odyssee gedenkt nicht dieser milden Seite der Kentauren, sondern nur ihres wüsten Kampfes mit den Lapithen, bedient sich aber nicht des Ausdrucks φῆρες, wie die Ilias bei der Erwähnung desselben Vorgangs. Antinoos, einer der Freier, hält das Ersuchen des Odysseus, ihn zum Bogenwettschiessen zuzulassen, für eine Wirkung des Weins und mahnt weiter

> 21, 295 οἶνος καὶ Κένταυρον, ἀγακλυτὸν Εὐρυτίωνα,
> ἄασ᾽ ἐνὶ μεγάρῳ μεγαθύμου Πειριθόοιο,
> ἐς Λαπίθας ἐλθόνθ᾽· ὁ δ᾽ἐπεὶ φρένας ἄασεν οἴνῳ,
> μαινόμενος κάκ᾽ ἔρεξε δόμον κάτα Πειριθόοιο.
> ἥρωας δ᾽ἄχος εἷλε, διὲκ προθύρου δὲ θύραζε
> 300 ἕλκον ἀναΐξαντες, ἀπ᾽ οὔατα νηλέϊ χαλκῷ
> ῥῖνάς τ᾽ἀμήσαντες· ὁ δὲ φρεσὶν ᾗσιν ἀασθεὶς
> ἤϊεν ἣν ἄτην ὀχέων ἀεσίφρονι θυμῷ.
> ἐξ οὗ Κενταύροισι καὶ ἀνδράσι νεῖκος ἐτύχθη,
> οἱ δ᾽αὐτῷ πρώτῳ κακὸν εὕρετο οἰνοβαρείων.

Auf ungewöhnlich grosse Gliedmassen und Körperbildung weisen zwei Stellen, die zu den homerischen gesetzt werden mögen; nämlich der Hermeshymnus V. 222 ff., wo Apoll die von Hermes verwischten Fussspuren nicht deuten kann:

> βήματα δ᾽οὔτ᾽ ἀνδρὸς τάδε γίγνεται οὔτε γυναικὸς
> οὔτε λύκων πολιῶν οὔτ᾽ ἄρκτων οὔτε λεόντων·
> οὐδέ τι Κενταύρου λασιαύχενος ἔλπομαι εἶναι
> ὅστις τοῖα πέλωρα βιβᾷ ποσὶ καρπαλίμοισιν.

Zu weiterer Erklärung heisst es V. 346:

αὐτὸς δ'οὗτος ἄϊκτος, ἀμήχανος, οὔτ' ἄρα ποσσίν
οὔτ' ἄρα χερσὶν ἔβαινε διὰ ψαμαθώδεα χῶρον,
τοῖα πέλωρ, ὡς εἴ τις ἀραιῇσι δρυσὶ βαίνοι.

Batrach. V. 170 weist Zeus lächelnd den Göttern die auf einander losrückenden Heerscharen der Mäuse und Frösche

οἷος Κενταύρων στρατὸς ἔρχεται ἠδὲ Γιγάντων.

Hom. Κάμ. V. 17

δεῦρο δὲ καὶ Χείρων ἀγέτω πολέας Κενταύρους,
οἵ θ' Ἡρακλῆος χεῖρας φύγον οἵ τ'απόλοντο.

Aus der kleinen Ilias wird das Fragment:

ἀμφὶ δὲ πόρκης
χρύσεος ἀστράπτει καὶ ἐπ' αὐτῷ δίκροος ἄρδις

nach Schol. Pind. Nem. VI 86 und Schol. Vict. Il. 2, 142 auf die Lanze bezogen, deren Gebrauch Chiron dem Peleus, dieser aber dem Achill lehrte (Epic. graec. fr. Kinkel 1, 41).

Die hesiodische Dichtung unterrichtet uns über andere Seiten des Kentaurentums:

Hesiod, der in seiner Theogonie die Ungetüme, wie die Hekatoncheiren, den dreiköpfigen Geryon, die Echidna, den Orthos und Kerberos, die Lernäische Hydra und die Chimaira, nicht vergisst, hat doch der Kentauren weder bei den Söhnen des Kronos, zu denen Chiron gerechnet wird, noch am Schluss, wo er die Sprösslinge von Göttinnen und sterblichen Männern aufzählt, der übrigen Kentauren darin gedacht. Theog. V. 1001 und Fragm. 111 bemerkt er von Jason und von dessen Sohne Medeios, dass sie im Gebirge Chiron der Philyride aufgezogen habe. Im 147. Fragment aus den Eoeen werden im Widerspruch hiermit und mit anderen Überlieferungen Apoll und Thero die Eltern des Rossbändigers Chiron genannt.

Dem Hesiod werden auch Χείρωνος ὑποθῆκαι zugeschrieben, die u. a. bei der Heimkehr als Erstes den ewigen Göttern zu opfern empfehlen. S. Schoemann Hesiodi carmina. fragm. 205—213.

In einem andern Werke des hesiodischen Dichtungskreises, den Katalogen, ist die mit den Kentauren in Verbindung stehende Peleussage behandelt worden, worüber in einem folgenden Bändchen gesprochen werden soll vgl. Katal. fragm. 71 und 110 (Marksch.), wo die Kentauren auch ὀρεσκῷοι heissen. Fragm. 111 erzieht Chiron den Jason auf dem waldigen Pelion (s. o.). Auch wird hier Chiron Gatte einer Nais genannt (Epic. graec. fragm. ed. Kinkel 1, 102).

Ähnliche Stoffe und in ähnlicher hie und da speculativer Weise, wie Hesiod, behandelte der Verfasser der Titano- (oder mit früher Verwechslung auch Giganto-)machie, Eumelos oder Arktinos, im 8. Jahrhundert. Eines ihrer Fragmente:

Εἴς τε δικαιοσύνην θνητῶν γένος ἤγαγε δείξας
ὅρκους καὶ θυσίας ἱερὰς [1]) καὶ σχήματ᾿ Ὀλύμπου

bezog Clem. Alex. Strom. 1 p. 132 auf Chiron (Epicorum graecorum fragm. ed. Kinkel 1, 8). Nach einem anderen Fragment dieses Gedichts bei Apoll. Rhod. 1, 554 verwandelte sich Kronos in ein Pferd und zeugte in dieser Gestalt mit Philyra der Tochter des Okeanos den Hippokentauren Chiron, dessen Weib Chariklo hiess (Epic. gr. fr. Kinkel 1, 8 vgl. Mannhardt W. F. K. 2. 82 ff.). Nach einem Vers aus dem genealogischen Epos des Asios, der übrigens nach Bernhardy, Grundr.³ II 1, 338 nicht vor Archilochos lebte, kam Melanippe, Chirons Tochter und Geliebte des Aeolos, im Hause des Zeus nieder (Epic. gr. fr. a. O. 1, 203).

Ich schliesse hier das dem Hesiod zwar zugeschriebene, aber weit jüngere Gedicht vom Heraklesschild an, der auf seinem dritten Streifen ausser dem Götterchor, Hafen und Fischfang, Perseus und die Gorgonen auch die Kentaurenschlacht darstellte.[2]) Es heisst:

V. 178 ἐν δ᾿ἦν ὑσμίνη Λαπιθάων αἰχμητάων
Καινέα τ᾿ἀμφὶ ἄνακτα Δρύαντά τε Πειρίθοόν τε
Ὁπλέα τ᾿Ἐξάδιόν τε Φάληρόν τε Πρόλοχόν τε
Μόψον τ᾿Ἀμπυκίδην, Τιταρήσιον, ὄζον Ἄρηος,
Θησέα τ᾿ Αἰγεΐδην, ἐπιείκελον ἀθανάτοισιν.
Κένταυροι δ᾿ἑτέρωθεν ἐναντίοι ἠγερέθοντο
185 ἀμφὶ μέγαν Πετραῖον ἰδ᾿ Ἄσβολον οἰωνιστὴν
Ἄρκτον τ᾿ Οὔρειόν τε μελαγχαίτην τε Μίμαντα
καὶ δύο Πευκείδας, Περιμηδεά τε Δρύαλόν τε,
ἀργύρεοι, χρυσέας ἐλάτας ἐν χερσὶν ἔχοντες.
καί τε συναϊγδην ὡσεὶ ζωοί περ ἐόντες
190 ἔγχεσιν ἠδ᾿ ἐλάτης αὐτοσχεδὸν ὠριγνῶντο.

Wie die Bildnerei des Schildes des Herakles wirkliche Kunstwerke, namentlich die ältesten Vasenbilder, so wie den

---

[1]) Preller Griech. Myth. ⁸ 2, 17 liest offenbar irrig „ἱλαρὰς".
[2]) K. O. Müller in der Ztschr. f. Altertw. 1834, No. 110. Handb. der Archäologie der Kunst ³ § 65. 3. 345 ** 5. J. Overbeck Gesch. der Plastik 1, 53. Archäolog. Zeitung 1882. 40, 197. Milchhöfer Anfänge der Kunst in Griechenl. S. 157 ff. 161.

Kasten des Kypselos, vor Augen hat (s. u.), so erscheint auch sein poetischer Stil durch ältere Muster bestimmt, wenigstens was die Lapithen betrifft. Sie heissen αἰχμηταί wie Il. 12, 128, ὄζος Ἄρηος wird Il. 2, 745 der Lapithe Leonteus genannt, hier der Lapithe Mopsos, ein Sohn des Ampyx oder Ampykos, der auch Apollon. 1, 65 Schol. und Hygin. f. 14 als Prophet vorkommt (Preller Gr. M. ³2,481), während Titaresios Il. 2, 751 der Name eines Nebenflusses des Peneios ist. In den Lapithennamen Peirithoos, Dryas, Kaineus und Exadios stimmen beide Gedichte überein, die andern vom Schild erwähnten scheinen nicht besonders alt. Dagegen sind die Kentaurennamen von Bedeutung, sie tragen zum grössten Teil einen entschieden altertümlichen Charakter (vgl. Mannhardt W. F. K. 2, 41 ff.) und kehren zum Teil auf der Françoisvase wieder (s. u.).

Den Übergang von der homerischen Dichtung einerseits und der hesiodischen andrerseits mag der Aegimios bilden, der bald Hesiod, bald Kerkops dem Milesier zugeschrieben wird und nach Schol. Laur. ad Apoll. Rhod. 4, 816 auch die Peleussage, wenigstens teilweise, erzählte und wahrscheinlich auch Peleus und seines Sohnes Verhältniss zu dem Kentauren berührte. Wenn man nicht mit K. O. Müller schon vor der Ilias Herakleen annehmen will (Dorier 2, 464), wozu allerdings die zahlreichen Anspielungen dieses Gedichts auf die Heraklessage überreden könnten, so kann man den Aegimios als Vorläufer der ausschliesslich den Taten des Herakles gewidmeten Dichtungen betrachten (Bernhardy, Grundr. ³ II, 1, 327), denen dann weiterhin die Theseen folgten, beide die Kentaurensagen mehrfach in ihren Kreis ziehend. Vom Milesier Melesander, der nach Aelian Var. hist. 11, 2 eine Kentauromachie geschrieben haben soll, wissen wir sonst nichts, dagegen sind uns die Namen verschiedener Herakleensänger verbürgt (Epic. graec. fr. Kinkel, 1, 212 ff.). Und dass diese auch Herakles' Einkehr bei den Kentauren und deren Bekämpfung, einen von Homer und Hesiod nicht gekannten oder verschmähten Sagenstoff, behandelten, das machen die ältesten bildnerischen Kunstwerke (s. u.) wahrscheinlich und auch einige uns erhaltene Bruchstücke gewiss. So nennt Hesychius das sprichwörtliche: νοῦς οὐ παρὰ Κενταύροισι ein Πεισάνδρου κομμάτιον ἐπὶ τῶν ἀδυνάτων ταττόμενον, das von O. Müller, Dorier 2, 459 auf das Abenteuer des Herakles bei Pholos bezogen wird (vgl. auch Mannhardt W. F. K. 2, 43).

Pisander aber dichtete um die 33. Olympiade eine Heraklea (Epic. graec. fr. Kinkel 1, 252. Bernhardy, Gr. 1 ⁴, 371. II 2 ², 339 ff).

Stesichoros behandelte in seiner Geryonis [1]) oder einer anderen lyrisch-epischen Dichtung dieselbe Scene, vgl. Fr. 7:

σκύπφειον δὲ λαβὼν δέπας ἔμμετρον ὡς τριλάγυνον
πῖεν ²) ἐπισχόμενος, τὸ ῥά οἱ παρέθηκε Φόλος κεράσας.

Einige schöne und umfangreichere Fragmente sind aus der späteren Heraklee eines Vetters oder Oheims Herodots, des um 470 blühenden Panyasis, gerettet, von denen vier (Epic. graec. fr. Kinkel 1, 255 ff. No. 4, 12—14. Rhein. Mus. 33, 207) O. Müller Dorier 2, 457 gewiss mit Recht auf das Mahl des Herakles beim gastfreien Kentauren Pholos deutet.

No. 4 τοῦ κεράσας κρητῆρα μέγαν χρυσοῖο φαεινόν
σκύπφους αἰνύμενος θαμέας πότον ἡδὺν ἔπινεν.

No. 12 ξεῖν᾽ ἄγε δὴ καὶ πῖν᾽,

worauf ein warmes Lob des Weines in diesem und den zwei andern wol dazu gehörigen Fragmenten folgt, aber auch nicht ohne Warnung vor dem Übermass des Trinkens.

Die einerseits so mild menschliche, andrerseits so wild tierische Natur der Kentauren, wie sie uns die homerische Dichtung bereits enthüllt, hat nun Pindars beschauliches Gemüt tief ergriffen, in welchem insbesondere der ethische Gehalt des Kentaurenschicksals, der schon von der Odyssee und auch von Theognis 541 (ὕβρις — Κενταύρους ὠμοφάγους ὄλεσεν) betont wurde, einen tieferen Sinn gewann. Schon sein Lehrer Lasus aus Hermione hatte eine ᾠδὴ ἄσιγμος (Athen. 10, 455. Meineke), Κένταυροι betitelt, verfasst, aber Pindar verdankt diesem gekünstelten Vorbild wahrscheinlich weit weniger, als seiner böotischen Herkunft. Als Aeolier schöpft er viel mehr Sachliches aus der Sage seines Stammes als der ionische Homer, so dass uns das Dunkel, das über der Kentaurenwelt lag, durch ihn wesentlich gelichtet wird.

Im zweiten pythischen Epinikion mahnt Pindar vom Übermut ab durch Ixions furchtbares Beispiel, welcher der Here nachstellte, statt ihrer aber die untergeschobene Nephele (νεφέλα, ψεῦδος γλυκύ) umarmte.

---

[1]) K. O. Müller Dorier 2, 458 vermutet, der Becher des Helios habe den Stesichoros zu der episodischen Einflechtung des Gastmahls bei Pholos in seine Geryonis veranlasst.

²) Dafür Bergk πῖνεν. Athen. 12, 499 ³ (Meineke).

Pyth. 2, 42:
ἄνευ οἱ χαρίτων τέκεν γόνον ὑπερφίαλον,
μόνα καὶ μόνον, οὔτ᾽ ἐν ἀνδράσι γερασφόρον οὔτ᾽ ἐν θεῶν νόμοις.
τὸν ὀνύμαξε τράφοισα Κένταυρον ὅς
ἵπποισι Μαγνητίδεσσιν ἐμίγνυτ᾽ ἐν Παλίου
σφυροῖς. ἐκ δ᾽ ἐγένοντο στρατὸς
θαυμαστός, ἀμφοτέροις
ὁμοῖοι τοκεῦσι, τὰ ματρόθεν μὲν κάτα, τὰ δ᾽ ὕπερθε πατρός.

Hiezu ist zu bemerken, dass nach Boeckh (II 2, 246) ἄνευ χαρίτων γόνος nicht als ein γόνος ἔξω συνουσίας, sondern als ein γόνος ἄχαρις erklärt werden muss. Zwar Ixions und der Nephele Sohn Kentauros hat darnach keinen Pferdeleib, wol aber die Hippokentauren, seine Söhne, die aus seiner und der anagnesischen Stuten Vereinigung hervorgehen. Doch schon der alte Kentauros ist ein schreckliches Ungeheuer (ἄγριος und τερατώδης Schol.) und desshalb so verhasst, dass er weder bei den Göttern, noch bei den Menschen Achtung fand und sich mit Pferden verbinden musste. Dieser Kentaur ist nach Eustath. zur Ilias 2, S. 338 der magnetische Kentaur.[1]

Ein Scholion (Boeckh II 1, 320) meldet zu Pyth. 2, dass Pirithoos, der die Kentauren zu seiner Hochzeit geladen, dem Ares zu opfern versäumt und ihn dadurch erzürnt habe. Beim Mahl vermochten desshalb die Kentauren, als sie den Duft der Mischkrüge merkten, ihre angeborene Leidenschaft nicht zurückzuhalten. Voll des ungemischten Weins griffen sie nach den Lapithenweibern, wobei viele Kentauren erschlagen, andere in das Gebirge Pholoe gejagt wurden.

Hierzu gehören zwei Pindarische Fragmente, 147 und 148 (Boeckh II 2, 637):

147 ἀνδροδάμαντα δ᾽ ἐπεὶ Φῆρες δάεν ῥιπὰν μελιαδέος οἴνου,
ἐσσυμένως ἀπὸ μὲν λευκὸν γάλα χερσὶ τραπεζᾶν
ὤθεον αὐτόματοι δ᾽ ἐξ ἀργυρέων κεράτων
πίνοντες ἐπλάζοντο.

148 ὁ δὲ χλωραῖς ἐλάταισι τυπεὶς
οἴχεται Καινεὺς σχίσαις ὀρθῷ ποδὶ γᾶν.

Weit mehr als zu solchen bedenklichen Sagen, vor denen Pindar in Olymp. IX 35 ff. einen Abscheu äussert, fühlt er sich zu dem weisen, heilkundigen, wahrhaftigen Chiron hingezogen,

---

[1] Schol. Venet. ad Il. 1, 266 führt den Ursprung des Kentauros auf die in einer Nacht vollzogene Vereinigung des Ixion und des Pegasos mit einer Sklavin zurück.

dessen Lob er in mehreren Hymnen verkündet, am innigsten im 3. Pyth., der den Hiero nicht nur wegen seines Sieges zu preisen, sondern auch wegen seiner Erkrankung zu trösten hat (Boeckh II 2, 254). Mit Chiron beginnt und schliesst sein Lied.

V. 1 *Ἤθελον Χείρωνά κε Φιλλυρίδαν,*
 εἰ χρεὼν τοῦθ᾽ ἁμετέρας ἀπὸ γλώσσας κοινὸν εὔξασθαι ἔπος,
 ζώειν τὸν ἀποιχόμενον,
 Οὐρανίδα γόνον εὐρυμέδοντα Κρόνον, βάσσαισί τ᾽ἄρχειν Φῆρ᾽ ἀγρότερον,
5 *νοῦν ἔχοντ᾽ ἀνδρῶν φίλον· οἷος ἐὼν θρέχεν ποτέ*
 τέκτονα νωδυνιᾶν ἄμερον
 γυιαρκέων Ἀσκλάπιον,
 ἥρωα παντοδαπᾶν ἀλκτῆρα νούσων.
45 *καί ῥά μιν* (Asklepios) *Μάγνητι φέρων πόρε* (Apollo) *Κενταύρῳ διδάξαι*
 πολυπήμονας ἀνθρώποισιν ἰᾶσθαι νόσους.
63 *εἰ δὲ σώφρων ἄντρον* [1]) *ἔναι᾽ ἔτι Χείρων καὶ τί οἱ*
 φίλτρον ἐν θυμῷ μελιγάρυες ὕμνοι
 ἁμέτεροι τίθεν· ἰατῆρά τοί κέν νιν πίθον
 καὶ νῦν ἐσθλοῖσι παρασχεῖν ἀνδράσιν θερμᾶν νόσων.

Pyth. 4, 102 spricht ein andrer Zögling Chirons:
 φαμὶ διδασκαλίαν Χείρωνος οἴσειν. ἄντροθε γὰρ νέομαι
 πὰρ Χαρικλοῦς καὶ Φιλύρας, ἵνα κενταύρου με κοῦραι θρέψαι ἁγναί.
 εἴκοσι δ᾽ἐκτελέσαις ἐνιαυτοὺς οὔτε ἔργον
105 *οὔτ᾽ ἔπος εὐτράπελον κείνοισιν εἰπὼν ἱκόμαν*
 οἴκαδ᾽.
111 *τοί μ᾽* (die Eltern den Jason) *ἐπεὶ πάμπρωτον εἶδον φέγγος* —
 Κρονίδᾳ δὲ τράφεν Χείρωνι δῶκαν.
119 *Φῆρ δέ με θεῖος Ἰάσονα κικλήσκων προσηύδα.*

Von diesen beiden und dem dritten und berühmtesten Zögling erzählt Nem. 3, 43:
 ξανθὸς δ᾽Ἀχιλεὺς τὰ μὲν μένων Φιλύρας ἐν δόμοις,
 παῖς ἐὼν ἄθυρε μεγάλα ἔργα, χερσὶ θαμινὰ
45 *βραχυσίδαρον ἄκοντα πάλλων, ἴσα τ᾽ἀνέμοις*
 μάχᾳ λεόντεσσιν ἀγροτέροις ἔπρασσεν φόνον,
 κάπρους ἔναιρε, σώματα δὲ παρὰ Κρονίδαν
 Κένταυρον ἀσθμαίνων ἐκόμιζεν,
 ἐξέτης τὸ πρῶτον, [2]) *ὅλον δ᾽ἔπειτ᾽ ἂν χρόνον·*
50 *τὸν ἐθάμβεον Ἄρτεμίς τε καὶ θρασεῖ᾽ Ἀθᾶνα*
 κτείνοντ᾽ ἐλάφους ἄνευ κυνῶν δολίων θ᾽ἐρκέων·
 ποσσὶ γὰρ κράτεσκε. λεγόμενον δὲ τοῦτο προτέρων

---

[1]) Vgl. *ἄφθιτον Χείρωνος ἄντρον* Pind. Jsthm. 7, 42, wo Peleus Hochzeit feiert, hiezu auch den Pelion *Πελεθρόνιος βῆσσα* und *Πελεθρόνιον νάπος* b. Nikand. Ther. 440. 505. Chiron hiess ὁ *Πελεθρόνιος*. Hes. Schol. Nik. Ther. 438. 493. s. Preller gr. M. ³2, 15.

[2]) Über das *ἑξέτης τὸ πρῶτον* den Unterrichtsanfang, von dem auch Hesiod gedichtet hatte, s. Preller Griech. M. ³2, 401.

ἔπος ἔχω. ¹) βαθυμῆτα Χείρων τράφε λιθίνῳ
'Ιάσον' ἔνδον τέγει καὶ ἔπειτεν Ἀσκλάπιον,
55 τὸν φαρμάκων δίδαξε μαλακόχειρα νόμον·
νύμφευσε δ᾽ αὖτις ἀγλαόκρανον (ἀγλαόκαρπον)
Νηρέος θύγατρα. γόνον τέ οἱ φέρτατον
ἀτίταλλεν ἐν ἀρμένοισι πάντα θυμὸν αὔξων. ²)

Im Pyth. Epin. 9, 30 ff. prophezeit Chiron, aus seinem σεμνὸν ἄντρον ³) hervorkommend, ζαμενής, ἀγανᾷ χλαρὸν γελάσσαις ὀφρύι, dem Apoll, dass dieser Kyrene, des Lapithenkönigs Hypseos mit Löwen ringende Tochter, von den windbrausenden Schluchten des Pelion nach Libyen führen werde.

Nem. 4, 60 gedenkt mit den Worten:

τᾷ
δαιδάλῳ δὲ μαχαίρᾳ
φύτευέν οἱ θάνατον
ἐκ λόχου Πελίαο παῖς.

ἄλαλκε δὲ Χείρων
der Abwehr des dem Peleus von der Hippolyta und Akast hinterlistig zugedachten Todes. Auch das Fragm. 65:

ἐν δασκίοισιν πατήρ· νηλεεῖ νόῳ δ᾽·

bezieht Boeckh II. 2, 647 wol mit Recht auf diese Scene, indem er in dem in den schattigen Wäldern (streifenden oder eingeschlummerten) πατήρ den Peleus erkennt, den νηλεής νόος aber dem ihm nachstellenden Akast zuschreibt.

Auch Pindar kannte ἐντολαὶ Χείρωνος Fragm. 167, vgl. Pyth. 4, 103, und insbesondere 6, 20, wo der Sohn der Philyra in wesentlicher Übereinstimmung mit dem ersten hesiodischen Chironsgebot (oben S. 37) dem verwaisten Peliden vor Allem Ehrfurcht vor Zeus, dann die vor den Eltern ans Herz legt.

Auch die eleische Überlieferung der Kentaurensage ist von Pindar verherrlicht worden, nach dem 57. Fragment bei Pausanias III 25, wo: ὁ ζαμενὴς δ᾽, ὁ χοροιτύπος, ὃν Μαλεάγονος ἔθρεψε Ναΐδος ἀκοίτας Σειληνός auf Pholos (oder Chiron?) gedeutet werden muss.

Das grosse attische Drama des 5. Jahrhunderts, während dessen die Kentauren in der attischen Bildnerei zu einer künstlerischen Erscheinung ersten Ranges sich emporschwangen,

---

¹) Diese Verse sollen nach Bergk Griech. Litteraturgesch. 1, 1003 ihren Stoff den Χείρωνος ὑποθῆκαι entnommen haben. Mannhardt W. F. K. 2, 71.

²) Über die Schüler Chirons s. Preller griech. Myth. ³2, 16. 17.

³) Vgl. Note 1, Seite 42.

scheint sich im Ganzen wenig um diese Wesen bekümmert zu haben, deren Gestalt ja auch eine Verwendung wenigstens auf der ernsten Bühne sehr erschwerte, aber, wie es scheint, nicht völlig ausschloss, so dass der Reichtum und die Schönheit der Kentaurensage nicht bloss in den erzählenden Partien der Tragödie beachtet wurde.

Nach Welckers begründeter Vermutung in der aeschyleischen Trilogie S. 47 ff. beziehen sich die Worte des Hermes im Prom. Desm. V. 1026:

> τοιοῦδε μόχθου τέρμα μή τι προσδόκα,
> πρὶν ἂν θεῶν τις διάδοχος τῶν σῶν πόνων
> φανῇ, θελήσῃ τ᾽ εἰς ἀναύγητον μολεῖν
> Ἅιδην κνεφαῖά τ᾽ ἀμφὶ Ταρτάρου βάθη

auf Chiron, der nach Apollodor und Athenaeus (s. u.) sich für den Prometheus dem Tode weiht. Nach Welcker Tril. S. 263 ff. erscheint Chiron in dieser Rolle im Prom. Lyom., die nicht erst der Poesie, sondern dem Lemnischen Heiligtume angehöre und von Aeschylus wegen ihrer priesterlich religiösen Bedeutung nicht hätte umgangen werden können. Welcker fasst Chiron nicht als Stellvertreter des Prometheus, sondern als dessen Gegensatz, als das Sinnbild halbtierischer, rohsinnlicher Natur, sowie Prometheus als das der geistig freigewordenen Menschheit. Wahrscheinlicher als die letzte Deutung ist die andere Vermutung Welckers Aesch. Tril. S. 559, dass der Gegenstand der bis auf einige Verse verloren gegangenen aeschyleischen Tragödie der Perrhäbiden die Schlacht der Lapithen und Kentauren über dem Hochzeitsmal des Pirithoos und der Hippodamia sei, und eine Hauptrolle Kaeneus gehabt habe. Unverkennbar ist Aeschylus nach Welcker auch in der Schilderung Ovids (s. u.), sowol im ausgedehnten Ganzen, als in vielen Einzelzügen des herrlichen Gemäldes. Er erinnert besonders an Ov. Met. 12, 172: Perrhaebum Caenea vidi, Caenea Perrhaebum u. an V. 242

> vina dabant animos: et prima pocula pugna
> missa volant fragilesque cadi curvique lebetes,

aus denen sich deuten liessen die Bruchstücke:

> ἀργυρηλάτοις
> κέρασι χρυσᾶ στόμια προσβεβλημένοις

und: ποῦ μοι τὰ πολλὰ δῶρα κἀκροθίνια,
ποῦ χρυσότευκτα κἄργυρᾶ σκυφώματα;

unter welchen letzten 2 Versen Nauck Worte des Eioneus versteht, der die von Ixion ihm versprochenen Geschenke fordere. (W. Dindorf Poet. scen. graec. fab. 1, 113).

Sophokles erzählt in den Trach. sowol V. 9 ff. die aetolische Sage von der Werbung des in drei Gestalten sich verwandelnden Stromgottes Acheloos um Deianira und ihrer Befreiung durch Herakles, als auch V. 555 ff. die von Nessus, der, als er die junge Gattin des Herakles auf den Schultern über den Euenos trug und mit frechen Händen antastete, von ihrem Gemahl erschossen wurde, der Deianira aber sterbend sein Blut als Liebeszauber schenkte mit trügerischen Worten; vgl. V. 1143.[1]) Nessus heisst hier kurzweg θήρ V. 568. 709, oder θὴρ Κένταυρος V. 1164, oder ἀρχαῖος θήρ V. 556, dazu δασύστερνος V. 557, μελαγχαίτα V. 839. Aber Sophokles gedenkt auch des Kampfes des Herakles mit den Ploskentauren V. 1097, die er bezeichnet als

διφυῆ τ᾽ἄμικτον ἱπποβάμονα στρατὸν
θηρῶν, ὑβριστήν, ἄνομον, ὑπέροχον βίαν.

Im Gegensatz dazu erscheint auch ihm V. 716 Chiron als θεός, vom Pfeil des Herakles tötlich verwundet. Möglicher Weise kam Chiron in dem Phönix des Sophokles auf die Bühne, wie in dem ebenfalls verlornen gleichbetitelten Stück des Euripides, dessen Hauptheld von seinem Vater geblendet, durch Chiron wieder sehend wurde. (W. Dindorf a. O. 2, 158. 3, 353.) Auch nennt Euripides Herc. fur. V. 181 ähnlich wie Sophokles an der eben angeführten Stelle die Kentauren der Pholoe ein τετρασκελὲς ὕβρισμα, weiss aber auch V. 364 ff. von einer sonst nicht bekannten, durch Herakles herbeigeführten Niederlage der Kentauren am Peneios. In Iph. Aul. V. 206 ff. 705. 926 wird Chiron der Weise, der gottesfürchtigste Mann genannt, welcher lehrte τὸν ἰσάνεμον ποδοῖν λαιψηροδρόμον Ἀχιλῆα, V. 206, ἵν᾽ ᾖ θη μὴ μάθοι βροτῶν κακά, 709, sondern τοὺς τρόπους ἁπλοῦς ἔχειν, 927. In seiner heiligen Höle (σεμνὰ βάθρα) V. 705 wird die Hochzeit von Peleus und Thetis begangen auf dem Kentaurengebirge Pelion (V. 1046 ff.), während Ganymed des Mundschenkenamts waltet und der Nereidenchor am weissschimmernden Strand den Hochzeitsreigen aufführt. Mit Fichtenzweigen und Laubkränzen kommt

---

[1]) Auch in Ovids Heroid. 9, 161 begleitet Nessus seine Gabe mit empfehlenden Worten, wie auch in Nonni narr. ad Greg. invect. 1, 3 (Westermann Mythogr. S. 371).

der Thiasos der pferdebeinigen Kentauren zum Götterfestmahl und zum Trunk aus dem Krater des Bachus. Sie rufen aber laut, dass Chiron der Thetis die Geburt eines grossen Lichts verkündet hat.[1]) Euripides, den Arist. Frösche V. 937 ff. über des Aeschylos Hippalektryon und Tragelaphen spotten lässt, hat trotzdem in der einen seiner beiden Melanippen (Μελανίππη ἡ σοφή) die dramatische Behandlung einer eigentlichen Kentaurensage gewagt. Denn Melanippe war die Tochter Chirons und wurde vom Aeolus geschwängert. Als sie ihre Schwangerschaft merkte, floh sie aus Scham das väterliche Haus und wurde auf ihr Bitten, dass sie nicht von ihrem sie aufsuchenden Vater erkannt würde, in eine Stute verwandelt und unter die Sterne versetzt (W. Dindorf Poet. scen. gr. fragm. III. 426 ff.).

Eine wichtigere Rolle wird den Kentauren im Satyrspiel zugefallen sein, das ja offenbar vor allerhand Ungeheuern und Tiermenschen (den ἀκρατεῖς Satyrn) nicht zurückschrak, wie wir aus den Titeln Kyklops, Amykos, Busiris, Skeiron, Proteus, der Kirke u. s. w., die alle den drei grossen Tragikern zugeschrieben werden, schliessen dürfen. Ob zu dieser Gattung das wunderliche polymetrische Drama Κένταυρος des Lesedramendichters Chaeremon (Aristot. Poet. 1, 12. 24. Athen. 13, 608. Meineke) zu rechnen ist, bleibt zweifelhaft. Es wird doch nach seinem Inhalt seinen Titel bekommen haben und nicht, wie Welcker Nachtr. z. aeschyl. Trilogie S. 71 etwas gekünstelt vermutet, nach der unnatürlich scheinenden Mischung der verschiedenen Silbenmasse oder dialogischer mit erzählender Poesie. Eingeführt in die eigentliche Komödie, und zwar in die sicilische, hat die Kentauren, wie es scheint, der Meister mythologischer Komik, der volkstümliche Epicharm bereits zwischen der 70. und 80. Olympiade.

---

[1]) Hat Euripides hier an Apolls Stelle, welcher nach dem Fragment eines nicht näher bezeichneten Dramas des Aeschylos von Thetis beschuldigt wird, ihr alles Glück beim Hochzeitsmahl verheissen und dennoch ihren Sohn getötet zu haben, Chiron gesetzt, etwa aus dem gleichem Gefühl, mit welchem Plato Republ. 2 S. 383 diese aeschylischen Verse offenbar als eine Herabwürdigung des Gottes tadelte? (W. Dindorf Poet. scen. fragm. I, S. 120.) Auch bei Pindar. Pyth. 9, 30 ff. (oben S. 43) concurriren die beiden Weissager Apollo und Chiron, der mit leiser Ironie auf des Gottes Bitten um Auskunft über Kyrene ihm V. 44 antwortet: ἐξερωτᾷς, ὦ ἄνα; κύριον ὃς πάντων τέλος οἶσθα καὶ πάσας κελεύθους u. s. w. In Catulls bekanntem Hochzeitsliede des Peleus und der Thetis, 64, 307 ff. wird der prophetische Sang auf Achills Zukunft den Parzen in den Mund gelegt.

Er dichtete einen Herakles beim Pholos und vielleicht auch einen Chiron. Athen. 11, 479. 14, 648. Von den Dichtern der attischen Komödie mag, so viel uns bekannt, der ältere Kratinos (zw. 80. und 90. Ol.) zuerst die Kentaurensage benutzt haben, indem er seinen Zeitgenossen Perikles in der Komödie Χείρωνες besang, deren Hauptperson er, wie in andern Stücken, im Titel vervielfachte (Rhein. Mus. 33, 410). Der von Athen. 9, 388. 12, 653 (Meineke) dem älteren attischen Komödiendichter Pherekrates zugeschriebene Chiron wird von Andern dem weit jüngeren Nikomachos beigelegt. Aber jedenfalls hat auch der grösste Vertreter dieser Dichtgattung, Aristophanes, in einem seiner beiden sogenannten Dramata Δράματα ἢ Κένταυρος, den Kentauren zum Helden der Fabel gemacht, jedoch kann man aus den Fragmenten (W. Dindorf Poet. scen. graec. fr. 4, 203) keine Vermutung über den Inhalt derselben schöpfen. Auch die mittlere Komödie verwendet die Kentauren, wie der Chiron des jüngeren Kratinos (Athen. 11, 460), eines Zeitgenossen Plato's, und der Κένταυρος ἢ Δεξαμενός des Timokles (Athen. 6, 240), eines Zeitgenossen des Demosthenes, bezeugen. Endlich verfasste auch der Samier Lynkeus, der als Nebenbuhler Menanders zur neueren Komödie gehört, einen Kentauros (Athen. 4, 131).

Die alexandrinische Litteratur hat sich viel mit den Kentauren, bald in gelehrter, bald in poetischer Weise beschäftigt. Freundlich genrehaft erscheint in Apollonius' Argonautica 1, 533 Chiron bei der Abfahrt der Argonauten:

Αὐτὰρ ὁ ἐξ ὑπάτου ὄρεος κίεν ἄγχι θαλάσσης
Χείρων Φιλλυρίδης, πολιῇ δ' ἐπὶ κύματος ἀγῇ
τέγγε πόδας καὶ πολλὰ βαρείῃ χειρὶ κελεύων
νόστον ἐπευφήμησεν ἀκηδέα νισσομένοισιν.
σὺν καὶ οἱ παράκοιτις ἐπωλένιον φορέουσα
Πελείδην Ἀχιλῆα φίλῳ δειδίσκετο πατρί.

4, 812 sagt Hera zur Thetis:

ὃν (Ἀχιλῆα) δὴ νῦν Χείρωνος ἐν ἤθεσι Κενταύροιο
Νηϊάδες κομέουσι τεοῦ λίπτοντα γάλακτος.

Der im Beginn des 3. Jahrh. v. Chr. lebende Alexandriner Palaephatos erzählt de incredibilibus, Cap. 1 von den Kentauren (Westermann Mythogr. S. 269). Seine euhemeristische Kritik macht die Nephele zu einem Dorf, die Kentauren zu Jünglingen, die zuerst Pferde zum Reiten abrichten und so beritten wildgewordene Stiere des Pelion mit ihren Wurfspiessen töten. Daher stamme ihr Name. Vom König Ixion reich dafür belohnt, werden sie übermütig, rauben auf einem Gastmahl der Lapithen deren Weiber und geraten in Folge dessen mit ihnen in Krieg. Cap. 11 erklärt er die Sage von der Unverwundbarkeit des Caeneus dadurch, dass die Lapithen, als sie ihn von den Kentauren verschüttet fanden, ihn unverwundet gestorben nannten. Auf einem ähnlichen Standpunkt steht Heraklitos de incredib. 5 (Westermann Mythogr. S. 314), der die Kentauren aus der Phantasie derer hervorgegangen wähnt, die zuerst Reiter gesehen hätten.

Aratus Phaenom. 431 ff. (um 270 v. Chr.) besingt das Sternbild des Kentauren, das Hermippos in den Scholien zu V. 436 Chiron nennt. Ferner berichtet Dicaearch fragm. 60 ungefähr um dieselbe Zeit von einer Familie in Demetrias am Fusse des Pelion, die von Chiron abstammend (Χείρωνος ἀπόγονος) unentgeltlich Kranke heile, besonders durch die Wurzel des Χειρώνιον, das sonst auch Χείρωνος ῥίζα, Κενταύριον heisst, das den Menschen wegen seines thymianähnlichen Duftes angenehm sei, die Schlangen fern halte und durch seinen Geruch töte und jeden Schlangenbiss heile. Es ist das Tausendgüldenkraut oder Fieberkraut (Centaurea Centaurium L.), vgl. Mannhardt W. F. K. 2, 47 ff.

Lykophr. V. 670 nennt die Sirenen Κενταυροκτόνοι, wozu Tzetzes bemerkt: ἐπειδὴ οἱ Κένταυροι διωχθέντες ἀπὸ Θεσσαλίας ὑφ' Ἡρακλέους εἰς τὴν τῶν Σειρήνων νῆσον παρεγένοντο καὶ τῇ ᾠδῇ ἐκείνων θελγόμενοι ἀπώλοντο. Eine Nachricht, die in Ptolemaeos' Heph. N. Hist. (Westermann Mythogr. 192, 24) ähnlich wiederkehrt: Die vor Herakles durch Thyrrhenien fliehenden Kentauren sterben, vom Sirenengesang betört, Hungers (N. Jahrb. f. Philol. 1872 S. 423). Sie könnte auf Timaeus zurückgehen, der auch des Herakles Taten in Italien erzählte, (Müllenhoff D. Altertumsk. 1, 460. 467 ff.), jedoch findet sie sich nicht mehr in (Aristoteles) Mirab. auscult. cap. 100 ff., wo Timaeus von diesen Dingen redet. Tzetzes knüpft daran die Geschichte von Herakles' Kampf bei Pholos, in die er auch den Chiron hineinzieht und von Herakles tötlich verwunden lässt. Lykophr. V. 580 nennt einen Zarex, der nach Tzetzes ein Sohn des Karystos oder Karykos, des Sohnes Chirons, sein soll.

Erst in den beiden letzten vorchristlichen Jahrhunderten stossen wir auf ausführlichere Berichte über die Kentauren. Dem zweiten Jahrh. v. Chr. gehört Apollodoros, dem ersten

Diodoros Siculus und Ovidius an. Aber alle drei schöpften aus bedeutend älteren Werken. Apollodoros benutzte zur Darstellung der Kentaurensage in seiner Bibliothek, einem mythologischen Compendium, die attischen Stammgeschichten von Pherecydes und Akusilaos, die Geryonis des Stesichoros oder auch die Herakleen Pisanders und des Panyasis (C. G. Heyne [2] Apollodor 1803. Comm. XLI. ff. ad II 5, 4. Preller Gr. Myth. [3] 2, 194. Bernhardy Grundr. 1 [4], 371. 2 [3], 339 ff. 662). Diodors Bibliothek bezweckt einen Überblick über die Weltgeschichte, aber nach einem dreissigjährigen Studieren oder vielmehr Compilieren (Müllenhoff D. Altertumsk. 1, 425. 442. 460) mag er nicht dieselbe Enthaltsamkeit, wie die von ihm stark ausgebeuteten Vorgänger Ephorus von Cumae, Callisthenes und Theopompos, üben, sondern er schickt seinen geschichtlichen Nachrichten einen mythologischen Prolog vorauf. So kommt er l. IV. cap. 12. 69. 70 auch auf die Kentauren, auch hier mit seiner Kenntniss verschiedener Überlieferungen prunkend. Ovid wird in seinen Metamorphosen zu der breiten Schilderung der thessalischen Kentauromachie durch die derselben angehörige Episode vom Untergang und der Verwandlung des Lapithen Caeneus geführt, die wahrscheinlich schon in den Heteroioumena Nikanders von Kolophon, seines Hauptgewährsmannes, vorkam (Bernhardy, Grundr. [3] II 2, 735. N. Jahrb. f. Philol. 1872 S. 421). Aber auch andere Schilderungen standen ihm noch zu Gebote (C. G. Heyne zu Apollodor II 5, 4), z. B. vermutlich die Perrhaebiden des Aeschylus (S. 44).

Durch die genannten drei Schriftsteller sind wir in den Stand gesetzt, uns die Gestalt von zwei kentaurischen Hauptsagen, der von dem Kampf der Kentauren mit den Lapithen bei Pirithoos' Hochzeit und der nun erst uns genauer vorgeführten vom Kampf der Kentauren mit Herakles beim Pholos, wie sie etwa zwischen 600 und 500 v. Chr. erzählt wurden, einigermassen zu vergegenwärtigen. Die erste Sage bieten uns Diodor und Ovid, die zweite Diodor und Apollodor und nach diesem im Auszug Joannes Pediasimos de laboribus Herc. c. 4 (Westermann Mythogr. S. 351). Die Pholossage, soweit sie von Apollodor II 5, 4 und Diodor IV 12 übereinstimmend überliefert ist, lautet so: Herakles wird vom Kentaur Pholos gastlich aufgenommen und mit altem köstlichen Wein bewirtet, dessen Duft nach der Fassöffnung die anderen Kentauren heranzieht. Zwischen ihnen und Herakles entsteht ein Kampf, in welchem dieser durch seine Pfeile viele tötet, die andern aber in die Flucht jagt. Auch Pholos erliegt einer Wunde, die er sich beim Herausziehen eines Pfeils aus der Leiche eines Kentauren zugezogen, und wird von Herakles begraben. Diese Geschichte wird aber sowol bei Apollodor, als auch bei Diodor durch mehrere höchst altertümliche Züge belebt. So meldet der erste, dass Pholos, der ein Sohn Silens und der Nymphe Melia genannt wird, dem Herakles gebratenes Fleisch vorgesetzt habe, während er selber rohes genossen, in Übereinstimmung mit Theognis V. 541: ὕβρις — Κενταύρους ὠμοφάγους ὄλεσεν. Andrerseits ist nach Diodor das Fass eingegraben und dem Pholos von Bacchus in Verwahrung gegeben[1]) mit der Bestimmung, es erst bei Herakles' Einkehr zu öffnen. Apollodor nennt es nur ein den Kentauren gemeinsames Fass, das Pholos zu öffnen fürchtet, als Herakles von ihm Wein fordert. Und die Furcht des Pholos scheint alter Sage anzugehören, denn auch bei Diodor verbirgt er sich angstvoll, als die Kentauren, wie von Bremsen gestochen, wild lärmend zu seiner Wohnung herandrängen. Apollodor macht die Kampfschilderung mit wenig Worten ab: Die ersten Eindringlinge Agchios[2]) und Agrios, die wie die andern Kentauren mit Steinen und Fichten bewaffnet waren, verjagte Herakles mit Feuerbränden, andere erschoss er mit seinem Bogen, sie bis Malea verfolgend. Diodor beschreibt die Eigenart der Kämpfer ausführlicher: Die Kentauren waren von der Mutter her Götter, besassen die Schnelligkeit von Pferden, die Stärke doppelleibiger θῆρες, den Verstand und die Klugheit von Menschen (vgl. Pindar oben S. 41). Mit entwurzelten Fichten (πεύκαι), grossen Steinen, angezündeten Fackeln und mächtigen Beilen stürzten sie in den Kampf. Und obgleich ihnen ihre Mutter Nephele durch heftigen Regenguss, der den Vierbeinigen nicht schadete, dem zweibeinigen Herakles aber den Fuss schlüpfrig machte, beistand, besiegte sie Herakles dennoch. Von den Gefallenen bezeichnet Diodor als die berühmtesten Daphnis, Agreus, Amphion, Hippotion, Oreus,[3]) Isoples, Melanchaites, Thereus, Dupon und Phrixos.

---

[1]) Schol. Theokr. 7, 149 zum Lohn dafür, dass Pholos beim Streit des Dionysos und Hephaestos um Naxos die Insel jenem zugesprochen hatte. Heyne z. Apollodor 2, 5, 4.

[2]) Roscher verbessert diesen Namen in Übereinstimmung mit Her. Schild 186 in Arktos. (N. Jahrb. f. Philol. 1872 S. 426.)

[3]) Der Kampf des Oreus mit Herakles war nach Pausan. III 18 auf dem amykläischen Thron dargestellt (s. unten S. 63).

In der Beschreibung der Schicksale der Kentauren nach ihrer Niederlage ist Apollodor wieder ausführlicher. Sie flohen nach ihm zum Chiron, den die Lapithen vom Pelion nach Malea vertrieben hatten. Ein dem kentaurischen Flüchtling Elatos zugedachter Pfeil des Herakles brachte dem Knie Chirons eine unheilbare Wunde bei, mit der er sich in seine Höle zurückzog. Aber da er als Unsterblicher nicht sterben konnte, so sehr er es wegen seiner Schmerzen wünschte, gab er dem sterblichen Prometheus seine Unsterblichkeit hin, die diesem im Falle einer solchen Abtretung geweissagt war (s. oben S. 44 u. Apollod. II 5, 11). Andere Kentauren flüchteten nach Achaja oder Aetolien. Der Kentaur Nessos entkam nach dem Fluss Euenos, die übrigen Kentauren barg Poseidon im Gebirg bei Eleusis[1]) (nach Heyne: Leukosia, die Sireneninsel s. oben S. 48 Lykophron). Als Herakles nach der Pholoe zurückkehrte, traf er den Pholos in Verwunderung darüber, dass ein so kleines Ding, wie ein von ihm aus einem toten Kentauren herausgezogener Pfeil, einen so mächtigen Kentauren vernichten könnte. Der Pfeil aber glitt ihm in den Fuss, Pholos starb und Herakles bestattete ihn. Diesem schliesst Apollod. II, 5, 5, hier weit abweichend von der gewöhnlichen Eurytionsage bei Homer und Pherecydes und nach Heyne dem Bacchylides (Schol. Od. 21, 295) folgend, einen Zug des Herakles zu Dexamenos,[2]) dem König von Olenos, an, der wider seinen Willen seine Tochter Mnesimache dem jener Niederlage entronnenen Kentauren Eurytion zu verheiraten im Begriff stand. Den zur Braut kommenden Kentauren aber tötete Herakles (vgl. O. Müller, Dorier, 1, 421).

Nach Diodor wurde der entkommene Homados, der Eurystheus' Schwester Alcyone Gewalt angetan, von Herakles erlegt. Pholos kam auch nach Diodor durch Herakles' Pfeil um und zwar, als er seine kentaurische Verwantschaft begrub. Auch den wegen seiner Heilkunst bewunderten Chiron tötete Herakles durch einen Pfeilschuss wider seinen Willen. Auch Diodor ,IV 33 weiss von Eurytions Ermordung durch Herakles in Olenos zu erzählen. Aber des Dexamenos Tochter heisst Hippolyte und Eurytion ist nicht ihr Bräutigam, sondern sucht ihr Gewalt anzutun auf ihrer Hochzeit mit Azanes.

---

[1]) Nach Philostr. jun. 16 entkam Nessos allein der Niederlage auf der Pholoe.

[2]) Dexamenos wird in den Schol. Kallim. auf Delos ein Kentaur genannt. (O. Müller a. O.)

Apollodor gewährt noch mehrere andere Kentaurennachrichten, so II 7, 6 die Geschichte von Nessos, der, wie er sagt, von den Göttern wegen seiner Gerechtigkeit die Fährgerechtigkeit am Euenos bekommen hat, die Deianira über den Fluss trägt, sie antastet und, auf ihr Geschrei von Herakles tötlich getroffen, ihr als Liebeszauber eine Mischung seines Samens und aus der Wunde strömenden Bluts empfiehlt (oben S. 45). Nach Apollod. II 5, 11. 12 muss Herakles sich erst vom Kentaurenmord reinigen, bevor er in die Eleusinischen Mysterien eingeweiht wird, nach Diodor IV 14 aber setzt Demeter zu Herakles' Ehren die kleinen Mysterien ein, um den Kentaurenmord zu sühnen.

Ausser dem merkwürdigen Tode Chirons weiss Apollodor noch manches Andere von diesem Kentauren zu berichten. So schiebt er I 2, 2 in ein aus lauter Fetzen der Theogonie (V. 346 ff. 507 ff. 378 ff. 409) zusammengestücktes Capitel die derselben unbekannte Nachricht (S. 37) ein, dass Χείρων, der διφυὴς Κένταυρος, ein Sohn des Kronos und der Philyra sei.

Apollod. III 4, 4: Chiron erzog den Aktaeon zum Jäger. Nach dessen Tod beschwichtigte er die Trauer seiner Hunde durch ein von ihm verfertigtes Bildniss ihres Herrn.

Apollod. III 10, 4: Apoll brachte seinen dem Scheiterhaufen entrissenen Sohn Asklepios dem Chiron, der ihn in der Heilkunst und Jagd unterwies.

Apollod. III 13, 3 ff.: Als der allein auf dem Pelion gelassene Peleus sein vom Akastos in Kuhmist verstecktes Messer suchte, wurde er von den Kentauren angepackt, aber dem Tode nah von Chiron gerettet. Dieser riet dem Peleus auch die Thetis zu rauben, beschenkte ihn bei der Hochzeit mit ihr mit einer Eschenlanze, nährte den ihm von Peleus anvertrauten Peliden Ligyron, den er in Achilleus umtaufte, mit Löwen- und Eberlebern und Bärenmark. 13, 8: Dem geblendeten Phoenix, den Peleus ebenfalls zu ihm brachte, gab er das Gesicht wieder.

Nach Apollod. III 12, 6 heiratete Aeacus die Tochter Chirons, Endeis, deren Kinder Peleus und Telamon waren, der letzte nach Pherecydes aber nur des Peleus Freund, nicht Bruder; vgl. Pindar. N. 5, 12.

Apollod. III 9, 1: Die Kentauren Rhoecus und Hylaeus wurden von der Atalante mit Pfeilen erschossen, als sie ihr Gewalt antun wollten.

Über die Herkunft der Kentauren bringt Diodor. IV 69.

70 mehrere Angaben vor, von denen die glaubwürdigste die über deren Abstammung von Nephele ist, weil sie mit dem Bericht über die Pholossage, dann auch mit Pindar Pyth. II (S. 40.) stimmt. Die ἀνϑρωποφυεῖς Kentauren seien Kinder Ixions und der an Hera's Stelle getretenen Nephele, nach Einigen (cap. 70) hätten die von Nymphen auf dem Pelion erzogenen Kentauren mit Stuten die sogenannten διφυεῖς Kentauren gezeugt. Andere behaupteten, die Sprösslinge von Nephele und Ixion hätten den Namen Hippokentauren daher bekommen, weil sie zuerst die Reitkunst geübt.

Hier schliesst Diodor IV 70 die Kentauren-Lapithenschlacht an. Weil nämlich die Kentauren derselben Abkunft wie Pirithoos (der auch für einen Sohn Ixions galt), verlangten sie einen Teil des väterlichen Erbes von ihm und gerieten darüber mit ihm in Streit. Nach Beendigung desselben lud Pirithoos Theseus und die Kentauren zu seiner Hochzeit mit der Tochter des Butes, Hippodamia, ein, auf der sie trunken den Frauen beim Gelage Gewalt anzutun versuchten. Theseus und die Lapithen töteten nicht wenige und jagten die anderen aus dem Lande. Später wieder siegreich bedrängten sie von der Pholoe aus die vorüberziehenden Griechen durch Raub und Mord.

Diese Kentauromachie schildert nun Ovid Metamorphosen 12, 210 ff. in glänzenden Farben, indem er sicherlich Vieles nach modernerem Geschmack einflicht, wie das fast sentimental ausgemalte Liebesleben des Kentaurenpaares Cyllaros und Hylonome V. 393 ff. Aber er bewahrt auch manche alte schöne Züge mit feinem dichterischen Takt und mag Vieles, wie Welcker vermutet, den Perrhaebiden des Aeschylos verdanken. So nennt er die wilden Hochzeitsgäste V. 211 nubigenae feri (V. 240 bimembres, wie bei Vergil und Silius, V. 406 semiferi, V. 536 semihomines). Der wildeste aller Kentauren, Eurytus, durch Wein und Begierde entflammt, ist auch hier der Friedensstörer, indem er die Braut Hippodamia angreift, die anderen die anderen Weiber. Im daraus entstehenden Kampf bedienen sich die Kentauren der Trinkgefässe, eines Kronleuchters und Altars, der Feuerbrände, Bäume und Steine. Aber Lycotas V. 350 und Teleboas V. 443 führen Wurfspiesse, Pyracmon ein Beil V. 460. Bären-, Wolfs- und Löwenfelle hüllen sie ein V. 319. 381. 430, die Brust des Hippasos ist mit einem wallenden Bart bedeckt V. 351, Goldhaar hängt dem Cyllaros von den Schultern bis auf den Oberarm herab V. 396. Seine Gattin aber taucht ihren Leib züchtig täglich zweimal in die Waldgewässer V. 412. Ovids Schilderung gipfelt in der seit der Françoisvase auch in der bildenden Kunst so beliebten Scene vom Untergang und in der von der Metamorphose des Lapithen Caeneus, der V. 459 gewaltig in den Kampf eingreift und unverwundbar von den Kentauren mit einer Baumlast erstickt wird, aber in einen Vogel verwandelt davonfliegt. Die Kentauren aber werden erschlagen oder in die Flucht gejagt V. 535, auch Pholos V. 306 gehört dazu.

Ovid gedenkt in seinen Metam. II 630 ff. auch noch des geminus d. h. doppelgestaltigen Chiron, des Philyreischen Heros, in dessen Höle Apoll seinen Sohn Aesculap bringt. Ocyrhoe, die Tochter Chirons und der Nymphe Chariklo, weissagt dem Kinde Apolls die Göttlichkeit, ihrem jetzt noch unsterblichen Vater aber den Tod und wird darauf trotz der Gebete, die Chiron unter Thränen an Apoll richtet, in eine Stute verwandelt vgl. Pseudo-Eratosthenes Catasterism. 18 (ed. Westermann; Mythogr.).

Ovids Zeitgenosse Hyginus meint Fab. 138, Chiron, der Erfinder der Kräuterheikunst, sei ein Sohn Saturns, der in ein Ross verwandelt in Thracien mit der Tochter des Oceanus, Philyra, den Kentauren gezeugt habe. Fab. 33 gibt nach Heyne's Vermutung den Inhalt der Eurytionelegie des Hermesianax (Pausan. 7, 18, 1.) wieder. Herakles hatte der Tochter des Dexamenos, Deianira, die Ehe gelobt. Nach seinem Abschied aber versprach der ängstliche Dexamenos seine Tochter dem werbenden Kentauren Eurytion, dem Sohne Ixions und der Nephele. Als dieser aber mit seinen Brüdern zum Hochzeitsfest erschien, wurde er von Herakles erschlagen und Deianira von diesem weggeführt (oben S. 51.) In seinen Astronomica §. 2, 38 (ed. Bunte) erklärt er das Sternbild Centaurus. Als Chiron, mit seinem Gast Hercules dessen Pfeile betrachtend, durch einen derselben tötlich am Fuss verletzt, oder auch als Chiron oder auch Pholos, darüber erstaunt, dass so kleine Pfeile so grosse Kentauren zu töten vermocht hätten, gleichfalls zum Tode verwundet worden, sei der Kentaur von Jupiter unter die Sterne versetzt; vgl. Pseudo-Eratosth. Catasterism. 40 (ed. Westermann Mythogr. S. 264). 2, 27 führt er an, dass das Tierkreisbild des Sagittarius von Vielen Centaurus genannt würde, was aber Andere verwürfen, weil kein Centaur sich der

Pfeile bedient hätte. Einige hielten ihn für Crotus, den Sohn der Musenamme Eupheme, den jagd- und rossliebenden Musenfreund; vgl. Pseudo-Eratosth. Catast. 28 (Westermann Mythogr. S. 258). Über das Sternbild Hippos vgl. oben S. 46.

Übrigens führe ich hier erst zwei etwas ältere römische Dichter als Zeugen vor, den einen, weil er nur ganz gelegentlich auf die Kentauren kommt, den andern, weil er eine eigentümliche Stellung zu ihnen einnimmt. Catull nämlich hat in seinem 64. Gedicht, nachdem er vorher Scenen aus der Ariadnesage geschildert, die Hochzeit des Peleus und der Thetis besungen und auch Chirons nicht vergessen.

> 278   princeps e vertice Pelei
> advenit Chiron portans silvestria dona.
> Nam quoscumque ferunt campi, quos Thessala magnis
> montibus ora creat, quos propter fluminis undas
> aura parit flores tepidi fecunda Favoni,
> hos indistinctis plexos tulit ipse corollis,
> quo permulsa domus jocundo risit odore.

Vergil behandelt einerseits die alte Überlieferung mit grosser Willkür, andrerseits trägt er zuerst ein italisches, vielleicht etruskisches und älteres Element auch in die Poesie hinein, das uns schon viel früher in der Bildnerei begegnet. Der brave Pholus, der auch von Ovid wider die alte Sage in die Lapithenschlacht hineingezogen wird, aber wahrscheinlich nur um einen weiteren Kentaurennamen zu gewinnen, erscheint bei Vergil an zwei Stellen als ein todeswürdiges Ungeheuer. Aen. 8, 294 preisen die Salier den Hercules mit den Worten:

> Tu nubigenas, invicte, bimembres
> Hylaeumque Pholumque manu — mactas.

und Georg. 2, 455 heisst es:

> Bacchus et ad culpam causas dedit: ille furentes
> Centauros leto domuit Rhoetumque Pholumque
> et magno Hylaeum Lapithis cratere minantem.

Vergils Flüchtigkeit geht auch aus Georg. 3, 115 hervor:

> Frena Pelethronii Lapithae gyrosque dedere,
> impositi dorso atque equitem docuere sub armis
> insultare solo et gressus glomerare superbos,

denn das Beiwort Pelethronius (S. 42) und die Reiterkunst stehen den Kentauren zu, nicht den Lapithen, die überhaupt nie in der Poesie oder Bildnerei zu Ross erscheinen.

Georg. 3, 92 ff.:

> Talis et ipse jubam cervice effudit equina
> coniugis adventu pernix Saturnus et altum
> Pelion hinnitu fugiens implevit acuto

spielt auf des Kronos Liebschaft mit der Philyra an, der Chiron sein Dasein verdankte.

Aber viel merkwürdiger ist es, dass Vergil Aen. 6, 286 die Centauren mit verschiedenen andern Ungeheuern an den Eingang des Orcus verpflanzt:

> Centauri in foribus stabulant, Scyllaeque[1]) biformes,
> et centumgeminus Briareus ac bellua Lernae
> horrendum stridens flammisque armata Chimaera,
> Gorgones Harpyiaeque et forma tricorporis umbrae.

Nach dieser eigentümlichen Verwendung der Kentauren, die noch in Statius' Silv. 5, 3, 277 ff., aber wol nur als blosse Nachahmung, wiederkehrt:

> At vos umbrarum reges aeternaque Juno —
> si laudanda precor — taedas auferte comasque
> Eumenidum: nullo sonet asper janitor ore!
> Centaurosque Hydraeque greges Scyllaeaque monstra
> aversae celent valles.

verlieren die letzten Kundgebungen des sinkenden Altertums mehr und mehr an Bedeutung.

Dem Columella im 1. Jahrh. n. Chr. ist in seiner Praefatio I, 2 Chiron wie Melampus ein Lehrer auch in der Viehzucht, während Plutarch de Mus. 40 noch mehr das alte Bild von Meister Chiron festhält: ὁ σοφώτατος Χείρων μουσικῆς τε ἅμα ὢν καὶ δικαιοσύνης καὶ ἰατρικῆς διδάσκαλος. Im Sympos. III 1, 3 bringt er die bemerkenswerte Überlieferung bei: Τύριοι μὲν Ἀγηνορίδῃ, Μάγνητες δὲ Χείρωνι, τοῖς πρώτοις ἰατρεῦσαι λεγομένοις ἀπαρχὰς κομίζουσι. ῥίζαι γάρ εἰσι καὶ βοτάναι δι' ὧν ἰῶντο τοὺς κάμνοντας. Dazu stelle man die andere Opfernachricht, die ein gewisser Monimos überliefert (Westerm. Paradoxogr. S. 165): ἐν Πέλλῃ (A. Πελλήνῃ) τῆς Θετταλίας Ἀχαιὸν ἄνθρωπον (A. τινας)

---

[1]) Auch noch in der 3. Auflage der röm. Myth. von Preller 2, 76 wird Scylla statt der Hydra die Bewohnerin des inneren Tartarus genannt, gegen den handschriftlichen Text des V. 576 und die obige Stelle, welche die Scyllen an den Eingang setzt. Allerdings kommt die Hydra ebenfalls V. 287 als bellua Lernae vor, weswegen Servius zu Aen. 6, 576 an der späteren Stelle die Hydra nur als zur Vergleichung herangezogenes Wesen verstanden wissen will. Nach Heyne bedeutet Hydra hier nur Schlange.

Πηλεῖ καὶ Χείρωνι καταθύεσθαι, wobei zu bemerken, dass Panofka ἀχαίνην d. h. ἔλαφον für das wunderliche Ἀχαιόν vermutet (Preller Griech. M. ³ 2, 397)¹).

Eine andere mehr örtliche und schwankende Überlieferung von Chiron theilt Pausanias 5, 5, 10 mit, dass dieser, von Herakles' Pfeil getroffen, in dem vom Gebirge Lapitha herabkommenden arkadischen Flusse Anigros seine Wunde abgewaschen habe, der seitdem durch das Gift der Hydra angesteckt einen abscheulichen Geruch von sich gäbe. Andere Griechen aber nännten statt Chirons den Kentauren Pylēnor.

Als Erzieher und Gastfreund wird Chiron auch späterhin nicht vergessen. Antonin. Liberal. Transform. 38 erzählt nach Nicanders Heteroioum. (Westerm. Mythogr. S. 234) vom Peleus, wie er von Akast auf dem Pelion verlassen dem Kentauren begegnet, der ihn auf sein Bitten in seine Höle aufnimmt. Nach Philostr. Heroikos um 250 n. Chr. lehrt Chiron Jagd-, Kriegs-Heilkunst, Musik und Gerechtigkeit, nach dessen Imag. 2, 2 insbesondere dem Achill die Jagd, den Lauf und das Citherspiel, wobei er diesen auf seinen Rücken setzt. Noch die Geschichten des Nicephor. Basilacae im 12. Jh. (Westerm. Mythogr. S. 365) rühmen den Hippokentauren Chiron, der in einer thessalischen Höle den Achill mit Hirsch- und anderem Tiermark ernährt und in der Bogenkunst unterwiesen, wobei er ihn ebenfalls auf den Rücken seines kentaurischen Rossleibes gesetzt habe. Die Euhemeristenstrasse ziehen dann wieder Phlegon und Aelian. Jener Freigelassene Hadrians meldet in seinen Mirab. 34 (Westerm. Paradoxogr. S. 141) von einem auf einem hohen giftkräuterreichen Gebirge Arabiens gefangenen Hippokentauren, der seinem Kaiser nach Aegypten geschickt wurde, von Fleisch lebte, aber in Folge des Luftwechsels starb. Einbalsamirt kam er nach Rom, um dort als Ungeheuer mit tiermenschlichem Antlitz, harigen Händen, festen Hufen und blonder Mähne im kaiserlichen Palast ausgestellt zu werden (vgl. Friedländer Darst. aus der Sittengesch. Roms ² 1, 42, wo noch von einem anderen an Constantin gesendeten Kentauren die Rede ist). Aelian um 250 n. Chr., welcher Var. Hist. 13, 1 jene Liebeswerbung der Kentauren Hylaeus und Rhoecus um Atalante bei Apollodor

---

¹) Für Ἀχαιὸν ἄνθρωπον vermute ich ἀρχαῖόν τινα τρόπον, wie Pausanias 5, 5, 10 vom alten Honigkuchenopfer der Eleer zu Olympia sagt: θύουσι δὲ ἀρχαῖόν τινα τρόπον.

(S. 52) etwas ausschmückt, auch 9, 16 als ältesten der ausonischen Ureinwohner Italiens den Mares kennt, der vorn Menschen-, hinten Pferdegestalt gehabt habe, schwankt in der Nat. animal. 16, 9, ob die Kentauren eine wirkliche Nation gewesen oder Geschöpfe der Einbildung seien. Und ähnlich zweifelt noch der h. Hieronymus V. Pauli eremit. opp. II S. 6 ed. Vallars., ob der dem h. Antonius begegnende Kentaur ein Blendwerk des Teufels oder ein wirkliches Wüstengeschöpf gewesen.

Das widerlichste Zerrbild der alten Sage hat Ptolemaeus Hephästion zu Stande gebracht, obgleich er noch dem ersten Jahrhundert n. Chr. angehört. In seinen Nov. Hist. cap. 5 weiss er nicht nur von dem schon angeführten Tod der Kentauren durch die Sirenen zu erzählen, sondern er macht uns auch cap. 1 mit einem neuen Schüler Chirons, Kokytos, bekannt, der den vom Eber verwundeten Adonis kuriert. Cap. 2 lehrt Aphrodite wegen ihres Adonis ihren und des Herakles Geliebten, den Kentauren Nessos, die dem Herakles so verhängnissvolle Hinterlist. Cap. 3 wird der ehebrecherische Iamische Kentaur entweder vom Eunuchen Pirithous, oder vom Theseus getötet. Cap. 4. Der Gott Dionysos lernt als Chirons Geliebter von diesem Bacchanalien und Mysterien. Cap. 8 endlich übergibt Peleus dem Chiron den von seiner Mutter beinah verbrannten Achill. Statt des vom Feuer verzehrten Knöchels setzt der Kentaur seinem Zögling den Knöchel eines Giganten, Damysos, ein (Westerm. Mythogr. S. 183. 184. 188. 190. 195).

c) Zeugnisse der griechischen Kunst.

Viel reicher als die Poesie strömt die andere Quelle unserer Kenntniss der Kentauren, die bildende Kunst. Schon in ihrer frühesten Kindheit scheinen die Kentauren ihre Lieblinge gewesen zu sein und bis in ihre spätesten Zeiten hinein wird sie nicht müde dieselben immer und immer wieder darzustellen und in neue Verhältnisse einzuführen. Nach den neuesten Forschungen sind die Kentauren zwar bisher noch nicht auf den sogenannten Inselsteinen, den „prähistorischen" Gemmen, nachzuweisen, die uns den ältesten Bilderkreis griechischer Gottheiten und Dämonen, darunter besonders zahlreicher den Kentauren verwanter, pferdeköpfiger Dämonen bewahren. Jedoch glaube ich auch eigentliche Kentauren schon auf diesen uralten Erzeugnissen griechischer

Kunstfertigkeit erkennen zu dürfen (s. u.). Jedenfalls erscheinen die Kentauren und zuweilen sogar reihenweise bereits in den Kunstgattungen, deren Typik der der Gemmen an Alter, Inhalt und Stil sehr nahe steht, nämlich auf den Reliefvasen des 7. und 6. Jahrhunderts und den gleichaltrigen Metallreliefs, die beide sich bald mehr der geometrischen, bald mehr der orientalischen Decorationsweise nähern, den ältesten in Griechenland nachweisbaren, neben einander herlaufenden Decorationsweisen (vgl. Furtwängler Abh. d. Berl. Akad. 1879. S. 43. 46).

Zu den im geometrischen Decorationsstil nicht ungewöhnlichen Motiven rechnet Furtwängler den menschenbeinigen Kentauren, der auf einem gravirten Bronzeblechfragment von Dodona (Carapanos Dodone pl. 19, 5) in sehr primitiver Zeichnung vorkommt. Verwant ist ein kleiner menschenbeiniger Bronze-Kentaur von Olympia, der auf einer mit Halbkreisen verzierten Basis steht. Sein vogelartiger Kopf ist ganz so gebildet wie die menschlichen Köpfe der Dipylonvasen. Ähnliche Kentauren sind uns und zwar reihenweise erhalten auf einem rotthonigen Reliefvasenfragment aus Camiros auf Rhodos, dessen Stil dem der ebenerwähnten geometrischen Dipylonvasen verwant ist (Furtwängler a. O. S. 20). Es stellt zwei sehr dünnleibige und dickschweifige, mit Pferdehinter- und menschlichen Vorderbeinen versehene, vollständig identische Kentauren dar. Sie sperren die Arme aus einander, als ob sie etwa einen Bogen spannten oder eine andere Waffe schwängen. Zwischen ihnen steht eine menschliche Figur, die dem einen zugewanten Kentauren in der Rechten einen dreizackigen Blitz entgegenstreckt, während die Linke eine Doppelaxt emporhält. Rechts von dem zweiten abgewanten Kentauren hat sich diese Figur offenbar wiederholt, so dass die Vase ringsum mit solchen aus einem Kentauren und dieser menschlichen Figur gebildeten Paaren vermittelst abgerollter Cylinder geschmückt war. Diese Figur wird wegen des Blitzes und der ebenfalls den Blitz oder Donnerkeil bedeutenden Doppelaxt auf Zeus gedeutet. Auch auf einem höchst primitiven bemalten Gefässfragment aus demselben Camiros erscheint ein Kentaur mit menschlichen Vorderbeinen, daneben ein Flügelpferd, an dem nur der Kopf menschlich ist (Milchhöfer Anfänge der Kunst in Griechenland S. 73 ff. 116 ff. 228). Die sicilische rote Reliefgefässgattung nun, die als die Fortsetzung der rhodischen oder ihr gleichartig betrachtet wird, zeigt uns auch Kentauren ganz ähnlicher Bildung, die ebenfalls den Vasenreliefs entsprechend in parataktischem Schema angeordnet und mit Äxten oder auch mit Doppeläxten bewaffnet sind (Milchhöfer a. O. S. 76. 157. 244). Endlich sind dieser sogen. „red-ware" wieder stilistisch nah verwant die etruskischen Reliefvasen aus schwarzem Thon, die sogen. Buccherovasen, deren wiederum ganz ähnlich gebildete Kentauren bald wie jene als kämpfende dargestellt werden, bald aber auch, einen Ast schulternd, in der Rechten einen senkrechten Speer tragend, hinter zwei ebenfalls speerbewehrten nackten Männern sich einer bekleideten Figur nahen, die auf einem Thron sitzt und mit beiden Händen einen wol als Scepter dienenden Stab gefasst hält. Die letzte Figur erklärt man als König der Unterwelt (Milchhöfer a. O. S. 76. 229). Vielleicht hat man die beiden Männer als Theseus und Pirithoos aufzufassen, die gemeinsam die Kentauren bekämpft haben und, in die Unterwelt eingedrungen, in Fesseln gelegt wurden. O. Müller hatte bereits 1834 (vgl. Handbuch der Archäologie [3] § 65. 2) auf den nahen Zusammenhang der Darstellungen des hesiodischen Heraklesschildes mit den ältesten Vasengemälden und dem Kasten des Kypselos hingewiesen, neuerdings aber Löschke (Arch. Z. 1881. S. 44 ff.) dieselben als zunächst nach Inhalt und Compositionsweise dem Bilderkreise der eben angeführten rotthonigen sicilischen Reliefvasen verwant erklärt, deren Kentauren ja auch allerdings in Bewaffnung und Anordnung genau mit den hesiodischen übereinstimmen. Jedoch setzt nach Furtwängler a. O. S. 60 dies Gedicht die Anschauung der völlig griechischen Stufe voraus, die durch die altkorinthischen Gefässe repräsentirt wird, und ist jünger als die bildnerische Darstellung des Kampfes des Herakles mit den Kentauren (Arch. Z. 1883. S. 158).

Wie nun verschiedene andere in Olympia neuerdings gefundene Bronzereliefs in Motiv und Stil überraschend genau mit den Typen jener alten Gemmen übereinkommen (Milchhöfer a. O. S 184 ff.), so wird auch das archaische olympische Bronzerelief mit seinen orientalischen Tierornamenten, Adlern und Greifen und der orientalischen Artemis, die geflügelt und Tiere in den Händen haltend jedenfalls der orientalischen Kunst entnommen ist (Weizsäcker Rhein. Mus. 1878 S. 397), in diesen Typenkreis zu ziehen sein. Auf dem dritten Streifen dieses Reliefs sendet der kniende Herakles einem gewaltsam den Kopf umwendenden Kentauren mit menschlichen Vorderbeinen, den er schon mit 2 Pfeilen verwundete, einen dritten Pfeil nach. (vgl. E. Curtius das archaische Bronzerelief von Olympia. Abh. d. Berl. Akad. 1879 S. 22 ff. Funde von Olympia hrsg. v. d. Dir. d. Ausgrabungen. 1882 S. 16). E. Curtius Abh. d. Berl. Akad. 1879 S. 22 ff. erkennt auf diesem Relief die erste Stufe der Emancipation der griechischen Kunst aus der Fremdherrschaft in der Abkehr vom Monströsen, der Verdrängung des gedankenlosen Decorationsstils durch sinnvolle Darstellungen und der Befreiung des Reliefgrundes dieser Kentaurenjagdscene von allen Ornamenten, damit sich das wol componirte Bild klarer hervorhebe. Es ist nach ihm die einfachste und älteste bildliche Darstellung der Kentaurenjagd des Herakles, welche die des Kypseloskastens an Alter übertrifft. Furtwängler a. O. S. 91 hält das Relief für höchst wahrscheinlich importirt. Aber auch auf andern alten Erzeugnissen des sog. orientalischen Stils kommt der menschenbeinige Kentaur vor, so auf einem rhodischen Goldblech ebenfalls nebst der sogenannten orientalischen Artemis, ferner auf einer silbernen Dolchscheide des grossen Praenestiner Grabes und gleichfalls auf einem praenestinischen Bronzegefäss, beidemal in Tierfries (Furtwängler a. O. S. 20 ff.). Endlich ist hier noch einer etruskischen und einer attischen, im Schutt der Akropolis gefundenen und das Alter des Parthenonbaues weit übertreffenden Bronzestatue von dieser Form zu gedenken (Wieseler Denkm. 2 No. 591. 592). Beide sind bärtig und durch dichtes in den Nacken fallendes Haar ausgezeichnet, die attische hält mit der Linken einen Ast auf der Schulter (Ross Archäol. Aufsätze 1, 104. 141).

Das erste uns historisch beglaubigte Kunstwerk, das auch zuerst ganze Göttermythenreihen vorführt, der im 7. Jahrh. verfertigte Kasten des Kypselos (Pausan. V. 17, 7 ff.), ruht auf der angedeuteten älteren Typenschicht, welche nach Milchhöfer a. O. S. 164 ff. insbesondere die kretischen Daedaliden ausgebildet haben. Unter den zahlreichen Mischgestalten dieses Kunstwerks fielen dem Pausanias V 17, 5 ff. besonders auch die Kentauren auf. Sie sind zwei verschiedenen Sagenkreisen, der thessalischen und der eleischen, entnommen. Obgleich nun der Spender dieser zu heiligem Gebrauch bestimmten Lade für einen Nachkommen des von den Kentauren getöteten Lapithen Caeneus galt, kann man doch nicht mit O. Müller in den dargestellten Scenen einen näheren Zusammenhang mit der Ahnensage des Kypselos entdecken, sondern muss vielmehr mit Bergk den allgemein hellenischen Charakter derselben zugeben. Aber nicht übereinstimmen kann man mit diesem (Archäol. Ztg. 3, 154 ff.), wenn er den obersten der fünf Streifen der Lade in fünf Felder teilt, nämlich 1. Herakles schiesst auf die Kentauren, 2. Nausikaa und ihre Dienerin fahren zur Wäsche, 3. Thetis mit ihren Nereiden empfängt Waffen vom Hephäst, 4. Chiron, 5. Odysseus bei der Kirke, und 1 und 4 und wieder 2 und 5 als Gegenstücke auffasst, in deren Mitte No. 3, die Thetisscene, dargestellt sei. Denn erstens erscheint eine Gliederung des Streifens in vier Felder statt in fünf an sich zweckmässiger, von denen die kleineren etwa die Schmalseiten des Kastens eingenommen haben. Zweitens bildet doch die einzige tatenlose Figur Chirons durchaus kein ausreichendes Pendant zum Kampf des Herakles mit den Kentauren, von denen er einige schon erlegt hat, andere noch bekämpft, während diese grössere Scene offenbar ein gutes Gegenstück zu der Begegnung der Thetis und ihrer Nereiden mit Hephäst und seinem Diener abgibt. Drittens betrachteten auch die Periegeten von Olympia den Chiron als Teilnehmer an der Zusammenkunft der Thetis und des Hephäst, indem er von ihnen bezeichnet wird als ἀπηλλαγμένος ἤδη παρὰ ἀνθρώπων καὶ ἐξιωμένος εἶναι σύνοικος θεοῖς ῥαστώνην τινὰ ἥκοι τοῦ πένθους Ἀχιλλεῖ παρασκευάσων (Pausan. V 19, 9). Was verschlägt gegen diese Tatsachen der von Bergk angeführte Grund, dass das Wörtchen ἑξῆς, mit welchem Pausanias nach einer kurzen vorläufigen Bemerkung über die Gestalt des Kentauren zum Zwiegespann der Thetis übergeht, von ihm nur bei einem Übergang zu einer neuen Scene gebraucht werde? Bergk legt diesem ἑξῆς in der ziemlich flüchtigen und ungeordneten Beschreibung des fünften Streifens, die nach der Waffenübergabe wieder zum Chiron zurückkehrt, ein viel zu grosses Gewicht bei. Wie natürlich stellt sich auch hier Chiron, der alte Nothelfer der Aeakiden, bei der Thetis ein, der beim Raub der Thetis durch Peleus wol nicht bloss auf Vasen, wie Luckenbach Jahrb. f. class. Philol. Suppl. 11, 583, sondern wahrscheinlich wie Schlie Kyprien S. 44 annimmt, auch im Epos, wenigstens in der alten Sage, zugegen war, der ihnen väterlich die Hochzeit rüstete, der den Achill zu seinem so kurzen, aber göttergleichen Leben aufzog? Eine andere Frage aber ist die, ob wirklich die Periegeten den Sinn des Künstlers getroffen haben, wenn sie hier Chiron als den bereits zum Gott Verklärten auffassen. Solch ein Eingreifen *des Kentauren von der Götterwelt her ist wenigstens sonst* nirgendwo bekannt und wird erst von einer wundersüchtigeren Zeit in das alte Bild hineingedeutet sein. Wol aber mochte der alte Meister der Lade den milden Kentauren Chiron für sehr geeignet halten den Contrast zu verstärken, in welchem die freundliche Scene der Waffenholung durch die Mutter Achills zu dem Gegenstück, dem Kampfe des Herakles mit Chirons wilden Kentaurenbrüdern, stand.

Wir treffen hier zum ersten Male in der Bildnerei die Kentaurensage im Wettstreit mit anderen grossen hellenischen Sagen und zwar mit den wichtigsten, den homerischen Sagen von Troja und der Odyssee, und wir dürfen sofort hinzufügen, dass dieser Wettstreit ein erfolgreicher gewesen ist. Denn trotz des überwältigenden Einflusses der homerischen Dichtung haben die kentaurischen Lokalsagen, sowol durch den ihnen innewohnenden Reiz, als auch durch ihre alte Verbindung mit der Aeakiden- und Heraklessage und ihre spätere mit dem Theseusmythus, sich in der bildenden Kunst vollkommen ebenbürtig neben den troischen und odysseischen durch die Jahrhunderte hin behauptet, ja die letzten sogar in Betreff formaler Entwickelung und Mannigfaltigkeit und der Art der Verwendung für höhere Zwecke entschieden überflügelt.

Pausanias' Beschreibung des Kypseloskastens hat nun aber für uns auch noch den Wert, dass sie den alten Kentaurentypus vollkommen deutlich in Bezug auf den wichtigsten Punkt, das Verhältniss des tierischen zum menschlichen Teil der Gestalt, schildert (V, 19, 7): Κένταυρος δὲ οὐ τοὺς πάντας ἵππου πόδας, τοὺς δὲ ἔμπροσθεν αὐτῶν ἔχων ἀνδρός ἐστιν.

Der Ausstattung des Kypseloskastens inhaltlich und stilistisch verwant war die des Amyklaeischen Thrones, dessen Flächen nach Paus. 3, 18, 9 ff. von Bathykles von Magnesia um die Mitte des 6. Jh. mit mythologischen Darstellungen nach Daedalidenweise geschmückt war (Milchhöfer Anfänge S. 165 ff.). Darunter befanden sich nicht weniger als vier Kentaurenscenen, nämlich 1) 3, 18, 10: die Kentaurenschlacht beim Pholos. 2) 12: Peleus übergibt den Achill dem Chiron zur Erziehung. 3) Herakles tötet den Nessos am Euenos. 4) Herakles bekämpft den Kentauren Oreios. Als fünfte könnte man allenfalls noch den cap. 15 erwähnten Ringkampf des Herakles mit Acheloos anführen.¹) Die vornehmste Verwendung fand in dieser älteren Zeit der alte Kentaurentypus in den merkwürdigen, ziemlich rohen granitenen Metopenreliefs des Tempels der mysischen Stadt Assos, auf denen sie als Stierjäger dargestellt werden (O. Müller Handb. ³ § 90. ² 255. ² 389. ²).

Noch besser aber als aus Pausanias' Beschreibungen können wir uns jene von ihm besprochenen beiden Kunstwerke im grossen Ganzen, wie die Kentauren im Besonderen aus den Vasengemälden ältesten Stils vergegenwärtigen. Es beginnt damit jene lange Kette von Kentaurenbildern, welche die Vasenmaler in allen vier Hauptperioden ihrer Kunst in reicher Fülle geschaffen haben. Denn sobald zu den Tiergestalten, welche die allerältesten uns erhaltenen gemalten Gefässe ausschliesslich verzieren, menschliche zu mythischen Handlungen verbundene Figuren treten, begegnen wir auch sofort mehrfach Kentaurengruppen, die den alten seltsamen Typus tragen. Auf einem von Furtwängler vorläufig „protokorinthisch" genannten Lekythos erscheinen fliehende menschenbeinige Kentauren mit völliger, wenn auch nur angedeuteter, Beharung des Menschenleibes, wie auf einem altkorinthischem Pinax. Sie laufen oder brechen unter den Pfeilschüssen zusammen, die der bogenspannende Herakles knieend, wie auf den archaischen Bronzereliefs von Olympia (S. 60. 61) und einigen Thonreliefgefässen (Arch. Z. 1881 S. 42), ihnen nachschickt. Sie tragen reiches, zum Teil zopfartiges Haupthaar, aber nicht alle einen Bart und führen stilisirte Äste. (Arch. Z. 1883. S. 153 ff.). Von den Vulcenter Amphoren altdorischen Charakters verzeichnet O. Jahn drei (Beschreib. d. Vasens. K. Ludwigs LXX. CXI. VIII. CLII.), die Herakles im Kentaurenkampf vorstellen, wie er einem Kentauren, dem andere zu Hilfe eilen, mit dem Schwert ein Weib entreisst. Auf anderen schwarzfigurigen eilt ein Kentaur mit ausgebreiteten Armen dem Herakles entgegen, streiten Kentauren mit Lanzen-

---

¹) Denn Acheloos mag hier wie auf archaischen Vasen eine kentaurenähnliche Gestalt gehabt haben, die auf späteren rotfigurigen Vasen dem mit einem Männerantlitz versehenen Stierkörper wich (Arch. Z. 20, 322). Auch der kretische Minotauros zeigt öfter Spuren einer pferdeartigen Bildung, z. B. die Mähne (Milchhöfer Anf. S. 77). Mannhardt W. F. K. 2, 61) hält freilich für ältere Sage, dass Acheloos, der gemeinen Vorstellung von Flussgöttern entsprechend, sich in einen Stier und nur in diesen verwandelt habe.

kriegern oder schleppen ein Reh und einen Baumstamm hinter sich her oder werden auf einer sehr rohen Vase, indem sie die Linke erheben und in der Rechten eine Tanne halten, von einem ithypallischen Satyr mit weissem Schwanz verfolgt (O. Jahn a. O. No. 126. 151. 155. 156. 957). Zu einem anderen der Kentaurensage entnommenen Lieblingsgegenstand der Vasenmalerei führt uns ein Vulcenter Gefäss von dorisch-attischem Übergangsstil, das Achills Übergabe an Chiron durch Peleus schildert (O. Jahn a. O. CXLIX). Aber auch viele schwarzfigurige Vulcenter Vasen, in deren Stil die ältere attische Richtung vorwiegt, wie auch clusinische, korinthische, sicilische u. a. der 2. Periode bewahren noch den alten Kentaurentypus (O. Jahn a. O. CLXVIII). In dieser Form wird Chiron vorgestellt, dem Achill zur Erziehung von Peleus anvertraut wird, zuweilen in Gegenwart der Thetis oder Chariklo (Gerhard Auserl. griech. Vasenb. 3, 72. T. 183. K. O. Müller Handb. § 413, 2. Benndorf Griech. und Sicil. Vasen S. 86. T. 41), oder vor dessen Augen Peleus die Thetis raubt (O. Jahn a. O. No. 380. 538. Jahrb. f. class. Philol. Suppl. 11, 583). In derselben Form erscheint auch Pholos vor dem Pithos, der zuschaut wie Herakles einen Cantharos daraus hervorhebt, oder mit ihm denselben anfasst. Eine Frauengestalt (Athene) und andere Kentauren stehen hinter ihnen (Arch. Zeit. 28, 13. Jahn No. 435). Auch ein wol mit Recht auf Chiron gedeuteter Kentaur, der seine Hand einem den jungen Herakles auf den Armen bringenden Hermes zum Empfang entgegenstreckt, hat menschliche Vorderbeine (O. Jahn a. O. No. 611. Arch. Zeit 33, 199 ff).[1]) Das Abenteuer des Herakles mit dem als Dexamenos bezeichneten Kentauren, der Deianira entführt, ist abweichend von der gewöhnlichen Nessossage, nach einer älteren Tradition, wie O. Jahn a. O. LXII. CLXV meint, dargestellt (Arch. Ztg. 14, 232*). Dazu kommen andre Kentaurenvasen (O. Jahn No. 957. 1039. Müller Handb. § 75, 1. 3. 89, 2. 410, 5. 411, 3. 413, 2), insbesondere die in sehr altem Stil gearbeitete Amphora von Cumae deren eine Reihe drei Scenen vorführt: Troilus und Polyxena, einen Kentaurenkampf, Dionys und sein Gefolge, die mit drei der Françoivase übereinstimmen (Jahn LIX. Weizsäcker Rh. Mus. 33, 385).

---

[1]) Preller Griech. Mythologie [3] 2, 178 ff.

Auf diesen und anderen Vasengemälden der beiden älteren Stilarten ist allerdings die auffälligste Eigentümlichkeit der Körperbildung der Kentauren jene unharmonische Zusammenfügung einer ganzen Menschengestalt mit einem Pferdehinterteil. Dazu treten aber andere. Denn auch der menschliche Teil dieser Mischgestalt ist von tierischen Zutaten nicht ganz frei, wie die Gesichtszüge öfter einen tierischen Ausdruck haben, noch ständiger aber spitze Tierohren am Kopf aufragen. Dazu tragen die Kentauren durchweg langen Bart und meistens überaus langes, oft schopfartig bis zu den Ellenbogen oder gar bis zum Kreuz hinabreichendes Haupthaar. Häufig halten sie in den friedlichen Scenen auf der Schulter einen mit Vögeln oder Hasen oder einem Fuchs behängten Fichtenstamm, als ob sie von der Jagd heimkehrten, in kriegerischen aber schwingen sie Steine oder Baumstämme in den Händen.

Dieser alte rohe Kentaurentypus, den man auf den schwarzfigurigen Vasen am häufigsten findet, greift aber auch noch in die dritte Periode, die der rotfigurigen strengen Stils hinüber, besonders in dem Falle, wo sie uns Chiron vorführen. Klügmann meint, dass ein Kentaur mit vollständigem Menschenleib auch auf schwarzfigurigen Vasen nur einen von den beiden menschlich gesitteten Kentauren Chiron oder Pholos bedeuten könne (Arch. Zeit. 33, 199 ff.), aber dies ist wol nicht zutreffend (s. u.), da in der ältesten Zeit alle, auch die wilden Kampfkentauren, in dieser Form erscheinen, späterhin aber auch jene beiden mit vollständigem Rossleib ausgestattet werden. Es wird richtiger sein, bei der gewöhnlich ziemlich leeren Art der Behandlung der Überreichung Achills an Chiron, die Benndorf Griech. und Sicil. Vasen S. 68 zu T. 41 betont, ein bequemes altertümelndes Festhalten der gegebenen Form in diesem Falle anzunehmen (vgl. auch Heydemann Griech. Vasen S. 7 zu T. 7, 1. O. Jahn a. O. CLXXXIII). Doch scheint man das Anstössige der alten Zusammensetzung zuweilen dabei empfunden zu haben, indem auf jenem von Benndorf a. O. besprochenen sicilianischen Lekythos die Ansatzstelle durch die lange Chlamys verdeckt wird, wie auch auf der Münchner schwarzfigurigen Vase No. 611 (s. o.).

Unter den älteren bemalten Vasen hat die höchste kunstgeschichtliche Bedeutung die 1844 bei Chiusi entdeckte Françoisvase, die seitdem eine reiche von Weizsäcker Rhein. Mus. 1877 S. 28 verzeichnete Litteratur hervorgerufen hat. Nach dem Stil ihrer aus Pflanzen- und Tierformen und Mischgestalten in orientalischer Weise componirten Ornamentik und ihrer mythologischen Darstellungen, sowie nach der altattischen Form ihrer Namen und sonstigen Aufschriften bildet sie den Übergang von den bemalten Vasen ältesten Stils zu den schwarzfigurigen und mag gegen 500 v. Chr. gefertigt sein, wie denn die archaischen Vasen überhaupt durch die Darstellungen der Kultushandlungen, Festlichkeiten und Wettspiele etwa in die kurz auf Klisthenes folgende Periode gesetzt werden müssen (Archäolog. Zeit. 22, 204.)[1] Für die Annahme dieses und eines nicht viel früheren Zeitpunktes scheint mir auch das erste Vorkommen eines neuen jüngeren Kentaurentypus neben dem gleichfalls auf der Vase vertretenen älteren zu sprechen, wie sie beide neben einander auch auf einer ungefähr gleichzeitigen, zur Gattung der Arkesilasschale gehörigen Vase auftreten (Arch. Z. 1881. T. 11. 12). Der Unterkörper des Menschen, den der ältere Typus noch festhält, wird im jüngeren durch das Vorderteil eines Pferdes ersetzt, also ein vollständiger nur mit einem menschlichen Oberkörper versehener Rossleib gebildet. Durch diese Neuerung unterscheidet sich die Françoisvase merkwürdig von vielen anderen schwarzfigurigen Vasen älteren Stils, die sich auch noch nach dem J. 500 des älteren Kentaurentypus bedienen, doch wol besonders auch deswegen, weil der neue Typus noch nicht allgemein durchgedrungen war. Auch übertrifft bei jener Datirung die Vase noch immer an Alter hinreichend das zweite Pythische Lied Pindars (s. o.), das nach Boeckhs Untersuchung (Bd. II 2, 240 ff.) Ol. 75, 4, also 476 v. Chr. verfasst ist und unter allen Dichtwerken zuerst deutlich statt des Gegensatzes des tierischen Hinter- und menschlichen Vorderteils den des tierischen Unter- und menschlichen Oberkörpers in der Kentaurenbildung kennzeichnet. Und dass in diesem Falle, wie übrigens auch im Schild des Herakles, die Poesie sich nach der bildenden Kunst richtete, kann nicht verwundern, da es sich um eine blosse, die Bildnerei zunächst angehende Formfrage handelte, allerdings eine Formfrage von

---

[1] Milchhöfer a. O. S. 164 hält die Françoisvase für erheblich älter als das 5. Jahrhundert, Christ. Petersen dem Anschein nach sogar für älter als den Kypseloskasten (Jahrb. für class. Phil. Suppl. 11, 666).

hoher künstlerischer Bedeutung. Um das zu verstehen, muss auf Inhalt und Anordnung der Bilder der Françoisvase etwas näher eingegangen werden. Der Hauptstreifen nämlich, der mittlere, ist nach Weizsäckers Bemerkung a. O. S. 30 ausser dem Streifen am Fusse des Gefässes der einzige, der eine zusammenhängende um das ganze Gefäss laufende mythologische Darstellung aufweist, während die übrigen vier (bez. drei) Streifen in zwei Hälften, eine Vorder- und Rückseite, sich teilen. Die Vase hat der Töpfer Ergotimos geformt (ἐποίεσεν) wie die Inschrift des Hauptstreifens und wahrscheinlich auch die zu ergänzende auf der Rückseite des obersten Streifens angibt. Als Maler aber nennt die Inschrift an jener Stelle den Klitias, an dieser aber nach Weizsäckers Ergänzung den Ergotimos, so dass also diese Vase, wie auch andere, von zwei verschiedenen Malern bemalt worden wären, der Hauptstreifen und die Vorderseite von Klitias, die Rückseite aber mit geringerer Sorgfalt und grösserer Unsicherheit in der Formengebung im Einzelnen von Ergotimos. Dieser ist auch als Maler einer aeginetischen Schale von ähnlichem Stil und mit ähnlichen Buchstaben und Namensformen, wie sie die Rückseite der Françoisvase zeigt, bekannt und verrät einen energischen Atticismus nicht bloss in äussern Formen, sondern auch in der Wahl der Gegenstände, von denen zwei in einem und demselben Tempel Athens in ähnlicher Darstellung, der dritte (der Kentaurenkampf) an zwei athenischen Tempeln als Metopen- und Friesschmuck wiederkehren.

Diesen Wahrnehmungen Weizsäckers möchte ich nun noch die hinzufügen, dass der Unterschied in der Formengebung, der zwischen den beiden genannten Teilen der Vasenfläche besteht, sich ganz besonders deutlich in der Darstellung der Kentauren ausdrückt, indem Klitias noch den alten Typus beibehält, Ergotimos dagegen zu einem neuen greift. Auf dem Hauptstreifen nämlich wird die Hochzeit des Peleus abgebildet, wie denn überhaupt Peleus und Achill auch auf den anderen Bildern der Vorderseite die Helden des Klitias sind. Thetis sitzt halbverschleiert in einem tempelartigen Gebäude, vor dem ein Altar mit Gefässen steht. Peleus empfängt vor der Tür den Chiron, der seines Freundes Rechte ergriffen hat. Auf der linken Schulter trägt der Kentaur einen Baumzweig mit allerlei Jagdbeute, wie auf so vielen Vasenbildern, sowie auch Dionys eine grosse Weinamphora herbeischleppt, während das Epos Kentauren- und Göttergeschenke weit ritterlicherer Art erwähnt. Chirons Antlitz ist von struppigen Har und Bart umgeben. Ihn geleitet Iris. Dann folgen die Gottheiten und Chariklo, Chirons Gattin, teils zu Fuss, teils zu Wagen. Wichtig für uns ist nun, dass unterhalb des Chitons die menschlich geformten Vorderbeine des Kentauren sichtbar werden: für Pferdebeine, sagt Weizsäcker, sind sie zu dick und fleischig. Dagegen verherrlicht die Rückseite den Dionysos, der den Hephäst zum Olymp zurückführt, und die Taten des Theseus, unter den letzten auf dem breiteren Halsstreifen seinen und der nach alter Weise gerüsteten ($\alpha i \chi \mu \eta \tau a i$ Heracl. Schild V. 178), nicht nackten Lapithen Kampf gegen die Kentauren Hylaios, Akrios (Rhein. Mus. a. O. S. 373), Hasbolos, Petraios, Pyros, Melan(chai)tes und Oro(s)bios (Rhein. Mus. a. O. S. 374 [1]). Sieben (vielleicht acht) Gruppen von Kämpfern sind zu unterscheiden, darunter als die umfangreichste der Untergang des Caeneus, den drei Kentauren unter Felsstücken und Baumästen begraben, wogegen sich der bereits bis zu den Hüften im Boden steckende Lapithe mit seinem Schild vergebens zu decken versucht, wie auf dem Fries des Theseion und zu Phigalia. Aber es fehlt Eurytion und seine Freveltat wie auf der hesiodischen Aspis, und damit fehlen die Weiber, deren bedrohte Schönheit dem wilden Kampf einen Hauptreiz verleiht. Als Waffen führen die Kentauren Äste und Steine, sie haben grosse Bärte, borstig über der Stirn emporstehendes Haar und Satyrohren. Der menschliche Oberkörper aber sitzt, abweichend von dem Körperbau Chirons und überhaupt allen älteren Kentaurengestalten, auf einem vollständigen Pferdeleib, dessen Bildung allerdings noch schwächlich, dessen Bewegung noch matt ist.

Dieser Gegensatz, der auch betreffs des Kentaurentypus zwischen der Vorder- und Rückseite der Amphora besteht, ist entweder, wenn Weizsäckers Annahme richtig ist, zu erklären aus der verschiedenen Richtung und Auffassung der beiden Maler,

---

[1] Namen, die meistens ebenso oder ähnlich in Heracl. Schild wiederkehren, von Ovid nur zum Teil als Kentaurennamen (Asbolos, Petraios Met. 12, 308. 327), zum Teil als Hundenamen (Hylaeus, Melanchaetes Met. 3, 213. 232) benutzt werden (Rhein. Mus. 1878 S. 370). Über das nahe Verhältniss, in welchem Namen und Anordnung der Musen der Françoisvase und der hesiod. Theog. v. 77 ff. zu einander stehen, vgl. Rhein. Mus. 1877 S. 42 ff. Luckenbach Jahrb. f. class. Philol. Suppl. 11, 560 ff. 591.

von denen Ergotimos etwas eigentümlich Attisches, etwas Jonisch-Attisches dem Klitias gegenüber betont. Und es wäre dann wol möglich, dass die eigentümliche Körperform der drei Satyrn des Ergotimos auf der Rückseite unserer Vase, die alle drei als Silene bezeichnet werden, die ebenfalls grosse Bärte, borstige Haare über der Stirn und Satyrohren, aber abweichend von der sonstigen Satyrform ausser Pferdeschweifen auch Pferdebeine besitzen, dass diese für ionisch geltende pferdebeinige Silenengestalt (O. Jahn a. O. CLIV. Furtwängler Preuss. Jahrb. 51, 378) auf den alten Kentaurentypus hinübergewirkt und nun auch dessen Vorderbeine in Pferdebeine zu verwandeln veranlasst hat. Oder man müsste, wäre jene Annahme Weizsäckers nicht richtig, vermuten, dass der Maler Klitias einerseits den menschlich gesinnten Chiron beim alten Typus, in welchem der menschliche Bestandteil überwog, gelassen, dagegen die übrigen Kentauren ihrem wilderen tierischeren Charakter gemäss mit einem vollständigen Tierleib auszustatten für gut gefunden hätte, wobei die von mir vermutete Einwirkung des verwanten ionischen Silenentypus nicht ausgeschlossen zu werden brauchte. Diese Vermutung liesse sich dadurch stützen, dass sogar auf rotfigurigen Vasen strengen Stils gerade Chiron und Pholos als die menschlicheren eben jenen alten Typus noch behaupten, nachdem für die anderen Kentauren bereits der neue massgebend geworden ist (S. 66). Aber jene Vase der Arkesilasschalengattung (oben S. 67) spricht wiederum dagegen, denn die hier zum Teil menschen-, zum Teil pferdebeinigen Kentauren gehören alle zu der wilden Art, die der kniende Herakles nach altem Muster mit Pfeilen erlegt. Oder aber man dürfte eine rein künstlerische Absicht in dieser Neuerung erkennen, wenn nicht gerade die Rossleiber der Kentauren den Leibern der sonst auf der Vase dargestellten Rosse gegenüber so kümmerlich ausgefallen wären.

Wie dem auch sei, in der Françoisvase, einem Werk altattischer, wahrscheinlich noch dem 6. Jahrhundert angehörender Kunst, liegt uns das erste Zeugnis für den neuen, schönsten und lebensfähigsten Kentaurentypus in seiner ersten schwachen Versuchsbildung vor, die wahrscheinlich nicht durch einen grossen künstlerischen Gedanken, sondern durch Nachahmung ähnlicher Bildung verwanter mythologischer Wesen, oder durch das kindliche Bestreben die verschiedenen Gattungen der Kentauren von

einander auch äusserlich besser zu scheiden, hervorgerufen wurde.
Aber es lag hierin ein grosser künstlerischer Fortschritt, wie im
Keim, verborgen, der merkwürdiger Weise dadurch erreicht
wurde, dass das Menschliche gegen das Tierische noch mehr als
im alten Kentaurentypus zurückgedrängt wurde. Dies scheint
dem allgemeinen Entwicklungsgesetz der griechischen Kunst zu
widersprechen, aber es scheint auch nur so. Wenn sich die
Giganten (ähnlich wie die Lapithen) aus schwerbewaffneten
Kriegergestalten der archaischen Periode allmählich in halb-
nackte, mit Pantherfell und wirrem Lockenhaar ausgestattete
wilde Männer verwandeln und in der alexandrinischen Zeit endlich
Schlangenfüsse annehmen, so ist auch das nur ein scheinbarer
Widerspruch gegen jenes Gesetz. Denn der Schlangenleib gebührt
ursprünglich nicht ihnen, sondern dem in ihren Kreis später
hineingezogenen Typhoeus.[1]) Die Umformung der Kentauren mag
ursprünglich auch aus einer derartigen Verwirrung verschiedener
Typen hervorgegangen sein, aber sie wurde bald zu künstlerischen
Absichten verwendet, denn gerade dadurch, dass man den Un...eil
des Menschenkörpers durch den Vorderteil des Rosses ersetzte,
brachte man es erst zu einer harmonischen, man möchte sagen,
organischen Verbindung des Menschenleibes mit dem Leibe des
schönsten Tieres, zu der edelsten tierisch-menschlichen Mischgestalt, die je die bildende Kunst hervorgebracht hat, die uns
noch heute in Marmor und Farbe entzückt, so furchtbares Grausen
sie uns in der Wirklichkeit erwecken würde. Die übrigen Eigentümlichkeiten des alten Kentaurentypus bleiben, nur dass die
Haupthaar- und Bartfülle oft gemässigt wird, auch wol die
spitzigen Tierohren durch menschliche ersetzt werden, dafür
andrerseits aber vereinzelt durch starke Krümmung der Nase
etwas Barbarisches in ihren Gesichtszügen hervorgehoben wird,
wie es auch wol bei Boreas vorkommt (Jahn a. O. CLXXX).
Meist kämpfen sie waffenlos nur mit den Fäusten und Hufen.

Ebensowenig aber wie das Handwerk der farbenarmen Vasenmalerei später mit der neuen von Zeuxis eingeschlagenen Richtung
der Malerei zu wetteifern vermochte, konnte sie in dieser Zeit
trotz des Ioniers Polygnot Einfluss, der bald nach den Perserkriegen
nach Athen übersiedelte (Furtwängler Preuss. Jahrb. 51, 379),
auf beschränktem Raum und mit ungeeigneterem Material in der
noch dazu gebogenen Fläche solche Formvollendung erreichen,

---

[1]) J. Overbeck griechische Kunstmythologie 2, 342 ff.

wie die Bildhauerei des 5. Jahrhunderts. Dieser war es denn nun auch vorbehalten, den neuen Kentaurentypus zum höchsten Kentaurenideal fortzubilden, wenn ihr diese Arbeit aus nahe liegenden Gründen anfangs auch schwerer fiel als der Malerei. Dem ungeschickten Wulst, der die Verbindung der beiden Hauptbestandteile der neuen Kentaurenfigur auf einem Relief des 5. Jahrhunderts herzustellen sucht, glaubt man noch deutlich die Mühsal anzumerken, die den ersten Neuerern oder auch deren handwerksmässigen Nachahmern die Umbildung des alten Kentaurentypus bereitet hat. Diese Figur behält im Übrigen die früheren Merkmale desselben bei, namentlich die Fülle des Haupt- und Barthaars und den Baumast, der als Waffe hier gegen einen Panther geschwungen wird (Arch. Z. 1875. S. 31. T. 6). Zu idealer Schönheit aber wird der Kentaurentypus durch die ionisch-attische Bildhauerschule in Olympia erhoben in der Darstellung der Schlacht der Kentauren und der Lapithen, deren Freund und Vorkämpfer ja der attische Stammheros Theseus war. Das Hochgefühl des seiner Bildung bewussten Hellenen, die Begeisterung über den die persischen Barbaren niederschmetternden Sieg, die Wonne über das neugefundene Kunstgebilde beleben diese Darstellungen, die nun längere Zeit auch für die Malerei massgebend geblieben sind. Als das älteste dieser grossen Sculpturwerke werden nach den neueren olympischen Funden und Forschungen (Funde hrsg. v. Directorium. S. 13 ff. T. 10. Furtwängler Preuss. Jahrb. 51, 375 ff.) die Reliefs auf dem westlichen Giebelfeld des olympischen Zeustempels zu betrachten sein, die Alcamenes, vielleicht ein Schüler des Ioniers Paeonios, jedenfalls der sinnlichen, reichen, malerischen Kunstweise der Ionier zugetan, um 460 v. Chr. ausarbeitete. Links und rechts von dem in der Mitte kerzengerade aufgerichteten Apoll eine aus einem Lapithen, einer Lapithin und einem Kentauren bestehende Gruppe. Alle drei sind zusammengesunken. Links setzt ein Kentaur (Eurytion) einer Frau (Hippodamia) den linken Hinterfuss in den Schooss[1]) und fasst ihr Haar, während sie seinen Kopf wegstösst, den dagegen der herangestürmte Lapithe Caeneus knieend an sich reisst. Rechts packt ein Kentauer eine Frau am Gürtel und Fuss, um

---

[1]) Daher scheint mir Furtwänglers Bemerkung (Preuss. Jahrb. 51, 380), die Kentauren sprängen nur mit dem Vorderkörper aus der Giebelwand heraus, während ihre grössere hintere Hälfte zu ergänzen bliebe, zu weit zu gehen.

sie auf seinen Rücken zu werfen, seine Hinterfüsse und sein
Schweif werden hinter ihr sichtbar. Der ebenfalls knieende
Lapithe ergreift ihn am Kopf und bohrt ihm ein Schwert durch die
Brust. Von linksher kommt Pirithoos seiner Braut zu Hilfe. Rechts
sträubt sich eine stehende Frau gegen einen Kentauren, der sie
mit der einen Hand am Busen, mit der andern um die Mitte des
Leibes gefasst hat. In diese Gruppe trat Theseus ein. Links
erwehrt sich ein knabenraubender Kentaur mit wirrem Haar und
tierisch wilden Zügen seines Gegners mit den Zähnen (Arch.
Z. 38, 117).

Der Parthenon wurde erst etwa 12 Jahre später begonnen,
und von dessen Bilderschmuck gelten als das Früheste die Metopen
(Michaelis Parthenon T. III 10. 12. 22. 25. T. IV 29). Sie
stehen nach Furtwängler a. O. S. 377 unter dem unverkenn-
baren Einfluss der olympischen Sculpturen und zumal sind jene
zwei Gruppen der frauenraubenden Kentauren zu beiden Seiten
Apolls ihnen entlehnt; der Stil erscheint matter, aber knapper und
strenger. Bei einigen Kentauren sind aber trotz des Strebens
nach idealer Hoheit die spitzigen Tierohren erhalten (N. Jahrb.
für Philol. 1872. S. 299).

Auf dem Westfries des Theseion, der später als die Par-
thenonmetopen in freierem Stil ausgeführt ist, dringen die Kentauren, alle bärtig, mit Steinen und Hufen auf ihre Gegner
und deren Weiber ein (Wieseler Denkm. 1, S. 21), wahrscheinlich ähnlich in demselben Tempel auch auf den Wandgemälden
des durch seine Rosse berühmten Mikon (Welcker Alte
Denkm. 1, 189). Sie sind bärtig und ohne Waffen. Die Kentauromachie scheint damals, wol eben durch die Beziehung auf
die Barbarenkämpfe, ein die ganze Bildnerei beherrschender
Modestoff gewesen zu sein. Wie anders könnte man sich auch
sonst erklären, dass Alcamenes, was schon Welcker (Alte Denkm.
1, 188) auffiel, die allgemeine Regel überschritt, nach der er
einen den olympischen Zeus unmittelbar angehenden Gegenstand
für den Schmuck seines Tempels hätte wählen müssen.

Nach den ionisch-attischen Mustern wurde auch die Kentauromachie auf dem Fries des Apollotempels von Phigalia gearbeitet, die Gruppe des Caeneus nach der am Theseion, der Raub
der Mädchen und der Knaben nach der olympischen (K. O.
Müller Handbuch § 119, 3). Aber die Freude an leidenschaftlicheren Bewegungen und drastischeren Motiven, die diesen

Fries von den drei erwähnten Tempelsculpturen unterscheidet, zeigt sich auch darin, dass nicht nur ein Kentaur einen Lapithen in den Hals beisst, ähnlich wie in Olympia, sondern ein zweiter, der vorn mit einem Gegner handgemein geworden, nach einem anderen mit den Hinterhufen ausschlägt. Einen mehr malerischen Stil scheinen auch die jüngst entdeckten Kentauren- und Amazonenkämpfe auf den Kalksteinfriesen eines lycischen Heroenheiligtums in Gjölbaschi zu verraten, die im vierten Jahrhundert nach Benndorf unter dem noch lebendigen Einfluss der attischen Kunst des fünften Jahrhunderts, insbesondere des Theseion, verfertigt wurden. (O. Benndorf Bericht über zwei östreich. archäol. Expeditionen n. Kleinasien. 1883.)

In Attika finden wir noch andere Kentaurenschlachtsculpturen. So sind sie überliefert vom Fries über den Anten des Pronaos zu Sunium, dann von den Sohlen der Athene Parthenos (Welcker A. Denkm. 1, 189). Fast ein Menschenalter nach Phidias' Tod arbeitete Mys nach Parrhasios' Zeichnungen diesen Kampf am Schilde der Athene Promachos (Müller Hdb. § 116).[1])

---

[1]) Auch auf einem Schild, der für eine Copie des Schildes der Athene Parthenos des Phidias gehalten wird, ist das Schildzeichen eines Kriegers ein im Rücken getroffener dahinrennender Kentaur, ein Bild bestrafter Hybris (Arch. Z. 1865 S. 38). Dabei mag bemerkt werden, dass Kentauren öfter als Schildzeichen gebraucht wurden und zwar wol als Unheil abwehrende Gestalten, so z. B. ein fichtenschwingender Kentaur auf einer etruskischen Vase (Arch. Ztg. 1872 S. 58). Dieselbe Bedeutung hatten sie als Schnabelzierden auf Schiffen, die danach auch den Namen Kentauros trugen. Vergils etwas dürftige Pedanterie bringt bei der Schilderung des Wettruderns Aen. 5, 116 ff. ausser dem Meerunhold Pistris für die drei anderen Schiffe drei andere mythologische Ungeheuernamen zusammen, nämlich Chimaera, Centaurus und Scylla, dieselben, die er im folgenden Gesang 6, 286 ff. als Torwächter des Orcus verwendet. Gerade solche ungeheuerliche Mischfiguren schmückten auch griechische Schiffe, wie vom Hippalektryon Aeschylos sagt: σημεῖον ἐν ταῖς ναυσὶν ἐνεγέγραπτο. Arist. Ranae 962. schol. cod. Rav. ad. V. 963 (Dindorf Poet. scen. Graec. 1, 110.) Die nordischen Neidstangen, die ebenfalls Unglück abwehren sollten, trugen Pferdeköpfe mit aufgesperrtem Rachen. Mit den Fratzköpfen, die nieders. snaken-, scherbellen-, sibillkenkop, dän. skabilken-, sibillhoved hiessen, wurden Giebel, Türen, vorstehende Balken, besonders die Vorderteile der Schiffe, geziert, so schon in der Edda. Aber bereits in Ulfliots Gesetzen im 10. Jahrhundert wurde verboten, „ans Land zu segeln mit gähnenden Köpfen oder klaffenden Rachen, so dass die Landgeister sich entsetzten". Haupts Z. 10, 221.

Es ist klar, dass dieser gewaltige auch die Kentaurendarstellungen ergreifende Umschwung der attischen Bildhauerei in bemerkbarer Weise auch auf die anderen Gebiete der bildenden Kunst, zumal auf die Vasenmalerei, hinüberwirken musste, da deren Hauptfabrikort vom Ausgang der ersten Periode (s. o. S. 65) durch die zweite und dritte Periode hindurch Athen blieb (O. Jahn a. O. CCXLI ff.). Daraus erklärt sich nun auch, dass einerseits die Kentaurendarstellungen auf den Vasen dieser Perioden so beliebt blieben wie nur je, ferner dass die Kämpfe der Kentauren mit Herakles hinter die mit dem attischen Stammhelden Theseus zurücktreten mussten (O. Jahn a. O. CCVIII. CCXIII) und dass endlich auf Vasen wol mit der Kentaurenschlacht der Kampf der Göttin Athene gegen die Giganten verbunden wurde, wie z. B. auf einem Thongefäss des Atheners Xenophantes, was Overbeck (Arch. Z. 14, 163) an Batrachom. 170 (s. o. S. 37) erinnert.

Um einen Überblick über den Inhalt und einige Eigentümlichkeiten der Kentaurenvasenbilder dieser Jahrhunderte zu gewinnen, wird es gut sein, die Masse derselben nach den Parallelmythen der thessalischen und elischen Kentauren in vier Gruppen zu zerlegen, nämlich die Pirithooshochzeit und die Chironsage, dann Herakles' Kentaurenkämpfe und die Pholossage. Die verwanten Darstellungen auf anderen bildnerischen Kunstwerken schliesse ich an, sowie auch die Bilder aus dem aetolischen Sagenkreise. Eine Prachtamphora von Ruvo (j. in München) enthält unter anderem eine Schilderung des Kampfes bärtiger mit Pardelfellen und Baumstämmen ausgestatteter Kentauren gegen bewaffnete Krieger, in der wie auf anderen Kentaurenvasenbildern der Einfluss attischer Sculpturen nicht zu verkennen ist (Arch. Z. 18, 74. 89. N. Jahrb. f. Philol. 1872. S. 299). Auf einem anderen rotfigurigen Ruveser Gefäss beisst ein Kentaur einen Lapithen in den Kopf, wie auf den Sculpturen von Olympia und Phigalia (Heydemann Vasen des Museo Nazionale in Neapel No. 2411). Ein rotfiguriges Vulcenter Gefäss bringt in einem lebendigen Kentaurenkampf das andere phigalische Motiv an, dass der Kentaur mit den Hinterhufen nach einem Krieger ausschlägt (Jahn CXCIII. No. 368.) Ein sehr beliebtes Motiv in diesen Darstellungen ist die Überschüttung, bez. Zerstampfung des Lapithen Caeneus durch die Kentauren, wie z. B. auf einem Agrigentiner Krater (Jahn CXCIII Arch. Z. 29, 54). Als ein besonderes Motiv wird dann auch oft ein Altar benutzt, der an das vor der Hochzeit versäumte Aresopfer erinnert, vgl. Schol. Pind. Pyth. 2, 85. Ovid. Met. 12, 258 ff. (oben S. 41. 53), so auf einem böotischen Krater, auf dem eine Nike den Theseus auszeichnet. Auf einer Petersburger Vase begünstigt sie den mit einem Kentauren streitenden Herakles, zum Beweis, wie sehr diese Parallelmythen auch durch die bildende Kunst einander genähert wurden (Benndorf Griech. und sicil. Vasen S. 67. T. 35), wie man denn öfter auf Vasenbildern Züge der einen Dichtung in Scenen einer anderen Dichtung verflocht. (Jahrb. f. class. Philol. Suppl. 11, 637.) Ein lukanisches Vasenbild ist dadurch bemerkenswert, dass es durch Inschrift die Braut des Pirithoos Laodamia statt Hippodamia nennt (Arch. Z. 14, 156*). Auf diesen Sagenkreis wird trotz seines friedlichen Charakters ein pompejanisches Wandgemälde bezogen. Mehrere Kentauren, alle bekränzt, drängen sich durch eine Tür. Einer trägt ein Zicklein, ein zweiter eine Amphora, ein dritter zuvorderst, bärtig und mit Tierfell umkleidet, durch Alter und Stab als Führer gekennzeichnet, setzt einen Fruchtkorb nieder und küsst sich verneigend die Rechte eines jungen Helden, hinter dem eine Frau mit einer Dienerin sichtbar wird. Jener wird ohne Begründung durch die Sage auf Pirithoos, diese auf Hippodamia gedeutet, der die Kentauren am dritten Tag nach der Hochzeit die üblichen Anakalypteria bringen (Arch. Ztg. 1872. S. 90 T. 67). Aber wenn wir der grossen Hauptscene auf der Françoisvase und jenes Chorgesangs aus Eurip. Iphig. Aul. V. 1046 ff. (oben S. 45) gedenken, so werden wir hier lieber eine hochzeitliche Begrüssung des jungen Paares Peleus und Thetis durch Chiron und seine Kentauren erkennen. Auch darf man sich nicht für jene Deutung darauf berufen, dass sie besser zu dem Pendantbilde, auf dem Jungfrauen dem Theseus für ihre Befreiung vom Minotauros danken, passe. Denn gerade die Françoisvase stellt zwei ganz ähnliche Scenen, wie die pompejanischen Bilder neben einander, in zwei Streifen über einander dar, die Thetishochzeit und Theseus an der Spitze eines Chors attischer Jünglinge und Jungfrauen gegenüber der Ariadne und ihrer Amme im Geranostanze (vgl. Preller Gr. M. ³ 2, 296).

Sehr reichlich sind auch die Chironbilder vorhanden, die sich wie in älterer Zeit hauptsächlich an Achill und seine Eltern knüpfen. Chiron fehlt beim Liebeskampf des Peleus mit der Thetis als Brautwerber nicht (Jahn CCXI. Jahrb. f. class. Philol. Suppl. 11, 583), ihm wird der junge Achill zur Erziehung anvertraut (Müller Handb. § 413. 2), auf Vasen- und anderen Gemälden, wie auf Sarkophagen unterweist er den Achill in der Jagd, im Faustkampf, nach der Haltung der Hände nicht im Bogenschiessen (Arch. Z. 20, 341), in der Heilkunst und Musik (Gerhard Auserl. gr. V. 3, 72. Arch. Z. 20, 341. Preller Gr. M. ³ 2, 401). Ein pompejanisches Wandbild zeigt uns die drei Heilgötter Asklepios, Apollo und Chiron, der in der Linken den Stab der Ärzte, in der Rechten Heilkräuter trägt (Wieseler Denkm. 2 No. 793), vgl. Chiron als Rhizotom auf dem Pelion (Müller Handb. § 389, 4).

Die Kentaurenkämpfe des Herakles begegnen auf Vasen dieser Zeit seltner, kommen aber ausserdem auch noch auf Marmorwerken und Gemmen vor, und ihr Schauplatz wird auch wol näher bestimmt durch Hinzufügung der Figur und Grotte des Pholos. (Gerhard Auserl. gr. V. 2, 126 ff. Arch. Z. 14, 213*. Müller Handb. § 410. 5 Arch. Z. 1883. S. 157). Insbesondere beliebt bleibt bei den Vasenmalern die Bestrafung des Nessos oder des Eurytion durch Herakles, bei welcher letzteren auch einmal Deianira's Vater Oeneus zugegen ist (Gerhard Auserl. gr. V. 2, 121. T. 117. 118. Benndorf Griech. und sicil. Vasen S. 68. Heydemann Vasensamml. des Museo Naz. in Neapel No. 3089).

Obgleich Herakles' Besuch bei Pholos, namentlich die Fassöffnung, häufiger auf archaischen Vasen vorkommt, auf denen der Kentaur bald in dem alten, rohen, bald im edleren Typus erscheint, so gibt es doch auch auf späteren rotfigurigen Vasen und Gemmen manche Darstellungen dieser Art (Arch. Zeit. 1865. T. 201. Müller Handb. § 410. 5. Gerhard Auserl. griech. Vasen 2 T. 130). Hinter Herakles, der im Begriff ist aus dem Fasse mit eingesenktem Cantharos zu schöpfen, sieht man dem erstaunten Kentauren gegenüber auch wol die Göttin Athene, die auch auf andern Vasen ihren Schützling bei Pholos durch die Weinspende erquickt (Jahn CCX. Heydemann Griech. Vasenbilder S. 5. T. V. 5). Auf einer Vase schöpft Herakles aus dem in die Erde gegrabenen Pithos, rechts steht ein bärtiger Kentaur mit langen Locken, in der Linken einen mit Hasen behängten Baumstamm, links erhebt ein bärtiger Kentaur ein Trinkhorn (Pholos). (Jahn No. 746.) Worauf die Darstellungen eines einzelnen Kentauren zielen, ist häufig nicht auszumachen, so z. B. nicht die auf einem Cameo ausgeschnittene eines bärtigen Kentauren in Tierfell, der einen Fichtenzweig auf der Schulter und ein Trinkgefäss in der Hand hält. Er mag, wie ein anderer ähnlicher Vasenkentaur, der nur noch, ausser mit Zweig und Schale, mit einer Fackel ausgestattet und von einem vorangehenden Satyrchen begleitet ist, als Mitglied einer bakchischen Procession, oder als Pholos angesehen werden (Wieseler Denkm. 2, No. 588. 589). Spätere Künstler verflechten die Kentauren in allerhand Tierkämpfe und -bändigungen, die ich hier schon erwähne, weil sie gleichsam nur Erweiterungen und Varianten der alten Kentaurenkämpfe sind. Ein Cameo ist mit einem kentaurischen Stierbändiger geschmückt (Wieseler a. O. 2 No. 587), ein pompejanisches oder herkulanisches Wandgemälde stellt einen Löwenkampf der Kentauren vor (Müller Handb. § 389, 4), der auch auf einem Sarkophag von Aix (Marseiller Museum) ausgemeisselt ist (Piper Mythol. und Symbol. der christl. Kunst 1, 45). Zu den schönsten Mosaiken endlich gehört die der Tiburtinischen Villa Hadrians, die den Kampf der Kentauren mit Panthern darstellt. (Müller Handb. § 322. 4).

Durch diese fragmentarischen Actionen allgemeinen Characters, die aber noch einigermassen aus den alten Sagenhandlungen deutbar sind, haben wir uns schon zu weit in die spätere Darstellungsweise der Kentauren hineinreissen lassen. Wir müssen deswegen jetzt zu einem frühern Zeitpunkt zurückkehren, um dort bereits ganz neue Motive und Auffassungen der Kentaurensage auftauchen zu sehen.

Etwa um das Jahr 400 v. Chr. nämlich beginnt eine Umwandlung der Kentaurendarstellungen. Die Kunst schöpft nicht mehr aus dem ruhigen Born des Epos, sondern aus dem wilderen Strom der Tragödie, besonders der euripideischen, so dass sich Luckenbach (Jahrb. f. class. Philol. Supplem. Bd. 11, S. 560) die Regel ergeben hat, nie ohne gewissenhafte Prüfung von rotfigurigen Vasenbildern aufs Epos als Quelle zu schliessen, besonders wenn man von einer Behandlung des Stoffes durch die Tragödie wisse. Alle anderen Götter treten in den Werken dieser jüngeren Bildnerei gegen den Gott und Vater der Tragödie, Dionysos, zurück, und von den Dämonen regt sich immer mächtiger in ihr der Eros. Diesen Wesen unterwirft die Bildnerei nun auch die Kentauren, nachdem sie zuvor dieselben ins Familienleben eingeführt hat. Während der alte Kern der Kentaurensage ganz verflüchtigt wird, nun auch Theseus, wie bereits vor ihm Herakles, mehr und mehr zurücktritt, Peleus und Achill aus ihr ausscheiden, Chiron und Pholos immer undeutlicher werden, werden einige allgemeine oder verborgene Züge der Sage ausgearbeitet und hervorgehoben und das Individuelle und Typische durch etwas Allgemeineres ersetzt. Ich unterscheide hier drei, bez. vier Haupt-Richtungen, die in der alexandrinischen Zeit ihren höchsten Ausdruck finden, sich aber teilweise noch bis tief in die römische Kaiserzeit fortsetzen. Ich meine erstens die Darstellungen des Familienlebens der Kentauren, zweitens die ihrer Teilnahme am bakchischen Thiasos, drittens die ihres Verhältnisses zu Eros und endlich die ihrer Verbindung mit Hades. Das Familienleben entfaltet sich allerdings schon in ältern Chironscenen, die bakchische und die damit verbundene erotische Leidenschaft ruft bereits die Kämpfe im Hause des Pirithoos und in der Höle des Pholos hervor, die Verbindung der Kentauren mit der Unterwelt wird erst auf italischem Boden hergestellt sein und zwar, wie es scheint, schon sehr früh (oben S. 60).

Aus dem heroischen Kentaurentreiben führt uns bereits Zeuxis um 400 v. Chr. mitten in ihr Familienidyll hinein. Lucians Zeuxis c. 3—6 rechnet zu den Wagnissen ($\tau o \lambda \mu \acute{\eta} \mu \alpha \tau \alpha$) dieses Malers, der nicht das Volkstümliche und Gewöhnliche liebe, sondern nach originellen Neuerungen strebe, eine weibliche Hippokentaurin, die noch dazu ein kentaurisches Zwillingspaar säugte. Mit dem schönen Leib einer thessalischen Stute und dem schönen Oberkörper eines Weibes, an dessen Kopf Satyrohren sassen, lag sie auf reichem Gras, während ihr zottiger Gatte mit flatterndem Haar lächelnd, aber wild tierischen Blicks ein Löwenjunges scherzend über seinen Sprösslingen hielt. Lucians Kentauridenschilderung hat dann später nach anderen, aber ähnlichen Bildern Philostratus Imag. 2, 3 nachgeahmt. Säugende Kentauriden kamen seit Zeuxis häufiger vor auf Bildern, bakchischen Reliefs und Gemmen. Auch zwei Kentauren und eine schlafende Kentauris und ein den Tod seines Weibes an Löwe und Panther rächender Kentaur gehören hieher (Müller Handb. § 138. 1. Wieseler Denkm. 1 T. 43. Gerhard Ant. Denkm. T. 110), vielleicht auch die grosse Mosaik von Otricoli, die auf verschiedenen Feldern Kentauren und Nereiden und ähnliche Wesen vorführt (Müller a. O. § 322. 4).

Schon auf den rotfigurigen Vasen des schönen Stils nehmen unter allen Götterdarstellungen die bakchischen den breitesten Raum, noch mehr beherrschen sie diesen Zweig der Kunst in der vierten Periode des weichen üppigen Stils der unteritalischen Vasen. Die Zahl der dionysischen Thiasoten wird immer grösser und manichfaltiger. Dies gilt aber nicht nur von Vasen, sondern auch von Wandgemälden, Cameen und Sarkophagen, ja sogar von grossen Sculpturen heiliger Gebäude. Schon in jenem Chorgesang des Eurip. Iphig. Aul. V. 1058 ff. kündet sich der bakchische Kentaurenthiasos an: ἀνὰ δ'ἐλάταισι στεφανώδει τε χλόᾳ θίασος ἔμολεν ἱπποβάτας Κενταύρων ἐπὶ δαῖτα τὰν θεῶν κρατῆρά τε Βάκχου. Auf dem Friese des Dionysosheiligtums zu Teos, der um 200 v. Chr. gearbeitet sein wird, prangt der ganze moderne bakchische Olymp. Neben dem gewöhnlichen Gefolge des Weingotts, dem Pan und Silen, den Satyrn und Bakchanten, erscheint das Kentaurenvolk, Männer und Weiber in friedlichen Gruppen, mit Trinkgefässen und Fichtenzweigen ausgestattet. Ein Kentaur spielt die Leier (Arch. Zeit. 33, 28. T. 5). Noch enger verbunden sind auf andern Kunstwerken die Kentauren mit Bakchus dadurch, dass sie seinen oder seiner Kora oder Ariadne Wagen ziehen, wobei sie Musik machen oder den Bogen spannen. Eine Homonöenmünze von Kyzikos mit Smyrna zeigt die epheubekränzte, fackelhaltende Kora, auf einem Kentaurenwagen in bakchischem Zuge, ähnlich der grosse vatikanische Cameo sie und Dionysos, hier wie dort von Kentauren mit Fackeln, Thyrsen und Trinkhörnern, und von Kentauriden mit Tympanon und Flöte gezogen. Ein Eros treibt das Gespann (Müller Hdb. § 358. 6. 7. Wieseler Denkm. II. T. 10). Dionys und Ariadne fahren mit Kentaurengespannen einander entgegen oder mit Kentauren unter Citharmusik über den Ocean dahin (auf Vasen) (Müller Hndb. § 384. 3). Hierhin gehört auch das Basrelief, das die Zerreissung des Pentheus durch die Maenaden darstellt, wobei ein Gespann bärtiger Kentauren erscheint, von denen einer die Flöte, der andere die Cithara spielt (Wieseler Denkm. II. T. 37). Der farnesische Sarcophag in Neapel zeigt uns Dionysos von Kentauren gezogen (Gerhard Bildw. T. 112, 1), ein Sarcophag in der Cathedrale von Cortona den Wagen des Dionys und der Nike im Kampf gegen Amazonen und Barbaren ebenfalls mit zwei Kentauren bespannt, von denen der vordere ein Stück von einer Lanze und einem Schild, der hintere in der Linken (den Schild, in der Rechten)[1] ein Stück von einem

---

[1] Die eingeklammerten Worte fehlen in Wieselers Text.

Bogen hält. Ähnlich stellt ein Sarcophag im Vaticanischen Museum den Sieg des Dionysos über den indischen König dar. Von dem Kentaurenpaar spannt der vordere einen fast vollständig erhaltenen Bogen, der hintere hält einen Thyrsosstab (Wieseler Denkm. II. No. 443. 444. Ähnliche Reliefs Arch. Z. 22, 162. 17, 97). Bald wird ein Kentaur von einer auf seinem Rücken sitzenden Maenade beim flatternden Haar gefasst und mit dem Thyrsos gestossen, bald trägt eine Kentaurin einen sie umhalsenden Bakchanten Cymbel schlagend und Cithara spielend mit sich fort. So erscheinen die Kentauren auf bekannten pompejanischen Gemälden, die schon Winckelmann zu den schönsten zählte. Andrerseits werden Kentauren von Satyrn im bakchischen Zuge überfallen (Müller Hndb. § 389. 2. Wieseler Denkm. II. No. 594. 595).

So drängt sich immer stärker in das bakchische Element das erotische ein. Das Relief eines Silbergefässes besteht aus einem bärtigem, langharigen und zottigen Kentauren und einer Kentaurin, die beide halb liegen und einen Eros auf dem Rücken tragen (Wieseler Denkm. II. No. 596). Die der Hadrianischen Zeit angehörige Statue des borghesischen Kentauren im Louvre, der vollen Bart, langes Lockenhaar und Zotten an der Brust hat, trägt ebenfalls einen Eros auf dem Rücken (Wieseler a. O. No. 598). Diesem ähnlich ist die Kentaurenstatue mit dem bartlosen Satyrkopf aus der Villa Hadrians (Wieseler a. O. No. 598. Müller Hndb. § 203. 1. 389. 3). Auf einem Sarcophag verbrennen in der Mitte zwei Eroten einen Schmetterling, an der einen Seite steht ein keulenbewaffneter Kentaur mit einer Maenade, an der andern eine Kentaurin mit einem Bakchanten auf dem Rücken (Wieseler a. O. No. 671). In ähnlich tändelnder Weise erscheinen auf einem andern Sarcophag Eros und Psyche inmitten zweier Wagenzüge, die von Knaben gelenkt und Kentaurenknaben gezogen werden, welche dem Eros und anderen mit Psyche verbundenen Eroten ihren Rücken darbieten. (Arch. Z. 1848. N. F. 2, 353 ff.) Lascive Symplegmata von Chiron und Achill in Marmorgruppen, auf geschnittenen Steinen und herculänischer Malerei zeigen die äusserste Entartung der Kentaurendarstellung. (Welcker Alte Denkm. 1, 318 ff.[1]) Einen bakchisch geflügelten

---

[1]) Aus dem Anblick solcher Gruppen mag dann die widerliche Ety-

Kentaur führt noch Müller § 289. 2 an, ich weiss nicht, ob es derselbe ist, der sich in einem vom Papst Simplicius im 5. Jahrhundert in die Kirche St. Andrea di Barbara verwandelten römischen Tempel in opus Alexandrinum befand (Piper Myth. und Symbol. d. christl. Kunst 1, 49).

Schon im bakchischen Thiasos erscheinen die Kentauren als Bogenschützen. Einer besonderen Betrachtung und Untersuchung bedarf aber der bogenspannende Kentaur als Tierkreiszeichen des Schützen. Die Schützen in Kentaurengestalt auf verschiedenen aegyptischen Zodiacalbildern gehören der Zeit der Ptolemäer an und stammen aus Griechenland (Z. D. M. G. 14, 22). Auf einer dreiseitigen Candelaberbasis werden zwei Gottheiten mit dem ihnen als Monatsgottheiten zukommenden Tierkreiszeichen (Krebs und Jungfrau) und als dritte der verschleierte Zeus, dessen regelmässiges Zeichen allerdings der Löwe ist (Juli-August = Hekatombaeon), hier als Zeus Maimaktes dargestellt, auf dem Schützen, dem Zeichen des Maimakterion (November-December) sitzend. Der jugendliche unbärtige Kentaur mit vollem Haupthaar und Haar an Bug und Beinen trägt einen Hasen als Jagdbeute in der Rechten, einen Bogen, von dem nur ein Stück erhalten, in der Linken (J. Overbeck Griech. Kunstmythol. 2, 252 ff.) Die 12 Zodiacalzeichen, die einen flötespielenden Pan umgeben, zeigen ebenfalls den bogenspannenden Kentaur (Wieseler Denkm. II. No. 554), eine astrologische Gemme vereint die fünf Planeten mit dem Sternbild des kentaurengestaltigen Schützen (Müller Handb. § 400. 5).

Dass nun endlich die Kentauren auch in die Unterwelt eingeführt wurden, ist nicht ein Ausfluss altgriechischer Sage, sondern eine schon sehr frühe italische bez. etruscische Neuerung (s. o. S. 60), wie denn auch die spätere apulisch-lucanische Vasenmalerei besonders häufig Hades und seine Umgebung, dann auch gern sepulcrale Scenen und was damit in Zusammenhang steht, vorstellt (Jahn CXXXV. CCXXII. CCXXIX). Kentauromachien schmücken noch die erst seit der Zeit der Antoninen üblichen Sarcophage (Schnaase Gesch. d. bild. Künste 1843 2, 507. O. Müller Handb. § 206. Heydemann Vasens d. Museo naz. i. Neapel s. das Verzeichn.), anderer Kentaurendarstellungen auf Sarco-

---

mologie bei Hesych hervorgegangen sein: Κένταυροι — καὶ οἱ παιδερασταί, ἀπὸ τοῦ ὅρρου.

phagen ist schon oben gedacht. Auf dem Relief einer etruscischen Aschenkiste erscheint an jeder Seite der Scylla ein Kentaurenweib, einen Stein in der Hand, offenbar bestimmt mit ihr die Tore des Orcus zu hüten, vgl. oben S. 56 Vergil. Aen. 6, 286 und Statius Sylvae V. 3, 280. Diese ungriechische Kentaurenvorstellung hat die christliche Poesie und Kunst aufgefasst und weiter ausgebildet (Piper Myth. und Symb. d. christl. Kunst 1, 393 ff.).

3. Entwicklung der Sage.

a) Entwicklung der Gandharvensage.

Ehe ich die Deutung der Gandharven-Kentauren versuche, scheint es ratsam, einen allgemeinen Überblick über den Entwicklungsgang zu geben, den die Vorstellungen von diesen Wesen nach den angeführten litterarischen, bez. bildnerischen Denkmälern genommen haben.

Obgleich der weiter unten zu betrachtende Zusammenhang der Gandharven mit gewissen Naturerscheinungen aus mehreren rigvedischen und atharvavedischen und einigen Stellen der Vaj. S., der Brahmanas, Upanishad und des Mahabharata mehr oder minder klar hervorleuchtet, ist doch schon in den ältesten Zeugnissen die Verwandelung dieser Naturerscheinungen in Gestalten von Fleisch und Blut im Ganzen vollzogen. Die Gandharven treten uns überall, wenn auch oft wenig plastisch, als Personen entgegen. Schon diese Tatsache weist auf ein hohes Alter der indischen Gandharvenvorstellung hin. Dieses wird auch belegt durch die Übereinstimmung der Gandharven des rigvedischen Familienbuches mit jenem avestischen Gandrawa, aus der hervorgeht, dass jene Vorstellung jedenfalls bereits aus dem arischen Zeitalter stammt, als noch die Inder und Iranier bei einander wohnten. Und wenn wir in den frühesten Urkunden der indischen und hellenischen Litteratur die Gandharven, wie die Kentauren bald als Daemonenschar erwähnt, bald einzelne aus ihnen namentlich hervorgehoben, ihnen bald gütige, bald wilde Charakterzüge derselben Art zugeschrieben finden, so werden wir in der Ansicht bestärkt, dass diese den Indern und Griechen angehörigen Daemonen, mögen sie nun unter sich verwant sein oder nicht, jedenfalls eine lange Entwicklungsgeschichte bereits zu der Zeit hinter sich hatten, wo sie durch die aufbewahrten Dichtungen und Bildwerke bekannt werden.

Wenn nun die auffallenden Widersprüche im Charakter sowol der Gandharven, als auch der Kentauren sich zum Teil aus der Ansicht O. Jahns[1]) erklären, dass alle religiösen Vorstellungen des Altertums der Gedanke tief durchdringe, die Kraft zu segnen und zu heilen sei von der zu schaden und zu vernichten unzertrennlich und daher auch in jeder Gottheit beide Seiten vereinigt, so müssen wir doch für die so starken Differenzen der Gandharvenauffassungen, die uns in den verschiedenen indischen Schriften entgegentreten, in diesen selber, in deren Herkunft und deren Tendenz, den Hauptgrund suchen.

Es war das tragische Schicksal des edlen indischen Volksstammes durch zwei Übel in seiner Entwicklung dauernd schwer beeinträchtigt zu werden, durch das immer tiefere Vordringen in Länder eines heissen entnervenden Klimas und durch das Kastenwesen. Zwar haben sich die Inder schon in ihren Ursitzen, als sie noch mit den Iraniern zusammenwohnten, gleich diesen nach Kern und Haug in drei höhere Stände geschieden, und so erscheinen Priesterschaft und Adel schon in den ältesten Vedensukta als seit unvordenklichen Zeiten fest bestehend. Im Rigveda treten beide Stände schon einander in feindseligem Ringen um den Vorrang am Hofe gegenüber, wie aus dem 3. und 7. Buche und den an deren Verfasser geknüpften Überlieferungen hervorgeht. Zumal der Priesterstand ist hochangesehen und schon in der vedischen Zeit erblich, aber er scheint doch erst in der zweiten Periode der vedischen Litteratur, der Periode der Brahmanas und Sutras, sich zu einer Kaste vollständig abgeschlossen und erst im Purushasukta R. V. 19, 90 die Kastenordnung zum Dogma erhoben zu haben (Weber Ind. Stud. 10, 1 ff. Ludwig R. V. 3, 178. 243 ff.). Diese Einrichtung beherrscht wie das Leben, so auch die Litteratur Indiens. Die gewaltigen Standesunterschiede haben trotz des Drucks der Priesterschaft, die später auch die Kshatriyas niederwarf (M. Müller Hist. of anc. Sanskr. Lit. S. 17. 81), hier so starke Unterschiede in der religiösen Anschauungsweise hervorgebracht, wie in keinem andern indogermanischen Lande, und wir finden dieselben auch nirgendwo

---

[1]) Über den Aberglauben d. bösen Blicks. Ber. üb. d. Vrh. d. K. sächs. Ges. d. Wissensch. 1855. VII. S. 61.

so alt und deutlich überliefert, so litterarisch ausgeprägt wie hier. Ich wage sogar hinzuzufügen, dass vielleicht keine mythische Vorstellung diese auffallenden Unterschiede so treu wiederspiegelt, keine also in diesem Bezug so lehrreich für die mythologische Betrachtung ist, wie der Gandharvenglaube. Denn die drei älteren vedischen Sammlungen mit ihren Brahmanas und Upanishad drücken durchweg die priesterliche Gandharvenauffassung der Brahmanenkaste mitsamt ihren inneren Contrasten aus, der Atharvaveda, wenigstens in seinem eigenartigsten, kernbildenden Bestandteile, die Grihyasutra und teilweise auch die Gesetze überliefern uns die bäuerliche Anschauung der Vaiçyas, während die Epopöen und Erzählungen die ritterliche Vorstellung der Kshatriyas wiedergeben.

Hierbei ist jedoch zu bedenken, dass die meisten dieser Werke durch brahmanische Hände gegangen und bei ihrem Umfang und der Verschiedenartigkeit ihrer Bestandteile nur selten von der einen oder anderen oder dritten Richtung bis in alle Fasern hinein vollständig durchdrungen sind. So macht sich in vielen Liedern des zehnten Rigvedabuchs ein atharvavedischer Geist geltend, insbesondere im 85. Liede desselben, dem Suryasuktam, die atharvavedische Gandharvenvorstellung. Dies erklärt sich daraus, dass die Sammler des RV., die, wie Ludwig RV. 3, 306 richtig hervorgehoben hat, nur so viel von dem Glauben an untergeordnete daemonische Mächte, der nach dem AV. eine ausserordentliche Ausdehnung „gewonnen" (NB. ich würde lieber sagen „behauptet") hatte, aufgenommen zu haben scheinen, um für alle Fälle und auch gegen jene Mächte gerüstet zu sein, dass diese im zehnten mehr auf die Wechselfälle und Bedürfnisse des gewöhnlichen Lebens, Geburt, Krankheit, Tod und Hochzeit u. s. w., berechneten Buche gezwungen waren der Volksanschauung Rechnung zu tragen. Dies bestätigt das Pâraskara sûtram 1, 9, 3 (Ind. Stud. 5, 359. M. Müller Hist. of anc. Sanskr. Lit. S. 50), indem es als Regel angibt, dass die Hochzeits- und Leichen- und andere Hausfeierlichkeiten nach dem Brauche der Familie oder des Dorfs (nach dem Schol. „der alten Weiber") gestaltet werden dürften. Andrerseits sind wieder viele Teile des AV. von derjenigen Gandharvenvorstellung beeinflusst, die in den drei Sammelbüchern des RV. vertreten ist, worauf ich bereits oben (S. 12) hinwies. Endlich ist es bekannt, dass die alte Heldensage der grossen indischen Epopöen in ähnlich durchgreifender Weise brahmanisiert wurde (M. Müller Hist. of anc. Sanskr. Liter. S. 46), wie etwa die altgermanische Rolandsage christianisiert worden ist. Aber nichts destoweniger lässt sich in den meisten Fällen mit Sicherheit erkennen, welche Anschauung, ob die priesterliche, bäuerliche oder ritterliche, die Grundlage der verschiedenen Werke der betreffenden Litteratur gebildet hat. Ferner lässt sich erkennen, dass diese Grundanschauungen trotz ihrer Verschiedenartigkeit doch auf eine gemeinsame Urgrundanschauung, die mythische Auffassung einer Naturerscheinung, zurückweisen.

Wenn ich nun auch auf den Nachweis dieser Naturerscheinung noch verzichte, so darf ich doch schon jetzt der Beantwortung der Frage nicht ausweichen, welche von jenen drei angeführten Hauptanschauungen jenem Urglauben am nächsten stehe. Und hier muss daran erinnert werden, dass die litterarische Chronologie, der sich ja im Wesentlichen die Reihenfolge der beigebrachten Zeugnisse gefügt hat, die Antwort auf die obige Frage durchaus nicht entscheidet. Denn das Alter einer mythischen Vorstellung wird nicht bestimmt durch das zufällige Datum ihrer litterarischen Aufzeichnung und durch deren wiederum vom Zufall abhängige Erhaltung, sondern es richtet sich nach der Stufe, die eine solche Vorstellung innerhalb der organischen, psychologisch notwendigen Entwicklung der ganzen Vorstellungsreihe, zu der sie gehört, einnimmt.

Nun lehrt aber die Psychologie und alle geschichtliche Erfahrung, dass die rohen, niedrigen, dürftigen Vorstellungen den edleren, höheren und reicheren voranzugehen pflegen. Insbesondere lehrt die Mythengeschichte der kulturlosen Völker, dass die wenig individualisierten Geistermassen, wie sie aus der beschränkteren Betrachtung der Geheimnisse des Menschenlebens und der nächsten Naturumgebung hervorgegangen sind, den Grundstock ihres Glaubens bilden und die Menschen sich erst mit steigender Kultur zu der freien Anschauung individueller, die grossen Naturkräfte verkörpernder Einzelgestalten der grossen Gottheiten erheben, das Pandaemonion in ein Pantheon verwandelnd. Für diesen Gang der Mythengeschichte legt auch die vergleichende indogermanische Mythologie deutliches Zeugniss ab, denn auf keinem Gebiete des Glaubens sind die Übereinstimmungen der Indogermanen genauer als auf dem des Seelen- und Geisterglaubens, während der eigentliche Götterglaube bereits ein viel schärferes Gepräge der einzelnen indogermanischen Nationalität trägt. Indem ich diesen Satz in einer späteren Abhandlung zu begründen beabsichtige, verweise ich hier vorläufig nur zum Beleg desselben auf die indogermanischen Zaubersprüche und Sagen, das älteste nachweisbare gemeinsame poetische Besitztum der indogermanischen Völker, wie Kuhn Z. V. S. 13, 49 ff. überzeugend nachgewiesen hat (vgl. Zeitschr. f. deutsche Philol. 1, 309. Scherer Anz. 4, 100). Dadurch, dass uns der Atharvaveda in seinen Zaubersprüchen bei Krankheiten und daemonischen Nachstellungen, in seinen Verwünschungen von Feinden und Anrufungen von Kräutern, in seinen Reise- und Würfelsegen, in seinen bei Geburt, Hochzeit und Tod gesprochenen Formeln jenen uralten dumpfen Glaubenskreis bewahrt hat, beansprucht er einen dem Rigveda ebenbürtigen Rang, wie sehr er von ihm an edler Poesie und an Alter der Aufzeichnung übertroffen wird. Und wenn wir absehen von den akkadischen Zauberformeln und Beschwörungen, von denen Lenormant Anf. der Cultur 2, 107 berichtet, so nimmt der AV. sogar eine Stellung ein, die in der gesamten Geistesgeschichte des Altertums unvergleichlich ist, weil uns aus dieser unaufhörlich nur die Stimme der Geistesaristocratie entgegentönt, aber das Dichten und Trachten des niederen Volks fast nie lautbar wird. Diese Bedeutung des AV. scheint mir noch nicht genugsam gewürdigt, trotz der eben angeführten Kuhn'schen Arbeit und der verschiedenen Hinweise Webers in seiner Indischen Litteraturgeschichte S. 10, 141 ff. auf den altertümlichen und unbrahmanischen Charakter vieler seiner Stücke. Und so erblickt denn auch der neueste Übersetzer des RV. im Atharva-Veda nur wieder eine Deteriorierung des alten Glaubens, da doch dieser wilde Animismus, wie Tylor Anf. d. Cultur 2, 256 nachgewiesen hat, eine ursprüngliche Bildung, nicht die Entartung einer höheren ist. Denn er ruht nur auf sich selbst, erhält sich stets in enger Berührung mit dem Zeugniss der Sinne, auf das er ursprünglich gegründet ist. Wenn hier im Widerspruch mit Ludwig die atharvavedische Auffassung als die im Ganzen älteste uns bekannte hingestellt wird, so soll damit nicht die Möglichkeit mancher inneren Entstellung ausgeschlossen sein, wie auch andrerseits der brahmanische Einfluss unverkennbar ist, und ferner nicht die andere Möglichkeit, dass die im Priester- und Kriegerstande wurzelnden litterarischen Erzeugnisse manches Hochaltertümliche bewahrt haben, was wieder das niedere Volk in der Not des Lebens aufgegeben und vergessen hat.

Das Bild, das der AV. von den Gandharven und den ihnen zugesellten Apsaras entwirft, trägt nun auch die Merkmale jenes uralten, unbrahmanischen, niedrigen, beschränkten Volksglaubens an sich. Die Gandharven und Apsaras sind echte alte Volksdaemonen, und es ist wol kein Zufall, dass in der Opferliste der Vaj. S. 5 gerade diesen beiden Wesen der Vrātja, der nicht nach brahmanischem Ritus lebende Arier, geweiht wird. Von epischer Entwicklung, von Mythenbildung im höheren Sinn verspürt man nichts. Aber die Einwirkung dieser Wesen auf das menschliche Leben gilt für höchst bedeutsam und sie empfangen deshalb auch besondere Verehrung und Opfer. Die Apsaras wohnen zwischen der Sonne und dem Opferzelt, also in der Luft, und Luft und Gewölk wird auch unter dem Meer (s. oben S. 14) zu verstehen sein, in dem sie auf- und abwärts steigen, wie sie denn auch in der nächsten Strophe des betreffenden Liedes die Wolkigen, Blitzigen, Sternigen heissen und in späterer Zeit eine eigene Welt der Apsaras, apsarasām loka, genannt wird (Z. V. S. 13, 125). Die Luft ist auch der Gandharven Wohnraum, denn sie wird in einer Upanishad als gandharvaloka und die Fata morgana als gandharvanagaram bezeichnet, wie auch von den Iraniern. Die Gandharven und Apsaras wohnen aber auch an Flüssen, und die letzten leben als Ambah und Ambāyavah in Gemeinschaft mit den Nadyas, den Flussgöttinnen. Beide lieben den Aufenthalt auf hohen Bäumen, in deren Zweigen die Apsaras singend und musicierend sich in goldnen und silbernen Schaukeln wiegen oder in deren Dunkel sie kreischen. Beide, Gandharven und Apsaras, lieben die Musik und den Tanz, mit den Würfeln um die Wette wirbeln die Apsaras dahin. Beide sind durch Wolgeruch ausgezeichnet, wie ihn Erde, Gewässer und Kräuter ausströmen. Guggulu[1]), Naladī und Aukshagandhī sind Namen der Apsaras und schöner und duftender Blumen, Pīlā scheint ein Baumname (Z. V. S. 13, 127). Dass die Gandharven heilkräftige Pflanzen ausgraben in der V. S., ist gewiss volkstümlich. Wenn wir nach den obigen Andeutungen den Apsaras ein anmutiges Äussere zuschreiben dürfen, wie sie auch mit Liebeszauber umgehen und den Geist verwirren, aber auch wieder von Wahnsinn befreien können, so erscheinen dagegen die Gandharven als hässliche

---

[1]) Guggulu, ein kostbares Räucherwerk oder Bdellion zur Mitgift oder zu Hochzeitgaben verwendet (Grill Hundert Lieder des AV. S. 53. 71).

Wesen. Denn sie werden harig gleich Affen und Hunden und, wie es scheint, auch wol in Zwerggestalt, vielleicht priapisch, gedacht. Auch werden sie mitten unter Wesen aufgeführt, die wol Menschengestalt anzunehmen vermögen, gewöhnlich aber durch gräuliche Ungestalt schrecken; auch in der TS. erscheint Viçvāvasu neben Wölfen und Räubern. Hieher wird auch ein Vers aus dem späten Büsserlied RV. 10, 136, 6 zu rechnen sein, nach welchem der langharige Muni auf der Apsaras, der Gandharven, der mṛigas (d. h. wilden Tiere oder Walddaemonen) Bahn wandelt. Ein grosser Haarbusch ist ihr besonderes Merkmal. Sie haben einen zornigen Blick, sie machen den Menschen, nach den Brahmanas insbesondere die Frauen besessen, die dann gandharvagṛihītā heissen. Sie wohnen nach den Grihyasutra in den Brüsten und der Scham der jungen Mädchen, sie stellen den Frauen nach beim Hochzeitszug, beim ersten Beilager und im Wochenbett, und töten gern die neugebornen Kinder. Die Apsaras dagegen lieben das Würfelspiel und das Wagenrennen der Männer und tragen demgemäss auch manche Wagennamen. Gegen die geilen Gandharven werden Indra's Pfeile angerufen, sie werden durch Verwünschungen verscheucht und durch das Kraut Pinga oder die bockshörnige Arātāki (Odina pinnata).[1] Aber die Gandharven und Apsaras werden auch durch Verneigung und Gebet geehrt,

---

[1] Unter den von Kuhn Z. V. S. 13, 49 ff. gegebenen Beweisen des oben aufgestellten Satzes, dass kein Gebiet des indogermanischen Glaubens genauere Übereinstimmungen aufzuweisen habe als die Daemonologie, ist besonders anziehend der 13, 118 ff., der hier gelegentlich noch weiter ausgeführt werden mag. AV. 4, 37 heisst es: Mit dir, o Kraut Ajaçṛiṅgī, mit dem wir früher die Rakshasas geschlagen, scheuchen wir die Apsaras und Gandharven zum Fluss und zu den hohen Bäumen... Des herantanzenden Gandharven, mit dem Haarbusch, dessen Hoden zerreisse ich, dessen Rute binde ich fest. Ihr seid ja Gatten, Gandharven, hängt euch nicht an Sterbliche. Dazu AV. 8, 6, 7: Der dich (o Frau) im Schlaf heimsucht, ähnlich dem Bruder oder Vater sehend, Baja (oder Pinga, ein gelbes starkduftendes Kraut) treibe die von hier weg als Hämmlinge im Weiberkopfputz (tirīta). (Ind. Stud. 5, 254.) Solche starkriechende Kräuter verscheuchen auch nach deutschem Volksglauben den den Mädchen nachstellenden Teufel. So jammerte dieser, als er sich im Salzburgischen zu einem Mädchen schleichen wollte, aber am Fenster Kudlkraut (Feldthymian) und Widerton (Adiantum, Jungfrauhaar) befestigt fand: „Kudlkraut und Widritat haben mich um mei Madl bracht!" (Z. f. deutsche Myth. 3, 343.) Kudlkraut hängt vielleicht mit guttel daemon subterraneus (Grimm D. M.⁴ 3, 129) zusammen, widerton

und die Gandharven wenigstens nehmen auch Teil an der Spende des Götteropfers, wie denn auch die Grihyasutra ein Gandharvenopfer kennen.

Auch die Gandharvenehe wird aus alter volkstümlicher Anschauung entsprungen sein. Jolly (Z. D. M. G. 31, 131) meint allerdings, dass der erste und die beiden letzten Namen der sechs Eheformen bei Vasishtha (s. oben S. 22), d. h. die Brahmanen-, Kshatriya- und Manushyaehe, noch den Ursprung des ganzen

---

ist schön goldfarbig wie jener Pinga und die Weiber können damit nach ihrem Gefallen „abthon" und „widerthon", in welchen Ausdrücken schon Grimm D. M.[4] 2, 1016 den Sinn „Mannheit geben und nehmen" vermutet. RV. 10, 145, eine Beschwörung im atharvavedischen Stil, kennt auch ein Kraut, durch das die Gattin den Gatten von der Nebenfrau vertreibt, zu sich aber hinzieht. Dazu stimmt auch, dass die salzburgischen Mädchen für den Fronleichnamstag ihre grünen Jungfraunkränze aus Kudlkraut winden. Z. f. d. Myth. a. O. Ein Fremder in grünem Kleid und mit hohlem Rücken, das sogen. Gangerle, sucht ein Mädchen im Lesachtal zu verführen, aber „Hobrat, Widertot und Speik ist gut für's Alpenreiten" und da das Mädchen diese Kräuter um den Hals bindet, muss der Teufel fliehen (Z. f. d. Myth. 3, 36). Eine Magd, mit der ein bocksfüssiger Teufel in grüner Jagdkleidung auf einer Wiese bei Nürnberg schäkert, legte sich zwei Kräuter auf die Brust, die ihn vertrieben. Oft jammerte er vor ihrem Hause: „Wireutla und Mireutla, das bringt mich um mein schöns Bräutla". Die Kräuter Dorant und Doste (Thymian) werden getragen, um Wöchnerinnen vor Nixen und Kobolden zu schützen und diese davon abzuhalten, Kinder zu vertauschen (Mannhardt Wald- und Feldkulte 2, 158. Kuhn Westf. S. 1, 280), daher Doste auch Jag den düvel heisst, wie sonst das Johanniskraut (Hypericum perforatum) (Kuhn a. O. 2, 29. Korrespond. d. Vereins f. ndrd. Sprachf. 2, 77). Statt Dorant und Doste verscheucht ein Beutel voll Dill und Dust, den eine Frau auf der Brust trägt, einen übelwollenden Berggeist (Wrubel Bergmänn. Sagen S. 36). In Schweden dienen zu gleichem Zwecke die Vänderot (Valeriana officinalis), auch Velamsrot, älter Welandzroot und dufveägg (cucubalus behen.), und der Unterirdische, der das dadurch beschützte Mädchen nicht mehr anrühren kann, klagt: Pfui mir, dass ich dich Heilung lehrte mit Tiverinde und Wielandswurzel. (Kuhn Z. V. S. 13, 122.) (Nach dem Kurtz Hauptbüchlein und experiment vieler Artzneyen. Durch O. Appollinarem. Franckfurdt am Mayn 1557 tötet Baldrian, wilder nardus, Katzenwurzel, die Mäuse und bringt den „Frawen ir zeit".) Wie die Gandharven und Apsaras zu den Bäumen und Flüssen zu gehen, werden die Maren aufgefordert, alle Wasser zu wehen und alle Bäume zu blähen. (Kuhn a. O. 13, 123). Gegen die Neckereien des geilen Faunus ficarius im Schlaf, des Incubo, schützte sich die Römerin durch die zur Nachtzeit ausgegrabene Wurzel der Waldpäonie (Preller Röm. Myth.[3] 1, 381). Man vergleiche den griechischen Brauch weiter unten.

Schemas der Eheformen erraten liessen, der mit dem Kastenwesen zusammenhienge, so dass die erste Ehe für die Brahmanen, die Kshatriyaehe für die Krieger, die Manushyaehe für die dritte und vielleicht auch vierte Kaste bestimmt gewesen. Die zweite, dritte und vierte Eheform der Götter, Rishi und Gandharven sei nur der Vollständigkeit halber eingeschoben und die spätere Nomenclatur werde dann nicht bloss vollständiger, sondern auch schematischer, indem sie statt der Kshatriya und der Manushya den Prajapati, die Asura, Rakshasa und Piçâca in die Stufenleiter einschiebe, in der aber fortwährend die kirchliche Ehe, der Raub und der Kauf als die drei Hauptarten hervorträten, die je den drei Hauptkasten gemäss seien. Jolly's Darstellung mag im Ganzen richtig sein, aber es ist doch zu bemerken, dass die Eheformnamen, die dem Kreise mythischer Wesen, nicht der Kasteneinrichtung entnommen sind, schwerlich erst zur Zeit ihrer Einmengung in die Reihe der realen juristischen Ehebezeichnungen erfunden wurden, ferner dass wieder keiner von all diesen Namen jemals ein so altsprichwörtlicher Ausdruck war, wie die Gandharvenehe, weiter dass von keiner Eheform gesagt werden konnte, sie sei allen Kasten erlaubt gewesen, wie von der Gandharvenehe, wenn auch nicht allgemein, gesagt wurde, und endlich dass keine von all den Götter- oder Dämonengruppen, nach denen die andern Eheformen benannt wurden, in so naher Verbindung mit Ehe und Hochzeit, mit dem ganzen geschlechtlichen Leben, stand wie die Gandharven, so dass selbst das rigvedische Hochzeitslied (S. 10. 85) ihrer als Hochzeitsgenien gedachte. So wird wahrscheinlich der Begriff Gandharvenehe älter als all die andern Ehebezeichnungen, älter auch als das Kastenwesen sein, aus dem diese sich entwickelt haben.[1]

Ich bin nicht im Stande nachzuweisen, dass sich die soeben charakterisierten volkstümlichen Gandharven in den späteren nachbuddhistischen Zeiten im Volksglauben erhalten haben. Wol aber finden wir in demselben wenigstens noch im 6. Jahrhundert n. Chr. Wesen von einem ganz ähnlichen Typus verehrt. Im Mahabh. und in einigen andern Schriften nämlich wird eine Schaar aus dem Gefolge Çiva's, zu dem das Epos auch

---

[1] Vielleicht auch dauerhafter, denn noch in heutigen bengalischen Märchen werden Gandharvenehen durch Austausch von Kränzen vollzogen (Lal Behary Day Folktales of Bengal. 1883. S. 11).

die Gandharven rechnete, Pramatha oder Pramātha genannt, wahrscheinlich von pramātha Raub, über die Kuhn Herabkunft S. 18 noch nichts weiter zu sagen vermochte, als dass sie einen kriegerischen Charakter besässen und auch als Daityas d. h. als ursprüngliche Feinde der Götter bezeichnet würden. Aber die von Kern (Ind. Stud. 14) herausgegebene und übersetzte Yogayātrā des Varāhamihira aus dem 6. Jahrhundert n. Chr. wirft nun ein helles Licht auf diese Pramatha, die Kern nicht uneben durch „Elben" wiedergibt. Nach Yogay. 6, 1—19 geht dem Ausmarsch zum Krieg die Verehrung der Herren der (8) Himmelsgegenden, der grossen Götter und einiger Familien- und Stadtgötter voran. Dann aber wird den Luftgeistern eine Spende gebracht aus Milchreis, Gegohrnem, Fleisch, Sesampaste, Backwerk, Kinderspielzeug, duftenden Blumen, süssen Wurzeln und Früchten. Und nun heisst es V. 20 (Ind. Stud. 14, 353) weiter: Die Pramatha, die an Strassen, Toren, Flussufern, Kreuzwegen, Wachttürmen, in Gärten, Höhen, an einsam stehenden Bäumen u. dergl. ihre Stätte haben, soll man gebührlich ehren und (anrufen mit folgendem Lied): V. 21 „Verehrung sei euch, ihr Geisterscharen im Gefolg von Indra, Agni, Yama, Nirriti, Varuna, Vāyu, Kubera, Rudra, Ahi, Suparna, Skanda, von Piçāca, Daitya und Gefolge! V. 22 Die ihr in Schönheit wetteifert mit dem Liebesgott und fähig seid nach Belieben die Gestalt zu wechseln (kāmarūpa), ihr, geschmückt mit verschiedenen duftenden Gewändern und Kränzen, von unwiderstehlicher Kraft und windschnell, mutig und immerfroh, die ihr dieselbe glänzende Farbe zeigt als die aufgehende Morgensonne. v. 23. Seid ihr kurz oder lang, oder mit einem Hängebauch, hinkend, einäugig, mager oder dick, mit Angesichtern wie Vögel, Schlangen oder Kameele, ohne Mund oder mit einer Eberschnauze V. 24 oder mit vielen Gesichtern, Köpfen, Armen, Füssen und Augen, Eidechsen und Schlangen zum Schmuck tragend, ungeheuer, mit Kronen und manchen Juwelen geziert, rötlich wie die Morgensonne, Blitzstrahl und Feuer V. 25 oder dunkelfarbig wie Bienen, Tamālarinde, Elephanten oder Büffel, die Form von Felsen und Wolken zeigend, mit Stimmen, die dem Donner ähnlich sind, und schnell im Lauf, wie der Wind und der Gedanke. V. 26 Ihr, bewaffnet mit Schwert, Kolben, Keule, Stein, Speer, Spiess, Baumstamm, Pfeil und Bogen, Discus, ihr, zaubernd mit Lanze, Bolzen, Hellebarde in der Faust oder

Knüttel, Beile, Morgensterne tragend V. 27 nehmt, o Elbenscharen und Wichter (pramathaganā und sabhūtā) die Opfergaben an, die der auf Eroberung ausgehende König euch darbietet. Wenn wir die Feinde besiegt haben und durch eure Gunst in die Heimat zurückgekehrt sind, wollen wir euch doppelt so viele schöne Spenden bringen. V. 28 Der König mit seinen Untertanen, Ministern, Kindern, Gattinen, Freunden und Verwanten fleht. euch um eure Hilfe an. Begleitet den Herscher, um ihn zu beschützen und das feindliche Heer zu vernichten, V. 29 oder gewährt dem Fürsten wenigstens im Traum (svapne) ein Vorzeichen, ob er Sieg oder Niederlage zu erwarten habe. Dadurch werdet ihr ihm den sehr grossen Dienst erweisen, dass er durch eure Huld wissen wird, wie er zu verfahren hat." Diese Pramatha teilen das Vermögen die Gestalt zu wechseln, den Hängebauch, die Schnauze, die Vielfüssig-, äugig- und mäuligkeit mit den Wesen, zu denen im AV. 8, 6 auch die Gandharven gehören. Sie sind teilweise schön wie die Apsaras und wohnen wie die Gandharven an Flüssen und auf Bäumen, und ihr Duft wird gerühmt. Sie sind bald licht, bald dunkel, der Sonne, dem Blitz und den Wolken ähnlich wie die Apsaras. Sie schreien laut wie die Gandharven und Apsaras und sind windschnell und kriegerisch. Wie diese vor dem Würfelspiel und Rennspiel angerufen werden, werden die Pramatha vor dem ernsten Spiel des Kriegs angefleht und mit Spenden geehrt. Dass sie im Traum sich den Menschen nahen und ihnen die Zukunft verkünden, ist sicher ein alter Zug, der im AV. zwar nicht direct von den Gandharven erwähnt wird. Aber auch diese suchen die Frauen auf ihrem Lager lüstern auf und, wenn sie von ihnen Besitz nehmen, erfüllen auch sie dieselben mit Weisheit. Wie im Epos die Gandharven und Apsaras, bilden in diesem Gebet die pramatha das Gefolge der grossen Götter.

Das Alter der atharvavedischen Gandharven- und Apsarasauffassung, die in der Pramathadarstellung der Yogayātrā noch so spät, aber deutlich wiederklingt, lässt sich nicht näher bestimmen. Jedoch sprechen alle Analogien dafür, dass sie auf einer sehr niedrigen Culturstufe entstanden ist, wie der entsprechende Walddaemonenglaube wilder Völker. Das Waldleben bringt neckische, schadenfrohe Waldgeister hervor, die z. B. den südamerikanischen Indianern unter allen Formen begegnen, darunter besonders Elaiuara, bald ein kleines Männchen, bald ein grosser Hund mit langen Klappohren (Müller Amerik. Urrel. 259), ganz wie ein Gandharve. Auch in der indischen Gandharvenvorstellung ist kein einziger Zug nachzuweisen, der auf eine höhere Cultur deutete. Dagegen setzt der Begriff des Soma, den der Rigveda in das Gandharvenmythus hineinträgt, die dankbare Anerkennung des aus der Wolke quillenden Segens, des Regens, voraus, die ein Volk erst gewinnen kann, wenn es aus dem Jagdleben zum Hirtenleben übergegangen ist. Das erquickende Wolkennass wird schon frühe, worauf einige indogermanische Spuren deuten, einem andern berauschenden Getränk verglichen worden sein, erst in der arischen Periode, als die anderen Völker bereits von ihrer Urheimat sich entfernt hatten, die Inder und Iranier aber noch vereinigt waren oder nahe zusammensassen, wurde es dem Soma oder Haoma gleichgestellt, denn der Soma-Haoma kommt nur bei den beiden arischen Völkern vor (Z. D. M. G. 35, 685 ff.). Die Apsaras, die Wolkenfrau, bez. das Weib des Menschen war nun nicht mehr das einzige Hauptmotiv des Gandharventreibens, der Soma, der Göttertrank, trat als ein zweites gleich gewichtiges dazu. Und wenn derselbe auch anfangs zum Herrn unter Anderen auch den Gandharven hatte, so wurde diesem doch mit dem Emporkommen jüngerer und edlerer Götter und Daemonen die Herschaft streitig gemacht. Ich denke hier an den iranischen Kereçãçpa und den indischen Indra. Dies war um so notwendiger, als die alte Gandharvenschar doch manche höchst bedenkliche Eigenschaften hatte, die sie wenig geeignet machten den Umschwung des religiösen Lebens, den der immer kräftiger emporsteigende Priesterstand herbeiführte, ohne Gefährdung oder Minderung ihres Ansehens zu überdauern. Die zwiespältige Haltung des Priesterstandes dem alten volkstümlichen Gandharvenvolk gegenüber spricht sich nun sehr deutlich im RV. aus, der überhaupt dem Geschick aller religiösen Sammelwerke nicht entgangen ist, trotz seines Anspruchs, die Richtschnur des Glaubens zu sein, doch die grellsten Widersprüche in sich zu bergen. Das strenge orthodoxe Brahmanentum der Familienbücher will von diesen zweideutigen Gandharven und vollends dem Weibervolk der Apsaras nichts wissen oder lässt Indra siegreich über den Gandharven hinwegschreiten, wie über andere Unholde, die ihm den Soma oder die Wolkenkühe oder die Wolkenfrauen vorenthalten wollen. Am deutlichsten und kräftigsten schildert RV. 8, 66 diesen Kampf: Indra trinkt in einem Zuge dreissig Somakübel aus, er durchbohrt den Gandharven im bodenlosen Luftraume, aus den Wolkenbergen den wolgezielten Pfeil schiessend, und entreisst ihm die gare Speise d. i. den Soma. Einige Brahmanas, wie das Aitar. und Çatap., flechten in diesen Soma-Kampf, den sie zu einem Streit zwischen den Göttern überhaupt und den Gandharven verallgemeinern, ein göttliches Weib, die Vāc, als Ersatz für die Apsaras ein, das von den Göttern für Soma an die weiberlüsternen Gandharven verkauft, aber denselben durch List nicht ohne Schaden und Gefahr wieder entzogen wird. Der sich wehrende oder rächende Gandharve ist auch mit einem Bogen bewaffnet und heisst Kriçānu, der Bogenspanner, der uns noch weiter unten beschäftigen wird.

Diese in den Brahmanas hervortretende doch schon mehr vermittelnde Tendenz hat nun aber in den drei Sammelbüchern des RV. schon früher sich viel entschiedener kundgegeben. Das liberalere Priestertum dieses Teils sah wol ein, dass der Gandharvenglaube viel zu tiefe Wurzeln im Volksglauben geschlagen hatte, um einfach ignoriert oder auch feindselig behandelt werden zu dürfen. So wurde er denn mit hineingezogen in das Heiligtum des RV. Wir bemerken hier also Vorgänge, wie sie auch in der Bekehrungsgeschichte heidnischer Völker zum Christentum sich seit den ersten Jahrhunderten unserer Zeitrechnung immer und immer wiederholt haben. Die Geistlichkeit, meistens anfangs darauf bedacht, alles Heidnische mit Stumpf und Stiel auszurotten oder als teuflisch zu verdammen, hat sich später sehr häufig besonnen und altbeliebte heidnische Bausteine in den neuen Tempel eingefügt. Wie hier aus alten Mythen und Göttern neue Legenden und Heilige geworden sind, so ist nun auch von dieser freieren oder laxeren Priesterschaft das alte Gandharventum mit neuem heiligen Glanze umgeben worden. Es ist wol möglich, dass der Gandharvenführer erst diesem idealisierenden Bestreben den Namen Viçvāvasu verdankt, der schon als Compositum jünger zu sein scheint als die einfachen sogleich zu erwähnenden Gandharvennamen. Er ist mit dem Drachentöter Indra verbündet, durchwandert die Luft, findet auf der Ströme Bahn den Soma, öffnet der Felsenställe (d. i. Wolken) Türen findet und verkündet das Amrita, die butterreiche Milch. Dann hat er des Himmels Höhe erstiegen und betrachtet jede Glanzgestalt des Soma und die Umgebungen

des Sonnengottes. So heisst er denn der Fluten Herr wie Soma
selber, er und die Seinen fügen zum Soma den Wolkensaft. Er
bewacht des Soma Ort, der deswegen auch des Gandharven
fester Ort heisst, und behütet der Götter Stämme, die ja vom
Soma leben. Er wird auch Vena, der Holde, der Licht- und
Wolkengeborene, genannt, welcher der bunten Wolken Söhne oder
Töchter oder einen Strom treibt, welcher besungen wird, wenn die
Sonne mit den Wassern sich vereinigt. Denn dann zeigt er seinen
Rücken und die Scharen schlürfen Amrita. Die Mütter jauchzen
ihm zu oder eilen zu ihm heran. Die Apsaras lächelt ihren
Buhlen an, der mit duftigem Mantel und schönen Waffen angetan
ist. Von dieser hauptsächlich RV. 10, 123 entnommenen über-
schwänglichen und im Einzelnen oft dunkeln und verschwommenen
Schilderung kann man doch das mit Sicherheit behaupten, dass
sie sich anlehnt an die oben erwähnte volkstümliche Vorstellung
von dem Wohnen der Gandharven und Apsaras in allerlei glänzenden und duftigen Luftgebilden, nur dass hier im RV. die
Sonne stärker beteiligt erscheint, was denn RV. 1, 163, wo der
Gandharve des Sonnenrosses Zügel fasst, noch deutlicher hervortritt. Der Gandharve lebt vereint mit der Wasserfrau, sie rauschen
laut, und die Apsaras wird angerufen beim Gewitter (des Stieres
Toben), den Verstand zu schützen. Yamī endlich, die ihren
Bruder verführen will, beruft sich auf ihre Verwantschaft mit
dem Gandharven in dem Luftmeer und der Wasserfrau. Der Gandharve hat nicht nur alles Gut, sondern er weiss auch recht,
was wahr ist und nicht wahr, und wird als solcher angebetet.

Die Vaj. Sanh., die eine Reihe von jedenfalls teilweis sehr
alten, fast durchweg unzusammengesetzten gandharvischen Soma-
wächternamen neben manchen kriegerischen mehr epischen zusammengesetzten überliefert, führt diese übertriebene Verherr-
lichung der Gandharven fort, wie denn die Inder in diesem Stück,
das Verachtete zum Höchsten zu erheben, Unglaubliches geleistet
haben. Ich erinnere nur an das 15. Buch des RV., das sogen.
Vrātyabuch, das den Vrātya, den unbrahmanisch lebenden Inder,
förmlich als höchstes Wesen proclamiert (Weber Ind. Lit.[1] 107.
142.). In den Upanishad aber erscheinen die Gandharven doch
wieder auf eine zwischen den Menschen und Göttern liegende
Mittelstufe hinabgedrückt.

Das dritte Bild von den Gandharven und Apsaras, das aus-
geführteste und bestimmteste, hat uns bereits das Epos entworfen,

weshalb wir hier nur die Hauptzüge desselben hervorheben. Es
ist eine andere Art der Verklärung des volkstümlichen Glaubens,
als die rigvedisch-priesterliche, eine Verklärung im Kshatriyastil.
Die Volksanschauung hat eine gewisse Rohheit und Enge, aber
auch Innigkeit. Dicht um die Hütten des Volks, Opfer und Gebete
heischend, hausen jene Daemonen an dem nächsten Fluss und den
nächsten hohen Bäumen, tanzend, singend, schreiend, stets bereit
besonders im Dunkel in den Frieden des Hauses, in das Familienleben, bedrohlich einzugreifen. Aus dem Dunst dieser Glaubens-
niederungen blicken wir im RV. zu höheren Regionen empor:
die Gandharven verkehren unmittelbar mehr mit den Göttern als
mit den Menschen, sie sind vornehmer und ferner geworden.
Das Epos hält die Mitte inne. Die Gandharven und Apsaras gehören zwar auch dem Himmel an, aber als Boten und Sendlinge
der Götter gehen sie zwischen diesen und den Menschen hin und
her. Ja die Apsaras lieben den Umgang mit den Sterblichen und
sind so zu den Ahnfrauen des vornehmsten aller Kshatriyage-
schlechter, der Monddynastie, geworden. Und die im tapfern
Streit gefallenen Krieger kommen zu ihnen in den Himmel, um ihre
Gatten zu werden. Die Heldenkraft der Kshatriyas hat zuerst, aus
dem Norden hervorbrechend, das weite Pendschab, dann gegen
Osten und endlich gegen Süden vordringend, Hindostan und Dekhan
unterworfen. Die schönsten Flussuferstellen und Seen dieses weiten
Gebietes haben sie ihren Gandharven und Apsaras zu Wohnsitzen
angewiesen, zu denen gewallfahrtet wird, vor allen aber das
strahlende Schneegebirge, aus deren Pässen sie einst siegreich
hervorbrachen, an dessen Hängen die heilige Somapflanze wuchs,
die später mühsam in die Ebene geschafft und von den Händlern
zum Opfer gekauft werden musste (Z. D. M. G. 35, 685 ff.). Auf
diesen Bergen haben die Gandharven und Apsaras ihren Lieblings-
aufenthalt, insbesondere auf dem Gandhamadana oder Oshadi,
dem Duft- oder Heilkräuterberg, dessen Pflanzen halbtote Helden
zu voller Lebenskraft zurückführen, oder auch an Lotusseen und
dem Gangastrom, wo sie mit einander kosen und baden, die
Apsaras auch in Schwanengestalt. Streitbare, ross-, waffen-
und wissenskundige Fürsten stehen an der Spitze des Gandharven-
volks mit glänzendem Wagen[1]) und gedankenschnellen Wunsch-

---

[1]) Die vedischen Inder bewunderten den Wagen an sich als grosses
Kunstwerk, noch in der buddhistischen Zeit wird als solches der rājaratha
oder Königswagen gepriesen. Dhammapadam 151 (Z. D. M. G. 14, 53).

rossen. Auf ihrer und fremder Frauen Liebe sind die Gandharven eifersüchtig, sowie die Apsaras zum Buhlen geneigt sind mit Göttern und Menschen und gleich Buhlerinnen ihre Kinder gern verlassen, wie denn ihre Mutter zu den kinderraubenden Unholdinnen gehört. Die Gandharven erscheinen darnach als edle, wolgerüstete Krieger, alles Tierische ist abgestreift, doch können sie auch Ungetümsgestalt annehmen, auch in Pferde und Esel sich verwandeln. Die Alles bezaubernde Schönheit der duftigen Apsaras ist sprichwörtlich und ihnen ähnlich sein das höchste Frauenlob. Aber der Umschwung der religiösen Anschauung hat auch die Gandharven ergriffen. So begabt und stark und schön sie sind, sie sind doch untertan den neuen Göttern, sie sind deren Lehrer und Diener und bilden tanzend und musicierend deren Gefolge, mögen jene ruhig auf ihrem Throne sitzen oder brausend durch die Luft fahren. Sie geraten wol mit gottähnlichen Helden, so mit Arjuna, einem Nachkommen und epischen Abbilde Indra's, in Kampf und erliegen diesem sogar, aber mit Indra's Amrita versehen führen sie ein ewiges Leben.

Merkwürdig ist der Zug, dass der Gandharve, um eine Königstochter zu gewinnen, dem Vater derselben in einer Nacht einen Palast baut.

Die zwei iranischen Zeugnisse setzen uns nicht in den Stand, die Phasen der persischen Gandharvenentwicklung anzugeben, aber das eine führt uns ein Wesen vor, dessen goldene Klauen oder Zehen auf eine teilweise tierische Körperbildung hinweisen, die wir auch bei den Gandharven des indischen Volksglaubens gefunden haben, und dessen Kampf mit Kereçāçpa um den See, in welchem der Haoma wächst, dem Kampf des indischen somahütenden Gandharven mit Indra gleichzusetzen ist. Und indem das andere Zeugniss die Fata Morgana, ebenso wie die indische Überlieferung, als Gandharvenstadt bezeichnet, beweist es, mit dem ersten vereint, eine tiefgehende Übereinstimmung der indoiranischen Gandharvenvorstellungen. Höchst wahrscheinlich haben auch die iranischen Gandharven ihre Liebschaften gehabt und zwar mit den apsarasartigen Pairika's, den späteren Peri's, deren eine sich verführerisch an Kereçāçpa hängt (Vend. 1, 10). So erscheinen in dem aus indischen Quellen geschöpften Bahar Danush II 215 ff. die Peri's als Tauben, legen ihre Taubengewänder ab und baden sich als schöne Jungfrauen. Der Jüngling nimmt ihre Kleider weg und erhält dadurch eine von ihnen zur Frau, ähnlich wie Purūravas die Apsaras Urvaçī (Benfey Pantsch. 1, 263). Die Pairika war es ursprünglich wol auch, die wie die Apsaras die Verstorbenen im Himmel empfieng, wie sich trotz der moralisch-allegorischen Maskierung wol erkennen lässt aus Yt. Fragm. § 7—15: Am Ende der dritten Nacht nach dem Tode geht die Seele des Reinen, an die Gerüche der Pflanzen sich erinnernd, vorwärts. Ein wolriechender Wind kommt ihr aus Süden entgegen und in diesem Wind erscheint dem Frommen seine Handlungsweise in Gestalt eines schönen glänzenden Mädchens und begrüsst ihn und führt ihn vorwärts. Er wird mit Fett gespeist.[1]

b) Die Kentaurensage.

Indem ich nun einen Überblick über die Entwicklung des griechischen Kentaurentypus zu geben versuche, glaube ich nicht gegen die Gesetze einer objectiven methodischen Untersuchung zu verstossen, wenn ich mich schon jetzt durch die gelieferte Vorlegung des betreffenden indisch-griechischen Mythenmaterials und den Überblick über die Gandharvenentwicklung für berechtigt halte, die Gandharven und Kentauren in Parallele zu stellen und beide für jedenfalls sehr nahe verwante mythische Gebilde zu erklären. Denn durch die grossen Unterschiede, welche jene von diesen bei oberflächlicher Betrachtung weit von einander zu trennen scheinen, brechen siegreich überall die viel wichtigeren, tiefer liegenden Übereinstimmungen hindurch. Und wenn die Unterschiede sich rein und natürlich aus der Verschiedenheit der späteren Entwickelung der indischen und griechischen Volksseele ergeben, so erklären sich die Übereinstimmungen einzig und allein aus dem Ursprung dieser Wesen aus einer alten, wenigstens diesen beiden Völkern und den Iraniern gemeinsamen Grundvorstellung. Die von Mannhardt bereits oben zugegebenen Übereinstimmungen lassen sich aber nun schon bedeutend vermehren. Die indischen wie hellenischen Wesen treten bald scharenweise, bald einzeln auf, bald freundlich, edel und beliebt, bald wild, tückisch und gefürchtet. Beiden haften gewisse tierische

---

[1] Im späteren Persisch werden die Seelen von den Fravashis bewillkommnet, die nach dem Minokhired auch den Haoma umgeben (Z. D. M. G. 21, 559. 564. 567. 569. 583).

Äusserlichkeiten an, insbesondere eine ungewöhnlich starke Beharung, beide sind nach Trunk und Weibern lüstern, bei Hochzeiten deswegen gefährlich, beide sind Gatten oder auch Söhne von himmlischen Wolken- und Wasserfrauen und leben auf Bäumen oder im Walde, beide stehen in naher Beziehung zu Rossen, sind der Heilkunst und der Musik kundig, beide sind Lehrer der Götter und göttlicher Helden, beide treten als Göttergenossen und wiederum als Götterfeinde auf, indem sie beide mit einem dürstenden oder freienden Gott um ein Getränk oder ein Weib ringen, bis sie von ihm mit Pfeilen erlegt werden. Diese Übereinstimmungen gestatten uns einen Einblick in einen Winkel der indogermanischen oder doch helleno-arischen Volksseele, die bereitwillig von uns anerkannten grossen Unterschiede aber liefern einen gleich wertvollen Beitrag zur Völkerpsychologie, denn sie sind die Ergebnisse der Schicksale und Charakterentwicklung der betreffenden einzelnen indogermanischen Nationen.

Die Geschichte der indischen Gandharvenvorstellung zog besonders dadurch an, dass sie die Gliederung des indischen Volkes in drei scharf gesonderte Stände deutlich erkennen liess. Die Geschichte der griechischen Kentauren verfügt nicht über diesen Reiz. Denn die Hellenen kannten zwar auch die Scheidung der Aristoi und des Demos, aber schon diese war lange nicht so schroff und so unüberwindlich wie in Indien. Ausserdem fehlte ein das ganze Geistesleben knechtendes Priestertum. Nicht Priester, sondern Homer und Hesiod sind es, die von Herodot 2, 53 in gewissem Sinne mit Recht als Diejenigen bezeichnet werden, die den Griechen ihre Götter geschaffen hatten. Der eine erfüllte die oft nach Form und Charakter unbestimmten oder auch noch unschönen Wesen des Volksglaubens mit individuellem leiblichen und geistigen Leben und stiess diejenigen, die sich der Veredelung unfähig erwiesen oder dem Bedürfnisse der Aristocratie des Heldentums nicht entsprachen, als unwürdig aus dem Olymp hinaus, und so begegnete Homers Streben sich einigermassen mit dem der indischen Epiker. Der andere suchte, fast wie ein hieratischer Poet, eine Vertiefung und Läuterung der volkstümlichen Götter und Daemonen durch eine genealogisierende, moralisierende und dogmatisierende Speculation, die sich im nachhomerischen Zeitalter auch noch ausserhalb des hesiodischen Dichterkreises in der orphischen Poesie, in der uns verlorenen hieratischen Dichtung dorischer Priestergeschlechter, im delphischen und eleusinischen Kultus rührig zeigt, um gerade die durch die heroische Dichtung zurückgedrängten alten Volksgottheiten in idealer, symbolischer Umformung wieder zur Geltung zu bringen. Es lässt sich auch nicht leugnen, dass Hesiod's Gedichte, wie manche Vasenbilder beweisen, im Volke tiefe Wurzeln geschlagen hatten (Jahrb. f. class. Philol. Suppl. 11, 560), aber in der gebildeten Volksschicht, aus der die Litteratur hervorgegangen ist, hat, von Pindar etwa abgesehen, seine priesterhafte Richtung keinen rechten Anklang gefunden. Das homerische Epos gibt fast für den ganzen Umkreis derselben den Ton an, wie umgekehrt in der altindischen Litteratur der brahmanische Veda den Schwerpunkt bildet. Allein wie wir eine strenger religiöse Unterströmung unter den gewaltigen Wogen des griechischen Heldengesangs gewahren, so können wir andrerseits auch die Reste uralt volkstümlichen Kentaurenglaubens hie und da emportauchen sehen, die in der griechischen Heldensage sogar ein zäheres Dasein fristeten, als die entsprechenden Züge in der indischen, eben weil die ständische Sonderung im Abendland bei weitem nicht so tief und trennend einschnitt als im Morgenland, und weil die alten Typen, welche die in Hellas so früh entwickelte Bildnerei, und zwar eine volkstümliche, nun einmal plastisch festgestellt hatte, von der höher strebenden Poesie nicht so leicht völlig beseitigt werden konnten. Diesen beiden Umständen ist es zu verdanken, dass sich die tierischen Eigenschaften der Kentauren auch in die ideale Poesie und in die idealste Sculptur der Griechen hineinretteten. Wer aber, von jenen Thonreliefs (und Gemmen s. u.) absehend, ein möglichst unverfälschtes Bild, das antikste, von den volkstümlichen kentaurenartigen Unholden gewinnen will, der darf sich nicht — das ist die Ironie der Tradition — an die alten ehrwürdigen Classiker wenden, die den Volksglauben totzuschweigen lieben, sondern muss an die Türen des neuhellenischen Volkes pochen, wie es v. Hahn und B. Schmidt getan haben. In den Kalikantsaren und den geschwänzten Menschen der Albanesen und in den Neraiden leben im Wesentlichen die Urkentauren und ihre Geliebten fort.

Die classische Litteratur also erlaubt es uns nicht, wie die indische, den Entwicklungsgang dieser mythischen Wesen auf drei oder vier Strassen durch die verschiedenen Stände hin zu verfolgen, nur eine einzige, von der Aristocratie gezogene, die heroische Kentaurensage, ist unsere Richtschnur. Diese ist aber auch dafür von den Griechen viel gründlicher und schöner ausgebaut als jene drei oder vier von den Indern, und zwar nach zwei Seiten hin, nach der mehr inneren, sowol ideellen als materiellen, und nach der äusseren, formalen. Die erste Aufgabe fiel hauptsächlich der Dichtkunst, die andere der Bildnerei zu. Die Idealisierungsversuche, die wir in der brahmanischen und heroischen Dichtung der Inder wahrnahmen, blieben doch eben nur Versuche oberflächlicher Art, die weniger eine tiefere sittliche Auffassung als verschwommene speculative Mystik, weniger eine ruhige schöpferische Gestaltungskraft als eine unstäte märchenhafte Phantastik verrieten. Dagegen pulsiert bereits in den ältesten griechischen Zeugnissen ein ganz neues Element, das ethische, und in Griechenland erst gelangt im Verlauf der Zeit jener sonderbare Zwiespalt der Gandharvennatur zu dem höchst ergreifenden Contrast der zwei Seelen, die in der Brust der Kentauren wohnen und durch Chiron und Pholos einerseits, durch Eurytion und Nessos und ihre Genossen andrerseits verkörpert werden. Aber nicht nur das Kentaureninnere wird vertieft, sondern auch ihr ungestalter Leib auf höchst mühsame und bewundernswerte Weise von Stufe zu Stufe bis zu dem Körper eines idealen Tiermenschen erhoben, während die Inder das Tierische der Gandharven in der Poesie, wie in ihrer überdies sehr späten und vielleicht nicht einmal originellen Bildnerei bequem nivellierten und ihnen eine normale, kaum genauer charakterisierte Menschenform verliehen. Jener eine heroische Strang der Kentaurenentwicklung ist demgemäss gleichsam aus zwei in einander verschlungenen Fäden durch die dichtende und die bildende Kunst zusammengesponnen, von denen jede nach ihren eigenen Gesetzen fortarbeitet, ohne sich der Einwirkung der anderen zu verschliessen. Und ihre grössten Meister haben es nicht unter ihrer Würde gehalten, ihre Kräfte auch an die Ausbildung des Kentaurenideals zu setzen, das denn nun unter dem Schutze solcher Genien, wie Homer und Pindar, Alcamenes und Zeuxis, steht. Aber in den indischen Gandharven ist kein Hauch eines grossen individuellen Geistes zu spüren.

Ferner ist dem reich gegliederten oder, wenn man will, merkwürdig zerrissenen Stammesleben der Griechen entsprechend auch die Kentaurensage von einem Stamme, dem aeolischen, besonders kräftig entwickelt und zwar in dreien seiner Gaue in verschiedenartiger Weise, in Thessalien, Elis und Aetolien. Aber an der späteren Ausbildung haben dann auch die beiden anderen grossen Stämme, der ionische und dorische, sich lebhaft beteiligt. Dieser provinciellen Besonderheiten entbehrt die indische Gandharvensage, wenn man nicht etwa in der atharvavedischen Form derselben die Überlieferung der unbrahmanischen, dem alten Volksglauben treuer gebliebenen Pendschabbewohner und in der brahmahnischen und epischen Form die Überlieferung des eigentlichen Hindostan erkennen will.

Endlich liegt ein grosser Unterschied zwischen der Gandharven- und der Kentaurenauffassung darin, dass die allen Kultushandlungen zugetane und vom Ritualwesen umstrickte, man möchte fast sagen, erstickte indische Religion den Gandhandharven Gebete und Opfer gewährt, dass diese nicht nur in den Kultus, sondern auch in die wichtigsten Augenblicke des Familienlebens tief eingreifen, während die Griechen, die überhaupt dem Kultus viel weniger ergeben waren als ihre östlichen und westlichen indogermanischen Stammesbrüder, sich auch von der Verehrung der Kentauren, einige Spuren chironischen Dienstes und den vielleicht anzunehmenden amuletartigen Gebrauch von Kentaurenbildchen abgerechnet, frei gemacht zu haben scheinen und in der historischen Zeit die Kentauren blos als Objecte künstlerischer Betrachtung und Behandlung sich gegenüberstellten, die weder auf ihren Glauben, noch auf ihr Leben irgend welchen Einfluss übten.

Von diesen Gesichtspunkten aus gewinnt man meines Erachtens den richtigen Überblick über die Entwicklung der Kentauren. Obgleich sie, wie bemerkt, nur in der Umgebung heroischer Gestalten und in die grossartigsten Heldensagen verflochten erscheinen, bewahren sie doch in einigen Beziehungen die ihnen vom Volksglauben verliehenen charakteristischen Merkmale viel treuer als ihre Brüder in dem Mythus und der Heldensage der Inder. Die Poesie sowol, als auch die Kunst stellt die thessalischen, wie die aetolischen und elischen, die bösen sowol, wie die guten Kentauren als harige ($\lambda\alpha\chi\nu\dot{\eta}\varepsilon\iota\varsigma$ $\lambda\alpha\sigma\iota\alpha\dot{\upsilon}\chi\eta\nu$ $\mu\varepsilon\lambda\alpha\gamma$-$\chi\alpha\dot{\iota}\tau\eta\varsigma$) Tiermenschen dar. Vergebens sträuben sich Plew (N. Jahrb. f. Philol. 1873. 107, 194) und Mannhardt (W. F. K. 2, 80 ff.) gegen die Annahme, dass schon Homer und Hesiod eine kentaurische Mischgestalt kannten, indem beide Forscher dem alten Voss in seinen mythologischen Briefen 2, No. 31 beipflichten, der die ältesten Kentauren als „wilde, mit Haar überwachsene Bergmenschen" deutet. Welcker aber, K. O. Müller[1]) und neuerdings Roscher (N. Jahrb. f. Philol. 1873. 107, 703) sind anderer Meinung. Es ist ja allerdings richtig, dass in der homerischen Poesie sonst derartige tiermenschliche Mischgestalten nicht nachzuweisen, wenigstens in dieser ihrer Eigenart nicht deutlich beschrieben sind. Aber Homer nennt auch nirgendwo sonst φῆρες, und es mochte dem aristocratischen Stil des Epos widerstreben, solche niedere Volksgebilde näher zu schildern. Homer hebt Alles in die aesthetische Sphaere, er strebt nach liebenswürdiger, anmutiger Körperlichkeit. Wesen untergeordneter oder gar körperlich bedenklicher Art zeichnet er sehr undeutlich. Selbst von den Wald- und Feldgeistern, den Nymfen, gibt er so ganz unbestimmte Züge, dass man nicht weiss, wie er sie sich gedacht hat (Mannhardt W. F. K. 2, 433). Milchhöfer S. 151 macht mit Recht darauf aufmerksam, dass Homer uns bei der Erwähnung der Harpyie Podarge (Il. 16, 150 ff.) deren offenbar pferdeartige Gestalt doch noch erst raten lässt, die von Bellerophon besiegten Mischgestalten nur mit ϑεῶν τεράεσσι (Il. 6, 183) wiedergibt, während die genauere Beschreibung der Mischform der Chimaera (Il. 6, 181) erst später interpoliert ist. Von der Gestalt der Sphinx und der Sirenen erfahren wir nichts, nichts auch von solchen Heraklestaten, die gegen daemonische Ungeheuer gerichtet sind. Und so nennt denn die Ilias auch die Kentauren nur andeutungsweise φῆρες λαχνήεντες, ὀρεσκῷοι, und wir dürfen hinzufügen, dass die Odyssee einen weiteren Schritt tat, indem sie auch die Bezeichnung der φῆρες und jene beiden Beiwörter aufgibt und in der Tat den aus dem Hause geworfenen, heimtrollenden Eurytion durchaus nicht als

---

[1]) Plew freilich führt für sich eine Stelle aus K. O. Müllers Orchomenos S. 197 an, aber dieser spricht sich im Handb. d. Archäol. § 334, 1 weit entschiedener gegen Voss aus und bemerkt: „Aber weder die Kentauren (φῆρες ὀρεσκῷοι) sind durch die Künstler tierischer (eher menschlicher) geworden, noch sind die Harpyien je schöne Jungfrauen gewesen." Der letzten Ansicht tritt allerdings Furtwängler (Arch. Ztng. 1882 S. 203), entgegen, nach welchem die Harpyien in Sirenengestalt erst spät, z. B. in Verg. Aen. 3, 216. 233, vorher nur als geflügelte stürmende Jungfrauen ohne Vogelkrallen, nur mit gekrümmten oder gestreckten Menschenhänden vorkommen. Er hält daher die Harpyienbenennung auf dem Xanthosgrabmal für sehr zweifelhaft. Aber Milchhöfer Anfänge S. 58. 244 vermutet uralte Harpyien mit Vogelkörpern und Pferdeköpfen (unten S. 109).

einen ausgestossenen Tiermenschen charakterisiert. Aber ebensowenig wie man die altindische Volksvorstellung tiermenschlich gestalteter Gandharven dem Atharvaveda gegenüber wird in Abrede stellen können, trotzdem in den anderen drei Veda's kein einziger Zug und im Epos kaum ein Zug darauf hindeutet, ebensowenig wird man leugnen können, dass es eine altgriechische Volksvorstellung tiermenschlicher Kentauren gab, die Homer sehr wol kannte und der er auch in jenen Ausdrücken nach seiner Weise genügend Rechnung trug. Denn jene Kentauren in Thonrelief (oben S. 59), deren Verfertigung von der Abfassung der homerischen Gedichte nicht sehr weit abliegen wird, stellen doch schon einen alten ziemlich reifen Kentaurentypus dar, der wieder rohere Vorläufer gehabt haben muss, die jedenfalls älter als Homer waren, wie denn dieser Typus auch im 7. Jahrhundert bereits nachweisbar als längst und allgemein anerkannte Figur auf ein heiliges Gerät, die Kypseloslade, gebracht wurde. Ebenso hinfällig ist der Hinweis auf den Mangel einer Erwähnung der Rossmenschengestalt der Kentauren in der von Voss, Plew und Mannhardt „absichtlich ausmalend" genannten Beschreibung in Hesiods Aspis. Denn diese Beschreibung beschränkt sich nach Ausscheidung der Kentaurennamenliste auf nur vier Verse, deren ganze Aufmerksamkeit auf die Schilderung der Anordnung der Kämpfer und der Verteilung der beiden Metalle, aus denen der Schild gearbeitet ist, sich richtet. Auch möge man sich doch der Kentauromachie in den Metam. 12, 210 ff. Ovids, eines Dichters, erinnern, dem wahrlich eine Vernachlässigung der sinnlich charakteristischen Züge seiner Figuren nicht vorgeworfen werden kann. Erst V. 240, also im 30. Verse seiner Schilderung, fällt zuerst ein allgemein aufklärendes Wort, „bimembres", über die Kentauren, das auch Silius und Vergilius von ihnen gebrauchen. Ja erst im 374. Verse findet sich in den „pedibus equinis" der erste bestimmte Hinweis auf die Pferdeglieder derselben. Man erkennt daraus, wie sehr man sich davor zu hüten hat, Schlüsse aus dem Verschweigen körperlicher Eigentümlichkeiten seitens des Dichters auf das Nichtvorhandensein derselben in den entsprechenden Werken der Bildnerei zu ziehen. Dagegen ist man eher berechtigt, Gedicht und Bild zur gegenseitigen Controle und Ergänzung, bez. Erklärung zu benutzen, wenn sie nach Inhalt und Compositionsweise übereinstimmen, wie es nach Löschke (S. 60) mit Hesiods Heraklesschild und der roten Reliefthonwaare Siciliens der Fall ist. Und auch diese Vasengattung kennt, wie überhaupt ja die gesammte griechische Bildnerei, ausschliesslich Kentauren in tiermenschlicher Mischgestalt, woraus man schliessen darf, dass Hesiods Vorstellung auch in diesem Stück mit der des Vasenverfertigers übereinstimmte, wenn er es auch nicht für nötig hielt, diese allgemein bekannte Eigenschaft der Kentauren ausdrücklich in seiner Schilderung zu erwähnen. Endlich ist Mannhardts Behauptung, dass die Wörter χαίτη und αὔχην, häufiger vom Haupthaar und Nacken des Menschen, als von der Mähne und dem Halse der Tiere gebraucht würden, besonders in Bezug auf das erste Wort einfach falsch, und das mit dem kentaurischen μελαγχαίτης fast identische κυανοχαίτης gilt so sehr für ein gerade vom Pferde her genommenes Beiwort, dass Furtwängler und Milchhöfer aus diesem auch dem Hades, Poseidon[1]) und Boreas (Il. 20, 224) gegebenen Epitheton auf deren ursprüngliche Rossgestalt schliessen möchten (Milchhöfer Anfänge der Kunst in Griechenl. S. 225), die ja auch dem Boreas an der angegebenen Stelle ausdrücklich zugeschrieben wird. Auch gebraucht gerade das hesiodische Gedicht vom Heraklesschild V. 171. 174 αὔχην vom Nacken der Eber, den sie sträuben (φρίσσον), wie denn φριξαύχην ein eigener Ausdruck für ein mähnensträubendes Tier ist.

All diese allgemeinen oder nicht richtigen Einwürfe haben nichts zu bedeuten folgenden Tatsachen gegenüber. Die Ilias nennt an zwei Stellen die Kentauren φῆρες, was um so wichtiger ist, als die hier gemeinten Kentauren die thessalischen sind und φῆρες nicht ein gewöhnlich epischer Ausdruck, wie Preller Gr. Myth.³ 2, 18 meint, sondern die echt thessalische Form für das gemeingriechische und gemeinhomerische θῆρες ist (Curtius Gr.⁵ 484). Beide homerische Gedichte stellen den Kentauren die ἀνέρες ausdrücklich entgegen und die Ilias noch bestimmter die κάρτιστοι ἀνέρες den κάρτιστοι φῆρες, deren ausserordentliche Körperstärke doch schwerlich, wie bei Simson, nur in den Haaren gesteckt hat, sondern in gewissen kampffähigen tierischen Gliedern. Weiter spricht der Hermeshymnus (oben S. 36) von riesigen

---

[1]) Poseidon heisst κυανοχαίτης ἵππιος bei Homer und sein Sohn, das Ross Areion, ebenfalls κυανοχαίτης in der kyklischen Thebais (Paus. VIII 25, 8) und bei Hesiod (Her. sc. 120). Poseidons Gemahlin hiess in Boeotien Melanippe (Diodor. Bibl. XIX. 53, 6).

Fussspuren, die dadurch entstanden sind, dass sich Hermes laubige Zweige unter die Füsse band, die nach Apolls Meinung weder einem Mann, noch Weib, noch einem Löwen, Bären oder Wolf angehören, vielleicht aber von den geschwinden Füssen eines gewaltig einherschreitenden Kentauren herrühren könnten. Diese Stelle findet Plew sehr wunderlich, sie scheint uns aber unsere Auffassung sehr wol zu stützen, dass auch die Ilias unter den φῆρες Wesen verstanden hat, deren Äusseres von dem menschlichen sich nicht bloss durch übermässige Beharung, sondern auch durch gewisse tierische Glieder, insbesondere Tierbeine unterschied.

Nun könnte man sogar die Stelle des Hermeshymnus bestimmter auf Rosstrappen deuten, um so mehr als in der älteren volkstümlichen griechischen Bildnerei, die uns durch die Inselsteine und einige litterarische Notizen vergegenwärtigt wird, Gottheiten oder Daemonen darstellende Mischtypen zum Unterschied von den aegyptischen und semitischen Mischgestalten besonders häufig mit Teilen eines Pferdekörpers ausgestattet sind.[1]) Dahin gehört das Xoanon der Demeter-Erinys in Phigalia mit ihrem Rosshaupt (Kuhn Z. V. S. 1, 453. Milchhöfer Anf. d. Kunst in Griechenl. 58 ff.), dessen Realität von E. Petersen und J. Overbeck Gr. Kunstmyth. 3, 410. 683, m. E. vergeblich bestritten wird. Diese Demeter aber ist in ihrem Wesen eng verwant mit einer ganzen Reihe von Daemonen, die mit den Kentauren äusserlich übereinstimmen in Haarreichtum, Lockenfülle und Zottigkeit und weiterhin wiederum in der Ausstattung mit Pferdegliedern, und die auch nach ihrer mythischen Bedeutung ihnen nahe stehen. Allein all diese ältesten Daemonenfiguren haben wol Pferdeköpfe und -Mähnen, aber keine Pferdebeine, sondern Vogel- oder auch Löwenbeine, dagegen haben die ebenfalls als φῆρες oder ϑῆρες bezeichneten Satyrn auf den ältesten Bildern ausser den gewöhnlichen Pferdeschwänzen (Preller Gr. M.³ 2, 16. Mannhardt W. F. K. 2 139) und Pferdeohren zuweilen auch Pferdefüsse (Wieseler Denkm. 2, 513), und die Ionier stellten sogar die Silene durchweg nicht nur mit Pferdeohren, sondern auch mit Pferdehufen dar (Preuss. Jahrb. 51, 378. Milch-

---

[1]) Man kann hiermit die Vorliebe der Vasenmaler vergleichen, mit der sie gerade in mythischen Scenen mit Hippos zusammengesetzte Namen wählten, deren das griechische Onomastikon nach hunderten zählt. (Luckenbach Jahrb. d. class. Philol. Suppl. 11, 496.)

höferAnfänge S. 72). Nach der Ilias 16, 149 ff. weidet die Harpyie Podarge auf der Wiese am Okeanos, als sie dem Zephyros Achills unsterbliche Rosse gebar, also in Pferdegestalt, wie andrerseits Boreas mit den Stuten des Erichthonius zwölf windschnelle Füllen erzeugt. Il. 5, 768 ff. Trotz all diesen Analogieen ist es ungewiss, ob der Hermeshymnus gewaltige Hufspuren im Auge hat, oder etwa, wie Mannhardt W. F. K. 2, 79 anzunehmen geneigt ist, gleich den wilden Leuten der deutschen Sage,. Ziegenfüsse oder noch besser Gansfüsse. Und allerdings kommen nun auch auf den ältesten griechischen Gemmen vielfach Ungeheuer mit Vogelbeinen vor und öfter sogar solche, die mit Pferdeköpfen versehen sind und dadurch wieder an kentaurisches Wesen erinnern.

Hier gewinnt die schöne Untersuchung Milchhöfers über die Anfänge der griechischen Kunst, insbesondere deren zweites Capitel, eine höhere Bedeutung für uns, obgleich wir das Hauptergebniss gerade dieses Capitels nicht anzuerkennen vermögen. Von den reichlich 200 prähistorischen Gemmen oder

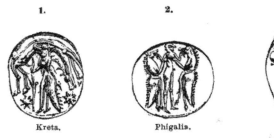

sogen. Inselsteinen, die Milchhöfer kennt, bespricht er sieben ausführlicher und macht auf S. 55 und 68 auch uns durch Abbildungen mit denselben näher bekannt. Er charakterisiert die auf 7 Gemmen dargestellten Figuren, von denen hier drei wiedergegeben sind, S. 54 als „daemonische Ungeheuer mit Pferdeköpfen, eigentümlich geformten, unten zugespitzten Vogelleibern und dürren Vogelbeinen (einmal Löwenbeinen)". Und nach der Bemerkung S. 73: „Es ist vielleicht nur Zufall, dass wir die männlich pferdeköpfigen Daemonen in dem beschränkten Vorrat unserer Gemmen bisher nicht nachzuweisen oder von den nachgewiesenen nicht zu unterscheiden vermögen" und überhaupt nach seiner ganzen Deutung jener 7 Gemmen spricht er diesen Daemonen weibliches Geschlecht zu. Diese Beschreibung ist meines Erachtens nicht ganz zutreffend. Der Rosstypus des Kopfes ist auch mir nicht zweifelhaft. Der Vorderteil des Oberleibes scheint mir menschliche Bildung zu haben, wenigstens haben die daraus hervortretenden Glieder durchaus die Form menschlicher Arme, wenn auch die Hände nicht zu erkennen sind, nur auf einer Gemme (bei Milchhöfer e) scheint der eine sichtbare Arm in Krallen zu enden. Auch kommt das Menschliche in der aufrechten Haltung, in der Gürtung der Leibesmitte und der Zweibeinigkeit zum Ausdruck. Was die Form dieser Beine betrifft, wird Milchhöfer das Richtige getroffen haben, aber etwas Vogelleibiges kann ich nicht entdecken. Auch dieser rohen Kunst wäre es etwas Leichtes gewesen, das Vogelartige durch wirkliche Flügel deutlich zu machen, die, wie auch sonst bei Vogelmischgestalten, an den Schultern ihren Anfang genommen haben müssten. Was etwa an unseren Gestalten an Flügelspitze oder Schwanz eines Vogels erinnern kann, ist ja nur die untere Hälfte eines eigentümlich gebildeten bei den Ohren beginnenden Hinterteils, der meines Erachtens ohne Künstelei nicht anders denn als eine ungeheure borstige spitz zulaufende Mähne gedeutet werden kann, wie sie einem dämonischen Rosshaupt wol anstehen mag. Wir haben hier also ein aus drei verschiedenen Bestandteilen zusammengesetztes Wesen vor uns, dessen Kopf dem Pferde, dessen Rumpf dem Menschen und dessen Beinpaar dem Vogel oder einem reissenden Tiere entnommen ist, den ganzen Hinterteil deckt die gewaltige starrende Mähne, die sich aber in der Mitte eine Unterbrechung durch den Gurt gefallen lassen muss, wenn man nicht die harige Partie vom Gürtel abwärts als Pferdeschweif auffassen will. Woraus nun aber das weibliche Geschlecht dieser Ungeheuer erhellen soll, ist mir unerfindlich.

Milchhöfer hält die Figuren der fünf ersten Gemmen für Harpyien (oben No. 1 und 2), indem er sich auf die auch sonst überlieferte Harpyiengestalt einer mit Flügeln und Krallen versehenen Jungfrau, auf die aus Il. 16, 150 ff. zu schliessende Rossgestalt der Harpyie und die ebenfalls altertümliche rossköpfige Erinys beruft, die ursprünglich mit der Harpyie identisch gewesen sei. Aber, wie bemerkt, das Vorkommen von Flügeln müssen wir auf den betreffenden Gemmen bestreiten, können das weibliche Geschlecht nicht herauserkennen und müssen uns die homerische auf der Weide grasende Harpyie als vierbeinig vorstellen. Ausserdem aber gewährt der Harpyienmythus nirgend den leisesten Wink zur Deutung der zwei Hauptsituationen, in denen auf den fünf

Gemmen die Daemonen erscheinen. Auf vier derselben trägt das Ungeheuer ein Tier auf den Schultern, zweimal einen Stier, einmal einen Hirsch (oben No. 1) und einmal zwei an einem Tragholz hangende löwenartige Bestien. Auf der fünften (oben No. 2) werden zwei einander gegenüberstehende Ungeheuer derselben Art von einem zwischen ihnen stehenden Mann gebändigt, indem er ihre Zunge aus dem Rachen reisst. Von derartigen Taten oder Leiden der Harpyien weiss aber der uns überlieferte Mythus nichts. Er berichtet von ihnen nur, dass sie Menschen entführen, dass sie den geblendeten Phineus durch Speiseraub unter Geschrei und Gestank belästigen, von den Boreaden mit den Schwertern durch die Luft verfolgt werden, bis sie ermattet niedersinken. Dieselbe Figur, die mit einem Gefäss in den Händen auf der sechsten und siebenten (oben No. 3) Gemme erscheint, erklärt Milchhöfer S. 69 für das Prototyp der Iris, welche Hesiods Theog. 266 ff. als Schwester der Harpyien bezeichnet, die in der späteren Kunst als Gefässträgerin vorkommt und auch Il. 15, 170, wie ein düsterer Sturmdaemon, mit Schneegestöber und Hagel verglichen werde.

Mir scheint die Vermutung viel näher zu liegen, dass wir in diesen ungeheuerlichen Gemmenbildern den ältesten Kentaurentypus vor uns haben, der allerdings nicht unbedeutend von den späteren Typen abweicht. Jedoch greifen Eigentümlichkeiten dieses vermuteten allerältesten auch in die späteren hinüber. Denn wenn Milchhöfer S. 72 nicht zögert, in den Pferdeohren der Satyrn oder besser Silene nur den Rest einer ursprünglich pferdeköpfigen Bildung zu erkennen, so ist es gewiss auch erlaubt, die Pferdeohren, die den Kentauren bis in die späteste Zeit der Kunst geblieben sind, als Hinweise auf frühere Pferdeköpfigkeit aufzufassen. Dann aber ist auch die gewaltige Mähne ein charakteristisches Merkmal der Kentauren geblieben, und es wurde oben mehrfach darauf hingewiesen, wie selbst jüngere Dichter und Künstler den tief den Rücken hinabreichenden Haarwuchs der Kentauren hervorheben. Auch die Ausstattung mit Vogel- oder Löwenbeinen widerstreitet zumal dem ursprünglichen Wesen der Kentauren nicht. Sie sollen ja, wie bei den verwanten tierzahnigen und kralligen Keren des Kypseloskastens (Pausan. V 19, 6) und den Harpyien, nur das Raffende, Fortreissende der Windgewalt ausdrücken, wie sich später noch ergeben wird, weshalb auch die altiranische Poesie den Gandharven als zairipaçna d. h. goldkrallig darstellt. Ja der höchst altertümliche kleine menschenbeinige Bronzekentaur von Olympia hat sogar eine vogelartige Kopfbildung (Furtwängler Abh. d. Berl. Acad. 1879 S. 20).

Aus diesen Schwankungen zwischen verschiedenen Mischformen musste die entwickeltere Kunst hinausstreben und verfolgte dabei zwei Hauptziele. Erstens sollte die Zahl der Bestandteile des alten Typus vermindert, von drei auf zwei herabgesetzt werden, und so wurde das Vogelartige, überhaupt alles Tierische ausser dem Rossartigen ausgeschieden, dieses aber dafür durch Vierbeinigkeit und Umgestaltung des ganzen Hinterteils in ein Rosshinterteil stärker betont. Zweitens aber suchte man dem hauptsächlich nur durch die Arme vertretenen menschlichen Bestandteil dadurch ein jedenfalls geistiges Übergewicht zu geben, dass der tierische Kopf durch einen menschlichen ersetzt, überhaupt die ganze Front des Körpers menschlich gestaltet wurde. Aber Ohren und Mähne des Pferdes blieben erhalten. Diese auf Vereinfachung und Vergeistigung gerichtete Umwandlung des von mir vermuteten ältesten Typus in den zweiten, der bis jetzt für den ältesten gilt, hat sich gewiss auch nicht ohne mannichfache Übergänge vollzogen, in deren Stadium das nur mit einem Menschenkopf versehene Flügelpferd fällt, das auf einem sehr primitiven bemalten Gefässfragment aus Camiros neben einem bereits mit menschlichen Vorderbeinen ausgestatteten Kentauren erscheint (Milchhöfer a. O. S. 76). Der allgemeine veredelnde Einfluss ionischer Kunstanschauung und der specielle des ionischen auf Pferdebeinen wandelnden Silens führte dann, worüber oben gesprochen ist, zu dem dritten und schönsten Typus.

Für meine Vermutung darf ich auch wol noch anführen, dass dem bisher für den ältesten gehaltenen Kentaurentypus, wie ihn die rhodischen Thonreliefs bereits kennen, trotz all seiner Rohheit eine gewisse Reife und Fertigkeit, eine schon künstlerische Gestaltungsart, nicht abzusprechen ist, die ein früheres Stadium noch roherer und schwankenderer Mischbildung voraussetzt, wie es durch die genannten sieben Gemmen und die angeführten Varianten charakterisiert wird. Ferner ist zu erwägen, dass es immerhin höchst auffällig sein würde, wenn die in den uns bekannten Kunstepochen verhältnissmässig seltenen Harpyien und Irisdarstellungen durch 5, bez. 7 prähistorische Gemmen uns erhalten wären, während die Kentauren, die alle Perioden der Kunstgeschichte zahlreich erfüllen, auf den uns bekannten reichlich 200 Gemmen der vorangehenden Zeit nicht dargestellt sein sollten. Endlich stimmt aber auch das Wesen der Kentauren vortrefflich zu dem Zweck dieser Gemmen, deren Durchbohrung nach Milchhöfer S. 41 darauf hinweist, dass sie als Amulete am Halse getragen wurden. Als Amulete sind aber höchst wahrscheinlich auch die Kentauren anzusehen, die auf Schilden und auf Schiffen angebracht wurden, wie die jenem vermuteten ältesten Kentaurentypus sehr ähnlichen Mischgestalten des persischen Hippalektryon (Milchhöfer S. 71) ebenfalls als Schild- und Schiffszeichen vorkommen (oben S. 74). Von den Harpyien oder gar der Iris aber ist mir eine derartige Verwendung nicht bekannt.

Ein entscheidendes Gewicht für die Richtigkeit meiner Vermutung scheint mir aber in der Ungezwungenheit der Erklärung der drei Scenen, in welchen die besprochenen Wesen auf den Gemmen erscheinen, durch die Kentaurensage zu liegen. Vier Gemmen stellen, wie bemerkt, die Ungeheuer dar, wie sie ein grosses Tier auf der Schulter tragen. Nach O. Müller (Handb.[3] § 389. 1) sind die Kentauren alte Büffeljäger der pelasgischen Vorzeit und geben die thessalischen Stiergefechtsfeste, die Taurokathapsien, die Deutung ihres Mythus.[1]) Dass diese Auffassung den Sinn des Kentaurennamens und -mythus ebenso wenig erschöpft, wie der Bericht des Palaephatos (s. o. S. 47), wonach die Kentauren wildgewordene Stiere des Pelion mit ihren Wurfspiessen getötet hatten, ist jedem Leser schon aus den bisherigen Ausführungen klar geworden. So viel aber ist denn doch davon richtig und dem alten Mythus gemäss, dass die Kentauren besonders in Thessalien für gewaltige Jäger galten. Auf dem Assosrelief und anderen alten Darstellungen verfolgen Kentauren Stiere (s. o. S. 64. 77.) und ringen mit Panthern und Löwen auf allerdings meist späteren Bildwerken. Eine altertümliche sfg. Vase (Jahn No. 155) stellt dar, wie zwei bärtige langharige Ken-

---

[1]) O. Müller folgt hier offenbar Schol. Pind. (Boeckh II 1, 319), das den Kentaurennamen herleitet von τὸ ἀποκεντῆσαι τοὺς ταύρους. Boeckh bemerkt dazu, dass die auf Pferden und mit Stachelstöcken betriebene Stierjagd eine Eigenheit der Thessalier oder Aeoler gewesen zu sein scheine, die bis in die Zeit Theodosius' d. Gr. fortdauerte.

tauren in der einen Hand einen Baumstamm, mit der andern ein Reh am Halse schleppen. Chiron mit vollständigem Menschenleib trägt auf drei sfg. Vasen einen mit zwei Hasen behängten Baumast auf den Schultern (Jahn No. 380. 611. 746), und überhaupt ist eine Lieblingsfigur der Kunst der mit der Jagdbeute heimkehrende Kentaur, wie er entweder in der Hand oder gewöhnlicher an einem Ast, der an das Tragholz der kretischen Gemme erinnert, Jagdtiere trägt, allerdings der milderen und naturgemässeren Darstellungsweise der späteren Kunst entsprechend, nicht solche untragbare Geschöpfe, wie es ganze Stiere sind. Und bei Pindar Nem. 3, 75 lehrt der Kentaur Chiron den Achill Löwen und Eber bewältigen und Hirsche durch die Schnelligkeit der Füsse erjagen, sowie auf jenen vier Gemmen ausser Stieren Löwen und Hirsche heimgetragen werden. Auch ist bemerkenswert, dass eine der zwei Gemmen, die einen Stierträger darstellen, höchst wahrscheinlich aus Thessalien stammt (Milchhöfer S. 47). Ich halte demgemäss, bis ich eines Besseren belehrt werde, die mit der Jagdbeute heimkehrenden Wesen der besprochenen vier Gemmen für Kentauren des ältesten Typus.

Diese Auffassung wird wesentlich unterstützt durch die auf der fünften, wie durch die auf der sechsten und siebenten Gemme dargestellte Handlung. Die fünfte Gemme nämlich (oben No. 2), die in Phigalia, dem später durch seine Kentaurendarstellung so berühmt gewordenen Tempelort, gefunden ist, zeigt uns einen Mann, der einem rechts und einem andern links neben ihm stehenden pferdeköpfigen Ungeheuer obigen Schlages die Zungen aus dem Rachen reisst. Aus der Kentaurensage ist zwar diese Scene nicht direct nachzuweisen. Aber es ist uns ja schon bekannt, dass Kentauren vielfach im Kampf mit Göttern und Heroen dargestellt wurden, und gerade die älteste sichere Darstellung dieser Art, die uns ein rhodisches Thonrelief aufbewahrt hat, zeigt auch den Gegner des Kentauren dicht vor ihm stehend mit seinen Waffen (oben S. 59). Dazu aber überliefert die Sage von Peleus den uralten Zug, dass dieser Held den erlegten Jagdtieren die Zunge ausschneidet, dann aber ohne sein Jagdmesser mit den Kentauren kämpft, bis Chiron ihn befreit. Auf diese Scene könnte man um so eher das Gemmenbild beziehen, als Mannhardt W. F. K. 2, 53 ff. ohne Kunde von dieser Darstellung bereits darauf hingewiesen hat, dass in der ursprünglichen Sage die Zungen nicht beliebigen Jagdtieren, sondern fabelhaften Ungeheuern entrissen sein müssten, übernatürlichen, daemonischen Wesen, die dem ganzen Lande oder Königshause schädlich waren, d. h. in der Peleussage den Kentauren. Man darf nicht gegen meine Deutung einwenden, dass sich diese Scene aus dem Leben des Peleus nirgendwo sonst in der antiken Bildnerei erhalten finde. Die Ereignisse seines Lebenslaufes, die der kalydonischen Jagd und dem Raube der Thetis vorangehen, hat die Kunst überhaupt nicht weiter behandelt, da sie ja auch gegen die viel bedeutungsvolleren späteren in den Hintergrund treten. Ausserdem vermied die jüngere Kunst gern die Darstellung derartiger altertümlicher Gewaltsamkeiten, wie das Ausreissen von Zungen, ebenso wie die Kriegskunst der Hellenen das barbarische Schiessen mit vergifteten Pfeilen in geschichtlicher Zeit nicht mehr ausübte, das doch in manchen altertümlichen Sagen erwähnt wird.

Aber endlich lässt auch die dritte auf den beiden letzten Gemmen vergegenwärtigte Handlung sich mühelos aus der Kentaurensage erklären. Aus der höchst altertümlichen Form des Gefässes, das auf diesen Gemmen das Ungeheuer in den Händen hält, wird sich schwerlich mit Sicherheit entscheiden lassen, ob dasselbe als eine πρόχους oder Kanne, wie sie der Iris zusteht, oder als ein Trinkgefäss, etwa ein κάνθαρος, aufzufassen. Ich glaube aber, dass Milchhöfer, von den Harpyien weitergeführt, zu rasch eine πρόχους darin erkannt hat, wie man auch im κάνθαρος auf dem Altar der Thetishochzeit auf der Françoisvase ohne genügenden Grund eine πρόχους gesehen hat, die der den Chiron daselbst begleitenden Iris zugeteilt werden müsse, wogegen sich auch Weizsäcker (Rhein. Mus. 33, 35) ausspricht. Denn auf der einen, der cyprischen, Gemme reicht der Daemon, wie es scheint, das Gefäss hin oder hebt es empor, auf der anderen, der kretischen (oben No. 3), hebt er es deutlich mit Anstrengung zum Munde, indem er es mit der einen Hand am Halse ergreift, mit der anderen aber seinen Boden stützt. Er macht also Bewegungen, die dem Ausgiessen einer Kanne entgegengesetzt sind. Auch kann man das Kügelchen, das er im Munde hat, kaum anders als auf eine naive Darstellung eines eben getanen Trunkes deuten. So wird nun auch der Kentaur Pholos wiederholt dargestellt, wie er ein Trinkhorn in der erhobenen Rechten hält oder auch, allerdings mit Herakles vereint, einen Cantharos aus dem Fasse hebt. Auch kommt noch später

8*

wol ein einzelner Kentaur mit einem Trinkgefäss in der Hand vor (oben S. 77. 78), als Illustration zu dem ξεῖν' ἄγε δὴ καὶ πῖνε des Panyasis (oben S. 40).

Nach dieser Darlegung halte ich es für berechtigt, die Ungeheuer der besprochenen sieben Gemmen als Kentauren des ältesten Typus zu bezeichnen, und halte es weiterhin für möglich, dass dem Dichter des betreffenden Iliasliedes, wenn er überhaupt eine genauere Vorstellung von seinen φῆρες λαχνήεντες besass, eine ähnliche Gestalt vorschwebte, wie die der Gemmenbilder. Die Odyssee bewährt auch darin ihren milderen, moderneren Charakter, dass sie den Ausdruck φῆρες nicht mehr anwendet und, wenn sie von der Verstümmelung des Antlitzes des berühmten Eurytion spricht, doch wol ein Wesen mit menschlichem Kopf, also bereits den mittleren Kaurentypus, im Auge hat. Denn einem Tierhaupte Nase und Ohren abzuschneiden, ist doch eine zu wunderliche Vorstellung. Wir dürften demnach und nach den anderen bildnerischen und litterarischen Zeugnissen annehmen, dass der älteste Kentaurentypus etwa bis 800 v. Chr., der zweite von 800 bis gegen 500 v. Chr., der dritte von 500 an Geltung gehabt habe, und dieser zwar später noch einigermassen durch die Bogenbewaffnung modificiert worden sei.

Wir haben uns schon bei der Aufzählung der bildnerischen Zeugnisse durch den Mangel begleitender Illustration veranlasst gefunden, manche Bemerkung über den Entwicklungsgang der Kentaurendarstellung einfliessen zu lassen. Wir können daher unsern Rückblick auf diese Entwicklungsgeschichte kürzer fassen. Wir erkennen sofort, dass dieselbe eine in vielen Beziehungen unvergleichliche gewesen ist. Die Kentauren haben einerseits eine Zähigkeit und andrerseits ein Anpassungsvermögen bewiesen, wie kaum eine andere Götter- oder Daemonengestalt. Sie haben ihre nächsten Verwanten, die Satyrn und Silenen, gerade dadurch hinter sich gelassen, dass in ihnen das edel Tierische, der schöne Pferdeleib, je länger, je mehr durchgebildet, dagegen das den Tieren und Menschen gemeinsame Sinnliche, das Ithyphallische, völlig zurückgedrängt wurde. Die auch sie verzehrende sinnliche Leidenschaft wurde mehr durch die Action, als durch die Formung der Gestalten ausgedrückt, die namentlich nach der Auffindung des letzten Typus ausschliesslich Kraft und Schönheit verkündete. Noch mehr aber überflügelten die Kentauren jene Daemonen dadurch, dass sich aus ihrer wilden

Schar Einzelne hervorhoben, die es an innerem Werte mit den Göttern aufnehmen konnten, und dass doch auch die wilden als würdige Gegner der Götter und Heroen auftraten. So werden die Kentauren denn auch in der bildenden Kunst zu festen Gruppen und Scenen mit den höchsten Idealen der Griechen vereint. Ja man darf sagen, dass die Kentauren diese künstlerischen Gestaltungen der ewigen Götter noch an Dauerhaftigkeit übertroffen haben. Denn früher als die Götterbilder begegnen uns auf jenen Gemmen, wenn unsere Vermutung sich bewährt, die Kentauren. Mit Zeus und anderen Göttern und Heroen vereint treten sie auf den ältesten Thonreliefs auf, und wie keiner der Götter, sind sie fortan mit allen wichtigsten Stadien der Kunstentwicklung nicht nur verknüpft, sie sind gleichsam die Anbahner und Mitträger derselben. Auf dem archaischen Bronzerelief von Olympia erscheint die Kentaurenjagdscene als die erste freiere und sinnvollere Darstellung griechischer Kunst, das erste uns bekannte umfassendere mythologische Kunstwerk, die Kypseloslade, führt uns die Kentauren in ihren zwei entgegengesetzten Charakteren vor und selbst ein Tempel, der von Assos, schmückt sich mit Kentauren. Die ältesten Vasen bedecken sich mit verschiedenartigen Darstellungen aus ihrer Sage und die für die Kunstgeschichte so bedeutsame Françoisvase stellt bereits den zweiten und dritten Kentaurentypus einander gegenüber. Das 5. Jahrhundert v. Chr., die Blütezeit des griechischen Gesamtlebens, ist auch insbesondere die Blütezeit der Kentaurenbildnerei, die wir dem Eingreifen des ionisch-attischen Stils verdanken. So ist es gekommen, dass die Kentauren nicht bloss aus dem Schutt von Gräbern und Privathäusern hervorgezogen, sondern auch von den hohen Giebelfeldern und Metopen heiliger Göttertempel auf uns herabblickend in den kunstvollsten Gruppen und Formen hellenischer Plastik wiedergefunden wurden, zugleich als Denkmäler der Perserkriege die ersten Erzeugnisse idealer Historienbildnerei. An ihnen bildet sich die Vasenmalerei von Neuem hinauf, ein Motiv nach dem andern einfügend, aber auch Schilden, Schiffen und Tellern dienen die Kentauren zu unheilabwehrender Zierde. Um den Beginn des 4. Jahrhunderts aber fängt das Kentaurentum an den heroischen Charakter einzubüssen, es tritt hier deutlich der Fall ein, dass sich das Genre aus den mythischen Darstellungen entwickelt (vgl. Jahrb. f. class. Phil. Suppl. 11, 535). Die Historiendarstellung weicht dem Genre. Aber es ist doch das Genre eines originalen Geistes, wie Zeuxis, das Genre, das die uralten Leidenschaften des Kentaurengeschlechts, die der Liebe und des Weins, durchglühen. In den Thiasos der grossen Zeitgötter, des Eros und des Dionysos, werden sie hineingezogen, sie sind nicht mehr selbständige Wesen, die sich ihrer Haut wehren oder Göttern und Menschen Rat und Hilfe leisten, sondern sind nun Diener, so zu sagen Höflinge geworden, aber am Hof des Bacchus, dem lustigsten, freiesten, poetischesten Hof, den sich Menschen je ersannen. Und so greift das Kentaurentum noch einmal mächtig in der Bildnerei um sich, alle alte Sagenüberlieferungen wie Fesseln abstreifend. Noch lässt es die Tempel nicht los, wie der zu Teos bezeugt. Aber mehr doch dient es zum Schmuck der Paläste, den doch auch jener Zeuxis wol schon bezweckte, weshalb Sulla nach dessen berühmtem Kentaurenbilde trachtete, das aber auf dem Wege nach Rom die See verschlang, und noch spät zeugen davon die schönsten Wandbilder der pompejanischen Häuser, die Mosaikfussböden der Hadrianischen Villa, die Cameen an der Brust der Römerinnen und die Sarcophage der römischen Grossen. So dringen die Kentauren gleichsam von Neuem in die Unterwelt ein, aber sie werden auch zu bogenspannenden Schützen des Tierkreises erhoben[1]) und endlich auch ihr edelstes Verhältniss zur Menschheit, die Heroenerziehung, durch die Entartung der sinkenden Antike besudelt.

Nicht nur die älteste uns bekannte Kentaurenform und deren Weiterbildung legt von der conservativen und zugleich schöpferischen Tendenz der griechischen Kentaurenanschauung Zeugniss ab, sondern noch ein anderer Zug der Überlieferung kann als Beleg dafür angeführt werden, der für die Deutung des Kentaurentums ebenfalls sehr wichtig ist. Die Abstammung dieser wundersamen Mischgestalten nämlich hat die Griechen viel beschäftigt und, wie es scheint, auch zu allerhand Grübeleien, jedenfalls zu mancherlei Schwankungen der Tradition geführt. Insbesondere die Boeotier, der hesiodische Kreis und Pindar,

---

[1]) Nach Plin. N. H. 2, 8, 6 soll Kleostratos von Tenedos um 496 v. Chr. die Bilder des Tierkreises eingeführt haben und zwar zuerst den Widder und den Schützen, die nach Lassen Ind. Alt. 2, 1125 ff. babylonische Zodiacalzeichen waren. Aber welche Form der Schütze gehabt, ist nicht bekannt (vgl. Weber Ind. Stud. 2, 41).

haben manichfache genealogische Notizen. Als Ahnen des ganzen
Kentaurenvolks werden Ixion und Nephele angeführt, zwischen
welche und die Kentauren Pindar künstlich einen Kentauros
einschiebt, der sich mit einer Stute verbindet. Chirons Eltern
heissen Kronos und Philyra oder Apollo und Thero, die des
Pholos Silen und Melia. Im Ganzen scheinen die Mütter sicherer
im alten Mythus begründet als die Väter, vor allen Nephele,
die von Pindar bis Ovid herab Kentaurenmutter genannt wird,
aber schon in den alten Herakleen als solche gegolten haben
muss, wie aus Diodors Bericht hervorgeht. Denn Nephele's
Mutterschaft ist ein wesentlicher Bestandteil des offenbar alten
Mythus von Zeus und Ixion, Nephele ist als Mutter der thessalischen, wie der elischen Kentauren beglaubigt, Nephele greift
activ in den Kampf der letzteren mit Herakles ein. Der himmlischen Wassergöttin Nephele irdisches Abbild ist die Wasser-
nixe Nais, die auch wol Chirons Gattin heisst. Mit den Najaden
nahe verwant sind die Baumnymfen Philyra und Melia, und
andererseits kommt auch sonst die Wolke als Stute vor, welcher
Pindar den Kentauros vermählt. Chirons Gattin führt auch den
Namen Chariklo d. i. die Wonnige, nach Preller Griech. Myth. [3]
2, 18, ein Nymfenname, den auch Tiresias' Mutter trägt.
Chiron steht durch sein ganzes Tun und Treiben in innigster
Beziehung zu den Nereiden, vor allen der Thetis, und zu dem
grossen Königshause der Aeaciden, nach Apollodor zu diesem
auch durch Verwantschaft. Denn seine Tochter Endeis ist als
Gattin des Aeacus und als Mutter des Peleus und Telamon die
Ahnfrau des Aeacidengeschlechts.

Von der griechischen Heldensage wurde also ein tiermensch-
liches mit Nymfen vielfach verbundenes Geschlecht mitteninne
zwischen den Göttern und den Menschen gedacht, das bald mit
jenen, bald mit diesen in Freundschaft lebte. Diese seine hohe
Stellung verdankte es seiner Abkunft und Verwantschaft, aber
auch seiner auf der eigentümlichen Zusammensetzung seines
Leibes beruhenden rauhen Kraft, so dass kaum die stärksten
Menschen und Heroen es mit ihnen aufnehmen konnten, und der
Weisheit und dem hilfreichen Edelsinn seiner Fürsten Chiron
und Pholos. So sehen wir sie in vier verderbliche Hauptkämpfe
mit Heroen verwickelt, in deren dreien es um Weiber, im anderen
um Wein sich handelt; aber sie sind auch als Streitschlichter,
Lebensretter, gastliche Wirte und Hochzeitsgeber, Lehrer und

Propheten tätig. In drei Landschaften hat sich die Entwicklung dieser vier Kentaurensagen hauptsächlich vollzogen, in Thessalien, Elis und Aetolien, von denen die erste und zweite als Hauptsagen, die dritte und vierte als Nebensagen zu betrachten sind. Wichtig ist nun die Wahrnehmung, dass alle drei Sagen ihre eigentümliche Gestaltung durch einen und denselben hellenischen Stamm den altertümlichsten, den aeolischen, empfangen haben, der Thessalien, Elis und Aetolien bewohnte. Denn in Thessalien liegt der Pelion mit der Höle des Chiron und dem Thetideion, auf der Grenze von Elis und Arkadien die Pholoe, und durch Aetolien rauscht der Euenos. So ist in jenen beiden Landschaften das wind- und wolkenreiche Waldgebirge der Schauplatz der Kentauren, in der dritten ein oder, wenn man die verwante Acheloossage hinzunimmt, zwei oft ihre Ufer überflutende Ströme. Aeolisch ist auch Olenos, der Sitz der Dexamenossage, und jener arkadisch-elische Krankheitsfluss Anigros (oben S. 57), der seinen aeolischen, auch hierin dem Lateinischen ähnlichen Dialekt durch Einschieben eines g vor Digamma verrät und statt $ἀνιαρός$ $ἀνιγρός$ = skr. amivanta setzt (vgl. Fick Orient u. Occident 3, 123). Aeolisch ist die Bezeichnung $φῆρες$ und vielleicht auch der Name des Pholos (s. u.). Den vereinten Aeolern und Nordachaeern scheint die gewaltige Auffassung des höchsten Götterpaars[1]), des $ἱερὸς γάμος$ desselben, auch dessen Begleiterin Iris, wie wir sie aus der Ilias kennen, anzugehören. Aeolisch-achaeisch ist die Verbindung mit der Aeacidensage, und Beiwörter wie das $πόδας ὠκύς$ Achills und Namen wie $Θερσίτης$ für $Θρασίτης$ (Müllenhoff Deutsche Altertumsk. 1, 26) erklären sich nur aus der aeolischen Stammsage. Warum nun gerade die Aeolier die Kentaurensage so lebendig unter sich erhielten und ihren Trägern ein so bestimmtes Gepräge gaben, ist nicht leicht zu sagen. Aber so viel mag schon hier angedeutet werden, dass sie ihr frisches Gedeihen hauptsächlich der eigentümlichen Landschaft und deren atmosphärischen Erscheinungen verdankt zu haben scheint. Und daran mag sich die weitere Vermutung schliessen, dass der Pferdereichtum gerade der aeolischen Gaue, namentlich Thessaliens und Boeotiens, der aber auch noch von Statius Thebais 10, 228 ff. den

---

[1]) H. D. Müller Myth. d. griech. Stämme 1, 249 sieht als eine Folge der Vereinigung der Nordachaeer und Aeolier die Erhebung der aeolischen Göttin Hera zur Gattin des Zeus an.

Weiden der Pholoe nachgerühmt wird, und die Reitkunst der
Aeolier Anlass zur Verwandlung des allgemeineren tiermenschlichen Kentaurentypus der Urzeit zu dem specielleren pferdeköpfigen gegeben haben. Endlich darf man auch vielleicht für
den aeolischen Character der Sage in Anschlag bringen, dass gerade die aeolischen Sänger, Hesiod und Pindar, sich um die Idealisierung der Kentauren besonders eifrig bemüht haben. Die altaeolischen Lieder, die in einer rosszüchtenden Ritterschaft, dem
achaeischen Adel, von den φῆρες, wie 'von den gewaltigsten
griechischen Heldensagen wiederhallten, sind uns verloren
gegangen. Dem ionischen Stamme fiel die schöne Aufgabe zu,
diese noch recht volkstümlichen, aber durch die Achaeer bereits
veredelten Weisen der Aeolier zu kunstgemässen grossen Epopöen
zusammenzufassen, und so ging die aeolische Kentaurensage in die
homerischen Hauptdichtungen und zumal in die Herakleen über.
Damit waren die Kentauren in die hohe Litteratur eingeführt, deren
verschiedenartige Entwicklungsstufen sie ebenso ausdauernd durchliefen, wie die der Kunst. In der älteren Zeit bildeten sie im Epos
gleichsam ein ganz für sich stehendes Heldengeschlecht, den besten
Helden verhasst und feindselig und zugleich mit ihnen durch die
menschlichsten Beziehungen verknüpft. In der ältesten Didaktik
erschien Chiron als Urbild irdischer und himmlischer Weisheit,
und die grossen Lyriker betrachteten die Kentauren als Sinnbilder
verschiedener edler und unedler Leidenschaften und Künste. Die
Tragödie des Aeschylus scheint sich Chirons zur Lösung der
schwierigsten Götterrätsel in der Prometheustrilogie bedient zu
haben, die Komödie zeigte die Kentauren in den eigentümlichsten
Lagen und Verwicklungen, die sich wahrscheinlich im Laufe
der Zeit immer mehr überboten, wozu bereits die Malerei ein
Vorbild gegeben hatte. Die Kentauren vor einem alexandrinischen
Theaterpublicum hatten sicherlich viel von der alten wilden Rohheit und Hoheit eingebüsst, aber viele aus ihrer Zwitternatur
hergeleitete pikante Züge angenommen. Sie wurden mehr und
mehr zu Curiositäten, deren Wert und Ursprung, Sein oder Nichtsein die hellenistische Gelehrsamkeit von verschiedenen Seiten
beleuchtete und deutete. Bis denn die Römer entweder die alten
Kentaurenüberlieferungen mit neuem Aufputz versahen, wie Ovid,
oder ihre düstere Anschauung, die nicht genug Ungeheuer zur
Ausstattung der Unterwelt auftreiben konnte, auch hier walten
liessen und die Kentauren zu den Torhütern des Orcus machten,

wie Vergil, der aber dabei wol alte etruscische Vorbilder vor Augen hatte.

Die drei aeolischen Gausagen haben sich, obgleich von denselben Grundzügen ausgehend, doch je nach der Eigentümlichkeit ihrer Umgebung eigenartig gestaltet, aber sich auch wieder, wenigstens die thessalische und elische, späterhin, wie es Parallelsagen öfter ergeht, vielfach berührt. Allein man hat sich, durch das höhere Alter der litterarischen Überlieferung der thessalischen Form verleitet, wie mir scheint, etwas zu sehr daran gewöhnt, in den mit dieser übereinstimmenden Zügen der elischen eine Nachbildung jener zu sehen, die z. B. Preller Griech. Myth.³ 2, 15. 194, in bedingterer Weise Mannhardt W. F. K. 2, 43. 44. anzunehmen geneigt ist. Die Pholossage hat aber eine durchaus selbständige Stellung neben der Chironsage, und zu den höchst altertümlichen Zügen, die schon Mannhardt als Vorzüge derselben vor der thessalischen anführt, das Essen des rohen Fleisches, das Steinwerfen, die Vertreibung durch Feuerbrände, die Todesart des Pholos, können noch hinzugefügt werden das furchtsame Gebahren des Pholos, das Zechen des Herakles und das Eingreifen der Nephele, während die von Mannhardt gleichfalls herangezogene Anlockung durch den Weinduft und das Hausen in einer Höle doch auch der thessalischen Sage eigen ist. Vor Allem unterscheidet sich aber doch die elische Tradition dadurch von der thessalischen, dass das Streitobject dort ein wesentlich anderes als hier, und dass der Führer der südaeolischen Kentauren, Pholos, beim Kampf seiner wilden Leute anwesend ist und in deren Untergang hineingerissen wird, während das Schicksal des nordaeolischen Kentaurenfürsten, Chiron, fast durchweg von dem seines Volks gesondert bleibt, Chiron zumal mit der Lapithenhochzeit nichts zu schaffen hat und nur in der alten Peleis, mit den andern Kentauren zusammenstösst. Die thessalische Kentaurensage zerfällt demgemäss in zwei sich kaum berührende Kreise, in den Sagenkreis von den bösen Kentauren und ihrem Kampf mit den Lapithen auf Pirithoos' Hochzeit, den wir die Lapithensage nennen können, und in den Sagenkreis von dem guten Kentauren Chiron, der denn wieder nur einen Theil der umfassenden Peleussage bildet und insbesondere mit Peleus' Hochzeit eng verknüpft ist. Wenn wir als gemeinsamen Mittelpunkt dieser beiden thessalischen Kentauren-Sagenkreise eine Hochzeit erkennen, so bildet den Mittelpunkt der in sich geschlosseneren elischen Sage ein Weingelage. Es sind also hier wie dort laute, leid- und freudvolle Festlichkeiten auf waldreichen Gebirgen, und zwar von Göttern und Heroen, bei denen die Kentauren eine hervorragende, aber je nach ihrem Rang höchst verschiedenartige Rolle spielen. Die mittelaeolischen Kentaurensage, die aetolische Nessussage und die Dexamenossage, nehmen eine Mittelstellung zwischen den beiden andern Kentaurensagen ein. Sie gleichen der thessalischen Lapithensage mehr darin, dass der Streit um ein frech von Kentauren angegriffenes Weib entbrennt, der Pholossage andrerseits mehr darin, dass Herakles der Kentaurenfeind ist, wie sie denn auch beide (wol später) mit dieser Sage in einen zeitlichen Zusammenhang gebracht werden. Von beiden aber unterscheiden sie sich dadurch, dass die bösen Kentauren hier nicht in Massen auftreten, sondern nur ein Einzelner frevelt und gezüchtigt wird, und dass sich dies nicht im Waldgebirge, sondern in der Strömung und am Ufer eines Flusses oder in einem Städtchen (Olenos) abspielt.

Indem wir nun den Lauf dieser Einzelsagen durch die Poesie und Bildnerei noch weiter verfolgen, bemerken wir zunächst, dass die beiden Einzelsagen des thessalischen Kreises, die Lapithen- und die Chironsage, von den beiden genannten Künsten gesondert behandelt wird, während die elische Sage von der Bildnerei in zwei besondere Hauptmomente, den Empfang des Herakles bei Pholos und einen Kampf mit Kentauren, zerlegt wird, dagegen von der Poesie wahrscheinlich immer als einheitliches Ganze dargestellt ist. Jedoch wird die Kampfscene auch auf einigen Vasenbildern durch die Figur und Grotte des Pholos erweitert (Arch. Z. 1883 S. 157).

Die Lapithensage tritt uns in der Dichtung zuerst bei Homer, in der Bildnerei auf der Françoisvase entgegen. Da die thessalische Sage von Achill einen Hauptbestandteil der Ilias bildet, so war auch die Sage des Erziehers desselben, des Kentauren Chiron, in Ionien bekannt. Aber die hiemit nur noch lose zusammenhängende Sage von den andern Kentauren scheint den Sängern der Ilias weniger vertraut und die zweite von den zwei kurzen sie berührenden Stellen der Ilias, die dem Schiffskatalog angehörige, Il. 2, 740 ff., wie Mannhardt a. O. S. 45 richtig hervorhebt, noch dazu erst spätere Erfindung zu sein. Während Nestor in der ersten Stelle Il. 1, 262 ff. verschiedener Lapithen, insbesondere auch des Pirithoos und Caeneus, mit Namen gedenkt,[1]) hören wir von keinem einzigen Kentaurennamen. Auch werden die Kentauren nicht mit diesem ihrem specielleren Sagennamen, sondern nur als φῆρες bezeichnet, wie auch die Lapithen nur als ἀνέρες. Aber ihr Kampf gilt für den der stärksten Männer mit den stärksten beharten Tiermenschen des Gebirgs. An der zweiten Stelle wird des Pirithoos Gemahlin Hippodamia genannt, die künstlicher Weise an dem Tage ihm ein Söhnlein gebar, an welchem ihr Gatte die Kentauren aus Rache für ihren Hochzeitsfrevel vom Pelion zu den Aethikern auf dem Pindus vertrieb. Die Odyssee dagegen gibt statt der φῆρες und ἀνέρες die bestimmteren Bezeichnungen Kentaur und Lapithe, sie nennt nur einen einzigen Lapithennamen, den Pirithoos, aber nun auch daneben den „ἀγακλυτός" Eurytion. Sie gibt auch den Anlass des Streites, nämlich die Trunksucht, an, ohne zu erwähnen, dass Pirithoos Hochzeit hielt und ohne seiner Untat, der Beleidigung der Braut desselben, anders als mit dem allgemeinen Ausdruck „κάκ' ἔρεξε" zu erwähnen. Auch werfen die Heroen den Eurytion vor die Tür und verstümmeln sein Antlitz, aber von einem Kampf weder mit diesem sich forttrollenden, noch mit andern Kentauren ist die Rede. Dagegen wird Eurytions Loos als die erste Strafe für Trunkenheit und als Anlass zum Kampf der Menschen mit den Kentauren betrachtet. Hesiod's Heraklesschild bringt nun eine Reihe von Kentaurennamen, von denen zwei, Petraios und Asbolos, auch auf der Françoisvase vorkommen, die auch ein Kentaurenepitheton des Gedichts, μελαγχαίτης, als dritten Kentaureneigennamen verwendet. Die Namen Oureios und Dryalos des Schildes sind mit Orosbios und Hylaeos der Vase sinnverwant, Arktos, Mimas und Perimedes sind dem Heraklesschild, Akrios und Pyros der Vase eigentümlich. Auf beiden Werken ist nun auch bereits eine Neuerung der Sage bemerkbar, indem beide unter die Gegner der Kentauren den attischen Stammhelden Theseus aufnehmen, der wol um dieselbe Zeit auch in die Ilias eingeschwärzt ist. Von der Hochzeit und der Braut erfahren wir nichts, und es fehlt überraschender Weise auf dem Schild wie auf jener Vase der Störenfried Eurytion, als ob seine Beseitigung, etwa im Sinne der Odyssee, dem eigentlichen Kampfe vorangegangen wäre. Da-

---

[1]) V. 265, der als sechsten den Theseus nennt, gilt für später eingeschoben.

gegen erscheinen hier wie dort die Kentauren, wie so oft in der älteren Kunst, mit Fichten bewehrt, und die Françoisvase schildert nun auch zuerst die Gruppe des von den Kentauren mit Steinen überschütteten Lapithen Caeneus, die seitdem ein Hauptmotiv der bildlichen Darstellung der Lapithensage geblieben ist (S. 69). Die Françoisvase führt nun aber auch auf ihrer einen Seite den neueren edleren Kentaurentypus ein, der also zuerst im Lapithenkampfe vorkommt. Pindar hat diesen neuen Typus bereits vor sich und sucht ihn genealogisch zu begründen. Auch er nennt in einem Fragment die wilden Kentauren φῆρες, das übermütige Geschlecht, das weder nach Menschen- noch Göttersitten lebt, das charisverlassene. Als sie das männerbezwingende Funkeln des honigsüssen Weines gewahren, stossen sie hastig mit den Händen die weisse Milch von den Tischen und berauschen sich aus silbernen Hörnern, und in einem andern wol dazu gehörigen Bruchstück sinkt Caeneus, von grünen Fichten getroffen, senkrecht in die Erde. Ein Scholion lässt die von Pirithoos zur Hochzeit geladenen Kentauren nicht durch das Funkeln, sondern, was altertümlicher scheint, durch den Duft des Weins zu berauschendem Trunk und zum Angriffe auf die Lapithenweiber verführt werden. Dies gilt — ein neues Motiv — als Strafe dafür, dass Pirithoos des Ares Opfer versäumt hatte, dessen Altar denn auch in Ovids Met. 12, 250 ff. als Wurfgeschoss benutzt wird und auf manchen Vasenbildern der Blütezeit in der Luft schwebt. In dieser Zeit siegt in der Bildnerei die ionisch-attische Auffassung der Lapithensage, und die in der ältesten Zeit spärlich vertretene thessalische Kentauromachie verdrängt immer mehr die attische, Theseus den Herakles. Jene wird gewürdigt, die vornehmsten Tempel Griechenlands zu schmücken, wobei Theseus und Pirithoos als die Rächer mit den heroischen Lapithen hervorstürmen, schöne fliehende, sich wehrende, zusammenbrechende Frauen zu schützen vor den lüsternen, gewaltsamen Umarmungen, Angriffen und Schlägen der Arme und Beine der Kentauren. Den Untergang des Caeneus nimmt die hohe Plastik auf, aber sie verschmäht mit Recht den fliegenden Altar, die langen unschönen Fichtenstämme. Sie schreitet aber nun auch kühner, ihren eigenen Gesetzen folgend, in der Darstellung der Kentaurensage, wie in der anderer episch überlieferten Stoffe (Luckenbach Jahrb. f. class. Philol. Suppl. 11. S. 495 ff.) über die poetische Tradition hinweg. Die Eckfiguren des einen Giebelfeldes des olympischen Zeustempels sind ruhende Weiber, die als die Nymfen des Pelion gedeutet werden, und mitten im Getümmel des Kampfes erhebt sich würdevoll der Gott Apollo. Statt seiner wirft sich in Gefässbildern wol Nike in die Schlacht und erweist sich hier besonders huldreich dem Theseus. Die thessalische Kentauromachie ist so zu einer im ionisch-attischen Stil entworfenen Apotheose des Sieges der Hellenen über die Barbaren geworden, die bis in den Verfall des Altertums hinein ihre Anziehungskraft ausgeübt, die Palastfussböden und Sarcophage der römischen Kaiserzeit geschmückt hat. Aus dieser Zeit mögen denn auch wol mit Bezug auf die Schicksale der Perserheere jene Einmischung Apolls in den Kentaurenkampf wie die Geschichten von der Verjagung der Kentauren in öde Gebirge ersonnen sein, die wir schon im Schiffskatalog, dann auch bei Diodor finden. Aus dieser Zeit stammen denn auch die breiteren Schilderungen des Kampfs der Lapithen und Kentauren, wie die Aeschyleische. Der langweilige Diodor aber führt ihn mit seinen euhemeristischen Gelüsten auf Trunkenheit und Erbstreitigkeiten zurück und macht ihn zum Anlass des Räuber- und Wegelagererlebens der Kentauren auf der Pholoe. Ovid verschmilzt in seinen Metamorphosen das Heroische und Genrehafte der Lapithen- und Kentaurensage zu einem prächtigen, jedoch überladenen Gemälde. Eurytos ist der Friedensstörer, Caeneus erliegt der Baumlast, um darunter seine Metamorphose zu vollziehen, und der Aresaltar wird durch das Getümmel geschleudert. Aber wie Diodor die Pholoe, so wirrt Ovid den Pholos in diese Lapithensage hinein. Den entgegengesetzten Fehler begeht Theocrit in einer oben übersehenen Stelle 7, 149:

ἀρά γέ πα τοιόνδε Φόλῳ κατὰ λάϊνον ἄντρον
κρητῆρ' Ἡρακλῆϊ γέρων ἐστάσατο Χείρων;

indem er den Chiron in die elische Sage mengt.

Das thessalische Kentaurenvolk ist in der Blütezeit der hellenischen Poesie und Kunst zum Typus eines wilden Barbarenvolkes herabgesunken, aber auch mit der denkbar idealsten Form der φῆρες oder Tiermenschen ausgestattet worden. Umgekehrt ist es seinem Führer Chiron ergangen, der in der Poesie bis zu fast göttlichem Ansehen sich erhebt, dagegen in der Bildnerei zwar sehr vielfache, aber selten eine hervorragende Darstellung gefunden hat. Und wie die Lapithensage mit den alten Zügen von der Hochzeit des Pirithoos mit Hippodamia, der

wüsten Friedensstörung des Eurytion, dem Kampf zwischen
Lapithen und Kentauren und dem merkwürdigen Untergang des
Caeneus mit der Zeit neuere verbindet, wie das Eingreifen des
Theseus, das Schleudern des Aresaltars, die Gegenwart der
Nymfen, Apolls und der Nike, so wird in der Chironsage all-
mählich die Person und das Treiben Chirons immer reicher
ausgestaltet. Offenbar hat Chiron den festesten Stand in der
Peleussage, die ich später im Zusammenhang zu besprechen
gedenke. Die Erziehungsmethode Chirons hatte ursprünglich
einen derberen Character als später. Denn sicher ist der Zug
des apollodorischen Berichts uralt, wonach Achill von Chiron
mit Bärenmark genährt wird, und ebenso sagenecht Pindars
Schilderung Nem. 3, 43, wo dieser sechsjährige Schüler
Chirons die Lanze schwingt, windschnell Löwen und Eber
erlegt, keuchend deren Leiber dem Kentauren bringt und
von Artemis und Athene bestaunt durch die Schnelligkeit seiner
Füsse die Hirsche ohne Hunde und Netze bewältigt. Aber alt
ist auch die Überlieferung von der Heilkunde dieses lehrhaften
Waldgeistes. Schon in der Ilias lehrt er den Achill und Asklepios, den Vater Machaons, lindernde Heilmittel und nach
späterer Sage erhält Phoenix das Augenlicht wieder durch Chirons
Kunst; Heilkräuter tragen seinen Namen, ärztliche Geschlechter
rühmen sich der Abkunft von ihm. Aber Chiron ist auch schon
sehr früh Lehrer der Gottesfurcht, der Weisheit, der Wahrhaftig-
keit geworden. Die Ilias schon nennt ihn den Gerechtesten der
Kentauren. Hesiod hatte Chirons goldne Regeln in den Hypo-
theken zusammengefasst, neben denen es vielleicht auch noch
besondere ἐντολαὶ Χείρωνος gab. In einer Titanomachie schrieb
man ihm Einführung von Eiden, Opfern und göttlichen Gesetzen
zu, um die Sterblichen zum Recht zu führen. Noch mehr bildete
Pindar diese, wie es scheint, besonders bei den boeotischen
Aeoliern beliebte Auffassung aus, Chiron wird der Lehrer der
ganzen ritterlichen Bildung, in der die εὐγενία mit der παιδεία
eins ist, und auch Euripides schliesst sich in der Iphigenie von
Aulis dieser Auffassung an. Chiron gilt ihnen als trefflicher Gatte
und Familienvater, dessen Töchter, Melanippe und Ocyrhoe, jene
durch ihre Schamhaftigkeit, diese durch ihre Gabe der Weissagung berühmt, beide in Stuten verwandelt werden. Seine
geistigen Söhne sind jene Heldenjünglinge, deren Zahl im Laufe
der Jahrhunderte vom Achill bis zum Kokytos herab immer

mehr anschwillt. Er ist ein menschenfreundlicher Lehrer der Heilkunst und eines frommen und aufrichtigen Lebenswandels und blickt gleich Apoll in die Zukunft. Dem Peleus ist er Freund in den Hauptnöten des Lebens, wenn dieser von Chirons wilden Kentaurenbrüdern mit Tode bedroht wird, seines Beistands zur Erlangung der Thetis bedarf und den mutterverlassenen Sohn Achill ihm überbringt. So schwingen sich denn Pindars Hymnen, den Preis der Götter und ihrer Günstlinge, der Sieger der grossen Festspiele, unterbrechend, wiederholt zu einer innigen Lobpreisung Chirons auf, die in dem Oxymoron „φῆρ θεῖος" den höchsten und treffenderen Ausdruck findet, als in dem blossen θεός, womit Soph. Trach. 703 den Chiron ehrt. Selbst die Komödie stellt den Chiron so hoch, dass sie diesem weisen Lehrmeister den Perikles, den Lehrmeiser Athens vergleicht, der von ihm selber in seiner Leichenrede eine τῆς Ἑλλάδος παίδευσις benannten Stadt. Der eigenartigste Zug dieser merkwürdigen griechischen Daemonenfigur aber ist der, dass er sich im Schmerz über die unheilbare Wunde, die ihm Herakles' giftiger Pfeil beibrachte, dem Tode als Stellvertreter des Prometheus weiht und seitdem ein σύνοικος θεοῖς ist (Paus. V. 19, 9). Man darf hier nicht mit moderner Weichheit an einen Opfertod denken, denn Chiron will sich vom Schmerz befreien, und es ist deshalb wol möglich, dass wir es hier mit alter Überlieferung zu tun haben, während eine andere Art der Apotheose, Chirons Versetzung unter die Sterne, den Stempel alexandrinischer Gelehrsamkeit trägt.

Auch die Bildnerei bezeugt das hohe Alter des Zusammenhangs Chirons mit der Peleus- und Achilleussage, denn die ältesten uns von Pausanias überlieferten Chirondarstellungen, die der Kypseloslade und die des Amyklaeischen Throns, zeigen ihn gegenwärtig, wie Thetis für Achill Waffen von Hephaest holt und wie Peleus den Achill dem Chiron zur Erziehung übergibt. Diese letzte Scene ist nun in der Folgezeit sehr häufig erneut, aber nie in grossen Kunstwerken, sondern nur auf Vasen, und jenes alte Muster scheint eher lähmend, als anregend auf die Gefässmaler gewirkt zu haben, indem sie die alte Schablone der Gruppierung zäh festhielten, ja sogar von dem älteren hässlichen Kentaurentypus sich viel später loszureissen vermochten als beim Entwurf anderer Kentaurenbilder. Bemerkenswert ist, dass auf einer Vase alten Stils Chiron statt des jungen Achill den jungen Herakles und zwar statt durch Peleus durch Hermes zur Erziehung empfängt, wie nach Pindar und Ovid. Met. II 630 auch Apoll, der bei Pindar auch die prophetische Kunst des weisen Kentauren in Anspruch nimmt, seinen Sohn Aesculap dem Chiron überbringt. Jene Sage von der Erziehung des Herakles durch Chiron scheint wie die vom späteren Verkehr des Herakles mit demselben in der dorischen Stammsage (vgl. Preller Gr. M. ³ 2, 16. 170. 252) und dessen Tötung durch Herakles' Pfeil bei Soph. Trach. 703, Diodor und Hygin nach Analogie teils der Peleus-, teils der Pholossage erst später gebildet zu sein, wie denn auch Asklepios und Medeios, vielleicht auch Jason, erst nach Achills Vorgang zu Chiron in die Schule gegeben wurden. Zahlreich sind ausserdem auf älteren und jüngeren Vasen die Darstellungen des Raubes der Thetis durch Peleus vor Chirons Augen, wobei die Tiere, in welche die Nereide sich verwandelt, neben der weiblichen Gestalt mit dargestellt werden.

Mit der Ausbildung des attischen Erziehungswesens gewinnt nun auch Chirons System immer mehr an Ausdehnung, erweitert sich sein Dasein immer mehr, so dass man aus der auf einem Bücherkasten eines Vasenbildes angebrachten Inschrift $X\varepsilon\iota\rho\dot{\omega}\nu\varepsilon\iota\alpha$ (O. Jahn Münchner Vasen CXXIV) kaum mit Sicherheit den Inhalt derselben zu erschliessen vermag. Die jüngeren Vasen kennen ihn auch wie die alte Sage als Lehrer in körperlichen Fertigkeiten, im Faustkampf, Bogenschiessen und Jagen, aber auch, was, wenn ich nicht irre, aus älterer Zeit nicht nachweisbar ist, als Lehrer der Musik, als welchen ihn auch Plutarch bezeichnet. Endlich hat die Nüchternheit des späteren Altertums den Chiron auch zum Viehzüchter gemacht und die Verderbniss dieser Zeiten sogar Chirons und Achills Verhältniss vergiftet und in ein rein sinnliches Liebesverhältniss verwandelt, wie Chiron schon vorher mit Xanthias und Nymfen auf parodierenden Vasendarstellungen vorkommt (O. Jahn Münchner Vasen S. CCXXVIII).

Die Betrachtung der elischen Kentaurensage führt leider wiederum zunächst zu dem Bedauern über die herben Verluste menschlicher Kultur, welche in dem Untergang so vieler Dichtungen der jüngeren homerischen Kunstschule enthalten sind. Nach den Bruchstücken stellten mehrere derselben den rasenden Kampf der Kentauren, den gewaltigen Durst und das Trinkvermögen des Herakles und die Gastlichkeit und weise Lebenslust des Pholos dar und zwar, wie noch aus Apollodor und

Diodor ersichtlich ist, mit schöner Lebendigkeit und voller epischer Kraft, die man einem neueren Poeten zur Wiedererweckung dieses alten, frischen Sagentums wünschen möchte. Dem hungrigen und durstigen Herakles setzt Pholos, während er selber nach echter Kentaurenweise rohes Fleisch geniesst, einen Braten und dann auch auf Wunsch des Gastes Wein vor und zwar Bacchus' höchst eigenhändige und darum um so wundervollere Gabe, aus einem eigens für Herakles aufgesparten Fass. Aber schon fürchtet der gute Wirt die Mitbesitzer des Fasses, die kentaurischen Brüder, die denn auch alsbald, den starken Duft witternd, auf die beiden, aus drei Mass[1]) grossen Humpen zechenden Genossen herandringen mit Steinen und Stämmen, Fackeln und Beilen. Feuerbrände, die Herakles gegen sie schleudert, während Pholos sich verkriecht, reichen nicht aus sie zu verscheuchen. So fliegen denn Herakles furchtbare Geschosse. Aber Mutter Nephele sendet ihren Söhnen hilfreiche Regengüsse herab, so dass Herakles kaum festen Stand behaupten kann, während den vierbeinigen Kentauren der Schwall nichts antut. Dennoch tötet oder verjagt der Held sie alle. Pholos aber kommt um durch einen Heraklespfeil, den er aus einer Kentaurenleiche gezogen, und wird von Herakles auf der Pholoe begraben. Auch Pholos endet wie Chiron tragisch und in einer edlen Handlung begriffen, die aber wol fester als jener Stellvertretungstod Chirons in alter weitverbreiteter Volkssage wurzelt (Mannhardt W. F. K. 2, 44). Aber Pholos hat neben dem grossartigeren Chiron, der einen gewissen Humor nur in der leisen Apoll gegenüber gebrauchten Ironie bei Pindar zeigt, durchweg den Charakter eines lebensfrohen Biedermanns, der sich über dem Kruge Wein am wolsten fühlt. Um so weher tut uns sein Tod mitten im Untergang seines Geschlechts. Aber viel peinlicher werden wir berührt durch die namenbedürftigen gelehrt und oft verkehrt aus fremder Sage schöpfenden Dichter des augusteischen Zeitalters, insbesondere durch Vergil, der den Pholos an einer Stelle zu den wütenden Kentauren gesellt hat, die als solche nun auch an einer andern Stelle von ihm unter die Ungeheuer des Orcus gereiht werden. Und während Chiron in den Olymp der heidnischen Götter einzieht, ist sein elisches Gegenbild, Pholos, von Dante, Vergils Nachfolger, sogar in die christliche Hölle versetzt worden.

---

[1]) Ein λάγυνον fasste zwölf attische Kotylen. Athen. 12 cap. 99 (Meineke).

Zahlreiche Bildwerke schildern dieses guten Kentauren freundliche Weise und zwar, wenn unsere Vermutung Stand hält, bereits die ältesten Gemmen. Jedenfalls sind er und Herakles, wie sie rechts und links vor einem mächtigen Pithos stehen und den Cantharos daraus hervorheben, von Athene und anderen Kentauren umgeben, Lieblingsfiguren älterer und mittlerer Vasenbilder. Auch erhebt wol Pholos bereits über dem Pithos weinfreudig das Trinkhorn, alles der alten Sage gemäss. In der späteren Bildnerei tritt Pholos mehr zurück, so dass, wie in der Poesie, so auch in der Kunst, sein unentstelltes Andenken früher erblasst als das Chirons.

Auch der aus dem Gelage des Pholos und Herakles entspringende Kampf der Kentauren ist, wie es scheint, sehr früh poetisch und bildnerisch dargestellt, wie wir oben aus den geringen Herakleenresten, dem Bericht Apollodors und den Thonreliefvasen erfahren. Allerdings müsste man für die Einbeziehung der letzteren Darstellung in diesen Sagenkreis annehmen, dass statt des Herakles auch sein Vater Zeus[1]) als Bekämpfer der Kentauren gegolten hätte, wie an Stelle Arjuna's des Gandharvensiegers in älterer Tradition sein Vater Indra erscheint und auch in der iranischen Sage statt des mehr heroischen Kereçãçpa in früherer Zeit ein grosser Gott gegen den Gandharven gestritten haben mag. Sicher aber gehört der elischen Kentauromachie die Darstellung des archaischen Bronzereliefs an, das im Schutte der elischen Feststadt Olympia vor Kurzem gefunden ist, und die mehrerer alter Thongefässe und ältester Vasenbilder (oben S. 64) Der Kypseloskasten, der amyklaeische Thron und archaische Vasen-

---

[1]) Denn das Doppelbeil führte der karische, tarsische und dolichenische Zeus und der Blitz heisst neugriechisch ἀστροπελέκι (Schmidt Volksl. 32 ff.). H. D. Müller (Myth. d. griech. Stämme I, 249) meint, dass die Folge der Vereinigung der Nordachaeer und Aeoler die Ersetzung der altachaeischen Zeusgemahlin Dione durch die aeolische Göttin Hera gewesen und (2, 205) dass der Hera vor dieser ihrer Verbindung mit Zeus ein anderer aeolischer Stammesgott zur Seite gestanden habe, nämlich Herakles, der aber nur (3, 337) wiederum als eine heroische Metamorphose des durch Einwirkung historischer Verhältnisse aus einer früher bedeutenderen Stellung verdrängten Helios anzusehen sei. Auch Polites Helios S. 4. 16 ist der Ansicht, dass auf Herakles viele Heliosmythen und zwar die altertümlicheren, derberen übertragen seien, während Apollo die edleren und ethischeren geerbt habe.

bilder bezeugen die Beliebtheit dieser Sage in der älteren griechischen Zeit, aber der Aufschwung der ionisch-attischen Kunst drängte diesen Gegenstand zurück, so dass sich auch, was die Kentaurenmassendarstellung betrifft, die thessalische Richtung kräftiger erweist als die elische. Diese hat eben einen engeren, man möchte fast sagen mehr idyllischen Charakter, der sich besonders auch in dem höchst wirkungsvollen naturfrischen Eingreifen der Mutter Nephele äussert. Sie hat nicht den veredelnden Einfluss erfahren, den bereits vor Alters die Achaeer auf die nordaeolische Kentaurensage ausgeübt haben mögen. Sie ist auch nicht in Beziehung gesetzt worden zu den gewaltigen Zeitereignissen des 5. Jahrhunderts, die der thessalischen Kentauromachie den idealen historischen Stil aufprägten.

Noch mehr empfindet man den letzten Mangel in den mittelaeolischen Sagen, der aetolischen Dexamenos- und Nessussage, welcher letzteren doch selbst die Kunst des Sophokles keine höhere Weihe zu geben vermochte. Das älteste Zeugniss für dieselbe wird das Bild auf dem amyklaeischen Thron sein, das der Darstellung des Kampfs des Herakles mit Acheloos (s. o. S. 63. 64) ziemlich nahe verwant gewesen sein wird. Aber dem Mythologen gewährt es einen grossen Reiz, hier die Kentauren, die Söhne der Nephele, die ja allerdings schon in der Pholossage in Regenströmen mit Herakles kämpfen, als förmliche Wasserdaemonen mit ihm um ein Weib ringen zu sehen. Schon den Maler einer Vulcenter Amphora, wie viele spätere Vasenmaler, scheint die Nessussage angezogen zu haben, die auf den Vasen bereits früh mit der Dexamenossage und der des Acheloos vermischt worden ist (S. 65, 77). O. Müllers Ansicht (Dorier 1, 422), dass an die Befreiung des Dexamenos durch Herakles von dem bestialischen Kentauren sich die älteste Kentauromachie des Herakles knüpfe, scheint nicht genügend begründet. Aber innerhalb der gewiss altertümlichen Dexamenossage wird die hier angedeutete Fassung der Sage ein höheres Alter beanspruchen können, als die Sage von einem Kampf des Herakles mit dem feindseligen Kentauren Dexamenos, für deren Priorität O. Jahn eintritt (oben S. 65). Schon der Name Dexamenos, aus dem ein Pholosartiger Charakter hervorleuchtet, spricht dagegen. Der aetolische Sagenkreis hat etwas Roheres und Haltloseres, und auch das vergiftete Hemd, das den Nessus zum Mörder des grössten Heroen machte, ist vielleicht nur, wie Mannhardt (W. F. K. 2, 61) vermutet, die gekünstelte

Erfindung eines nachhesiodischen Herakleendichters, oder aber aus einem anderen Mythus herübergenommen (s. u.).

Es versteht sich von selbst, dass ein so gewaltiger Mythenbaum, wie der Kentaurenmythus, nicht nur grosse Äste und Zweige, sondern auch kümmerliche Seitentriebe hervorbrachte, wie z. B. die Sage von der Werbung der Kentauren um Atalante, deren Betrachtung aber die Kenntniss der Gesamtentwicklung kaum fördert. Einem in fremde Erde gepflanzten Reis dieses Baumes aber gleicht jene altetruscische Vasendarstellung (oben S. 60) des Kentauren in der Unterwelt, der, wie bemerkt, auch auf einer etruscischen Aschenkiste und in der Dichtung Vergils, eines Sohnes der altetruscischen Stadt Mantua, des Sitzes des Totenrichters Mantus, und bei dessen Nachahmer Statius wiederkehrt. Aber Vergils unterweltliches Kentaurentum sollte um mehr als ein Jahrtausend später von seinem grösseren Schüler und Verehrer, dem ersten modernen Etrusker, Dante, in viel grossartigerer Weise, als von Statius, ausgebildet werden. Im Inferno 12 Str. 19 ff. erblickt er tausende von Kentauren im Höllenkreis der rasenden Frevler, darunter Chiron, Nessus und den zornvollen Pholos, die mit Pfeilen auf die Seelen der Verdammten schiessen. Nessus aber geleitet das Paar, ihn und Vergil, tiefer höllenabwärts und trägt den sterblichen Dante auf seinem Rücken durch den Blutstrom, wie auf jener um beinah zwei Jahrtausende älteren Buccherovase das Heldenpaar Pirithoos und Theseus ein Kentaur vor den Höllenrichter führt. So machtvoll erweist sich durch die Jahrtausende hin auch auf diesem Gebiete der dem Totendienst und den Totengöttern so geneigte Sinn der italischen Völker, oscischer, wie sabellischer, insbesondere aber etruscischer Abstammung, der dieses älteste Religionselement viel treuer als irgend ein andres Glied der indogermanischen Familie bewahrt und ausgebildet hat, insbesondere aber von dem griechischen sich vielleicht dadurch wesentlicher, als durch irgend eine andere Glaubensdifferenz unterscheidet.

Das grosse Stadium der Sagenentwicklung, das in diesem Abschnitte vorzugsweise durchschritten wurde, ist ein historisches, ein urkundlich beglaubigtes, dem ein älteres vorangeht, ein vorhistorisches, welches das nächste Capitel aufzuhellen versuchen wird. Aber dem ersten historischen folgt ein zweites historisches Zeitalter der Entwicklung, dessen hier und dort schon angedeutete Grundzüge hier noch in der Kürze zusammengefasst werden müssen. In dem ersten historischen bildet sich der Mythus auf den vorgeschichtlichen Grundlagen organisch weiter. Die uralten Daemonen wandeln sich im Laufe der Zeit äusserlich und innerlich um, ohne doch ihrem ursprünglichen Charakter untreu zu werden. Eine höhere Sittlichkeit und ein feinerer Geschmack verleihen ihnen neue Reize. Neue Sagenmotive schiessen krystallartig an, aber der Mythus wird dadurch meistens nicht entstellt oder verschoben, sondern nur erweitert oder vertieft. Die alte objective Kunst, die Poesie sowol, wie die Bildnerei, behält immer Fühlung mit der Sage, der sie ihr Dasein verdankt. Aber sobald grosse moderner fühlende Subjecte die Kunstübung ergreifen, wird die Sage gewissermassen aus ihren Angeln gehoben. Es ist dies gewöhnlich der Moment, wo sie ihr Höchstes erreicht, aber eben ihr Höchstes, um darauf zu sinken, weil sie nun ihre Unschuld, ihre Objectivität, eingebüsst hat. Die Zeit dieser Erhebung, aber auch Erschütterung des alten Sagenstoffs war das grosse fünfte Jahrhundert, in welchem tief erregte Lyriker, von den Rätseln ihrer Götterwelt bewegte Tragiker, dreister mit den alten Glaubensidealen umspringende Komödiendichter, auf edelste Formvollendung und Formerfindung bedachte Bildhauer und Maler die moderne Umbildung des Kentaurentums anbahnten. Mit künstlerischer und dichterischer und der weit schrecklicheren gelehrten Willkür wird dasselbe im alexandrinischen Zeitalter in ganz neue unsagenhafte Verhältnisse eingeführt, oft mit dem Takt eines immer noch künstlerisch empfindenden Volks, oft aber auch mit dem Ungeschick eines Geschlechts, das seine Vorzeit nicht mehr versteht und nicht mehr verstehen will.

Wenn die Kentauren uns etwa seit dem J. 400 als Genossen oder dienstbare Geister des Dionysos entgegenkommen, so möchte man beim ersten Anblick diese Verbindung für eine in der Natur der betreffenden Wesen wol begründete, altsagenhafte halten. Aber vor dieser Zeit, wenn wir etwa von der auch nur höchst allgemeinen Anspielung des Euripides absehen, meldet kein Laut, kein Väschen davon. Es ist eine freie, schöne Künstlererfindung, gleichwie die Bändigung der Kentauren durch Eros eine höchst gelungene plastische Ausführung eines mehr innerlichen Zuges des Kentaurenwesens ist. Wenn wir andrerseits in dem Wust, den die euhemeristischen Historiker, die etymologisierenden Geographen und die paradoxsüchtigen Thaumatographen in der alexandrinischen Zeit und deren Nachfolge zusammengehäuft haben, die Notiz finden, dass die Hippokentauren ihren Namen von der Ausübung der Reitkunst erhalten hätten, so liegt ja auch darin ein Körnchen Wahrheit und der Beweis, dass jede noch so verkehrte Richtung des menschlichen Geistes irgend etwas Wahres und Lehrreiches in sich hat, die euhemeristische Kritik heidnischer, wie die altrationalistische Kritik christlicher Mythen. Dass die Kentauren endlich auch und zwar selbst ihre edelsten Gestalten parodiert und karikiert werden, dies Schicksal teilen sie mit allen Daemonen, ja sogar mit vielen Göttern aller Zeiten. Aber es scheint uns nicht der Mühe zu verlohnen, all den Holz- und Abwegen in diesem zweiten Stadium der historischen Sagengeschichte weiter nachzugehen, als es in den früheren Bemerkungen schon geschehen ist. Es ist ratsamer und förderlicher, aus diesem künstlichen Irrgarten nunmehr hinauszutreten und einen Eingang in den vorhistorischen Urwald der Sage aufzusuchen.

4. Die Deutung.

Eine wahrhaft mythologische Untersuchung beruhigt sich nicht mit der Feststellung des urkundlichen Materials und dem Nachweis der geistigen Zustände, die in demselben ihren Niederschlag gefunden haben. Sie muss sich auch bemühen, den Ursprung dieser geistigen Zustände zu erklären. Das ist um so notwendiger, wenn sie zugleich ein Urteil über die Verwantschaft oder Nichtverwantschaft mythischer Gebilde verschiedener Völker gemeinsamer Abkunft abgeben soll. Denn es ist klar, dass im Falle der Verwantschaft die ursprüngliche Wesenseinheit gerade in den frühesten Entwicklungsstadien am deutlichsten erkennbar sein muss, wie im umgekehrten Fall die gründliche Verschiedenheit. Die zahlreichen und zum Teil höchst auffallenden Übereinstimmungen der Gandharven und Kentauren, deren schon oben gedacht ist, dürfen unser Urteil nicht gefangen nehmen. Wir müssen die Deutung voraussetzungslos, nur aus dem Material schöpfend, gleichsam von vorn beginnen, jedoch zuvor anerkennend die Verdienste besonders zweier Vorgänger hervorheben. Kuhn hat das Verdienst, die Gandharven- und Kentaurengleichung gestellt und zum Teil bewiesen zu haben, obgleich seine Deutung vom rechten Wege weit abwich. Mannhardt gebührt das Verdienst, die Kentauren im Wesentlichen richtig gedeutet zu haben, obgleich er die Gandharvennatur nicht erkannte.

Man wird ja wol die Logik der Einteilung dieses Capitels, das zuerst die äussere Erscheinung, dann die Herkunft und die Handlungen und endlich die Eigenschaften der Gandharven-Kentauren bespricht, nicht weiter bemängeln, wenn man erkennt, dass sie sich am leichtesten aus der Natur des Stoffs ergibt.

a) Äussere Erscheinung.

Von den Brauen und den Haren aus hat Phidias nach Macrobius (conv. sat. 5, 13) das ganze Idealbild des Zeus concipirt. Etwas Ähnliches kann man von der ältesten Gandharven-Kentaurendarstellung behaupten. Beide zeichnen sich durch Haarfülle und Zottigkeit aus. Die Gandharven heissen vāyukeça windharig RV. 3, 38, 6, Çikhandhin haarbuschig AV. 4, 37 und ebenda sarvakeçaka ganz behaart wie ein Hund oder Affe oder ganz behaartes Kind. Im Mbh. heisst ein Gandharve Ūrṇāyu[1]) der Wollige (oben S. 28).

Die Kentauren werden genannt φῆρες λαχνήεντες[2]) harige, wollige Tiere Il. 2, 743, λασιαύχην mit zottigem Nacken Hymn. in Merc. 224, δασύστερνος Soph. Trach. 557. Die Kentauren heissen μελαγχαίτης schwarzmähnig Herc. scut. 186, Soph. Trach. 839, was auf der Françoisvase zum Eigennamen eines Kentauren geworden ist. Bei Diodor kommt der Kentaurenname Phrixos[3]) vor. Dazu vergleiche man den wallenden Bart des Hippasos Ov. Met. 12, 351, das über den Oberarm fallende Haar des Kyllaros V. 396. In der bildenden Kunst ist das mähnen- oder schopfartige Haupthaar und teilweise auch die Zottigkeit ein Hauptmerkmal der Kentauren und besonders harig, vom Wirbel bis zur Zehe möchte man sagen, sarvakeçaka, sind die Kentauren der ältesten griechischen Gemmen und Vasenbilder (s. o. S. 64), die sich von den atharvavedischen hund- und affenähnlichen Gandharven wol nicht viel anders, als durch den erst im aeolischen Griechenland ihnen aufgesetzten Rosskopf unterschieden haben werden. Auch der iranische Gandharve gibt sich durch seine Klauen wenigstens als ein von tierischen Bestandteilen nicht

---

[1]) Skr. varvara harig, wollig, zottig, rauh, W. var bedecken. Daher auch ura in urabhra laniger, Widder, urā Schaf RV. 8, 34, 3, ūrṇā Wolle, ūrnāyu Ziege und Spinne. Urṇā russ. volna, got. vulla, vgl. lat. villus und vellus. M. Müller Essays (deutsch) 2, 155 ff.

[2]) Mit ura in Verbindung stehen λαχνήεις wollig, rauh, λάχνος Schafwolle, von λάχνη Wolle für Fλάκνη, lat. lana f. vlana. Curtius Gr. ⁵ 344. Der Gandharvenname Ūrṇāyu und das Kentaurenbeiwort λαχνήεις berühren sich also auch etymologisch sehr nahe. Das griechische Wort ist nur durch κ weitergebildet.

[3]) φρίσσω (W. φριχ) wird mit sabin. fircus, lat. hircus und horrere zusammengestellt vgl. Curtius Gr. ⁵ 483. Helle's Bruder Phrixos ist ein Widderreiter. Die Ilias 23, 692 spricht von einer φρὶξ Βορέω.

ganz freies Wesen zu erkennen. Dieses durch Beharung, Schweif und Tierfüsse bestimmte halbtierische Aussehen haben die Gandharven-Kentauren mit den Faunen und Silvanen in Italien, den Panen, Satyrn und Silenen im alten und neuen Griechenland, den russischen Ljeschi und czechischen Waldmännern, den Tiroler wilden Männern und schottischen Uriskin, kurzum, mit den Windgeistern aller indo-germanischen Völker gemein vgl. Mannhardt W. F. K. 2, 114. 125. 131. 138. 140. 143. 145. 147. 149. Man gedenke auch der krallenversehenen Harpyien und der schönen isländischen Bezeichnung sturmdrohender Wolken durch das Wort klōsīgi d. h. Klauensenkung (J. Grimm DM. ³ 600). Genauer bestimmt erscheinen nun auch schon durch diese Merkmale die Gandharven-Kentauren als Winddaemonen, die in Wolken einherstürmen.

Diese Anschauung lässt sich durch zahlreiche Analogien auf dem Gebiet der indischen, wie der hellenischen Daemonen- und Götterbildung belegen, wobei bald der Begriff des Sturmes, bald der des Gewölks stärker hervortritt. Auf den verschiedenen Rangstufen derartiger mythischer Wesen begegnen wir einer ähnlichen Weise der Bezeichnung ihrer stürmenden und regnenden Tätigkeit. Urana Widder ist RV. 2, 14, 4 ein von Indra erschlagener Wolkendaemon. Die berühmtesten Wind- und Wolkengeister im RV., die Maruts, sind mit der Wolle der flockigen Wolke (parushniäm ūrnā) RV. 5, 52, 9 bekleidet. Der Regengott Indra kleidet sich zum Schmuck in flockige Wolle, deren Flocken er für die Freunde (die Maruts) aufspart. RV. 4, 22, 2; daher heisst er auch mesha Widder RV. 1, 51, 1; 52, 1; 8, 86, 11. Bei den Varunapraghāsās, einem Opfer zu Beginn der Regenzeit, wird ein Widder und ein Mutterschaf aus Teig geknetet und dem Varuna, dem Wolkengott, und den Maruts dargebracht. Die beiden Tiere vertreten nicht nur das opfernde Gattenpaar und bezwecken dessen Fruchtbarkeit, wie Weber Ind. Stud. 10, 339 meint, sondern auch und wahrscheinlich ursprünglich allein die Gewährung befruchtenden Regens.[1]) Auch den

---

[1]) Von ähnlicher Bedeutung und Grundlage, nur vornehmer war wol das Açvamedhaopfer, bei dem die Königin mit dem Geschlechtsteil des geopferten Pferdes eine Nacht zubringen musste, um einen Sohn zu erhalten (Ind. Stud. 1, 183). Durch das wahrscheinlich verwante römische Octoberpferdeopfer dankte man für die Erntefrucht. Sein Blut aber wurde der Obhut der Vestalinnen anvertraut, die es an den Palilien als Fruchtbarkeit erweckendes Mittel verwendeten.

Iraniern wird diese Anschauung nicht fremd gewesen sein, wenigstens erscheint in Rustems zweitem seiner sieben Abenteuer dem in der Wüste um Wasser flehenden Helden plötzlich ein fetter Widder. Er folgt ihm und findet, wo der Widder verschwindet, eine Quelle (v. Schack Firdusi ³ 1, 314). Noch deutlicher reden die griechischen Zeugnisse. Theophrast de signis pluv. 1, 13 (ed. Schneider 1, 786) sagt: ὅταν νεφέλαι πόκοις ἐρίων ὅμοιαι ὦσιν, ὕδωρ σημαίνει. Zeus' Aegis oder Ziegenfell, wie sein Kodion oder Widderfell, bedeutet die Regenwolke. Um von Seuchen erlöst zu werden, ziehen in die Höle des Zeus Katharsios auf dem Pelion Jünglinge, gekleidet in Felle zuvor ihm geopferter Widder. Hermes befreit als κριοφόρος Tanagra von der Pest. Das Διὸς κῴδιον wurde unter Umständen auch den Mysten an den Eleusinien zur Reinigung auferlegt. Aber ursprünglicher als diese physisch oder gar ethisch reinigende Bedeutung war gewiss die eines regenherabziehenden Symbols, wie es sich in Attika am Feste des Zeus Georgos oder Maimaktes erhalten hatte, an welchem man mit dem Widderfell herumzog (Overbeck Griech. Kunstmyth. 2, 222. 249. Preller Griech. M. ³ 1, 114. 2, 313. Roscher Hermes S. 79. A. Mommsen Heortol. S. 245. 317). Auf einer Gemme reitet Zeus auf einem galoppierenden Widder, gleich dem Phrixos, dessen Namen wir bereits auch als kentaurischen kennen, dem Sohne der Nephele und des Winddaemons Athamas. Auf einigen Münzen ist über dem Zeus καταιβάτης, dem im Blitz herniederfahrenden, ein Widder angebracht (Overbeck Griech. K. 2, 266. 214 ff.). Bald spendet Zeus, bald Hermes das goldne verhängnissvolle Widderfell dem Atreus (Preller Gr. M. ³ 2, 388 ff.). Unmittelbar aus seiner Widderbedeutung erklären sich des widderhornigen ZeusAmmon vielfache Beziehungen zum Wasser und die Tatsache, dass gerade seine Maske vorzugsweise zum Wasserspeier benutzt wurde (Overbeck a. O. 2, 303. 584). Älter sind gewiss die einfachen Widder als Wasserspeier, wie z. B. der bei dem am Hymettos gelegenen Kylla-Quell der Aphrodite, wobei die von Ross Archäol. Aufs. 1, 222 angenommene aphrodisische Bedeutung (Roscher Nektar u. Ambrosia S. 81. 86) ebensowenig ausgeschlossen ist, wie bei dem eben erwähnten indischen Varunaopfer, dessen Opferwidder und -schaf mit möglichst vielen pumlinga und strīlinga d. h. männlichen und weiblichen Geschlechtsteilen versehen sind. Auch die schönen bereits von Goethe bewunderten Bronzewidder von Syrakus kennzeichnen sich durch ihr offnes Maul als Brunnenfiguren (Arch. Z. 28, 1 ff.). Auch in Griechenland und Italien waren Böcke und Lämmer die für Windgötter üblichen Opfertiere (Roscher Hermes S. 10. 102).

Aber aus dem Gewölk allein erklärt sich weder das Wesen der Gandharven-Kentauren, noch das der erwähnten verwanten Daemonen und Götter. Die Wolke ist hier etwas Secundäres, nur das hüllende Gewand, die geschwungene Waffe (Etym. Gud. αἰγίοχος ἄνεμος. Welcker Aeschyl. Trilogie S. 153), das tragende Tier des betr. mythischen Wesens. Der Wind, der Sturm bildet den eigentlichen Inhalt desselben. Aus dem zerrissenen Sturmgewölk erklärt sich das Zottige, Harige der Windwesen. Insbesondere sind sie deswegen auch am Haupt mit reicher Harfülle versehen. Es war ein Fehler Kuhns und Mannhardts, die vāyukeça, die windharigen Gandharven RV. 3, 38, 6 (oben S. 7) fast unberücksichtigt zu lassen. Und doch hatte schon Kuhn Z. V. S. 1, 524 das Lied auf den Büsser RV. 10, 136 (oben S. 11), den er noch dazu als Wind auffasste, herangezogen, in welchem der langharige (keçi) Muni oder Büsser vom Wind umgürtet, in die Winde eingegangen, durch die Luft fliegend, des Vāta d. h. des Windgotts Ross, des Vāyu d. h. eines anderen Windgotts Genosse, aus einem Becher mit dem grossen Hauptwindgotte Rudra [1]) trinkt. Und wenn unter all diesen nur windatmenden Strophen die einzig noch übrige den Muni schildert als Wandrer auf dem Pfad der Apsaras, Gandharven und Mrigas, so kann auch dieser Pfad wol nur den der Winde bedeuten, zumal wenn Kuhns Erklärung der Mrigas (der wilden Tiere oder Daemonen) als brüllender Winde richtig sein sollte. Der Muni ist eben auch ein Mann der Luft, wie Gregorovius in seiner Athenais den geistesverwanten Simon Stylites nennt. Der schon eben genannte mächtigste Sturmgott, Rudra, heisst ebenfalls keçin AV. 11, 2, 18, was Yaska fälschlich auf die Sonne deutet, deren Strahlen die Locken seien (Muir a. O. 4, 266), wenn auch zugegeben werden muss, dass es RV. 6, 55, 2. 9, 67, 10, 11 von dem Sonnengotte Pushan gebraucht wird (vgl. dazu Wilson bei Muir 4, 333). Keçin entspricht begrifflich genau dem griech. χαίτης, da es ur-

---

[1]) Rudra's späterer Stellvertreter ist Çiva, ausgezeichnet durch die gatā oder den Haarzopf. Sein Beiname, wie der des Büssers, ist deswegen gatādhara Haarzopfträger. Lassen Ind. Alt. 1, 782. 2, 817. 1089.

sprünglich auch „mähnig" bedeutet und schon RV. öfter, z. B. 1, 10, 3. 16, 4. 82, 6. 164, 44. 8, 1, 24. 14, 12. 17, 2 als Beiwort der Rosse Indra's gebraucht wird. Ja RV. 3, 41, 9 bezeichnet keçin für sich das Ross. Weiterhin hat es wie χαίτης den Sinn von „langharig" und ist wie μελαγχαίτης auch der Eigenname eines Daemons geworden in Mbh. Vanap. V. 14241 (Muir a. O. 4, 292). Ein anderes Beiwort Rudra's und seiner Rudraschar ist kapardin RV. 1, 114, 1. 5. 54, 5. d. h. mit muschelförmig gewundenem Haar, nach Weber Ind. Stud. 2, 33 wegen der Wolken- und Staubwirbel. Rudra heisst ferner, wie oben der Gandharve Çikhandhin Haarbuschträger AV. 11, 2 (Ludwig 3, 550) und ebendort (Ludwig 3, 549), AV. 2, 27, 6 (Ind. Stud. 13, 192. Ludwig 3, 461), auch als Çarva (AV. 6, 93, 1. Muir 4, 277) wird ihm ein schwarzer Haarbusch (nīla-çikhandah) zugeschrieben,[1] wie denn auch sonst im RV. sein Beiwort babhru braun ist und seine Söhne, die Rudra's und Maruts, aruna und arunapsu rotbraun heissen (Z. V. S. 1, 200). Die Auffassung der Wolken als schwarzer Hare und hangender Locken hat sich in Indien fort und fort erhalten. Noch in der Anthologie von Çārngadhara aus dem 14. Jahrhundert n. Chr. heisst es: „Draussen poltert die Regenwolke, schwarz wie die Hare der Jungfrau" und „der Himmel ist mit hangenden Locken von aufgetauchten Wolkenmassen bekleidet" (Z. D. M. G. 27, 32. 80).

Wie das keça, keçin und çikhandhin der Gandharven bei andern indischen Windwesen wiederkehrt, so das μελαγ- oder κυανοχαίτης der Kentauren bei andern griechischen Wind- und Wetterdaemonen. Boreas verwandelt sich in ein dunkelmähniges Ross: ἵππῳ δ'εἰσάμενος παρελέξατο κυανοχαίτῃ Il. 20, 224. Das Pferd Areion, nach Kuhn Z. V. S. 1, 452 die dunkle Wetterwolke, heisst κυανοχαίτης, wie sein Vater Poseidon (s. o. S. 106 und Gerhard Myth. § 238). Typhos, der hundertköpfige, hat Locken, und schöngelockt werden von Hesiod Theog. 267 die Harpyien genannt (Mannhardt W. F. K. 2, 89. 91), Apoll heisst ἀκερσο-

---

[1] In Ramay. I 43 ruft Çiva, der spätere Stellvertreter Rudra's, die himmlische Ganga (das Wolkenwasser) auf sein Haupt herab, in dessen Lockenlabyrinth sie viele Jahre circulieren muss, ohne die Erde zu erreichen (Muir a. O. 4, 306). Diese Scene wird wol durch ein Relief von Mahamalaipur (Lübke Denkm. T. 11, 11) dargestellt. Über die Ganga tripathagā, die himmlische, irdische und unterirdische Ganga s. Pantsch. IlJ. 1 und Benfey P. 2, 486.

κόμης, und wir gedenken hier noch des grossartigsten Lockenhauptes der griechischen Mythologie, das Il. 1, 528 der wolkensammelnde Gott des Sturmwetters schüttelt:

Ἦ καὶ κυανέῃσιν ἐπ' ὀφρύσι νεῦσε Κρονίων.
ἀμβρόσιαι δ' ἄρα χαῖται ἐπερρώσαντο ἄνακτος
κρατὸς ἀπ' ἀθανάτοιο. μέγαν δ'ἐλέλιξεν Ὄλυμπον,

wo das Anthropomorphische wesentlich erhöht und veredelt ist durch die als Brauen aufgefassten Wolken, wie umgekehrt Soph. Antig. 528 von einer νεφέλη ὀφρύων und Eurip. Hippol. 173 von einer ὀφρύων νέφος sprechen.

Aus den eben angeführten Beispielen aus der griechischen Mythologie geht schon hervor, wie sehr die Winddaemonen geneigt sind in Tier-, besonders in Rossgestalt überzugehen, und wir erinnern noch dabei an die Bemerkungen auf S. 137. Daraus erklärt sich das Pferdeopfer, das die Spartaner jährlich auf dem Taygetus den Winden brachten (Festus s. v. October), wie zur Beruhigung des im Pilatussee wohnenden Tobgeistes ein Pferd in dies Gewässer versenkt wurde. (Rochholz Schweizersagen aus d. Aargau 2, 25.) Ganz unhaltbar ist Stengels Ansicht (Hermes 16, 346 ff.), die Opfer an die Winde seien erst nach den grossen Seeschlachten im Perserkrieg von den Griechen den phönicischen Schiffern nachgeahmt, obgleich schon Achill Il. 23, 195 dem Boreas und Zephyros schöne Opfer verspricht. Im Gegenteil gehören die Windopfer zu den ältesten Opfern indogermanischer Völker. Die Schnelligkeit des Windes und die Langmähnigkeit der Wolken führte dazu, den Sturm als Ross aufzufassen. Daher kommen auch im Indischen Windpferde vātāçva vor (Gubernatis Tiere S. 270 ff.) und auch die indischen Windgötter haben viel mit Rossen zu tun, aber eine Verwandelung derselben in Pferde ist mir nicht bekannt. Die Maruts treiben das schnelle Ross zum Wasserlassen, die Donnerwolke melkend RV. 1, 64, 6. Gleich Elefanten vernichten sie Wälder, wenn sie in ihre rotbraunen Stuten Kraft gelegt haben 1, 64, 7. Sie bespringen gleich aufgeregten Stieren ihre Schecken 5, 52, 3.[1]) Sie schirren sich ihre Schecken an und fliegen auf Luftrossen herbei 5, 53, 1. 3. 58, 7. Vedische Gottheiten kommen reitend überhaupt nicht vor, aber häufig auf Wagen fahrend. Vāyu

---

[1]) So Grassmann. „Wie schnelllaufende Stiere überholen sie die Nächte" nach Ludwig. „Gleich mächtigen Stieren steigen sie empor über die dunklen Nächte der Wolken" nach M. Müller Essays 2, 163.

ist im volkstümlichen, wie philosophischen Sprachgebrauch der Wind (Z. D. M. G. 2, 243 ff.), nach Ludwig RV. 3, 323 der um Tagesanbruch sich erhebende. Vāyu schirrt sich ebenfalls Rosse an RV. 1, 134, 3. In seinem Wagen sitzen die Vasus 3, 49, 4. Er heisst wagenfüllend rathaprā 6, 49, 4, er hat 1000 Wagen und Vielgespanne 2, 41, 1. 7, 90, 3. 91, 3. 5. 92, 3. 100 und 1000 Vielgespanne hat Indra-Vāyu 7, 91, 6. 92, 1. 5. In einer Wettfahrt der Götter erreicht Vāyu als der Erste, sogar vor Indra, das Ziel. Aitar. Brahm. 2, 25 (Muir Or. S. T. 5, 144). Ebenso hat ein anderer Windgott, Vāta, schöngeschirrte Rosse RV. 5, 31, 10, einen grossen wie Donner rasselnden Wagen 10, 168, 1 und ist AV. 15, 2 ein Wagenlenker (Ind. Stud. 1, 121). Auch Rudra heisst RV. 2, 33, 11 gartasad auf dem erhöhten Sitz im Streitwagen sitzend. Der Wagen der Maruts wird an vielen Stellen des RV. hervorgehoben. Da die Gandharven später als alle diese Götter und Daemonen in rein menschlicher Form gedacht wurden, darum wurden sie auch später als diese als Wagenlenker aufgefasst. In den Vedas werden ihnen Wagen noch nicht beigelegt, und Kuhn (Z. V. S. 1, 532) weiss aus der späteren Litteratur nur drei Stellen anzugeben, wo Gandharvenwagen vorkommen. Aber die Vajasan. Sanh. zählt die Namen mehrerer Gandharven auf, die auf ihre Freude an Streitwagen hinweisen (oben S. 12) und der Name des heroischen Gandharvenfürsten Citraratha im Mbh. bedeutet den Besitzer eines glänzenden Wagens. Im Mbh. erst erscheinen die Gandharven selber als Rosse, als deren vortrefflichste sie vor Kuvera's Wagen gespannt werden und wiehern (Z. V. S. 1, 453), und eine spätere Abart der Gandharven, die Kinnara's und Kimpurusha's,[1]) heissen Halbmenschen, weil sie Pferdeköpfe hatten, auch Zwerge waren (Z. V. S. 1, 533), wie AV. die Gandharven behaarten Kindern vergleicht. Eine indische Reliefplatte aus Buddha-Gaya aus dem 3., vielleicht einem noch früheren Jahrh. v. Chr. zeigt einen weiblichen, pferdeköpfigen Daemon, der an die Kinnaras erinnert (Milchhöfer Anf. S. 65. 100). Der Gandharve im Pantschatantra weilt Tags als Esel, Nachts als Mensch auf Erden, im Mbh. verwandelt

---

[1]) Çatap Br. 1, 2, 3, 9: „Der Mensch, den sie geopfert hatten, wurde ein Kimpurusha". Das PW. und Weber nehmen es als „Affe", Haug in der entsprechenden Stelle des Ait. Br. 2, 8 als „Zwerg", M. Müller als „Wilder". Nach Eggeling möchte eine dem Menschen besonders ähnliche Affenart gemeint sein.

sich einer in ein Ungeheuer, ein andrer in einen Affen (s. o. S. 30. 31. 34). Es geht hieraus hervor, dass allerdings das Halbtierische der altvolkstümlichen Gandharven früh abgestreift wurde und erst später Verwandlungen derselben in Rosse oder verwante Tiere vorkommen. Eigentliche Rossmenschen treffen wir aber unter den eigentlichen Gandharven nicht, sondern nur in späteren Nebenarten derselben, den Kinnara's und Kimpurusha's, und auch hier nur solche mit Pferdeköpfen und Menschenleibern, nicht mit Menschenköpfen und Pferdeleibern. Erst sehr spät also erreicht eine indische Gandharvennebensorte diejenige rohe Art der Rossmenschenbildung, die ich als den ältesten griechischen Typus der Kentauren bezeichnen möchte, während das Hauptvolk der Gandharven ausserhalb der volkstümlichen Anschauung in rein menschlicher Gestalt auftritt. Allen diesen Formen liegt aber diejenige unbestimmt tiermenschliche zu Grunde, die uns der AV. schildert, und zum ersten Mal rossähnlicher ausgestattet auf jenen vorhistorischen Gemmen Griechenlands dargestellt wird. Diese Kentaurenanschauung würde sich am leichtesten aus thessalischer Natur und Lebensart erklären, worauf ich schon oben hingedeutet habe. Denn kaum irgendwo sonst in Griechenland scheint der Kult mit dem Boden und den Lebensverhältnissen in innigerem, naiveren Verbande gestanden zu haben, als in den nördlichsten, ursprünglichsten und altertümlichsten Landschaften, dem ältesten Hellas. Als v. Hahn im nördlichen Epirus, in dem es häufiger blitzt und donnert, als irgendwo sonst, die mit Recht ihren Namen führenden Acroceraunien und von Bäumen fast nur Eichen und überall Wildtauben in grosser Masse sah, da erkannte er, wie innig hier der dodonaeische Zeusdienst mit der Natur des Landes verwachsen war (Albanes. Stud. 1, 51). Ähnliches kann man von Thessalien sagen, das gleichfalls an dem später vergessenen Dodona in Phthia den eichenlaubbekränzten orakelnden Zeus verehrte (Overbeck Gr. Kunstm. 2, 233). Stürme und Regengüsse sendete diesseits und jenseits des Pindus Zeus in reichlicher Fülle. Auf dem obersten Pelion wurde Zeus ἀκραῖος verehrt, bald ein zürnernder, bald ein gnädiger Gott, je nachdem er seinen Hellenen den befruchtenden Regen spendete oder entzog (Preller Gr. M. ³ 2, 391). Der Pelion war ein Wetterweiser. Theophrast de signis pluv. 1, 22 (ed. Schneider) meldet: Ἐὰν ἐπὶ τὸ Πήλιον νεφέλη προςίζῃ, ὅθεν ἂν προςίζῃ, ἐντεῦθεν ὕδωρ ἢ ἄνεμον σημαίνει, und de ventis c. 27 (ed. Schneider 1, 768) beobachtet er das wilde Spiel der Wolken und Winde: *Αἴτιον δ᾽, ὅτι τῶν ὀρῶν ὄντων ὑψηλῶν τῶν τε περὶ τὸν Ὄλυμπον καὶ τὴν Ὄσσαν, τὰ πνεύματα προςπίπτοντα καὶ οὐχ ὑπεραίροντα τούτων ἀνακλᾶται πρὸς τοὐναντίον· ὥστε καὶ τὰ νέφη κατώτερα ὄντα φέρουσιν ἐναντίως*. Da nun die Wolken Pferden verglichen wurden, so erklärt sich aus dieser Naturerscheinung des magnetischen Berglandes die Märe von der Befruchtung der magnetischen Stuten durch die Winde. Auf dem Pelion aber hausten ja auch die kentaurischen Winddaemonen, und es ist verständlich, wie bei einem rossezüchtenden Volke, das die Rosse, Stierjagden und -gefechte im Leben, wie auf seinen Münzen (Monatsber. d. preuss. Akad. 1878, S. 453 ff.) liebte, allerhand Sagen von Verbindungen derselben zu Rossen und Stieren entstehen konnten. Daher vermischt sich bei Pindar der Kentauros mit magnetischen Stuten und wird Chiron von Kronos in Hengstgestalt gezeugt (s. o. S. 41. 38), daher jagen die Kentauren Stiere auf alten Kunstwerken, und daraus würde sich denn auch erklären, warum sie sogar schon auf den vorgeschichtlichen Gemmen erlegte Stiere heimschleppen.

Auch hierzu bieten die Gandharven ein Seitenstück, wenn sie auch nirgend als eigentliche Jäger nachzuweisen sind, wie überhaupt die Jagdgottheiten in Indien zurücktreten. Aber die ihnen verwantesten Winddaemonen, die Maruts nämlich, erscheinen noch an anderen Stellen, als der bereits angeführten RV. 5, 52, 3, selber als Stiere — RV. 1, 64, 1 heissen sie z. B. mit deutlichem Bezug zur Wolke die regnende Stierschar — oder sie führen die Wasser herbei und sind Treiber der Götterrinder (Z. V. S. 1, 446. Roscher Hermes S. 116). Die Gandharven aber führen Stiere, so den von Parjanya, dem Donnergott, grossgezogenen (parjanyavriddha) Büffel d. i. die Wolke RV. 9, 113, 3. Und wenn der Gandharve RV. 1, 163, 2 des Sonnenrosses Zügel fasst, so widerstrebt auch das nicht dem Charakter einer Windgottheit, wie denn auch in der Tat die Vaj. Sanh. zu dieser Stelle bemerkt: „Wind oder Geist sind die 27 Gandharven, sie haben im Anfang das Ross angeschirrt, ihm haben sie die Schnelligkeit verliehn" (Z. V. S. 1, 529). Es ist dies nur eine andere Wendung jener Anschauung, die bereits dem idealisierenden Brahmanentum angehört. Da aber die Wolken nicht nur samensprühenden Stieren, sondern noch viel häufiger und natürlicher milchenden Kühen verglichen werden, so heisst es von den

Maruts RV. 1, 64, 6. 2, 34, 10, dass sie die Donnerwolke oder ihrer Mutter Priçni Euter melken, womit man wieder Panini's Bemerkung, dass die Gandharven die Apsaras (d. i. Wolken) melken, vergleichen darf. Weiter ausgebildet ist das schöne Bild von dem die Wolkenheerde hütenden Winde im indischen Rudra, der deswegen auch paçupati heisst (Z. f. deutsche Philol. 1, 101). Auch dieser Anschauung begegnen wir nicht nur in den Mythen der höheren griechischen Wind-Götter, wie denen des Hermes, sondern auch in den Kentaurensagen. Freilich dürfen wir hier uns schwerlich des Columella bedienen, der den Chiron einen Meister der Viehzucht nennt, aber wir müssen schon hier darauf hinweisen, dass bei Geryon, dem brüllenden Sturmriesen des Winters (von γηρύω Preller Gr. M. ³ 2, 202 ff. 211. Z. V. S. 7, 94. 9, 187), dem Herrn grosser Rinderheerden, Eurytion, von seinem Hunde Orthros begleitet, den Hirtendienst versieht. Eurytion wird hier zwar nicht als Kentaur bezeichnet, aber er hat ursprünglich wahrscheinlich gleich seinem Namensvetter, dem berühmten Bogenschützen Eurytos, der auch nicht mehr zu den Kentauren zählt, ihnen angehört (s. u.). Alle bedeutenderen Eurytions oder Eurytosse sind Feinde des Herakles, auch der Kentaur Eurytion in der apollodorischen Dexamenossage (s. o. S. 51). Sie werden alle von ihm im Kampf getötet oder doch besiegt, so auch der Hirte. Die Rinder aber, die auf der abendlichen Flur des Okeanos weiden, sind wiederum die Wolken, denn diese kommen vom Okeanos her, und der Hirte ist der Wind. In überraschender Vollständigkeit und Klarheit ist uns die poetische Auffassung dieses Naturbildes von Theokrit 25, 85 ff. erhalten:

> Ἥλιος μὲν ἔπειτα ποτὶ ζόφον ἔτραπεν ἵππους,
> δείελον ἦμαρ ἄγων· τὰ δ'ἐπήλυθε πίονα μῆλα
> ἐκ βοτάνης ἀνιόντα μετ' αὔλιά τε σηκούς τε.
> Αὐτὰρ ἔπειτα βόες μάλα μυρίαι ἄλλαι ἐπ' ἄλλαις
> ἐρχόμεναι φαίνονθ', ὡςεὶ νέφη ὑδατόεντα,
> 90 ὅσσα τ'ἐν οὐρανῷ εἰσὶν ἐλαυνόμενα προτέρωσε
> ἠὲ Νότοιο βίῃ ἠὲ Θρηκὸς Βορέαο·
> Τῶν μέν τ'οὔτις ἀριθμὸς ἐν ἠέρι γίνετ' ἰόντων,
> οὐδ' ἄννυσις· τόσα γάρ τε μετὰ προτέροισι κυλίνδει
> ἲς ἀνέμου, τὰ δέ τ'ἄλλα κορύσσεται αὖτις ἐπ' ἄλλοις.

Und auch diese Schilderung bezieht sich auf eine der Arbeiten des Herakles; sie wird gegeben, als sich die βίη Ἡρακλῆος dem Augeiasstall nähert.

b) Die Herkunft.

Da die Winde an sich unsichtbar sind, so konnte eine Gestaltung der an sich gestaltlosen Windgeister nur vor sich gehen, wenn die die Winde begleitenden sichtbaren Naturerscheinungen oder die von den Winden beeinflussten Naturgegenstände als formbildende Elemente benutzt wurden. Hierzu gehören vor Allem die Wolken. Das hat sich bereits aus dem Obigen ergeben, wo dieselben als Haartracht, Gewand, Waffe, als verschiedene harige oder fruchtbare oder milchende oder schnelle Tiere zu den Gandharven-Kentauren in Beziehungen traten. Die bisher besprochenen Beziehungen derselben, so verschieden sie waren, waren doch alle mehr äusserlicher Art, sie waren aber einer Vertiefung fähig, wie auch die Gandharven-Kentaurensage deutlich macht. Hier ist die griechische Überlieferung die deutlichere, wenn sie ausdrücklich die Kentauren Söhne Ixions und der Nephele nennt (s. o. S. 119). Ixion wird nach Mannhardts Auseinandersetzung (W. F. K. 2, 83 ff.) der Wirbelwind sein. Aus der aufsteigenden Wolke brechen die Winde hervor. Daher heissen die Maruts, deren Vater Rudra ist, priçnimātaras d. h. die Priçni, die Wolke zur Mutter habend RV. 1, 23, 10. 85, 2. 89, 7. 5, 52, 16. u. s. w. Der Windgott Vāta heisst RV. 10, 168, 3 der erstgeborne Freund der (Wolken)wasser, Vaj. S. 9, 39 und AV. 8, 1, 5. 12, 1, 51 heissen nach Kuhn Herabk. 6 Vāyu und Vāta Mātariçvan d. h. in der Mutter, der Gewitterwolke, schwellend. RV. 10, 123, 1 wird der Gandharve zu der Priçni und deren Sprösslingen in die nächste Beziehung gesetzt, da er die priçnigarbhās die im Schoss der Priçni wohnenden antreibt, und in einigen Brahmana's und Purāna's werden die Gandharven Kinder des Kaçyapa, des Sohnes des Marīci und der Vāc genannt (S. 28). Nun ist Kaçyapa eine später sogar bildlich verehrte, aber rätselhafte Göttergestalt (Ind. Stud. 13, 344 ff.) deren Bedeutung auch durch Gubernatis (die Tiere i. d. indogerm. Myth. S. 616 ff.) keineswegs aufgeklärt wird, andrerseits aber einer der sieben Rishis und der acht wirklichen Vorfahren der Brahmanenfamilien, die das heilige Feuer bewahren (M. Müller Hist. of anc. Sanskr. Lit. S. 379. 384. 487). Eigentümlich ist auch, dass derjenige, der bei den Ahnenopfern den Familiennamen eines Vorfahren nicht kannte, ihn einfach als zum Geschlecht Kaçyapa's gehörig zu bezeichnen hatte (Ind. Stud.

10, 82 ff. 89). Kaçyapa erklärt Weber Ind. Lit. 1, 136 als schwarzzähnig. AV. 4, 20, 7 wird ein Zauberkraut, das zum Hellsehen verhelfen soll, das tausendäugige genannt und das Auge Kaçyapa's. In einem mystischen Gedicht AV. 19, 53, 10 heisst es von der Zeit, die den Schöpfergott zuerst schuf, dass ihr auch Svayambhu (der durch sich selbst Gewordene) und Kaçyapa entsprungen seien (Grill Hundert Lieder des AV. S. 46. 47). Marīci fem. (wol von Wurzel mar mori) ist nach Weber Ind. Stud. 9, 8 ursprünglich nur der rasch verschwindende Strahlendunst der Sonnenstäubchen, beziehungsweise der über dem sonnenerwärmten Wasser entstehende Strahlendunst und ein Apsarasname in Mbh. (oben S. 28). In Taitt. Ar. 1, 2, 1 erscheint Marīci als Masc. Deutlicher ist Vāc, in der schon Kuhn Z. V. S. 1, 462 ff. die Donnerwolke vermutet hat, und die insbesondere nach ihrer Selbstanrufung RV. 10, 125, Nir. 7, 2 und der Anukramaṇī, wo sie Ambhrinas d. h. des Nebels Tochter heisst, Rudra's Bogen spannt, im Wasser, im Meer geboren ist und gleich dem Winde weht, ohne Zweifel ursprünglich nicht wie Hotrā, Bhāratī, Varūtrī u. A. die Personificierung eines Teils des Opfers und sie zwar die der Rede, des Liedes, wie man gewöhnlich annimmt, sondern die personificierte Donnerwolke ist (vgl. das P. W. Ind. Stud. 9, 474 ff.). Dazu stimmt auch, dass der Gandharve RV. 10, 123, 3 nabhojā aus der Wolke geboren, also fast genau wie der Kentaur bei den Römern nubigena, bei den Griechen νεφελογενής heisst und dass in Mbh. die Apsaras, die Schwestern der Gandharven, zur Mutter eine kinderraubende Unholdin haben; denn die finsteren Gewitterwolken kommen auch sonst als solche vor[1]).

Das mütterliche Wesen der regenschwangeren Wolke bricht in der Vorstellung indogermanischer Völker überall hervor. Die Nadīas und die Apas heissen im RV. 1, 156, 5. 6, 50, 7 mātṛtamās, im Avesta matarō gitayō lebendige Mütter (Revue celt. 2, 7). Pṛçni heisst sudughā milchreich RV. 5, 31, 8. 60,

---

[1]) Ein litthauischer Name für den Donnerkeil ist Laumes papas d. i. Zitze der Laume, welche Kinder stiehlt und vertauscht. J. Grimm D. M.⁴ 3, 89. 135. 363. Eine dunkle Regenwolke heisst in Baiern die Anel (Grossmutter) mit der Laugen, womit die lett. Percuna tete zu vergleichen ist, die ihren Sohn (den Blitz) im Bade wäscht. J. Grimm D. M.³ 607. 960. 157.

5. 6, 66, 1, die Mutter 5, 52, 16, mahī die grosse 7, 56, 4, sie hat Euter 2, 34, 10. 6, 66, 1. So heisst auch die Wassergöttin Sarasvatī, die fettig von Butter ist, von deren Brüsten der Verehrer Glück und Reichtum, Milch, Butter, Honig und Wasser saugt, die mit den Ahnen sich gern berauscht RV. 1, 3, 10. 11. 1, 164, 49. 9, 67, 32. 10, 17, 7—9 (Muir. 5, 339 ff.),[1]) die mütterlichste ambitama und Mutter ambā 2, 41, 16. Ihr Name wird aber in Vaj. S. und Nirukta mehrmals als Beiname der Vāc, der Gandharvenmutter, gebraucht (Z. V. S. 1, 462. 526. Ind. Stud. 9, 479). Ambikā Mütterchen ist Schwester Rudra's Vaj. S. 3, 57 (Muir O. S. T. 4, 267 vgl. Taitt. Br. 1, 6, 10, 4 bei Muir 4, 321). Mit Ambā und Ambālikā wird sie Vaj. S. 23, 18 (Ind. Stud. 1, 183) bei jenem feierlichen Pferdeopfer von der Königin angefleht, die sich dem Beischlaf des Rosses des Windgottes, unterwerfen soll, gleichsam als Stellvertreterin jener befruchtenden Wolkengöttinnen.[2])

Die Wolke ist also Mutter der Gandharven, wie der Kentauren, und es entsteht nun kaum ein Widerspruch mit unserer Auffassung dieser Wesen, wenn abweichend davon die Kentauren Chiron und Pholos Söhne der Philyra und Melia heissen. Über die nahe Beziehung der melischen Nymfen und der Melia, als Mutter des Phoroneus, des Kaanthos (skr. Kabandha die Wolke), des Amykos (skr. Namuçi Wolkendaemon) und als Tochter Poseidons und Frau des Danaos, hat Kuhn Z. V. S. 1, 527 ff. Herabk. S. 134 ff. gesprochen. Wie in der Bewegung der Wolken wird im Rauschen der Bäume der Wind eigentlich erst sichtbar, worüber Mannhardt in seinen Wald- Feldkulten umfassende Untersuchungen angestellt hat, der Wind geht also auch von den Bäumen aus, ist ihr Sohn.[3]) Im Indischen ist diese Anschauung nicht nachweisbar, wol aber die verwante, dass die Gandharven in den Bäumen wohnen. Schon früh mögen deshalb auch den Kentauren Eigennamen wie Hylaeus und ähnliche gegeben worden sein, doch können diese auch aus späterer Zeit stammen, als sie bereits Waldbewohner geworden.

---

[1]) Über die verwanten Wassergottheiten Ilā, Mahī, Bhāratī spricht Ludwig 3, 381. 383.

[2]) Vgl. auch Lassen Ind. Alt. 1, 632.

[3]) Philostrat. Imag. 2, 3 nennt umgekehrt die Esche ein φυτὸν ἀνεμοτρεφές.

c) Die Handlungen.

Umgekehrt beweisen andere Wohnsitze der Gandharven viel deutlicher als die der Kentauren die Windnatur unsrer Daemonen. Gandharvaloka ist die Luft und ghandharvanagaram bei den indischen und iranischen Ariern eine Luftspiegelung. Nicht allein die Wolken, sondern auch andere in der Luft schwebende Gebilde gehören den Gandharven, bez. den Apsaras an. Daher ist auch von den goldnen und silbernen Schaukeln der Apsaras wie von den Schlössern der Gandharven die Rede, und hieraus wird sich auch die spätere Überlieferung erklären, dass ein am Fluss erscheinender Gandharve in einer Nacht eine Stadt mit Kupfermauern und einen königlichen Palast baut und dafür des Königs Tochter bekommt (S. 34). Denn dass diese raschen Aufführungen von Luftschlössern ursprünglich das schnelle Auftürmen des Gewölks durch die Winde bedeutet, ist am besten aus dem germanischen Mythus zu erweisen. Mit seinem starken Rosse Svadilfari nämlich vollführt ein Jötunn Sn. Edda 45—47, um Freya, Sonne und Mond von den Asen zu gewinnen, in einem Winter beinahe den Bau einer festen Götterburg, aber Loki, der Feuer- und Blitzgott (nach Weinhold der warme Tauwind) hindert ihn und Thörr, der Donnergott, erschlägt ihn.[1]) Im Gewitter wird die Wolkenburg zerstört. Und dass hier der Wind der riesische Baumeister ist, geht unwiderleglich aus der entsprechenden norrländischen Sage hervor, wo der bauende Riese „Vind och Veder" genannt wird (J. Grimm D. M. [3] 514 ff. [4] 3, 158. Kuhn Westf. S. 1, 29. Weinhold in Haupts Z. 7, 53 ff.). Von der Insel des Aeolos heisst es Od. 10, 3: πᾶσαν δέ τέ μιν πέρι τεῖχος χάλκεον ἄρρηκτον.

Hier nun ist zu erinnern an die Sage von Salomon und dem bösen Geist Ashmedai, deren Geschichte trotz der Untersuchungen Benfeys (Pantsch. 1, 122 ff.), Grünbaums (Z. D. M. G. 31, 199 ff.), Vogts (Salman und Morolf XLI ff.) und Varnhagens (Ein indisches Märchen 1882) mir in ihren Zu-

---

[1]) Der zornige Rudra durchbohrt im Mahabh. mit einem dreiknotigen Pfeil von der Farbe der Sonne und der Wildheit des Feuers (d. h. mit dem Blitz) die drei Städte der Asuras, die der Asura Māyā (Zauberei, Trugbild) aus Gold im Himmel, aus Silber in der Luft, aus Eisen auf Erden baute (Muir a. O. 4, 168 ff. 187 ff.).

sammenhängen noch nicht völlig klar geworden ist. Schon
Benfey a. O. 129 hat darauf hingewiesen, dass sich an das
indische Märchen von einem yogin oder Zauberer, der sich dadurch zum König zu machen wusste, dass er seine Seele in den
toten Körper eines Königs zauberte, die talmudische Sage von
König Salomon schliesse, an dessen Platz sich zur Strafe für
des Königs Sünden der böse Geist Ashmedai setzt, während
Salomo als Bettler umherirren muss. Wahrscheinlich vermittelten
die Perser diese eigentümliche Überlieferung von Indien nach
Palästina, indem die Juden im Exil sie von ihnen übernahmen,
worauf Varnhagen a. O. 15 hinweist, was um so glaublicher
ist, als auch die persische Dschemschidsage bei Tabari und Firdusi, wonach Dschemschid die Divs zwingt, ihm kostbare Thermen
zu bauen, in der Salomosage, nach welcher Salomo die daemonischen
Schedim nötigt ein Gleiches zu tun, wiederkehrt (Grünbaum
a. O. S. 214 ff.), wie denn auch die jüdische Legende von Salomo's goldenem Thron iranischen Ursprungs ist (Ind. Stud. 15,
218). In der angeführten indischen Erzählung aus dem Sinh.
dvātr. ist nun aber diese zauberhafte Baukunst einem Gandharven
eigen, und höchst wahrscheinlich ist in der Tat auch unter
jenem Zauberer des indischen Märchens, der sich durch Zauber
des Throns bemächtigt, ursprünglich ein Gandharve zu verstehen. Zwar darf der Name des jüdischen Stellvertreters dieses
Zauberers, Ashmedai, der im Buch Tobias alle Männer, die
sich mit der von ihm geliebten Sara vermählen wollen, im Brautgemach vor der Vollziehung der Ehe tötet und in der Salomosage den Weibern des Königs, selbst den unreinen und der
Bathseba, im Frauengemach nachstellt, wol nicht, wie Gildemeister (Orient und Occident 1, 745) will, auf ein indisches
çimidā zurückgeführt werden, das den lüsternen kimīdīn in dem
grossen Exorcismus des AV. 8, 8 (oben S. 18), worin diese neben
den Gandharven erscheinen, verwant sein könnte (Ind. Stud. 5.
456). Auch der Umstand, dass ganz ähnlich dem jüdischen
Daemon im indischen Somadeva 18, 262, 330 ein Rakshasa (Daemon) zwei Prinzessinnen, die er liebt, durch Tötung der Freier
im Brautgemach vor der Vermählung bewahrt, kann uns nicht
zur Annahme dieser Erklärung des Wortes Ashmedai bewegen,
weil sie allzu sehr den Lautgesetzen widerstreitet. Es wird vielmehr besser sein, in Ashmedai mit Kohut und Renan trotz Grünbaums Widerspruch den avestischen Daemonenkönig Aeshma-

daeva, den Div des Zorns, mit dem alle Wissenschaften, die Heilkunst ausgenommen, zusammenhängen, wiederzuerkennen (Grünbaum a. O. S. 216 ff.), wie auch Spiegel Eranische Altertumsk. 2, 131 tut. Aber in Ashmedai ist allerdings nicht nur die gandharvische Baukunde und Lüsternheit nach jungen und königlichen Weibern bemerkbar, sondern noch verschiedene andre Züge der Gandharven. Denn jener baukundige Gandharve ist wegen seines Gelüstes nach fremden Weibern in einen Esel verwandelt oder muss deswegen nach einer Variante Tags als Esel, Nachts als Mensch auf Erden weilen. Und wie jener Gandharve als Tier erscheint, erkennt man auch Ashmedai an seinen tierischen Füssen und die Schedim, deren Fürst er ist, sind scheussliche Tiermenschen, zum Teil Pferde mit Menschenköpfen. Und wie jener endlich in seinem göttlichen Leibe zum Himmel emporfliegt, steigt Ashmedai täglich zwischen Himmel und Erde auf und nieder. Dass der iranische Aeshma ursprünglich ein gandharvisches Wesen war, das allerdings nach avestischer Weise einen stark abstracten ethischen Zusatz erhielt, erhellt aber auch aus Folgendem. Nach Kohut muss dem Aeshma, der ja bei der Auferstehung, deren Mittel die Haomapflanze ist, vernichtet werden soll, die dem Asha, dem Genius der Reinheit, zugeschriebene Wissenschaft des Haoma abgesprochen werden (Z. D. M. G. 21, 589 ff.), vgl. Yç. 10, 19 bei Spiegel. Es scheint nun Yç. 9, 75—77 nur eine andere altertümlichere Ausdrucksweise, wenn Haoma dem Kereçāni, dem nach der Herschaft begierigen Emporkömmling, dem Feind der Athravas (der Feuerpriester), dem Vernichter des Wachstums, die Herschaft abnimmt. Kereçāni aber ist dem indischen somahütenden Gandharven Kriçānu gleich, wovon weiter unten die Rede sein wird, also entspricht der iranische Aeshma einem iranischen Gandharven.

Dass eben ein Gandharve, nicht ein beliebiger Zauberer, den Faiseur in diesem Sagenkreise gemacht hat, das bezeugt endlich in überraschender Weise die russische Prosaform der Salomonsage, denn hier ist das Abbild des talmudischen Ashmedai ein Kitovras d. h. ein slavischer Kentauros. Er ist der Entführer der Gattin Salomo's, der Salome, und herscht Tags über Menschen, Nachts aber in ein Tier verwandelt über Tiere. Andrerseits ist dieser slavische Kentaur dem Salomo wieder behilflich, und daraus wird sich die Überlieferung russischer Volkslieder erklären, dass Salomo auf seinen Hornstoss durch ein

Heer geflügelter Rossmenschen vom Galgentode errettet wird (Vogt Salman und Morolf S. XLII ff.).[1])

Der Kitovras, der für Κένταυρος schon im 14. Jahrhundert in einer Übersetzung eines griechischen Nomocanons (Vogt a. O. XLVII ff.) vorkommt, vertritt noch vollständiger in zwei handschriftlichen Texten der sogenannten erweiterten Bibel (Palaea) von 1477 und 1494 den Ashmedai der Salomosage, der durch List von dem seines Beistands zum Tempelbau bedürftigen Salomo trunken gemacht und gefesselt wurde, was der babylonische Talmud des 6. Jahrhunderts überliefert (Vogt a. O. 1, 213 ff.).[2]) Aber diese eigentümliche Sage von der trügerischen Berauschung eines weisen wilden Daemons ist nun über verschiedene indogermanische Völker lange vor dem Bestande des Talmud verbreitet. Numa lässt Picus und Faunus durch Wein berauschen und fesseln, um durch ihren Rat das Menschenopfer abzuschaffen, wie wahrscheinlich schon ein Historiker der gracchischen Zeit überliefert hatte (Mannhardt W. F. K. 2, 117 ff.). Nach Philostratus bannt Apollonius von Tyana in einem aethiopischen Dorf einen Satyr, der den Weibern nachstellt, durch Weinrausch (Mannhardt a. O. S. 137). Schon im 5. Jahrhundert v. Chr. kannten die Griechen den von Midas durch Wein berauschten, gefesselten und zu Offenbarung seiner Weisheit gezwungenen Silen (Mannhardt a. O. S. 141). Ebenso werden aber die wilden Geissler, Waldfänken, wilden Männer und Salvadeghs oder Salvanels der Alpen betrunken gemacht, gefesselt und zu Ratschlägen genötigt (Mannhardt W. F. K. 1, 96 ff., 112 ff.). Verwant ist auch die aus Indien stammende altfranzösische Merlinsage (Mannhardt 2, 150. Orient u. Occid. 1, 341, Z. D. M. G. 31, 218), in welcher der wilde Mann Merlin, der erst ungebärdig Speise und Trank umwirft, dann aber nach reichlichem Genuss von Honig, Milch, Warmbier und Braten einschläft, vom Seneschal des Kaisers gebunden wird und diesem nun die Untreue seiner Frau offenbart. Nun berührt sich Silen als Vater des Pholos bereits mit den Kentauren, auch die Satyrn, Faune und wilden

---

[1]) Vogt weist den Zusammenhang der Morolfsage mit den besprochenen Überlieferungen gut nach, aber der mit dem Gandharvenmythus ist ihm entgangen.

[2]) In gleichem Zustand der Trunkenheit und gleich zauberkundiger Eigenschaft erscheint dieser Daemon als Wurm in Salomo's Loblied V. 107 ff. (Diemer D. Ged. I. Kuhn Herabk. 34.)

Männer sind mit ihnen nahe verwant. Es ist also entweder ein sehr geschickter Griff byzantinischer Überlieferung, welche die nächste Quelle nicht nur der slavischen, sondern auch der deutschen Markolfsage gewesen sein muss (Vogt a. O. XLVII ff. LVII.), den klugen, gleich dem Sturmwinde mächtigen, Baum und Haus umwerfenden, dabei überall, auch in arabischen Sagen, faunischen Ashmedai (Z. D. M. G. 31, 222) durch den Kentauros wiederzugeben und so unbewusst den Gandharven wiederherzustellen, den die ursprünglich indische Sage bot. Oder aber muss man in dieser Berauschungssage ein altindogermanisches volkstümliches Gemeingut erkennen, das erst später wieder, als dieselbe Sage aus dem Morgenland auf litterarischem Wege nach Griechenland kam, für die Nationalisierung derselben benutzt wurde. Denn jene Silen- und Faun- und Wildemannsgeschichten können doch aus litterarischer Überlieferung nicht erklärt werden, andrerseits entdecken wir weder in der Kentaurensage, so sehr ihre Weinbegier stimmt, noch auch in der Gandharvensage, noch auch in der Erzählung der Çukasaptati, die wieder der mit der Berauschungssage ausgestatteten Merlinsage im Übrigen entspricht (Orient u. Occid. 1, 345), irgend eine Spur dieser Fesselung, und die Verknüpfung mit Salomo und die Äusserungen des Kitovras stammen offenbar aus talmudischer Fremde. Das Wahrscheinlichste ist mir die Priorität der indischen Überlieferung, in der ursprünglich statt des Zauberers ein zauberkundiger Gandharve die Hauptrolle hatte, auf den die Hauptfiguren der verwanten Sagen anderer Völker, Ashmedai-Kitovras-Saturnus-Markolf und Morolf wesentlich zurückzuführen sind, wobei der Einfluss der nationalen Sagen dieser Völker nicht zu verkennen ist, wie denn die Berauschungssage aus einem ausserindischen, entweder iranischen oder griechischen, Sagenkreis hineingeflochten sein und Salomo's wirkliche Geschichte gemäss der Vermutung Vogt's den daemonischen Feind des Königs zu dessen Bruder gemacht haben mag. Der von Vogt a. O. LV. angenommenen Parallele: Ahsmedai-Kitovras-Saturnus-Morolf schiebe ich demnach als erstes, führendes Mitglied den Gandharven vor und erkenne in diesem den gemeinsamen Ausgangspunkt aller dieser daemonischen Zauberer. Aus dem baukundigen, lüsternen, formenwechselnden Gandharven wurde in Indien der yogin, in Iran der abstractere Ashmedai und daraus der hebraeische Asmodaeus der Salomosage. Aber verwante Silenen- und Kentaurensagen führten ihr die Berauschungsgeschichte zu, die von Phrygien durch ganz Europa sich ausbreitet.

Noch eine andere atmosphärische Erscheinung wird vom Volksglauben mit den Sturmdaemonen in Verbindung gesetzt, der Regenbogen. Hier kommt besonders das Lied 10, 123 (oben S. 9) in Betracht, das nach seiner mystischen Ausdrucksweise, der Häufung der Bilder (z. B. Str. 8), der Einmengung der Weisen und ihrer Herzensverehrung und ihrer Opfer ohne Zweifel zu den späteren Liedern des RV. gehört. Aber wie dunkel es auch ist, Roths Deutung Nirukta S. 145 der hier geschilderten Luftvorgänge auf den Regenbogen ist wol unzweifelhaft. Während Sonne und Wasser sich vereinen, treibt der holde Gandharve die Wolkentöchter, die pricnigarbhās d. h. die im Schoss der bunten Wolken ruhenden Wasser (s. Roth a. O.[1]). Der Wolkengeborne zeigt seinen Rücken, ist mit duftigem Mantel und schönen Waffen angetan. Die Mütter jauchzen ihm zu, die Windbläser (vānīs) schlürfen von seinem süssen Amrita, die Apsaras lächelt ihn an und vereint sich liebend mit ihm. Es ist wie eine Scene aus einer Gandharvenhochzeit, die in den Lüften gefeiert wird, wenn die Sonne in den Regen scheint, der Regenbogen sich ausspannt und das Himmelsnass rauschend auf die Erde fällt. Aber dies farbige Bild ist umnebelt bereits von demselben Geist, der in den Brahmanas über den Sinn der Opfer speculirt.

Die Naturerscheinung des Regenbogens zu einer besonderen Gottheit zu personificieren, haben die indogermanischen Völker mehrfach versucht; aber es lässt sich nicht leugnen, dass den meisten dieser Gebilde etwas Flüchtiges, Zweideutiges, Widerspruchsvolles, Unplastisches anhaftet, weshalb auch z. B. die griechische Bildnerei sich nur selten zu einer Darstellung derselben oder deren Personificierungen herbeigelassen hat. Und manche uns höchst wunderlich vorkommende Vorstellung läuft dabei mit unter. Deshalb muss ich hier, um einen Teil der Regenbogenmythen etwas verständlicher zu machen, ziemlich weit ausholen. Ich knüpfe meine Bemerkungen an den indischen Ausdruck für Dunst und Nebel an, aus dem der Regenbogen hervorgeht. Aber ich meine hier nicht jenes nabhojā, sondern das Wort purīsha. Nach Grassmanns Wb. bedeutet es ursprüng-

---

[1] Vgl. Pind. Ol. 10, 3: ὑδάτων ὀμβρίων παίδων Νεφέλας. Pyth. 6, 11: χειμέριος ὄμβρος, ἐριβρόμου νεφέλας στρατός.

lich das Füllende, Ausfüllende, daher einerseits die Luftfüllung, d. h. Dunst, Nebel, auch wol Nass, Feuchtigkeit, andrerseits Schutt und Geröll als Füllung der Zwischenräume. Doch mag wol besser als zweite Bedeutung die der feuchten, weichen, fruchtbaren Dammerde angenommen werden, da purīsha auch den Dünger und endlich sogar symbolisch das Vieh bezeichnet und der Glückliche, Glanzreiche deswegen auch purīshya heisst (Eggeling zu Çatap. Br. 2, 1, 1, 7.[1]) Aber der ursprünglichere Sinn des Adjectiv ist noch aus RV. 3, 22, 4 erkennbar, wo es von den agnayas, den Feuern, die im Dunste sind, neben denen, die im Strome sind, gebraucht wird, wie in den vorhergehenden Strophen die Nebelwasser herbeigerufen werden, sowol die im Bereich der Sonne oben, als auch die hier unten weilen. Es scheint ein Gegensatz zwischen den Dünsten und den dichteren Wolkenwassern ausgedrückt zu sein. Purīshin adj. ist ein Beiwort der Maruts RV. 5, 55, 5 und Parjanya-Vāta's 10, 65, 9, die beide auch 6, 49, 6 vereint das Wasser in den Lüften L. (das wasserreiche Dunstgewölk G.) aufregen (vgl. Ludwig 4, 228). Die marīcayas (Strahlendünste) stehen neben nīhāra Reif, Vāyu und den Vögeln und werden dem purīsha gleichgestellt im Çatap. Br. 10, 5, 4, 2 (Ind. Stud. 9, 9). Für purīsha wird auch karīsha, ursprünglich das Umhergestreute, weiterhin Abfall Schutt und Dünger, gebraucht und beim Agniyā dhāna oder der Aufsetzung der heiligen Feuer bringt der Priester Gold, Salz und die Erde von einem ākhukarīsha, einem Maulwurfshügel, heran. Die Maulwürfe, erklärt das Çat. Br. a. O., kennen den Duft der Erde, und wo sie ihn wissen, da werfen sie die Erde auf. Darum versieht der Priester das Feuer mit dem Erdduft. Die Taittirīyas setzen auf den Herd die Erde eines Ameisenhügels, den das Taitt. Brahm. 1, 1, 3, 3 ebenfalls darstellt als den Duft der Erde. Nach dieser Stelle verbarg sich Agni einst vor den Göttern und grub sich, in einen Maulwurf verwandelt, in die Erde, so dass der über ihm aufgeworfene Maulwurfshügel etwas von Agni's Natur an sich hat. Maulwurfs- und Ameisenhügel gelten aber auch bei andern Opfern als Symbole oder gleichsam als Schutzstätten der Fruchtbarkeit. So werden am Schluss des Sākamedha, des zweitägigen Herbstopfers, dem

---

[1] In einer Liedersammlung des 14. Jahrhunderts n. Chr. bedeutet purīsha Schmutz (Z. D. M. G. 27, 79).

Rudra Tryambaka je nach der Zahl der Kinder des Hauses mehrere Opferschalen gespendet, ein überschüssiger Opferfladen aber, für ein noch ungebornes Kind bestimmt, in einen Maulwurfshaufen vergraben. (Weber, Ind. Stud. 10, 341 ff. Eggeling zu Çatap. Br. 2, 5, 3, 1).

Die Bedeutung der Ameisen als befruchtender, Regen schaffender Wesen erhellt nun weiterhin aus ihren Beziehungen zu Indra und manchen eigentümlichen Anschauungen der indogermanischen Völker, die von Gubernatis (die Tiere in den indogerm. Myth. S. 372 ff.) durchaus nicht genügend behandelt sind und auch hier nur, soweit sie unsern Zweck unterstützen, angedeutet werden können. RV. 1, 51, 9 streitet Indra als Vamra d. h. Ameise gegen den himmelstürmenden, von Wällen umgebenen Wolkendaemon. RV. 1, 112, 15 die Açvins erquicken durch ihre Hilfe den Trinker Vamra (vipipānam). RV. 10, 99, 5 greift Indra dagegen mit den Rudra's die gepaarten Hölenzugänge der Ameise an. RV. 4, 19, 9 zieht Indra die Schlange, den Sohn des Agru, den die Ameisen fressen, vom Ameisenhaufen.[1]) Nach Roths Erläut. z. Nirukta S. 105 ist Indra's Tätigkeit das Verleihen der Flüssigkeit, die Tötung Vritra's, auch jede Krafttat fällt ihm zu, nach Durga auch das, was Würmer oder Ameisen mit Kraft ausführen. Und es ist bemerkenswert, dass die Schlangen im Pantschatantra mehrmals auf Ameisenhaufen, z. B. Pantsch. III, 4. 8. 10. IV, 1 auf einem schatzreichen Ameisenhügel (vgl. Gubernatis a. O. S. 658) wohnen, wol nicht, wie Benfey P. 2, 496 meint, weil sie die Wärme derselben lieben, sondern weil die Ameisen ursprünglich die Regentropfen bedeuten, die Schlange aber den Regenbogen. Denn so nur erklärt sich der Ameisen Regen und Wasser spendende Fähigkeit und der Ameisen und Indra's Feindschaft gegen den Regenbogen wie gegen die Schlange. Zunächst: Die Regentropfen zernagen Schlange wie Bogensehne. Çatap. Br. 14, 1, 1, 1 ff (Muir 4, 109 ff). Als Vishnu (der Sonnengott) zuerst das Ende des Opfers, das die Götter in Kurukshetra brachten, beendet hatte, ging er, stolz darauf, der oberste der Götter zu sein, mit seinem Bogen und seinen drei

---

[1]) Gehen auf die beiden letzten RV.stellen die zwei Zugänge des Ameisenhügels Pantsch. III, 4 zurück, wo die grosse Schlange Atidarpa statt des gewöhnlichen Zugangs einen andern engen wählt, sich dabei verwundet und nun von den Ameisen getötet wird?

Pfeilen fort. Er stand, sein Haupt auf das Ende seines gespannten Bogens gestützt, da, und unfähig ihn zu bewältigen, sassen die Götter um ihn. Da sagten die Ameisen (oder auch upadīkas[1]): Was wollt ihr dem geben, der die Sehne zernagt? Antwort: „Genuss jeglicher Speise und Wasser, selbst in der Wüste". Da zernagten die Ameisen die Sehne, da sprangen die Enden des Bogens aus einander und schnitten Vishnu's Kopf ab. Indra zuerst berührte Vishnu's Glieder, umarmte ihn und nun wurde bekannt, wer Indra ist. Auch Taitt. Arany. 5, 1, 1—7 werden bei gleicher Lage der Dinge die Ameisen von den Göttern um Hilfe gebeten und antworten: „Wir wollen Vishnu unterwerfen, wenn ihr uns, wo wir graben, Wasser öffnen lasst". Daher, wo Ameisen graben, eröffnen sie Wasser. Sie zernagen die Sehne und der Bogen schleudert Vishnus Kopf in die Höhe, der durch Himmel und Erde fliegt.[2] Die Açvins setzen das Haupt des Opfers wieder an, seitdem haben die Götter Segen und erobern den Himmel. Taitt. Ar. 5, 10, 6 empfiehlt demjenigen, der Regen wünscht, den pravaragya auf Gräser zu setzen, die mit upadīka behaftet sind. Weber Ind. Stud. 13, 139 ff. führt ausserdem noch an, dass nach indischem Glauben Regen bevorsteht, wenn die Ameisen ihre Eier zusammentragen und dass Ameisenhaufen sichere Zeichen der Nähe von Wasser sind. In einer offenbar altertümlicheren Form obiger Sage aber wird nicht dem Vishnu, sondern dem Rudra, dem Sturmgott, der Bogen zuge-

---

[1] Auch AV. 2, 3, 4 vermutet Weber Ind. Stud. 13, 139 ff. in einem Wundenbalsamlied: „Die Wassernixen (P. W. unter upajīka) bringen dies Heilmittel aus dem Meer hervor. Das ist das Heilmittel gegen jedes Gebrechen, das tilgt den Schmerz" upadīka für upajīka. Ebenso Grill (Hundert Lieder des AV. S. 14. 49), der diese Strophe übersetzt: „Ameisen schaffen es herauf, das Mittelchen, vom Grund des Sees, das eben heilt vom bösen Fluss, das tilgt jedwede Krankheit weg". Nach einem finnischen Liede holt die Biene aus der himmlischen Vorratskammer Arznei mit ihren Flügeln, Honig mit ihrem Schnabel, für böse Eisen- und Feuerwunden (Gubernatis Tiere S. 508).

[2] In Pantsch. II 3 scheint dieser Zug in die Tierfabel hinübergenommen. Ein Schakal findet einen Jäger und einen Eber, die sich gegenseitig getötet haben, neben einander. Um sich aus dieser Beute Lebensunterhalt für viele Tage zu schaffen, will er sich zunächst mit der Sehne des Bogens des Jägers begnügen. Als er den Strick zerbissen, fährt die Spitze des Bogens, den Gaumen zerreissend, wie eine Feuerflamme aus dem Kopf heraus und tötet ihn.

schrieben, so in Taitt. I 3. (Ludwig RV. 4, 162): „Am Himmel ist seines (Rudra's) Bogen eine (Spitze), auf der Erde die andere Spitze ruht. Indra selber war's, der in Ameisengestalt des Bogens Sehne zerschnitten hat. „Indra's Bogen ist es", so wird der sehnenlose, wenn er in der Wolken Farbe steht, genannt, das ist des Rudra Bogen. Des Bogens Horn hat Rudra's Haupt zerschmettert." Der Regenbogen wird hier einmal Indra's Bogen, Indradhanus, dann wieder Rudra's Bogen genannt. Der Ausdruck Indradhanus oder auch, was gleichbedeutend ist, Indrāyudha Indraswaffe und Çakradhanus, da Çakra ein Beiname Indra's, für den Regenbogen kommt häufiger vor, besonders im Mahabh. Auf seinem donnernden Wagen ragt seine dem Regenbogen gleiche Flagge. Im AV. 15 Anfang heisst der Leib des Indrabogens blau, sein Rücken rot. Mit dem Blauen schmettert verhassten Feind er nieder, mit dem Roten trifft er seinen Gegner (Ind. Stud. 1, 130. 139. Z. D. M. G. 32, 296. 298).[1]) Im vierten Act von Kalidasa's Urvaçī hält der verzweifelte Purūravas eine Regenwolke für einen Daemon und „Indra's siebenfarbigen Bogen" für des Daemons Bogen (M. Müller Essays 2, 109). Auch das Wort gopatichāpa des Kuhgemahls Bogen ist auf Indra zu beziehen (Pott Z. V. S. 2, 427). Nicht nur dem Gewittergott Indra, sondern auch dem Sturmgott Rudra und den Winddaemonen, den Maruts, kommt die Regenbogenwaffe zu. Als Schützen nehmen die Maruts den Pfeil in die Arme RV. 1, 64, 10, ihre Bogen dringen vor 8, 20, 4. 5, 53, 4. Ihr Vater Rudra hat schöne Pfeile und Bogen (svishu, sudhanvan) 5, 42, 11. 2, 33, 10, starken Bogen und schnelle Pfeile 7, 46, 1. Sein Bogen ist gelb und golden AV. 11, 2, 12 (Ludwig 3, 550. Z. f. deutsche Philol. 1, 99). Rudra schiesst mit demselben auf den Sonnengott Prajapati. Er heisst im Mbh. der zornige Bogenführer, pinākin, dessen Anblick alle Wesen erschreckt. Beim Klang seiner Bogensehne sind Götter und Asuras hilflos, die Erde bebt, Berge und Himmel werden zerrissen, die Sterne und die Sonne werden ausgelöscht (Muir 4, 159. 168 ff.). Besonders voll von den Schrecknissen dieser Waffe ist das berühmte Rudragebet, das den Gott beim Anzünden des Opferfeuers versöhnen soll, das Çatarudriyam

---

[1]) Nach dem esthnischen Aberglauben halten Viele den Regenbogen für die Sichel des Donnergotts, mit der er böse Untergötter bestraft, die den Menschen schaden wollen (J. Grimm D. M. 3, 490).

Vajas. Sanh. 16, 1 ff. (Muir 4, 268 ff. Weber Ind. Stud. 2, 14 ff. 13, 270. Litteraturgesch. 106. 149). Er wird hier angefleht, die Sehne von beiden Bogenenden zu lösen, die Pfeile aus seiner Hand zu werfen (vgl. Vaj. Sanh. 3, 61. Roth Nir. S. 36). Er wird blaunackig und rotfarbig an mehreren Stellen genannt, wie oben Indra's Bogen. Seine Pfeile heissen Wind und Regen. Im Ramay. I 75 und 66 und Mahabh. (Muir 4, 146. 203. 313) hat Mahadeva d. i. Çiva (Rudra) wie Indra mit Vishnu einen Kampf, in dem jeder mit einem himmlischen Bogen bewaffnet ist. Durch Vishnu's Tapferkeit wird Mahadeva's Bogen entspannt, da gibt er zornig seinen Bogen dem königlichen Rishi Devaräta. Im Mahabh. kämpft Mahadeva auch mit Arjuna, welcher besiegt seinen Feind anbetet und von ihm seinen Bogen erhält, mit dem er die Welt zerstören kann und den sonst Niemand zu spannen vermag (Muir 4, 194. 243. Lassen Ind. Alt. 1, 781). Auch wenn Arjuna's Bogen im Mbh. erklirrt, brausen Winde, erzittern die Bäume, bebt die Luft und leuchtet von Flammen, die auch aus der Erde hervorbrechen. Ehe er aber den Bogen spannt, verehrt er Çiva, Rudra's späteren Stellvertreter (Lassen a. O. 1, 687). In diesem Kampf Mahadeva's und dem obigen Indra's mit Vishnu sind alte Kämpfe von Naturmächten in den Streit der Çiva- und Vishnusecten und der Indraanhänger herabgezogen und die alte Hauptwaffe der Inder, nach welcher die ganze Kriegskunst dhanurveda d. h. Bogenwissenschaft heisst, ist zum Symbol der Hegemonie des einen oder anderen Gottes geworden.[1]
Der Kampf der Götter um den Bogen oder auch der Wettkampf im Bogenschiessen scheint uralt und dem Ringen des Gewitters und des Sturms und der Sonne entnommen, wenn der Regenbogen am Himmel sich zeigt. Daher hat bald Indra, bald Rudra, bald Vishnu den Bogen oder statt Rudra's auch, wie wir jetzt endlich sagen dürfen, der Gandharve.

Schon oft haben wir in Rudra eine höhere Potenz des Gandharven, eine spätere vollkommnere Vorstellung der Sturmgottheit erkannt. Rudra ist eben ein Gott geworden, während die Gan-

---

[1] Später führen auch noch andre Götter den Regenbogen, so Kama, der indische Cupido (Z. D. M. G. 32, 674). Aus der Butterung des Milchmeers durch die Götter im Mbh. entsteht ausser andern Gottheiten auch Dhanvantari, einen weissen mit Amrita gefüllten Krug haltend, nach Ramay. der erste heilkundige Mann. Sein Name scheint nach Kuhn's Herabk. S. 250. 253 auf den Regenbogen zu gehen.

dharven nur Daemonen sind. Aus den obigen zum Teil an
Rudra geknüpften Vorstellungen aber erklären sich mehrere
gandharvische Namen und Beziehungen. Da die Winde sich
dem Auge nicht nur im Gewölk, sondern auch in andern Lufterscheinungen und so auch im wallenden Nebel und Dunst offenbaren, so erklärt sich zunächst der Gattungsname der Gandharven
ganz ungezwungen als der im Dunst und Duft (gandhá) wohnenden.
Grasmann (Wb. S. 377) nimmt an, dass sich gandharvá aus
einem früheren gandhara entwickelt habe, wie pūrva aus pura
(purás), Gubernatis (Die Tiere 40. 283) hält das Wort für eine
Zusammensetzung aus gandha und arva, von denen das letztere
aus einem vorauszusetzendem ṛiva d. i. wandelnd erweitert sei.

Die Begriffe von Wind, Duft, Dunst und Nebel gehen
in den indogermanischen Sprachen vielfach in einander über.
Curtius Gr.⁵ 258 leitet z. B. von der Wurzel $\vartheta v\ \vartheta v \omega$
brausen, toben, $\vartheta v \epsilon \lambda \lambda a$ Sturmwind, $\vartheta v o \varsigma$ Räucherwerk, $\vartheta v \eta \epsilon \iota \varsigma$
duftig, $\vartheta v \mu o v$ Thymian, ahd. tunst Sturm, Andrang, goth. dauns
Duft, ahd. toum vapor, fumus ab. Ähnlich verhalten sich zu
einander skr. kapis Weihrauch, gr. $\varkappa a \pi v \omega$ hauchen, $\varkappa a \pi v o \varsigma$ Rauch,
lat. vapor (für cvapor) Dunst, Duft, lit. kvapas Hauch, Duft, böhm.
kopet Rauch, Russ (Curtius⁵ 142). Das mdh. tuft bedeutet
Duft, Dunst, Nebel, Reif und das mhd. wint auch wieder Duft.
„Die Erde dampft erquickenden Geruch" nach dem Gewitter und
Regenbogen in Goethe's Iphigenie. Dieser im pụrīsha oder
karīsha, in der feuchten Erde der Maulwurfs- und Ameisenhügel,
enthaltene Erdduft wird als Opfer von den dankbaren Menschen
auf den Altar gelegt. Dieser Erdgeruch wird im AV. auch den
Gandharven und Apsaras zugeschrieben (oben S. 18).

Auch in Griechenland waren ähnliche Vorstellungen nicht
unbekannt. Theophrast de causis plantarum l. VI cap. 17 meldet:
τοῦτο (τὸ ξηρὸν) γὰρ τὸ τὰς ὀσμὰς ποιοῦν ἢ πάντων ἤ τινων·
ὅπερ φανερὸν εὐθὺς καὶ ἐπὶ τῆς γῆς ἐστιν ἐν τοῖς τοιούτοις ὑετοῖς.
διακεκαυμένης γὰρ ἐν τῷ θέρει τὸ θερμόν πως καὶ τὸ ὕδωρ ποιεῖ
τὴν εὐωδίαν. Und weiter wird dann die duftspendende Kraft des
Regenbogens hervorgehoben: καὶ γὰρ τὸ περὶ τὴν ἶριν λεγόμενον
ὥς, ὅπου ἂν κατέχῃ, ποιεῖ τὰ δένδρα καὶ τὸν τόπον εὐώδη (vgl.
Plin. N. H. 21, 7, 18). Dazu Aristot. Problem. 12, 3: λέγεται γὰρ ὡς
εὐώδη γίνεται τὰ δένδρα εἰς ἅπερ ἂν ἡ ἶρις κατασκήψῃ[1]) — ἐν τῇ

---

[1]) Vgl. Aristot. h. an. 5, 22, 4: μέλι δὲ τὸ πίπτον ἐκ τοῦ ἀέρος —
ὅταν κατασκήψῃ ἡ ἶρις.

ἐμπεπρησμένῃ ὕλῃ φασὶν οἱ νομεῖς μετὰ ἐπὶ τῇ ἴριδι ὕδατα γίνεσθαι ἐπίδηλον τὴν εὐωδίαν καὶ μάλιστα οὗ ἂν ἀσπάλαθος¹) ᾗ καὶ ῥάμνος καὶ ὧν τὰ ἄνθη εὐώδη ἐστίν (vgl. Plin. N. H.12, 24, 52), ferner Plin. N.H. 17, 5: terrae odor, in quo loco arcus caelestes dejecere capita²) sua et cum a siccitate continua immaduit imbre, tunc emittit illum suum halitum divinum ex sole conceptum cui comparari potuit suavitas nulla possit. Endlich Plin. N. H. 11, 14: namque ab exortu sideris cujuscunque, sed nobilium maxime, aut caelestis arcus, si non sequantur imbres, sed ros tepescat solis radiis, medicamenta, non mella gignuntur,³) oculis, ulceribus internisque visceribus dona caelestia. Quod si servetur hoc Sirio exoriente casuque congruat in eundem diem ut saepe Veneris aut Jovis Mercurive exortus, non alia suavitas visque mortalium malis a morte vocandis quam divini nectaris fiat. Man vergleiche das bei Columella 12, 12 in Gefässen verschlossene Regenwasser, das man in der Sonne stehen lässt, später mit etwas Honig mischt und wiederum 60 Tage in die Sonne stellt, um die beste aqua mulsa zu gewinnen.

Es fehlt aber auch nicht ganz die indische Beziehung der Ameisen zum Regen, denn Theophrast d. sign. [pluv. Cap. 1, 22 führt in fast genauer Übereinstimmung mit dem indischen Aberglauben (S. 158) an: Μύρμηκες ἐν κοίλῳ χωρίῳ ἐὰν τὰ ᾠὰ ἐκφέρωσιν ἐκ τῆς μυρμηκιᾶς ἐπὶ τὸ ὑψηλὸν χωρίον, ὕδωρ σημαίνουσιν, ἐὰν δὲ καταφέρωσιν, εὐδίαν.⁴) Jener thessalische Zeus ἀκραῖος auf dem Pelion (oben S. 144) entspricht genau dem Zeus Hellanios auf Aegina, dessen Bevölkerung sich wie die des alten thessalischen Hellas

---

1) Ein Dornstrauch mit wolriechendem Holz. Nicht nur die Geschmäcke, sondern auch die Gerüche sind sehr verschieden. Die Jakuten nennen ihren Regenbogen „Fuchsharn", dessen Gestank unerträglich ist (Pott Z. V. S. 2, 426).

2) Wie hier der Regenbogen gleich anderen Brücken einen Kopf hat, so wird der Regenbogenbrücke Bifröst altnordisch ein spordhr Schweif zugeschrieben, „gleich als hätte sich", wie J. Grimm D. M. ³ 694 sagt, „ein Tier über den Fluss gelegt, Kopf und Schwanz auf beide Ufer stützend".

3) Doch lieferten nach griechischen Volksglauben die Bienen gerade zur Zeit des Sirius den besten Honig.

4) Auch andern indogermanischen Völkern waren die Schatz oder Sturm und Regen bringenden Ameisen nicht unbekannt. Die italische Ameise zeigt den unter der Erde verborgenen Schatz, wie die indische Gold gräbt (Gubernatis Tiere 375 vgl. das Ameisengold pipīlika. Lassen Ind. Alt. 1, 848 ff., das zwar nach der gegebenen Aufklärung richtiger Murmeltiergold heissen müsste). Kirchhoff Wendunmuth, 3, 179 erzählt, dass jähr-

von Aeacus, dem Sohne des Zeus, herleitete. Und wie vom Pelion, meldet Theophrast de sign. pluviar. 1, 24 nach Aristoteles auch vom aeginetischen Berg des Zeus Hellanios, dass eine sich darauf niederlassende Wolke Regen bedeute (Forchhammer Hellenika S. 23). In Thessalien wie in Aegina tritt neben dem Namen der Hellenen der der Myrmidonen auf, der in Thessalien von einem Stammvater Myrmidon, einem Sohne des in eine Ameise (μύρμηξ) verwandelten Zeus abgeleitet, in Aegina aber dadurch erklärt wurde, dass Zeus seinem Sohne Aeacus, dem ersten Könige von Aegina, sein Volk aus den Ameisen der Insel erschaffen habe (Preller Gr. M. ³ 2, 391 ff.). Ich bezweifle Prellers Ansicht, die schon Heyne Obss. S. 396 ausgesprochen hatte und H. D. Müller Myth. d. griech. Stämme 1, 79 billigt, dass der Name der Myrmidonen den ersten Anlass zu dieser Fabel gegeben habe. Vielmehr ist dieser Name später mit einer alten Vorstellung in Beziehung gesetzt und mag deren Form modificiert haben, aber jene Vorstellung von den Regentropfen als Ameisen und daher auch von dem Regengott als Ameise oder Ameisenspender ist ebenso alt, wie die gleichartige indische von Indra und der Ameise (oben S. 157), und damit innig verknüpft sind zwei andere Sagen von Aeacus, der bei furchtbarer Dürre dem Zeus Panhellanios opferte und zu ihm um Regen flehte, worauf alsbald der Himmel sich bewölkte und reichlicher Regen herabströmte, und der als Urmensch (s. Anh.) der Mitmenschen bedurfte.

Wir stossen bei jedem neuen Schritt auf neue und teilweise so eigentümliche Parallelen, dass sie schwerlich aus analoger Entwicklung, sondern nur aus uraltem Gemeinbesitz erklärt werden können. Auch ist von Neuem zu bemerken, dass die indischen Vorstellungen des in Rede stehenden Mythenkreises sich bei keinem griechischen Stamme so genau entsprechend wiederfinden, wie bei dem aeolischen, insbesondere dessen thessalischem Zweige. Der Zeus der Ilias, der majestätische Wolkensammler und Donnerer, scheint auf solchen thessalischen Vorstellungen zu beruhen, so auch Il. 17, 547:

ἠΰτε πορφυρέην Ἶριν θνητοῖσι τανύσσῃ
Ζεὺς ἐξ οὐρανόθεν, τέρας ἔμμεναι ἢ πολέμοιο
ἢ καὶ χειμῶνος δυσθαλπέος vgl Il. 11, 27.

---

lich um Laurentii ein Schwarm geflügelter Ameisen durch einen Schornstein hereingekommen, worauf die nächste Nacht oder noch selbigen Tages heftiger Sturm oder starkes Gewitter ausgebrochen sei (Z. f. deutsche Myth. 3, 274).

Im τανύσῃ und im τέρας πολέμοιο klingt noch die alte kriegerische Waffenbedeutung der Ἶρις nach, wie auch noch aus andern Stellen der ursprünglich stürmische wilde Charakter der Iris durchblickt, der sich später mehr und mehr sänftigt, weshalb sie dann auch als Versöhnerin von Zeus und Hera und Bereiterin ihres Beilagers vorkommt (Il. 14, 340. Theokr. 17, 133. Welcker Alte Denkm. 4, 97. Overbeck Gr. Kunstmyth. 2, 198. 238. Atlas T.. I, Lief. 43). Auch Zeus wird man sich in alter Zeit als regenbogenspannenden Gewittergott gedacht haben, wie Rudra und Indra.[1]

Trotz all dieser Ähnlichkeiten treten die nationalen Differenziirungen gleichfalls überall deutlich hervor, und so lässt sich denn nun auch der Name der Kentauren nicht, wie der der Gandharven, ohne Weiteres aus dem eben besprochenen Anschauungskreise, etwa aus einem griechischen Wort für Regen, Dunst oder Duft herleiten. Es liegt hier vielmehr offenbar der in der Mythologie so häufige Fall einer Volksetymologie vor. Die Eigennamen pflegen am ersten unter allen Wörtern, wie Pott einmal sagt, leblos zu werden, d. h. ihr Sinn wird am leichtesten vergessen. Und doch reizen gerade sie dazu, ihnen einen Sinn unterzulegen, denn der menschliche Geist sucht sich zu erklären, warum ein einzelnes Wesen einen besonderen Namen ganz für sich allein hat. So finden wir schon in alten Litteraturwerken das Bestreben, verdunkelten Orts- oder Personennamen eine neue deutliche Beziehung zu geben. Und da vor allen Namen die mythologischen, die religiösen, ganz besonders unwiderstehlich eine Befriedigung der Neugier nach ihrer Bedeutung verlangten, so ist ganz besonders in diesem Namenkreise die Volksetymologie rührig gewesen und hat besonders häufig die Lautgesetze gestört.[2] Der

---

[1] Eine Parallele bietet der semitische Glaube. Jehovah setzt Gen. 9, 13 den Regenbogen als Zeichen des Bundes in die Wolken, aber nach Goldzihers Vermutung (Mythus b. d. Hebräern S. 157) ist der Bogen in der Hand des (Regengottes) Joseph eine Waffe Gen. 49, 23. 24, wie in der Hand des arabischen Gewitterhelden Kuzah a. O. 89. 194 ff. Kuzah ist Urinierer, wie auch Zeus Regen harnt (Schmidt Volksl. d. Neugr. 31).

[2] Sehr lehrreich ist in dieser Beziehung die rabbinische Hagada die viele alte Namen bewahrt hat, welche der alttestamentliche Kanon nicht überliefert, aber auch wieder umprägt und sie in immer neue Verbindungen bringt (Z. D. M. G. 24, 207. 31, 187. Goldziher d. Mythos bei den Hebraeern S. 34. 40 ff.).

Ausdruck gandha Dunst, Duft ist in der griechischen Sprache nicht bewahrt worden, daher musste die älteste hellenische Form für das indische gandharva oder gandhara, etwa γενθαρϳος, ihren Sinn verlieren und erheischte eine Erneuerung. Wurde noch die Beziehung dieser Wesen zur Luft deutlich empfunden, so konnte man Luftstachler Kentauren daraus machen. Waren sie schon als Stierstachler (oben S. 113) gedacht, so konnte ein ähnlicher Name entstehen. So etwa wird sich der neue Name Kentauros erklären, der also noch immer mit dem Ausdruck Gandharva in gewissem Sinne verwant ist; die Verwantschaft ist nur gelockert. Jedenfalls hat diese lautliche Differenz für sich ebenso wenig die Kraft, die Annahme einer ursprünglichen Identität der Gandharven und Kentauren zu widerlegen, wie der lautliche Abstand unseres Dienstags oder des kölnischen Dinsdages v. J. 1261 (J. Grimm D. M. 4 3, 46) vom alten Tiwesdag oder des westfälischen Gudinsdages v. J. 1261 (J. Grimm a. O. S. 47) oder Hodensdags (Niederd. Jahrb. 1876 S. 50) vom alten Wodanesdag den Zusammenhang dieser alten Tagesnamen mit den neuen aufhebt.

Wir kehren zum Regenbogen zurück, weil sich vielleicht noch einige andere vedische Gandharvenstellen aus dieser Himmelserscheinung erklären. RV. 1, 22, 14 heisst es: Denn ihre (des Himmels und der Erde) butterreiche Milch kosten eifrig die Weisen durch ihre Taten (der Weisen Schar Gr.) an des Gandharven fester Stätte (dhruve pade). Kuhn fasst den Gandharven auch hier als Agni oder Savitar auf und dessen Stätte als den Luftkreis, Grassmann (Übers. 2, 20) aber jenen auch hier wol mit grösserem Recht als den Regenbogen, durch welchen Himmel und Erde allen Segen, insbesondere das Wolkennass, den Menschen zuströmen lassen und auch den Göttern. Denn es heisst an einer oben übersehenen Stelle, AV. 5, 7, 73, 3: Durch des Gandharven Mund schlürfen die Götter ihren Trank (Z. D. M. G. 33, 167). Jene feste Stätte ist offenbar dem vom Gandharven RV. 9, 83, 4 bewachten Ort (padam) des Soma gleich und bedeutet vielleicht die Stelle, auf welcher der Regenbogen ruht, die auch im Maulwurfs- und Ameisenhügel erkannt wurde, dessen Erde man zum Opfer verwendete und auf dem nach einer anderen Regenbogenanschauung die schatzhütende Schlange liegt. Und wir dürfen hier wol darauf verweisen, dass z. B. in Dahomai der Regenbogen für eine den Menschen Reichtum bringende Himmelsschlange gilt (E. Tylor Anfänge d. Cultur 1, 290) und nach deutschem Aberglauben dort, wo der Regenbogen auf der Erde ruht, Schätze verborgen liegen, weshalb auch in der Erde gefundene Goldblechmünzen Regenbogen- oder Himmelringschüsselein genannt werden (J. Grimm D. M. ³ 2, 695). Wirft man über einen Regenbogen einen Hut, so fällt er mit Gold gefüllt nieder in Kärnten (Z. f. deutsche Myth. 3, 29). In diesen Anschauungskreis mag auch der Schlangenkönig des esthnischen Märchens gehören, welcher Goldschüsselchen mit Himmelsziegenmilch besitzt. Wer einen in diese Milch getunkten Bissen isst, kann alles Geheime schauen (Gubernatis Tiere S. 331), während der indische Schlangenkönig Vāsuki durch Amrita ein Heer wieder ins Leben zurückruft (Lassen Ind. Alt. 2, 883).

Der Regenbogengandharve war also wahrscheinlich in frühester Zeit der angesehenste, und er wurde wahrscheinlich als Viçvāvasu d. h. Besitzer aller Güter angerufen, mit einem Namen, den im RV., nämlich 10, 85 und 139, nur er allein, kein Gott führt; denn die Beziehung dieses Wortes RV. 10, 139, 4 auf Savitar, welche Kuhn Z. V. S. 1, 458 annimmt, ist nach Grassmann unrichtig.[1]) Jedoch ist es nicht nötig, diese segenspendende Kraft auf den Gandharven in seiner Eigenschaft als Regenbogendaemon zurückzuführen; denn die Winddaemonen an'sich, die ja die Wolken zu der dürstenden Erde herantreiben, werden häufig wegen ihrer Freigebigkeit gepriesen. Um die Kälber von der Kuh fortzutreiben, berührt man jedes mit einem Zweig mit der Formel (Çatap. Br. 1, 7, 1, 2. Eggel.): „Die Winde seid ihr", denn fürwahr ist es der Wind, der hier bläst, der all den Regen schwellen [2]) macht, der hier fällt, der diese Kühe schwellen macht. Auch erinnern wir an die purīshin Maruts und Parjanyu-Vāta (s. o. S. 156). Vāyu's

---

[1]) Ähnliche Beiwörter werden allerdings auch Göttern gegeben: viçvavāra mit allen Gütern versehen heissen Indra, Agni, Vāyu, Soma, Ushas und die Açvins, viçvavedas alle Schätze besitzend Indra, Agni, Pushan, die Maruts, Ribhus und Açvins. — Die Erklärung des Viçvāvasu durch „Allen woltuend" im Petersb. Wb. bestreitet Weber Ind. Stud. 13, 133, und auch Grassmann RV. Wb. gibt die oben im Text angeführte. — Auch Ludwig 4, 413 erwähnt zu RV. 10, 139, 4 den Gandharven geradezu als Sonnengott.

[2]) Hieraus erklären sich auch die eigentümlichen Ausdrücke im RV. vātāpi und vātapya, die wörtlich windbefreundet, Windfreundschaft bedeuten, aber in dem Sinn von schwellend, Anschwellung, vom Soma gebraucht werden RV. 1, 187, 8—10. 121, 8. 10, 105, 1. Nir. 6, 28 heissen die Wasser vātāpya vgl. Kuhn Herabk. 176.

Vielgespanne fahren seinen Silberschatz herbei RV. 7, 90, 3 und so kann es nicht Wunder nehmen, dass auch Vāyu Fürst der Gandharven genannt wird (Z. D. M. G. 33, 167) und im Sūryāsuktam (RV. 10, 85, 5) auch Somawächter.

Ebenso zweifelhaft ist es, ob die Liebhaberei der Gandharven, bez. der nah verwanten oder gar identischen Eier- und Hodenesser (oben S. 17 ff.), im Wochenbett Kinder zu töten oder Knaben in Mädchen zu verwandeln, auf ihre allgemeinere Stellung als Wind- und Walddaemonen oder ihre besondere als Regenbogendaemonen zurückzuführen ist. Denn dass Feuer neben dem Kindbett angezündet wurde, um die Daemonen zu vertreiben, war eine Sitte der verschiedensten Völker von Island bis nach Polynesien hin (Tylor Anfänge d. Cultur 2, 196. 383. Forsch. über d. Urgesch. 296), von anderen gegen den der Kindbetterin nachstellenden Silvanus ergriffenen Massregeln berichtet Varro bei Augustin C. D. 6, 9 (Preller Röm. M. ³ 1, 376). Aber der das Geschlecht der neugeborenen Kinder verwandelnde Einfluss wurde von den Serben und Albanesen dem Regenbogen zugeschrieben, nach deren Ansicht alles Männliche, das unter dem Regenbogen hindurchgehe, sich in Weibliches, dieses aber in Männliches verkehre (J. Grimm D. M. ³ 695. Z. V. S. 2, 428).[1]

Von der Lüsternheit abgesehen, lässt sich die zuletzt hervorgehobene Eigentümlichkeit der Gandharven nun nicht bei den Kentauren nachweisen, wol aber treffen wir sie wieder bei einer neuhellenischen Daemonengruppe, die allerdings weder den Namen, noch die Rossmenschengestalt der alten Kentauren trägt.

---

[1] Hoden und Eier werden indisch, iranisch, littauisch und finnisch mit demselben Wort bezeichnet (Bezzenberger Beitr. 7, 29. 201. 340), und mir scheint nun der Sinn des keltisch-germanischen Eieropfers klar zu werden, das J. Grimm D. M. ³ 437 mit Recht zu den bedeutendsten mythologischen Einsammlungen rechnet. Um nämlich das neugeborne Kind, das ein Zwerg oder eine Zwergin gestohlen und für das ein Wechselbalg untergeschoben ist, wiederzubekommen, werden Eierschalen aufs Feuer gesetzt. Dann erscheinen die Zwerge, äussern ihre Verwunderung über den seltsamen Kochapparat in einer uralten Formel: „Ich bin so alt wie der und der Wald, aber niemals sah ich dergleichen", und werden mit Ruten gepeitscht, bis sie das gestohlene Kind wiederbringen (vgl. J. Grimm a. O. und 3, 136. Z. f. deutsche Philol. 3, 338. Revue Celtique 1, 232 ff. Orient u. Occid. 2, 321). Offenbar werden hier dem nach den Eiern des neugebornen Knaben lüsternen Unholde statt dieser Hühnereier oder auch nur deren Schalen geopfert, ein harmloser und

Rossmenschenkentauren sind noch in keiner neugriechischen Überlieferung aufgefunden, und ich zweifle, dass es je geschehen wird. Denn schwerlich hat die Volksvorstellung von den Kentauren alle jene Stadien mit durchlaufen, welche die Kunst und Poesie zu durchmessen hatte, bis sie ihr Kentaurenideal erreichten, und wenn Spuren dieses vornehmeren Typus im heutigen Volksglauben doch noch einmal sichtbar werden sollten, so werden sie wahrscheinlich auf eine spätere, vieleicht lokale Beeinflussung desselben durch alte Kunstdenkmäler zurückleiten. Der echte unversehrte Volksglaube aber wird jenen Typus festgehalten haben, der dem indischen Gandharventypus des AV. so nahe steht und oben (S. 108) als der älteste griechische von mir vermutet ist. Und diesen bezeugt diejenige Sorte der neuhellenischen Kalikantsaren, die, von dem Werwolfsaberglauben nicht entstellt, besonders im griechischen Binnenlande fortlebt. Schmidt Volksl. d. Neugriechen S. 144 ff. nämlich nimmt zwei Arten von Kalikantsaren an, deren eine ihrem türkischen Namen, welcher Werwolf bedeutet, entsprechend, Daemonen umfasst, die als verwandelte Menschen zu gewissen Zeiten des Jahres und, wie es scheint, besonders auf den Inseln nächtlich umherschweifen, den Menschen aufhocken oder deren Antlitz zerfleischen. Dagegen erscheint die andere Art, die Esels- oder Bocksfüsse und -ohren und dichtbehaarte Haut hat, auch wol in Kindsgestalt, klein und winzig (in Arachoba) gedacht wird, besonders nach Weibern und Tanz begierig. Auch haben sie wol Käppchen auf dem Kopf, wie der römische Incubus und die deutschen Zwerge und Elben (Preller R. M. ³ 2, 105). Einer von ihnen hat stark hervortretende Schamteile. Zu ihnen gehört auch der Ephialtes oder Babutsikarios. Man verscheucht sie durch Feuer. Der bösartigste von ihnen, der ziegenbockartige

---

wolfeiler Ersatz, wie wir ihn oft bei den Opfergaben bemerken, und soll dadurch die Verwechselung verhütet oder nach der Ausdrucksweise der Sage rückgängig gemacht werden. Im AV. wird Indra's Geschoss bei dieser Gelegenheit gegen die Eieresser herabbeschworen, im römischen Brauch Pilumnus und Picumnus mit ihrem Beil und Mörser gegen den Silvanus und dann auch die Schwelle mit einem Besen abgefegt, was an jenes Rutenpeitschen erinnert, das auch in der wendischen Lausitz gegen die alte Waldfrau mit ihrem Wechselbalg angewendet wird (Z. f. deutsche Myth. 3, 112). Schwartz Urspr. S. 253 erklärt die Rede des Zwergs für das Grummeln eines abziehenden Kobolds, das Heerdfeuer für das Gewitterfeuer im Haus des Himmels, die Eierschale gar für das Sonnenei, in dem im himmlischen Haushalt gesotten wird, um den Schreihals zu beruhigen!

κουτσοδαίμονας der lahme Daemon (Schmidt a. O. 153 ff.), der auf Zakynthos gern mit den Neraiden, wie der Gandharve mit den Apsaras verkehrt, stösst den Leib der Wöchnerinnen und Schwangeren mit seinen Hörnern und tut den jungen Mädchen Gewalt an. Die Weiber von Zagori vertreiben ihn durch den Geruch verbrannten Leders von alten Schuhen, wie die Gandharven und Apsaras von indischen Weibern durch den Geruch des Pinga verscheucht werden, der deswegen auch wol Ajaçringī Bockshorn (S. 17) heisst. Da diese alten Schuhe nach Schmidt S. 153 τσαρούχια heissen, so wird sein Name γαμοτσάρουχος doch wol nur den derbspöttischen Sinn haben, dass er statt Weiber Bauernschuhe γαμεῖν (in obscöner Bedeutung) solle, wie der Gandharve von den Weibern der Menschen zu seinen eigenen gescheucht wird.[1] Aja ist im RV. ein öfter genannter Daemon, der also Bock heisst und ekapād einfüssig ist, wie der κουτσοδαίμονας bocksfüssig und lahm ist und den Wirbelwind bedeutet, und trotz seiner daemonischen Natur doch noch in feierlichen Gebeten mit den Göttern angerufen wird (unten S. 174). Ebenfalls wird im indischen Aberglauben angenommen, dass tierartige Daemonen des Menschen Leib mit ihrem Horn stossen, so eine hurtige Gazelle, die eine Krankheit aus dem Leibe herausstösst AV. 3, 7, 1. 2 (Grill Hundert Lieder des AV. S. 9). Das Kraut Ajaçringī, ein Bockshorn, soll das andere daemonische Bockshorn vertreiben, nach der uralten Heilmethode, Gleiches durch Gleiches zu verjagen, die fast alle Völker anwenden (Z. f. deutsche Phil. 1, 494).

Noch immer nicht dürfen wir die Beziehungen der Gandharven-Kentauren zum Regenbogen aus dem Auge verlieren, an die sich nun aber diejenigen zu den Wolken wieder enger anschliessen. Eine der wichtigsten Aufgaben der Gandharven ist die Bewachung des Soma (oben S. 6. 8. 9. 12. 18 ff.). Somahüter, Daemonen oder Götter, die den als berauschenden Somatrank bezeichneten Regen, das für die Hirten unentbehrliche

---

[1] Ein magyarischer und ein niederdeutscher Fluch verweist sogar in angedeuteter obscöner Weise den Verfluchten an seine Mutter, vgl. brüe dine Moor! (Brem.-Ndrs. Wb. 1, 146) und der anderen niederdeutschen Abfertigungsformel: brüe dinen Buck (a. O.) liegt wol derselbe Sinn zu Grunde wie dem neugriech. ὁ-γαμῶ τοῦ γόνα τ', denn γόνα geht wol nicht auf γόνυ, sondern auf γόνος oder γονή zurück, die bei Hippokrates die pudenda bezeichnen. Vgl. den Faunus ficarius und den Austbuck bei Mannhardt W. F. K. 2, 116. 159.

Nass, das den Pflanzen Saft, den Kühen Milch, den Bienen Honig, überhaupt der ganzen Erde Wolgeruch und Fruchtbarkeit, ja Göttern und Menschen unvergängliche Speise verlieh, hat es sehr verschiedenartige gegeben, die aber je nach den verschiedenartigen Auffassungen streng auseinander zu halten sind. So galten sie für finstere, Göttern, wie Menschen abholde Wolkendaemonen, die den Regen als Trank (Soma)[1] oder Schatz, Heerde oder Weiberschar, eifersüchtig und geizig in Verschluss hielten. Sieben wurden da angenommen (RV. 10, 126, 6), eine übrigens nur unbestimmte Zahl für diese unter manichfachen Namen, wie Namuci, Kuyava, Çushna, Çambara, Varcin, Vritra, Ahi u. s. w. und unter verschiedenen ungeheuerlichen Gestalten auftretende Daemonengattung der Dānus und Dānuvas, deren Mutter die Vritramutter Dānu RV. 1, 32, 9 (Roth Erl. z. Nir. 150) ist, die dicke finstre Wetterwolke, das Urbild der Grossmutter des Teufels, der Mutter Grendels. Der idealste Somahüter dieser Art, der alles Daemonische eines finstern Wolkenwesens abgestreift hat, ist der Gott des Wolkenhimmels Varuna, der die Schiffe des Meeres d. h. die Wolken kennt. RV. 1, 25, 7. (Z. V. S. 1, 536). Es konnte aber auch der im Gewölk versteckte Sonnengott als Somawächter gedacht werden, wie Tvashtar (RV. 3, 48, 4. 4, 18, 3), oder auch der in der Wolke verborgene Blitz, wie Agni. (RV. 10, 45, 5. 12.)

Was für uns hier aber das Wichtigste ist, auch die Winde, welche das Wolkengewässer umgeben, hierhin und dorthin führen und auf die Erde hinabgiessen, galten als Somahüter. Jedoch bemerke man hier den Unterschied. Der wilde, heftige Sturmgott Rudra tritt hier fast ganz zurück. Nur ein einziges RV.-lied, 6, 74, das an Somārudra gerichtet ist, bringt ihn in Beziehung zum Soma, und, irre ich nicht, wurde der Gott erst später des Somaopfers teilhaftig. Dagegen wird der mildere Windgott Vāyu an vielen Stellen des RV. als Somahüter gepriesen, der nach Durga als der erste der Götter des Luftgebietes sogar Indra voransteht, da die diesem mittleren Gebiet entsprechende göttliche Tätigkeit der Regen sei, dessen Ursache Vāyu bilde.

---

[1] Später wurde der Soma als Mond gedacht, jedoch erst in den jüngsten Liedern des RV. (Weber Ind. Stud. 5, 1. Ehni Z. D. M. G. 33, 166. Grassmann RV.-übers. 2, 480), offenbar, weil man ihm, wie sonst auch wol der Morgenröte, den Tau der Nacht zuschrieb.

[2] vgl. Αἴολος φίλος ἀθανάτοισι θεοῖσι. Od. 10, 2.

Ihm allein, oder Indra und ihm gebührt der erste Somatrunk RV. 1, 134, 1. 135, 5. 4, 46, 1. 5, 43, 3. 7, 90, 2. 7, 92, 2. Er wird çucipā d. h. reinen Trank, Soma, trinkend genannt 7, 90, 2. 91, 4. 92, 1. RV, 10, 85, 5 heisst er Somahüter und eben darum auch stehn die Götter in Vāyu's Hut, vāyugopās devās RV. 10, 151, 4). Er besitzt das Amrita, den Lebenstrank RV. 6, 37, 3, der nach RV. 10, 186, 3 als Schatz (Gefäss. Ludwig 3, 323) in dem Hause des dem Vāyu nah verwanten Vāta verwahrt wird. Was Vāyu in späterer Zeit, in der Zeit des Cultus der grossen Götter, das war in früherer Zeit, wo der Daemonenglaube herrschte, der Gandharve. Er findet die Himmelswasser, den Honigtau des Himmels, den in den Wolkenwassern enthaltenen Labetrunk, der Ströme Amrita. Er heisst der Fluten Gandharve. Er öffnet der Felsenställe Türen, bewacht des Soma Ort und schützt die Götter. In den Brahmanas wird sogar Soma selber der König der Gandharven genannt (S. 18). Vajas. Sanh. bezeichnet nun sieben somahütende Gandharven mit ihren Namen (S. 12), von denen Svana der Rauschende (vgl. Vātasvana windrauschend RV. 8, 91, 5, mahishvani und tuvishvani als Beiwort des Maruts RV. 8, 46, 18), Bhrāja der Glänzende (bhrāt glänzend heisst auch der Gandharve RV. 10, 123, 2) und der bedeutsamste Kriçānu der Bogenspanner wol sicher auf die Erscheinungen des Windes, Blitzes und Regenbogens zu deuten sind.

Endlich wird Indra, der Gott des Gewitterregens, zum Hauptsomatrinker und er, den die blasenden Winde (vānīs) sich zum König setzten (RV. 7, 31, 12), ist auch der Herr des Soma, somapati, nach vielen Stellen im RV.

Zu diesen Somahütern treten die höheren Götter in wechselnde Verhältnisse. So trinken die Açvins den Soma zusammen mit dem oben (S. 170) erwähnten Somahüter Namuci,[1] um dann dem Indra bei seinen Taten, zu denen die Besiegung Namuci's gehört, zu helfen RV. 10, 131, 4. Die Maruts begleiten Indra auf seinen Somafahrten und strecken beim Schauen des Soma die Zunge vor RV. 1, 87, 5. Aber das weitaus wichtigste Verhältniss zum Soma tritt in Indra's schwankender Stellung zu dem somahütenden Gandharven hervor, mit dem er bald beim Auffinden des Soma im Bunde ist (S. 8), bald in tötlichem Kampf

---

[1] Namuci ist nach Fick Orient u. Occ. 3, 126 = Amykos d. h. nicht entlassend (nämlich das Wasser der Wolke).

um den Soma liegt (S. 5. 6). Die letzte Scene findet sich nun auch im Avesta, wo statt Indra's Kereçáçpa den goldklauigen haomahütenden Gandarewa tötet. Die eben berührten Parallelmythen bilden bekanntlich nur einen Teil des umfassenden indo-iranischen Sagenkreises, der als das sicherste Gemeingut zweier indo-germanischer Religionen und somit als eine der Hauptgrundlagen der vergleichenden Mythologie zu betrachten ist. Nachdem Bopp in seiner Nalasausgabe 1832 zuerst die Identität von skr. Vivasvat und zend. Vivanhvat aufgestellt hatte, wurde in den beiden folgenden Jahrzehnten durch die schönen Forschungen Burnouf's und unsrer grossen deutschen Orientalisten der Zusammenhang der umfassenden iranischen Haomasage einerseits mit dem indischen Mythus und andrerseits mit dem persischen Shahnameh in überraschender Weise dargetan. Alle Namen der drei ersten drei Haomapresser und ihrer drei Söhne (Vīvanhvat und Yima, Āthwja und Thraētōna, Thrita oder der dritte Çāma und Kereçáçpa) und der Feinde derselben (Azhi dahāka, Gandarewa) wurden im RV. und im Shahnameh in teilweis ähnliche verwantschaftliche Verhältnisse eingereiht und ähnliche Kämpfe verwickelt wieder gefunden. Die zarathustrische Lehre hatte jene Persönlichkeiten, ihrer auf wenige grosse Scenen und Dogmen losstrebenden Tendenz gemäss, alle um den Haoma, einen der Reste des altiranischen Polytheismus, zusammengedrängt und sie in ein wolgegliedertes genealogisches Schema gebracht. Wenn der neue Glaube all die concreten Elemente, die Figuren und Sagen, der alten Religion zum grössten Teil aufgab, so entschädigte er, vom Volksglauben unterstützt oder gezwungen, durch eine in der Geschichte der indogermanischem Mythologie beispiellose Zähigkeit im Festhalten der wenigen noch belassenen alten sinnlichen Elemente. So hat noch jüngst Nöldeke (Z. D. M. G. 32, 570) aus arabischen, aber auf persische Überlieferung zurückgehenden Quellen die beiden letzten noch nicht aufgefundenen Namen der acht Kajanier des Avesta nachgewiesen, die neben den Pischdadiern und dem Geschlecht des Sam die Träger der gewaltigen persischen Heldensage sind, nachdem bereits von Spiegel und Anderen die anderen sechs im Firdusi entdeckt waren.

Auch die iranische Sage vom Haomakampf hat offenbar mehrere uralte Züge mit gleicher Zähigkeit festgehalten. Kereçáçpa, der hochgewachsene, jugendkräftige Sohn Çāma's d. i. des Ruhigen, der nach Yescht 19 und 29 mit erhobener Keule

die Welt durchlief, stritt (Yaçna 4, 11) zuvor mit der Schlange
Çruvara (d. h. der Gehörnten), die Pferde und Menschen verschlang, auf der das grüne (zairita) Gift daumsdick floss.
Als sie zum fliessenden Wasser lief (oder zurückkehrte) und
dabei Kereçaçpa's eisernen Kessel, in welchem er auf ihr
Wasser (Speise) kochte, umstürzte, wich der Held erschrocken
zurück. Dann aber (Y. 5, 38) tötete er sie und später den Gandarewa Zairipaçna, den goldklauigen Hüter des Haoma beim See
Vourukasha, der mit aufgesperrtem Rachen vorwärts stürzte.
Nach einer andern Lesart hieng demselben ein totes Pferd
und ein toter Esel zwischen den Zähnen und das Meer reichte
ihm bis ans Knie. Nach einer andern Überlieferung hielt sich
Zairipaçna sowol auf Bergen, als auch im Meer auf (Burnouf Études
sur l. langue et les textes Zends S. 172 ff., Westergaard Ind.
Stud. 3, 422 ff., Gubernatis Tiere 656, Spiegel Z. D. M. G.
33, 313). Endlich ist vielleicht nicht bedeutungslos, dass Vend.
1, 36 sich die Pairika Khnanthaita (durch „Götzendienst" erklärt)
sich an Kereçaçpa hängt (Spiegel Eran. Altert. 2, 139). Burnouf hat nun zu dem zend. Namen Kereçaçpa, dem Sohne Çāma's,
das sanskr. Gegenstück des Kriçaçva und das persische im
Garshasp gefunden. Leider wissen wir von Kriçaçva fast gar
nichts. Er ist ein kriegerischer Rishi und Held (Gubernatis
Tiere 242). In den Purānas ist er Sohn des mythischen Königs
Samyama (d. i. der sich bezwingt) von Vicālā (Burnouf a. O.
176, Lassen Ind. A. 1, Beil. XVI u. XCI), auch steht dieser
Name als der eines Heiligen an der Spitze einer rituellen Schule
(Burnouf Observ. s. l. gramm. comp. de M. Bopp S. 42 ff.,
Ind. Stud. 13, 487). Aber auch die Bedeutung des Namens ist
dunkel. Westergaard (Ind. Stud. 3, 422) erklärt ihn nach
Burnouf's Vorgang für den, dessen Pferde mager und darum
um so ausdauernder sind, und Gubernatis (Tiere 242) ebenso
und vergleicht mit Kereçaçpa andre Helden, die mit einem hässlichen
und schlechten Pferde ihr Glück versuchen. Wie dem auch sei,
jedenfalls ist Kereçaçpa hier der Stellvertreter Indra's. Denn
auch Indra hat vor seinem Zusammentreffen mit dem Gandharven
und vor dem Somagewinn mit einem Ungeheuer zu tun, das
meist in Schlangengestalt oder einer derselben durch Ermangelung
von Füssen, Händen und Schultern sehr ähnlichen Gestalt von
ihm getötet wird. Dass dieser Schlangenkampf einem feindlichen
oder freundlichen Zusammentreffen Indra's mit dem Gandharven

voranging, bezeugt am deutlichsten RV. 8, 66, wo den oben S. 6 angeführten Str. 4—6 die Str. 1—3 voranstehen, mit denen zu vergleichen sind RV. 8, 45, 4. 5.

8, 66, 1. Als er geboren, fragte so die Mutter der vielwirkende: „Wer ist gewaltig, wer berühmt?"

2. Da nannte ihm die kräftige die Spinnenbrut Ahiçuva: „Die mögest fällen du, o Sohn".

3. Sie schlug, wie Speichen in das Rad, Der Vritratöter mit dem Keil, da war der Daemonentöter gross.

8, 45, 4. Der Vritratöter nahm den Pfeil, geboren fragt die Mutter er: „Wer ist gewaltig, wer berühmt?"

5. Da sprach zu dir die kräftige: „Wie Nebel auf des Berges Höh" (L.: Auf wüstem Gebirg gleichsam) Wird kämpfen, der dir feind gesinnt.

Auch RV. 10, 139, 6 (s. oben S. 8) wird das Auffinden des Amrita durch den Gandharven mit Indra's Drachenkampf in unmittelbare Verbindung gesetzt.[1]) Die gehörnte Schlange mit dem grünen Gift könnte sehr wol die über dem Wolkensoma liegende grüne Regenbogenschlange sein, die auf dem Ameisenhaufen wohnende Haubenschlange indischer Überlieferung, und das Kesselkochen das Gewitter bedeuten. Denn es gab auch eine abweichende Vorstellung von der Wirkung des im Sonnenschein fallenden Regens, wie der deutsche Aberglaube (J. Grimm D. Myth.⁴ 3, 473) bezeugt: Regnet's unter Sonnenschein, so fällt Gift vom Himmel, und die Hymisqviðha (Saem. 57) feiert den nordischen Donnergott Thörr, wie er die Midgardschlange besiegt und dem Riesen Hymir den Kessel abgewinnt. Daher auch der so häufige Name Thörketil.

Wie Kereçäçpa weicht auch Indra, worauf bereits Burnouf a. O. 205 aufmerksam machte, im Kampf mit den Wolkenunge-

---

[1]) Wie Vritra und der Gandharve sich nahe stehen, werden in andern RV.liedern (2, 31, 6. 50, 14. 7, 35, 13. 10, 64, 4. 66, 11) die verwanten Erscheinungen des Ahi budhnya der Schlange der Tiefe und des Aja ekapād des einfüssigen Wirbelwinds zusammen angerufen, und sie erhalten sogar nach Vollendung des ersten Lebensjahrs eines Kindes ein Opfer in Çânkhāy. Grih. 1, 26 (Ind. Stud. 15, 44, vgl. oben S. 169). Über anderweitige Auffassungen dieser beiden, wie es scheint, sehr alten, aber unentwickelt gebliebenen und vielleicht eben deshalb auch noch im Götterkreis geduldeten Daemonen vgl. Weber Ind. Stud. 1, 96 ff., Lassen Ind. Alt. 1, 746. Ludwig RV. 4, 142.

tümen, insbesondere mit Vritra, scheu zurück. Er flieht mit Entsetzen über die Ströme, gleich einem Tollen, Wasserscheuen, erschreckt von dem Wasser der toten Schlangen (Gubernatis Tiere 656). Der losbrechende Regenschwall, der den Donner und Blitz zurückzudrängen scheint, mag hier gemeint sein. Denn RV. 1, 158, 5 drücken den dem Indra vielfach entsprechenden Trita im Kampf die Daemonen in die Fluten hinab. Dann folgt das Zusammentreffen beider Streiter mit dem Gandharven, dem Sturmdaemon, der als Feind und als Freund des Gewittergottes aufgefasst werden kann. Im rauschenden Regen aber berauscht sich Indra nach der zwiespältigen Überlieferung mit dem Gandharven oder gegen dessen Willen im Soma.

Diesen zwei Heldentaten des Indra-Kereçäçpa entsprechen des Herakles Kampf mit der lernaeischen Hydra d. i. Wasserschlange und seine Einkehr und sein Kentaurenkampf beim Pholos, die nach den besten Überlieferungen auf einander folgen. Wie ein echter Gewittergott brennt Herakles jenem Ungeheuer die abgehauenen Giftköpfe mit Feuerbränden aus. Dann geht er zum Kentauren Pholos und zecht hier aus dem τριλάγυνον δέπας[1]) (S. 40), das den trikadruka d. h. der Dreizahl der Somakrüge entspricht, die Indra beim Opfer erhielt (RV. 8, 2, 8. 13, 18. 81, 21 vgl. Kuhn Herabk. S. 155 ff. 191), insbesondere aber auch beim Kampf mit dem Drachen (RV. 1, 32, 3. 2, 11, 17. 75, 1. 22, 1. 5, 29, 7 ff. 6, 17, 11) und dem Gandharven (RV. 8, 66, 4 vgl. oben S. 6, wo übertreibend 30 statt 3 gesetzt sind), zu sich nahm. Dafür, dass der weinhütende Kentaur Pholos, der mit Herakles zecht, dem somahütenden Gandharven der Indra zum Soma verhilft, gleich steht, kann man vielleicht auch eine allerdings etwas gewagte Vermutung anrufen. Ein sehr häufiges, fast ständiges Beiwort des Soma-Haoma, des himmlischen wie des irdischen, ist hari-zairi (Burnouf a. O. S. 243), das eine goldiggrüne Farbe bezeichnet, die also wol das Getränk gehabt haben muss. Hari bedeutet aber auch für sich im RV. sehr häufig den Soma,

---

[1]) Das δέπας ἔμμετρον ὡς τριλάγυνον des Stesichoros verlangt allerdings das Versmass, der Zusammenhang aber eher ein ἄμετρον, das auch wol an dieser Stelle die Volkssage gebrauchte. Statt der trikadruka wird auch das amatra, ein grosses Trinkgefäss, beim Indraopfer verwendet RV. 2, 14, 1. 5, 51, 4. 6, 42, 2. 10, 29, 7, das dem ἄμετρον genau zu entsprechen scheint. Über den dürstenden und zechlustigen Herakles s. Polites Helios S. 18 ff.

der von den Indern, wie der Haoma von den Iraniern, als Person, als Gottheit, aufgefasst wurde[1]) und in den Brahmanas als König der Gandharven (S. 18) erscheint. Jenes zend. zairi kommt wiederum im iranischen Namen des haomahütenden Gandharawen, in Zairipaçna vor. Diesem hari-zairi entspricht dasgemein griechische χλόος. Aber wie das Wort φήρ dem lat. fera näher stand als dem gemeingriechischen θήρ, so könnte auch dem lat. fel Galle neben griech. χόλος, sowie dem lat. folus in Paul. Ep. 84 (Curtius Gr. ⁵ 202) neben griech. χλόος und gemeinlat. (h)olus Grün, Gemüse im Aeolischen eine Form φόλος entsprochen haben, um so mehr, als dieser Dialect auch der gutturalen Aspirate χ die labiale auch sonst vorzieht, wie z. B. in αυφήν für αυχήν. Es wäre dann auch der bisher nicht erklärte Name des Pholos — denn weder die Ableitung Gerhard's (Griech. Myth. § 666) von φωλεός Schlupfwinkel, noch die Mannhardt's von der Pholoe scheint annehmbar — gedeutet und der somahütende Gandharvenfürst Hari, der haomahütende Gandarewa Zairipaçna und der weinhütende Kentaurenfürst Pholos bildeten eine Parallele[2]). Und ihre Freude am Trinken erklärt sich aus der Natur sowol der Winde (s. u.), als auch des Regenbogens, der bei den Albanesen trinkt und sogar ein Trunkenbold genannt wird allerdings von einem sehr entlegenen Volk, den Haussanegern (Z. V. S. 2, 428 ff.).

Wie nun Indra und Kereçáçpa mit dem Gandharven, streitet Herakles mit den Kentauren, und es wiederholt sich der Zug der Furcht und der Unsicherheit. Jene ist allerdings dem befreundeten Kentauren Pholos, diese aber doch dem Herakles zugeschrieben, der sich im Regenschwall der Nephele kaum zu helfen weiss. Der alte Naturhintergrund blickt hier plötzlich urfrisch durch die Personificierungen hindurch.

Wie ferner Indra und Kereçáçpa den Gandharven, tötet auch Herakles die Kentauren mit Feuerbränden und Pfeilen, und selbst Pholos erliegt seinem Geschoss, nachdem der Kampf schon

---

[1]) Auch aus madhu dem Met ist später ein Daemon gemacht, der von einem Gott Krishna oder Vishnu getötet wird (Gubernatis Tiere 506).

[2]) χόλος, χολή Galle, Zorn, lat. fel, ist ahd. galla ursprünglich die grüngelbe Farbe der Galle zu bedeuten scheint, wie man denn auch mit den Ausdrücken Wasser-, Wetter-, Regen-, Windgalle eine regenbogenfarbige Stelle am Wolkenhimmel bezeichnet, welche Regen und Sturm verkündet. Vgl. Grimm D. Wb. unter Galle. Z. V. S. 2, 428.

vorüber, wie der wilde Jäger Hackelberg, der Sturmgott, dem Eberzahn, nachdem die Jagd vorbei (vgl. Mannhardt W. F. K. 2, 44), und man zeigte Pholos' Grab, wie das Hackelberg's.[1]) Diese Gräber der Winddaemonen und -götter, zu denen auch das Grab des Zeus auf Kreta und des Dionysos gerechnet werden müssen, werden die Hölen sein, in denen sie wohnen, die Windhölen oder die Wetterlöcher, die auch noch die neueste Meteorologie annimmt (Roscher Nektar und Ambrosia S. 2), und die Wolkenhölen, aus denen die Winde, wie Hermes z. B. aus der Kyllenischen, hervorbrechen (Roscher Hermes S. 20 ff. Plinius N. H. 2, 48, 50: Quodsi (ventus) majore depressae nubis eruperit specu, sed minus lato quam procella nec sine fragore, turbinem vocant proxima quaeque prosternentem).

Zu der Schlange, dem trankhütenden und bez. trankspendenden Gandharven-Kentauren gesellt sich nun als Somawächter zunächst nur in der indischen Überlieferung noch eine dritte Figur, der das Wolkenwasser mit dem Bogen verteidigende Gandharve. Und jetzt erst nähern wir uns dem Ziele dieses Abschnittes der Deutung, der sich vorzugsweise mit der Waffe des Windgottes (dem Regenbogen) beschäftigte. Der Regenbogen ist ebensowol eine Waffe des winddaemonischen Gandharven-Kentauren, als eine Waffe der grossen Sturm- und Gewittergötter (Rudra, Indra, Zeus). Der Gandharve trägt im Regenbogenlied RV. 10, 123, 7 glänzende Waffen. RV. 8, 66, 5. 6 durchbohrt Indra den Gandharven, statt dessen aber im Indischen auch Kriçanu genannt wird, im Iranischen Kereçani. Die Identität des Gandharven und Kriçanu ist leicht zu erweisen, denn den eben angeführten RVstrophen entspricht fast genau RV. 1, 155, 3 (Nir. 11, 8):

> O Indra, Vishnu, eurem raschen Ungestüm
> entgeht eur Somatrinker, wenn ihr vorwärts dringt;
> ihr wehret ab den wolgezielten Todespfeil
> Kriçanu's, der den Bogen spannt (astur), vom Sterblichen.

Seine Feindschaft gegen Indra tritt noch deutlicher hervor in

---

[1]) Die von J. Grimm D. M.³ 768. 769 nördlich vom Harz angesetzten drei Begräbnissstätten Hackelberg's im Klepperkrug, in Wülperode und im Steinfelde fallen in ein einziges zusammen, nach Zimmermann Sage vom Hackelberg S. 3 (Z. d. Harzvereins XII), der jedoch S. 6 noch andere Gräber anzugeben weiss.

RV. 4, 27, 3: Als da der Aar vom Himmel niederrauschte (schrie K.[1])
sobald die Winde trugen den gefüllten (Puramdhi)
da, ihn zu schiessen, schnellte los der Schütze,
der Bogenspanner (Kriçānŭr asta) wutentbrannt die Sehne.

RV. 9, 77, 2: Es rieselt hell der alte, den vom Himmel her
der Adler holte, schiessend durch den Raum der Luft.
er hält ihn fest, den süssen Trank, ob zitternd auch,
im Herzen bebend vor des Bogenspanners (Kriçānor astur)
Schuss.

Indra, der an der ersten Stelle persönlich, an den beiden andern als Adler oder Falke erscheint, raubt den Soma, wobei Kriçānu nach ihm mit dem Bogen schiesst. Andrerseits wird Kriçānu auch mit Tishya um Schutz angerufen in einem Viçvedevalied RV. 10, 64, 8. In andern Somaraubsagen (S. 19) verwundet Kriçānu als Somawächter die soma raubende Suparnī (= Vāc), ein fussloser Bogenschütze (apād astā) die somaraubende Gāyatrī. Eggeling zu Çatap. Br. 1, 7, 1, 1 ff. hält jene zwei Worte für eine zweifelhafte Lesart und ein vielleicht altes Verderbniss. Sāyana liest apādhastā. Der Ausdruck wird sich wahrscheinlich erklären aus einer schon oben bemerkten Vermengung der Vorstellung von dem unholden Schützen und der unholden fusslosen Schlange.

Kriçānu zeigt sich also in ebendemselben den Menschen und Indra bald freundlichen, bald feindseligen Verhältniss eines Somahüters wie der Gandharve. Auch heisst ja einer von den sieben gandharvischen Somahütern Kriçānu (s. o. S. 12) und dem Sinne dieses Namens entsprechend ein anderer Sudhanvan der mit dem schönen Bogen (s. o. S. 20). Auch wird dem Gandharven Citraratha ein furchtbarer Bogen beigelegt und Mbh. 4, 805 (Z. V. S. 1, 532) gleicht das Schwirren der Bogensehne des Gandharven dem Getöse des Donnerkeils. Auch die Gandharven greifen wie Kriçānu Weiber an.

Mit diesem Kriçānu ist nun schon längst mit Recht der zend. Kereçāni verglichen, der sich aus einem feindseligen Haomahüter im zarathustrischen System ganz folgerichtig zu einem Haomafeinde entwickelt. Er hatte sich erhoben aus Begier nach der Königs-

---

[1]) RV. 10, 144, 2, 3 zeigt die nahe Beziehung der Schlange zum Bogenschützen, denn es heisst: „Indu trägt den wirksamen Meth, dem rührigen Adler lauerte der wilde Ahīçuva auf (vgl. Ahīçuva und den Gandharven oben S. 174).

würde und gesprochen: Kein Athrava (Feuerpriester) soll mehr die Länder durchlaufen, um sie fruchtbar zu machen. Er war fähig, alles Wachstum zu vernichten. Diesen erschlug Haoma (Burnouf a. O. 303 ff. Weber Ind. Stud. 2, 314. Spiegel Avesta 1, 292. Eranische Altert. 1, 433. 2, 115. Kuhn Herabk. 171 ff.). und wir haben schon oben (S. 152) den Schluss gezogen, dass er im Wesentlichen dem Aeshma gleichstehe, so dass also auch hieraus sein gandharvisches Wesen erhellt. Dem Tishya, den wir oben neben Kriçânu trafen, entspricht der zend. Tistrya, der ebenfalls in Beziehung zum Haoma steht, indem er das Wasser des Vourukasha, des Haomasees, in den See Puitika schafft und von da wieder in jenen zurückleitet und die Gewächse herabregnen lässt. Nach Vendid. 19, 126 hat er einen Stierkörper mit Goldklauen. Nun ist Tishya und Tistrya der Sirius, der Stern des Regens (Kuhn Z. f. deutsche Philol. 1, 112. 118. Spiegel Eran. Altert. 2, 71 ff.), Kriçânu aber steht als der Daemon des Regenbogens mit ihm in natürlichem engen Verbande, und man gedenkt jenes Satzes von Plin. N. H. 11, 14 (oben S. 162), wonach der nach einem Regenbogen fallende heilkräftige Tau besonders beim Aufgang des Sirius die Lieblichkeit und Kraft des himmlischen Nectars besitzt.

Der Name dieses Gandharven oder zunächst vielmehr des zend. Kereçâni wurde früher von karç, bez. kereç, hergeleitet (Burnouf a. O. 304) und als der abmagernde, ausdörrende oder auch als der verzehrende erklärt, aber das PW. und Grassmann's RV.wörterbuch fassen ihn sicher richtiger als abstammend von karç = kars d. h. als bogenspannend.

Auch diese Figur glaube ich unter den Kentauren wiedergefunden zu haben und zwar im Eurytos oder Eurytion der verschiedenen kentaurischen und nicht mehr kentaurischen Überlieferungen der alten griechischen Sage. Wenn ich auch nichtkentaurische Eurytossagen heranziehe, so bedarf das einer Rechtfertigung. Die Ausbildung des Gandharven-Kentaurentums gehört einer Zeit der Mythenentwicklung an, in der nicht bloss grosse gleichartige Scharen von Daemonen geschaffen, sondern auch bereits bestimmte Individuen, die eine Specialität innerhalb ihres Wirkungskreises vertraten, aus diesen Scharen herausgearbeitet wurden. Diese Individuen hatten dann öfter das Bestreben sich von der grossen Masse, aus der sie hervorgegangen, nach und nach abzulösen, selbständige Daemonen oder Götter zu werden. Auf diesem Wege sehen wir z. B. Viçvāvasu und Chiron begriffen, auf demselben Wege ist überhaupt die Bildung der meisten grossen Göttergestalten vor sich gegangen (s. u.). So geschah es auch wol denjenigen unter den gandharvisch-kentaurischen Winddaemonen, welche im Unwetter mit der Waffe des Regenbogens sich ausstatteten. Sie verloren in diesem Falle ihren Gandharven-Kentaurennamen, oder sie behielten ihn bei. Andrerseits konnten sie auch, wie die Götter, das Attribut, das ihnen zu einer besonderen Gattung und Stellung verholfen hatte, wieder ablegen, wie z. B. der Regenbogen den Winddaemonen ja auch eigentlich nur zeitweilig zustand. Von ihrer exceptionellen Stellung her blieb ihnen dann doch noch häufig der vom Attribut hergeleitete Name, obgleich ihnen das Attribut selber wieder abgenommen war und bei modernerer Auffassung andere an dessen Stelle treten konnten, wie z. B. die auf den aeolischen Waldgebirgen immer mehr zu Berg- und Waldgeistern herabgesunkenen Kentauren statt der kunstvolleren Waffen rauhe Steine und Fichten als Waffen erhielten.

Diese Sätze werden bereits erläutert durch die schon besprochene Kriçānu-Kereçānisage. Im RV. wird Kriçānu nirgendwo ein Gandharve genannt, wie auch nicht Kereçāni. Aber der indische Kriçānu wird den Gandharven in andern Überlieferungen zugezählt und er führt auch überall als astr einen Bogen, obgleich im RV. in dem gleichen Indrakampf dem Gandharven kein Bogen zugesprochen wird. Dagegen fehlt dem iranischen Kereçāni bereits nicht nur die Gandharvenbezeichnung, sondern auch der Bogen, wie denn auch der Gandhrawa Zairipaçna ohne Bogen erscheint.

Jene Sätze finden aber eine noch vollere Bestätigung durch die Sagen von Eurytos und Eurytion. Zunächst kommt der Name in Betracht. Es wird mit Recht allerseits angenommen, dass Eurytion, von Chiron abgesehen der einzige Kentaurenname bei Homer, nur eine Weiterbildung des Namens Eurytos ist, wie denn auch der berüchtigte Kentaur an andern Stellen, bei Ovid. Metam. 12, 223 ff. oder vielmehr seinem Gewährsmann, Eurytos heisst und Eurytion der Sohn Aktors bald Eurytos Il. 2, 621. Schol. z. Aristoph. Nub. V. 1059, Apollod. 1, 8, 2. Schol. Lykophr., bald bei demselben Apollod. 3, 13, 4 und auch in den Schol. Lykophr. wieder Eurytion genannt wird vgl. Heyne Observ. ad Apoll. [2] 310. Daneben erscheint nun eine dritte Form des Namens, nämlich Erytos. So wird ein Argonaut genannt von Pind. Pyth. 4, 179. Apollon. Rhod. 1, 52. Orph. Arg. 136, Hygin. fab. 14, der erst bei Späteren Eurytos heisst. Auch der vom Dionysos in der Gigantomachie mit dem Thyrsos erschlagene Eurytos bei Apollod. 1, 6, 2 trägt in Hygins Praefatio den Namen Erytos s. Heyne a. O. 33. Und diese Namensform führt uns auf die richtige Etymologie. Roscher freilich, der überhaupt die älteren Kentaurennamen aus der von ihm den Kentauren zu Grunde gelegten Flussnatur ableitet, erklärt (N. Jahrb. f. Philol. 1872. S. 421) den Namen als Schönströmer, Andere als den wol Schützenden und Haltefest (N. Jahrb. f. Philol. 1873. S. 199). Plew will ihn von εὐρύς ableiten, wie die Namen Aipythos und Okytos von den entsprechenden Adjectiven. Aber Buttmann (Lexik. 1, 146 ff.) war wol, wie auch Welcker Ep. Cycl. 1, 229 und Preller Gr. M.³ 2, 225 fühlten, auf der richtigen Fährte, wenn er meinte, die eigentliche Form jenes Argonautennamens sei (ἐ)ϝέρυτος gewesen, wovon sich die Form Erytos erhalten habe, und wenn er dies Wort von ἐρύω ableitete. Und wenn Curtius Gr. ⁵ 136. 582 der Buttmannschen Erklärung des gemeingriech. ἔκηλος und homer. εὔκηλος (besser des ion. ἔκηλος und aeol. εὔκηλος s. Bezzenberger Beitr. 7, 148) aus ἐϝέκηλος, ϝέκηλος zustimmt, so darf man das ganz ähnliche Verhalten der Formen Erytos und Eurytos heranziehen, beide aus dem einen ἐρύω ϝερύω spanne sich entwickelnd, von dem auch ῥυτήρ und aeol. βρύτηρ der Spanner stammen (Curtius Gr. ⁵ 345).

Um so mehr darf man sich berechtigt halten, den Namen Erytos, Eurytos und Eurytion diesen Sinn beizulegen, als der μέγας Εὔρυτος von Oechalia in Thessalien der berühmteste Bogenschütz des Altertums war, der nur von Herakles in der Bogenkunst besiegt wurde und mit Apoll in derselben zu wetteifern wagte und deswegen von ihm getötet wurde. Od. 8, 224 ff. vgl. 21, 15 ff. Sein Bogen kam von Geschlecht zu Geschlecht bis zum Odysseus, zum Verderben der Freier, wie solche Bogen auch in der indischen Heldensage vererbten (oben S. 160). In diesem Eurytos dem Bogenschützen haben wir den Bogenschützen Kriçanu-Kereçāni vor uns. Denn dieser Eurytos hat noch zwei Namensgenossen, die ebenfalls mit Herakles zusammenstossen, wie Kriçānu-Kereçāni mit Indra-Kereçācpa, aber sie führen nicht mehr wie er den Bogen. Die älteste Kentauromachie des Herakles knüpft sich nach O. Müller (Dorier 1, 422) an die Befreiung des Dexamenos vom Kentauren Eurytion, der des Dexamenos Tochter, die Braut des Herakles, gewaltsam antastet, aber von Herakles getötet wird. So verletzt auch Kriçānu die fliehende Vāc. Und in einer ganz ähnlichen Situation, wie ihn die mittelaeolische Sage schildert, erscheint der Kentaur Eurytion auch in der nordaeolischen, wo Eurytion oder Eurytos es ist, der bei der Hochzeit die Braut eines Anderen anzutasten sich erfrecht. Und wenn auch von einem Bogen keine Rede ist, weist doch gerade der Zug, dass Eurytion überall bei der Pirithoos-Hochzeit Angriff und Kampf eröffnet, darauf hin, dass er ein Daemon des Regenbogens ist, des τέρας πολέμοιο ἢ χειμῶνος δυςθαλπέος, des wilden Hochzeitsfestes der Wind- und Wolkenwesen (s. u.).

Endlich gedenken wir noch eines dritten Eurytion, des Hirten Geryons (s. o. S. 146). Hier ist alles ins Hirtliche gezogen, aber Theokrit ist sich noch des Zusammenhangs einer ähnlichen Heraklessage mit den Naturvorgängen wol bewusst. Wie Geryon, der Heerdenbesitzer, ein brüllender Sturmriese ist, so ist Eurytion die ἲς ἀνέμου, der die Heerde treibende Hirt. Und wenn ihm der Bogen und auch der Kentaurenname fehlt, so hat er dafür neben sich den in einen Hund Orthros verwandelten schlangengestaltigen Vritra (M. Müller Essays 2, 164. Z. V. S. 6, 148), den Herakles zunächst erlegt, um dann Eurytion zu töten, wie Indra-Kereçaçpa und der südaeolische Herakles zuerst die Schlange, darauf den Gandharven-Kentauren tötet.

Wir haben also hier die Herakles-Kentaurensage in vier trümmerhaften Versionen vor uns, in der Pholos- und in den drei Eurytionsagen, in denen bald dieser, bald jener Hauptzug fehlt, deren Hauptzüge aber alle schon im indisch-iranischen Gandharvenmythus nachzuweisen sind.

Die Handlungen der Gandharven-Kentauren, deren Deutung bisher versucht wurde, drehten sich namentlich um eine Sache, insbesondere Soma oder Wein, nur in den letzten Kämpfen des Herakles mit dem Erytos, Eurytos, Eurytion und in dem nur eben berührten Kampf der Lapithen mit dem Kentauren Eurytion ist das Object ein Lebendiges, Kühe oder Weiber, jedoch so dass im Lapithenkampf auch noch der Wein daneben ein Motiv ist. Damit gehen wir zum zweiten Teil dieses Abschnitts über. Asmus sondert nach Kuhns Vorgange in seinem Buch über die indogermanischen Religionen 1, 81 ff., das manche gute

Bemerkung enthält, mit Recht die indogermanischen Urmythen vom Gewitter in zwei Hauptformen, die ursprünglichere, wonach der höchste Gewittergott gegen die Daemonen um den von ihnen zurückgehaltenen Schatz, den Regen, mit dem Blitz kämpft, und die modificierte, wonach dieser Schatz eine jungfräuliche Göttin ist, die nicht bloss vom Gott befreit, sondern auch ehelich umarmt wird. Man kann nun darüber streiten, ob der erste Mythus den er den geschlechtslosen nennt, wirklich älter als der geschlechtliche Mythus ist. Denn man muss bedenken, dass die Begierde nach Weibern bei den Völkern älter ist als die Wertschätzung des Regens, dass jene schon bei den wildesten vorkommt, diese aber erst bei denen anzunehmen ist, welche die Stufe des Hirtenlebens bereits erreicht haben (s. u.). Wenn nun auch von mir die Besprechung des geschlechtlichen Mythus der des geschlechtlosen nachgestellt wird, so soll damit nicht Asmus' obige Behauptung gebilligt werden. Es geschieht nur, weil allerdings der geschlechtliche Mythus, eben weil darin die Zahl der menschenartigen Figuren wächst, der entwicklungsfähigere war und in der Tat auch mehr entwickelt worden ist.[1]) Die volkstümliche Anschauung der Inder weiss wenig von einem Somakampfe, in ihr ist das Verhältniss der Gandharven zu den Wolken überwiegend ein geschlechtliches. Daher spielen hier und im Epos die Apsaras und nicht der mehr priesterliche Soma die Hauptrolle.

Die Etymologie der Apsaras ist eine sehr mannichfaltige. Weber erklärt das Wort noch immer (Ind. Stud. 13, 135) aus a-psáras (psáras = rūpa). Es sind die gestaltlosen oder nach dem Pet. W. die unheimlichen unfriedlichen Nebelgestalten der Elfen und andrer Spukgeister des Waldes. Grassmann RV.wörterb. 80 nimmt a-psarás als die nicht Speisende, nicht der Speise Bedürfende, Bury (Bezzenberger Beitr. 7, 339) denkt an Herkunft von ápsas Nebel. Die einfachste Deutung scheint mir die altindische, auch von Benfey und de Guber-

---

[1]) Völlig irregeleitet wird Asmus durch seine mehr philosophische, als historische Anschauungsweise, wenn er 1, 159 ff. den Gandharven, als König des geschlechtlichen Mythus, durch seine Weiberlust fallen lässt und in seiner Niederlage durch Indra, den König des geschlechtlosen Mythus, einen Sieg der geschlechtlosen Vorstellung erblickt. Indra der sahasramushka d. h. der tausendhodige RV. 6, 46, 3 als Vertreter des geschlechtlosen Mythus!

natis angenommene, von ap Wasser und sarás laufend. Es sind die Wolkenwandlerinnen, die Wolken. Daher heissen sie auch apiā yoshā oder yoshanā Wasserjungfern, wie denn auch die Wasser apas als Frauen, als patnīs Herrinnen und gnās Weiber erscheinen (Z. V. S. 1, 448). Daher kommen auch unter den Apsaras Namen mütterlicher Bedeutung, wie Ambika (S. 20. 28) vor, die schon oben auf die Wolken gedeutet wurden und verkehren sie als Ambāh und Ambāyavah mit den Flussgöttinnen (S. 20). Daher erscheinen sie als wolkige, leuchtende, blitzende (S. 14. 28), in wolkenfarbigem, luftigem Gewande, mit Juwelen und Blumen (S. 21. 31) und wie man vielleicht aus Çatap. Br. (oben S. 19) schliessen darf, mit Flügeln versehen. Sie sind flüchtig, unbeständig und wechseln die Formen. Ihre schöne Gestalt, insbesondere ihre Brüste und Hüften, Nacken und Arme, Augen und Locken werden gepriesen, und schöne Frauen ihnen verglichen (S. 28. 31). Als Wolkenfrauen sind sie den Gandharven, den Windgeistern, verschwistert und schliessen mit ihnen lockere Liebesbündnisse (vgl. Anhang I.). Daher tanzen, trinken, rauschen und musicieren sie mit ihnen, sind auch förmlichen Gelagen nicht abgeneigt (oben S. 15). Und wenn es möglichst bunt und laut in den Lüften hergeht, Sonnenschein und Regen im Nu wechseln, feiern sie Hochzeit, bei der die blasenden Winde den Amritamet schlürfen (rihanti madhvo amritasya vānīs RV. 10, 123, 3). Das ist, von Sūryā's Hochzeit abgesehen, die berühmteste aller Hochzeiten des indischen Mythus. Ausser in den Lüften wohnen die Apsaras gern an Gewässern, auf hohen Bäumen oder in deren Schatten. Kommt ein Hochzeitszug an diesen vorüber, so werden sie angefleht, ihm nicht zu schaden (oben S. 16). Ihr Blick zaubert Liebe, und wie in der Liebe siegen sie im Wagenrennen. Sie verwirren den Geist, aber sie können ihn auch wieder vom Wahnsinn erlösen.[1]) Sie verlieben sich oft in Sterbliche, beglücken sie aber meist nur zeitweilig, und die schönste Apsarassage, die von Purūravas und Urvaçi, verherrlicht diese älteste Liebeslust und -leidgeschichte wie in Griechenland die schönste Nereidensage, die von Peleus und Thetis. Liebschaften sagen ihnen mehr zu als feste eheliche

---

[1]) RV. 10, 11, 2 wird die Apsaras angerufen, beim Brüllen des Stieres (d. h. des in der Gewitterwolke tobenden Agni V. 1), den Geist zu schützen (vgl. oben S. 15, wo AV. 6, 111, nicht 6, 3 zu lesen ist). Auch die Inder kennen also das ἐμβϱόντητος, attonitus, bidonarōt.

Verbindungen, denen sie sich deswegen bei guter Gelegenheit zu entziehen suchen, wobei sie ihr Kind öfter verlassen. Mit den Gandharven stellen sie Kindern und Wöchnerinnen nach, insbesondere mordlustig ihre unholde Mutter. Aber eines der grössten Heldengeschlechter, die Monddynastie, hat Apsaras zu seinen Ahnfrauen. Sie haben geweihte Lieblingsstätten an schönen Flüssen, als ihr Lieblingstrank wird ein süsser Zuckersaft genannt.

Wer kann verkennen, dass den Apsaras die alt- und neugriechischen Nereiden auf ein Haar gleichen? Zunächst ist der Sinn ihres Gesamtnamens derselbe. Denn $N\eta\varrho\eta\text{ΐς} = N\eta\varrho\varepsilon\text{ΐς}$ ist ein Patronymicon von $N\eta\varrho\varepsilon\text{ΰς}$, das mit $v\tilde{\alpha}\mu\alpha$ Flüssigkeit, $v\alpha\varrho\text{ός}$ fliessend, neugr. $v\varepsilon\varrho\text{ό}$ Wasser gleiche Wurzel, bez. gleichen Stamm hat (Curtius Gr. [5] 319. 641). Die Nereiden oder Neraiden sind also Wasserjungfern wie die Apsaras (Mannhardt W. F. K. 2, 15. 35. B. Schmidt a. O. 100. Preller Gr. Myth. [1] 1, 34 ff.) und unter ihren Namen ist einer, der auch sie als Wasserwandlerinnen kennzeichnet, nämlich der der Kymothoe des Homer, Hesiod und Apollodor, ein Name, den die Vasenmaler schon oft nicht mehr völlig verstanden zu haben scheinen und in Kymothea und ähnliche Formen entstellten (Jahrb. f. class. Philol. Suppl. 11, 561). Gleich den Apas, den indischen Wasserfrauen, die gern patnīs Herrinnen heissen, werden die Neraiden $\varkappa o\varrho\text{άδες}$ oder $\alpha\varrho\chi\text{όντισσαι}$ genannt (Schmidt a. O. 101). Auch den Apsarasnamen Amba finden wir im Namen der berühmtesten Nereide, der Herrin von fünfzig Nereiden (nach Aeschylus und Euripides), der Thetis, wieder, denn das durch Umspringen der Aspiration aus $\Theta\eta\tau\text{ύς}$ entstandene $T\eta\vartheta\text{ύς}$ ist mit $\Theta\text{έτις}$ verwant und bedeutet die Nährmutter (Curtius Gr. [5] 253, Mannhardt W. F. K. 2, 207). Die Nereiden, wie die Nymfen überhaupt, kennzeichnet auch nicht einmal das griechische Altertum, obgleich der grösste Teil seiner uns erhaltenen mythischen Überlieferungen aus Küstenstrichen stammt, als ausschliessliche und ursprüngliche Seejungfern, sondern sie verbreiten sich mit den Najaden, Dryaden und Oreaden auch über das Land, seine Flüsse und Quellen, Wälder und Felder, Berge und Täler. Ihre ursprüngliche Bedeutung aber ist die von Wasser- und Wolkenfrauen, weshalb sie auch in ihren späteren verschiedenartigen Rollen fast immer, wie Schmidt a. O. 102 hervorhebt, zu dem flüssigen Element in Beziehung gesetzt werden, sowie die Apsaras gern mit den Nadyās, den Flussgöttinnen, verkehren und an Seen und Flüssen wohnen. Auch die Neraiden sind mit weissem Gewande oder mit einem Schleiertuch angetan und mit Blumen geschmückt (Schmidt 104), auch sie haben Flügel (Schmidt 115), auch sie wechseln in alt- wie neugriechischer Überlieferung die Formen und erscheinen in der Sage vom Thetisraub in der Form verschiedener Tiere und als Wasser und Feuer (Schmidt 116) d. h. in den wechselnden Gestalten der Wolke. Auch sie sind von strahlender Schönheit, und insbesondere wird ihr schlanker Wuchs, ihre milchweisse Hautfarbe und ihr schönes Auge hervorgehoben und Menschenweiber von grosser Schönheit werden den Neraiden verglichen (Schmidt 107). Auch sie stehen den Windgeistern besonders nahe, sie werden als Erregerinnen der Wirbelwinde angesehen und als Frauen und Töchter der Windteufel (s. u.). Und wie die Apsaras mit den Gandharven, verkehren sie mit den Kentauren in freundschaftlicher Weise, wie z. B. mit Chiron. Sie knüpfen mit ihnen und ihres Gleichen, den Lapithen, Liebesverhältnisse an. Sie trinken, singen und musicieren, halten Mahlzeiten und Gelage (Schmidt 106. 119 ff. 121. 124), und tanzen oft, bis sie oder ihre (der Lamien) Musikanten entseelt niedersinken (Schmidt 109. 132). Im Wirbelwind, in welchem sie Menschen aufheben und durch die Luft entführen, sieht man auf Zakynthos einen Tanz der Neraiden und in dem von ihm im Sand gebildeten Kreise ihre Fussspuren (Schmidt 124). Auch sie feiern gern Hochzeiten, wie die des Peleus und, wie sich unten zeigen wird, auch die des Pirithous. Wie die Apsaras wohnen die neugriechischen und nach Schmidt's Nachweis (S. 121) auch die altgriechischen Nymfen-Neraiden an Wassern und im Schatten grosser Bäume, unter denen man zumal am Sommermittag nicht ruhen oder gar schlafen, nach denen man nicht scharf hinsehen darf, weil man sonst leicht von den Neraiden ergriffen oder geschlagen wird (παίρνεται, παρμένος, ἀνεραϊδοβαρημένος, altgr. νυμφόληπτος) d. h. einen Schlag bekommt, welcher lähmt, den Verstand verwirrt und in Schwermut versenkt (Schmidt 119 ff.). Dies alles gilt auch von den Apsaras, nur dass der technische Ausdruck für die Besessenheit gandharvagrihīta (S. 20) auf die Gandharven, nicht auf ihre Schwestern und Geliebten, die Apsaras, zurückgeht. Doch auch die Neuhellenen wissen vom Schlag eines männlichen Daemons, dem ξαφνικό (von ἐξαίφνης) oder ἀερικό, den die ἀερικά d. h. also die den Gandharven entsprechenden Luft- und Windgeister¹) den Menschen versetzen (Schmidt 97 ff.). Und wie mit der alten Nympholepsie, war auch mit der Gandharvenbesessenheit die Gabe begeisterter Weissagung verknüpft, die auch die neugriechischen Neraiden besitzen (Schmidt 106). Fügen die Neraiden dem Menschen ein daemonisches Leiden (θεῖον πάθος) zu, so nimmt es ihnen die grosse Herrin an demselben Tage des folgenden Jahres an dem nämlichen Orte, wo er davon befallen wurde, gern wieder ab, sowie auch die Apsaras vom Wahnsinn wieder befreit (oben S. 15). Wie die Apsaras üben auch die Nereiden Liebeszauber durch den Blick aus, und verhelfen zum Wagensieg, denn Hippodamia, Oenomaos' Tochter, gehört zu ihnen (s. u.). Die neugr. Neraiden ziehen den Menschen in die Einsamkeit, ergreifen ihn und tanzen mit ihm, töten ihn (Schmidt 123. 131) oder lieben und ehelichen ihn (Schmidt 111), wie auch in der uralten Thetissage die Nereide sich mit einem Sterblichen verbindet. Untreue rächen sie durch Verhängung von Unglück, aber auch Unschuldige werden nach dem Liebesgenuss oft grausam von ihnen getötet. Sie ziehen freie Liebesverhältnisse einer wirklichen Vermählung vor und werden nur wider ihren Willen in der Ehe festgehalten, indem man sich ihres Kopftuchs oder ihrer Kleider oder Flügel versichert (Schmidt 112 ff.). Aber wo möglich verlassen sie gern wieder Mann und Kind oder nehmen doch nur von der Kinderzahl die Hälfte mit, bei ungerader rücksichtslos das eine zerstückelnd (Schmidt 114 ff., vgl. 117. Mannhardt W. F. K. 2, 60 ff.). Wie die Apsaras rauben die neugriech. Neraiden Kinder oder vertauschen sie mit einem Νεραϊδάκι, einem Neraidchen, das aber bald stirbt, und bedrohen Jünglinge und Jungfrauen, Neuvermählte und Schwangere (Schmidt 118 ff., 120). Aber wie den Apsaras entspringen auch den Neraiden im Umgang mit Sterblichen grosse schöne Helden und Männer, und sie werden als Ahnfrauen der gefeiertsten Geschlechter gepriesen, und noch heute rühmen sich griechische Bauerfamilien ihrer Neraidenabkunft (Schmidt 117). Neben der schönen, milden, grossen Herrin der Neraiden, ἡ μεγάλη κύρα, auf Zakynthos (Schmidt 123) wird als Neraidenkönigin in Elis eine Lamia genannt (132). Die Lamien aber sind wild, roh, hässlich, mit ungeheuren Brüsten den Backofen reinigend, nach Menschenfleisch lüstern und den Kindern besonders gefährlich (Schmidt 133 ff.), so dass die elische Lamia der

---

¹) Βορρῆς καὶ Ζέφυρος — ἐλθόντ' ἐξαπίνης. Il. 9, 5.

unholden Apsarasmutter vergleichbar ist. Nymfen und Neraiden haben ihre heiligen Stätten an Quellen, Flüssen und in Hölen und werden verehrt durch ein aus Honig und Milch oder in Honigkuchen oder Zuckerwerk bestehendes Opfer (Schmidt 124. 127 ff.).

Es wird hoffentlich nicht bekrittelt werden, dass ich die wertvollen Mitteilungen Schmidt's über die neugriechischen Nereiden mit den Nachrichten von den altgriechischen verflochten habe. Denn ich denke, es wird Jedem einleuchten, dass das neugriechische Neraidencharakterbild die erstaunliche Treue und damit den daraus entspringenden hohen Wert auch des modernen Volksglaubens für die Wissenschaft von Neuem dartut. Ja, ich stehe nicht an, den neugriechischen Neraiden einen in vielen Beziehungen altertümlicheren, weil volksmässigeren Charakter beizulegen als den althellenischen, die bereits meistens durch eine hochstrebende Kunst gleichsam stilisiert sind. Die Nereidenvorstellungen sind aus der Tiefe uralten hellenischen, man darf nach dem Vergleich mit den Apsaras und den Elben sagen, uralten indogermanischen Nymfenglaubens geschöpft, weshalb wir auch gerade diesen, übrigens nicht diesen allein, soweit wir zurückblicken können, im griechischen Volkstum besonders tief begründet finden, wie Curtius Griech. Gesch. [4] 1, 47 mit Recht hervorhebt, und über alle griechischen Stämme verbreitet sehen wie selbst H. D. Müller (Myth. d. griech. Stämme 2, 232) zugeben muss. Die vorliegende Untersuchung, die sich hier auf den schon von v. Hahn (Griech. u. Alban. Märchen S. 39) gemachten wolberechtigten Vergleich der Neraiden mit den deutschen Elben nicht einlässt, muss sich auch enthalten, das Gesamtbild der Apsaras-Nereiden noch weiter auszuführen. Nur diejenigen Züge desselben, welche diese Wesen mit den Gandharven-Kentauren verbinden, dürfen uns hier noch länger beschäftigen.

Im RV. ist das wichtigste Verhältniss das der Gandharven zum Soma, die Verbindung mit den Apsaras ist Nebensache, aber in der volkstümlichen und der adligen Überlieferung sind die Gandharven und Apsaras fast unzertrennlich, und es wird doch, auch in einem Lied des RV. 10, 123 ihre Verbindung, ihre Hochzeit gefeiert. In der griechischen Sage ist das Verhältniss der Kentauren zu den Nereiden nicht mehr ein so inniges, und es scheint in Neugriechenland auf den ersten Blick verloren gegangen zu sein. Im Indischen ist die Begierde der Gandharven aber auch auf Weiber der Menschen gerichtet, und diese finden wir auch bei den Kentauren wieder, doch haben die von ihnen begehrten menschlichen Weiber etwas Übermenschliches, Heroisches an sich, wie Deianira und Hippodamia, und man kann in ihnen etwas Nereidenhaftes wittern, wie man in manchen neugriechischen Daemonen, die mit den Neraiden in Verbindung stehen, z. B. den Kalikantsaren (oben S. 168) etwas Kentaurisches oder Lapithisches finden wird.

Die Lüsternheit der Gandharven-Kentauren, mag sie sich nun Weibern dieser oder jener Art zuwenden, erklärt sich aus der Natur der Winde, die sowol mit den Wolken, den Apsaras-Nereiden, ihr leichtfertiges Spiel treiben, als auch sich an die Weiber der Menschen frech herandrängen. Vāyu tändelt verführerisch mit dem Gewande der Apsaras Menaka (S. 24), der Windgott (Rudra)-Çiva treibt im Ramay. I, 37, 5 (Muir 4, 306) ein tausendjähriges Minnespiel mit seiner Gattin Parvati (vgl. Ind. Stud. 14, 100) und Rudra wird im Mbh. (Muir 4, 344) als lingam (Phallus) verehrt. Die Schwellung der Wolken und des Soma entsteht aus der Freundschaft mit den Winden (s. o. S. 166). So treibt denn auch der Gandharve die Priçnigarbhās die Wolkentöchter RV. 10, 123, 1 vor sich her, rauscht mit der Wasserfrau in den Wassern, lässt sich von der Apsaras tragen. RV. 10, 123. Er stellt den jungen Mädchen, jungen Frauen und Wöchnerinnen nach, er erscheint bei der Hochzeit, beim Beilager, doch wird er zu andern Weibern fortgewünscht, hauptsächlich aber zu seinem eigenem Weibe, in merkwürdiger Übereinstimmung mit der deutschen Formel, mit der man das Mehlopfer an den Wind begleitete: „Nimm hin, mein lieber Wind, trag heim deinem Weib und Kind und komm' nimmer" (J. Grimm D. M. ³ 602, ⁴ 3, 181) und Trimberg's Renner V. 268 kennt einen Wind, Virwitz genannt, den die Mädchen, die über die Kindheit hinausstreben, und die Frauen aller Länder wol kennen und der den Mädchen die Bänder löst, gleich der gürtellösenden Hochzeitsgöttin Artemis oder Aphrodite und dem gürtellösenden Hymenaeus. Und auch der deutsche Wind brachte Kinder nach dem Gedicht von der Erlösung V. 2440: Man saget mir von kinde, daz keme uns von dem winde (J. Grimm D. M. ⁴ 3, 180. 181). Die freien Liebesverbindungen der Menschen werden Gandharvenehen genannt nach dem lustigen wilden Vorbild, das die Gandharven in den Lüften geben, wenn sie mit den Wolkenapsaras bei wechselndem Regen und Sonnenschein im Regenbogenglanz sich laut umhertummeln und liebend vereinigen. Auch die griechische Volkssage war voll von lüsternen Winden, die, wie Zephyros, über Stuten herfallen, und von lüsternen Waldgeistern, Satyrn und Panen, die ursprünglich offenbar Winddaemonen waren. Heraklit verwendete sogar πανεύειν γυναῖκας im Sinne von beschlafen (Mannhardt W. F. K. 2, 131. 137). In den alten Sagen verfolgt ihre Begierde besonders die Berg- und Baumnymfen, Wesen, die wol alle auf die Nais, die Wasserfrau, zurückgehn (Schmidt a. O. 102), und den Nereiden, den Wolkenwesen, gleich sind. In vielen Sagen ist der Raub oder die Begattung einer Wolken- oder Nebeljungfrau durch einen wilden Sturmdaemon der Hauptinhalt, wie in der von Boreas und Oreithyia (Preller Gr. M.³ 2, 148), und der von Demeter und Poseidon (Z. V. S. 1, 452), erwachsen aus der schon oben angeführten Anschauung der Wind- und Wolkenspiele, wie denn auch Aristot. Meteor. 2, 6, 17 noch das Sprichwort vom düstern Kaikiaswinde anführt: ἕλκων ἐφ' αὐτὸν ὥστε Καικίας νέφος.

Nun deutet Mannhardt (W. F. K. 2, 84 ff.) nach Potts Vorgang gewiss mit Recht den Πειρίθοος als den Ringsumläufer und erklärt ihn, wie auch dessen Vater Ixion, als den Wirbelwind, seine Lapithen aber, ein von der Nebenform λαπ für ῥαπ gebildetes Wort, mit der Bedeutung der Raffenden, als Winde, die auf der Hochzeit des Pirithoos mit den Kentauren, anderen Winden, erst zechen, dann streiten. Auch des Pirithoos Mutter ist, wie die der Kentauren, Nephele. Mannhardt verweist dabei auf das reichhaltige Buch von B. Schmidt (a. O. S. 189), das uns von den winterlichen Kämpfen der verschiedenen Ortsgeister und Winde auf dem Gipfel des Parnassos erzählt, aus denen die Arachobiten die Schneestürme erklären (vgl. auch B. Schmidt Griech. Märchen 145). Diese Auffassung Mannhardt's ist gewiss richtig, kann aber noch viel stärker gestützt und näher bestimmt und ausgeführt werden. Denn dem Namen Πειρίθοος entspricht dem Sinne nach genau das rigvedische parijman herumlaufend, das gebraucht wird RV. 5, 41, 12 vom Winde, der das Gewölk durchfährt, RV. 7, 40, 6 von Vāta, der um Regen gebeten wird, und RV. 10, 92, 5 von Rudra, der als Parijman weiten Raum durchläuft. Und ganz ähnlich nennen nun auch die Neugriechen den Teufel nicht nur ἄνεμος, sondern auch πλανήτης und gerade auf dem Parnassos sogar περίδρομος worin wir eine uralte Wirbelwind-, nicht eine Vagabundenbe-

zeichnung erkennen (Schmidt a. O. 175. J. Grimm D. M.
³ 951).¹)

Wenn schon die beiden angeführten Parnassüberlieferungen
sehr wertvoll für die Erkenntniss der Pirithooshochzeit auf dem
Pelion sich erwiesen, so steigt dieser Wert noch ganz bedeutend,
wenn man mehrere andere von gleicher örtlicher Herkunft, die
bei Schmidt hier und dort verstreut stehen, sammelt und zu
seiner Überraschung fast alle Bestandteile des alten Sagenbildes
von jener Hochzeit darin wiederfindet. Um so wichtiger ist diese
Verwantschaft der alten Pelionsage und der neuen Parnassossage,
als sie sich gründet auf nachweisbare historische Vorgänge. Denn
um den Parnass drängten sich verschiedene aus Thessalien
herübergekommene Stämme, aeolische und dorische, Boeoter,
Phoker und Dorier. Ein thessalischer Völkerbund war aus dem
Tempetal nach Delphi verlegt, und die Processionen, die jedes
neunte Jahr die heilige Strasse vom thessalischen Olymp nach
Delphi zogen, brachten vom Peneios mit dem apollinischen
Lorbeer, dem ältesten des Festlands, die Erinnerungen an
die Sagen der alten Heimat nach der neuen (Curtius Griech.
Gesch. ⁴ 1, 97 ff. 467. H. D. Müller Myth. d. griech. Stämme
1, 256). Auch der Apollodienst ist aus Thessalien nach dem Parnass
gekommen. Die rohen Thessalier verehrten ihn in Tempe unter
dem Namen Aplun, die Magneten opferten ihm auf dem Pelion
als dem Berg- und Waldgotte Hylatas. Zu einem Gott des
Lichts und Rechts wurde er erst in Delphi (Curtius Griech.
Gesch. ⁴ 1, 53. 98), während er vordem ein dem indischen Rudra
ähnlicher Gott des Sturmes war und deswegen auch für einen
Führer der Musen galt, denen wahrscheinlich vor Alters auf den
pierischen Bergen eine grosse Höle geweiht war, in der jetzt die
ἐξωτικαί d. h. Neraiden wohnen und Stürme erregen (Schmidt
a. O. 125). Auch noch in Delphi waren übrigens nach antiker Überlieferung dem Apoll die Wind- und Wolkenfrauen nah. Denn zu
Delphi hatte seine Geliebte Thyia, eine Göttin des Sturms, auch
die „Schwarze" genannt, Altar und Gottesdienst, und mit den
Schneejungfern, die bei Cicero „albae virgines" heissen, kam er
dem Pythischen Heiligtum noch zur Zeit des Kelteneinbruchs zu
Hilfe (Preller Gr. Myth. ³ 2, 150).

---

¹) Über den deutschen Teufel als Wind J. Grimm D. M. ³ 951. 965.
976. Rhamm Hexenglaube 38. 77. 78.

So gelangte denn nun auch die Sage vom Kampf der Lapithen und Kentauren um schöne Weiber, die als Nereiden zu betrachten sein werden, und von einer blutigen Hochzeit derselben aus Thessalien nach Mittelgriechenland, vom Pelion zum Parnass und lebt hier bis heute, zwar nicht als kunstvolles Gesamtbild, wol aber in den Einzelzügen fort. Pirithoos ist, wie bemerkt, zum Teufel geworden, dessen ursprüngliche Natur in der Bezeichnung ἄνεμος, dessen Name in dem Worte περίδρομος noch deutlich zu erkennen ist. Jeder am Parnass den Winden stark ausgesetzte Ort heisst die Teufelstenne τὸ διαβολάλωνο oder δαιμονάλωνο, vor Allem der mit Steingeröll bedeckte Raum zwischen den beiden höchsten Gipfeln des Parnass, und der Teufel wird hier insbesondere als der Erreger des Wirbelwinds bezeichnet, wie anderswo auch die Neraiden (oben S. 105. 190). Schon hierdurch stehen sie zu einander in innigster Beziehung. Auch wird am Parnass die Verwirrung der Pferdemähnen bald den Neraiden, bald dem Teufel Schuld gegeben, und wie der Windteufel haben auch die Neraiden noch heute am Parnass ihre Lieblingsplätze. So heisst eine Hochebene des Parnass Neraidolakka, eine Quelle dieses Bergs Neraidobrysi, und die den Nymfen und dem Pan im Altertum geweihte korykische Höle am Parnass, jetzt τὸ Σαρανταύλι genannt, wird in Arachoba als Neraidenwohnung angesehen. Aber noch engere Verbindungen des Winddaemons und der Neraiden sind hier nachzuweisen. Die Teufel heissen Männer der Neraiden, diese die Weiber oder Töchter der Teufel, und die Teufel spielen den Neraiden, wie unsere Teufel den Hexen auf dem Blocksberg, auf dem Parnass bezaubernde Weisen zum Tanz auf, und gerade am Parnass erzählt man sogar von Verlobungen und Hochzeiten der Neraiden mit den männlichen Daemonen oder Teufeln (Schmidt a. O. 102 ff. 105. 108. 110. 123. 177 ff.).

Wir haben oben die Sage vom Kampf der verschiedenen Winde auf dem Parnass gehört, und wir brauchen nur die dort daraus entstanden gedachten Schneestürme in weibliche Wesen zu verwandeln, wozu uns die Überlieferung von den altgriechischen Chionen und albae virgines des Parnass ein Recht gibt, so sehen wir auch dort schon weibliche Wesen in den Streit der männlichen Winddaemonen verflochten. Dazu tritt nun noch die Sage von der Hochzeit der Winde des περίδρομος mit den Neraiden. Wir haben also die beiden grossen Hauptbestandteile der Pirithooshochzeit beisammen. Man könnte nun noch einwerfen, dass denn doch die Lapithenweiber nirgendwo als Nereiden bezeichnet würden; aber auch dieser Einwand kann beseitigt werden. Dass der Lapithe Pirithoos ursprünglich ein Sturmdaemon gewesen, scheint mir nach dem Gesagten zweifellos, dennoch heissen seine Lapithen immer nur Männer, die stärksten Männer der Welt. Die antike Sage, die ja überall die Merkmale höherer Kunst trägt, hat eben schon den Zusammenhang mit den Naturmächten gelöst, die Naturdaemonen sind zu Heroen, zu ungewöhnlichen Menschen, zu sittlichen Wesen geworden. So ist es auch den Nereiden ergangen. Einerseits sind sie zu hohen Göttinnen erhöht: Thetis, nach deren Besitz Zeus und Poseidon trachteten, war schon dieser Verklärung nahe, die Nereide Dione (so bei Apollod. 1, 2, 7. Okeanide bei Hesiod. Theog. 353. Hyade oder Plejade bei Pherekydes ed. Sturz S. 109) hat als Gattin des dodonaeischen Zeus dies Ziel erreicht. Aber andrerseits sind sie Heroinen ungewöhnliche Menschenweiber geworden, und glücklicher Weise ist uns der Name der Braut des Pirithoos erhalten, der uns über den ursprünglichen Nereidencharakter derselben aufklärt.

Hippodamia wird sie von den besten Überlieferungen genannt, ein Name, der den auf den Wolkenrossen dahinfahrenden Nereiden wol ansteht. Auch noch heute werden die Neraiden als Rosslenkerinnen gedacht, natürlich als reitende in einer Zeit, wo die Kunst des Wagenrennens abhanden gekommen ist. Auf Zakynthos glaubt man zuweilen Nachts die Hufschläge ihrer Rosse zu vernehmen (Schmidt a. O. 105). Auf dem Kypseloskasten erschien nach Pausan. 5, 19, 2 die Thetis auf einem Wagen, den geflügelte Rosse zogen, wie sie nach Apollodor 3, 13, 5 auch ihr Gatte Peleus vom Poseidon zum Hochzeitsgeschenk erhielt und wie sie auch sonst als Windrosse vorkommen (Overbeck Gr. Kunstm. 3, 216. Milchhöfer Anfänge S. 70 ff.). Als berühmteste Hippodamia ist nun nicht die Braut des Pirithoos, sondern die des Pelops bekannt, aber auch die Pelopssage gehört den mit den Aeolern verschmolzenen Nordachaeern in Thessalien an (Curtius Griech. Gesch.[4] 1, 83 ff.). „Hippodamia, des Oenomaos Tochter, erscheint auf den Abbildungen vom Kampf des Pelops mit ihrem Vater immer als Braut des Pelops neben ihm auf dem Wagen, bei den Dichtern als heftig von der Macht der Aphrodite entzündet und nach Lukian Charid. 19 betrat sie den Wagen der Freier, damit sie durch ihre Schönheit verwirrt würden" (Preller Gr. M. ³ 2, 384 ff.). Und nicht Pelops war der ursprüngliche Sieger über Oenomaos, sondern Hippodamia, deren Bild deswegen auch mit der Siegesbinde im Stadium zu Olympia stand, und die schon lange vor der Einführung der Wagenrennen in Olympia (680 v. Chr.) als berühmte Rosselenkerin gegolten haben muss (E. Curtius Griech. Gesch. ⁴ 1,217). In der Erklärung ihrer Wagenkunst aus ihrem Nereidencharakter werde ich bestärkt dadurch, dass auch die Apsaras im Mbh. in leuchtendem Wagen hinter Indra dreinsausen (oben S. 24), noch mehr aber durch die höchst auffallende Übereinstimmung der Hippodamia mit der Apsaras Rathajit[1]) d. h. der Wagensiegerin. Denn diese Wagensiegerin ist es gerade, die Minnezauber übt und Männer liebestoll macht (S. 15). Und wie die indischen Weiber Rathajit um Beistand in der Liebe anflehten, brachten nach Pausan. 6, 30, 4 die elischen Frauen alljährlich der Hippodamia ein Opfer. Der Name des Vaters dieser Hippodamia, Oenomaos (v. $\mu\hat{\omega}\mu\alpha\iota$), ist der eines weingierigen Sturmdaemons, dessen Rosse wie die Pelopsrosse ebenfalls Flügel hatten und Psylla d. h. wol Springer (vgl. $\psi\acute{v}\lambda\lambda\alpha$ Floh) und Harpina hiessen. Den letzten aus derselben Wurzel wie die Harpyien stammenden Namen trug auch des Oenomaos Mutter (Preller a. O. 2, 384). Die Wettfahrten des Oenomaos mit den Freiern und seiner schönen Tochter sind die wilden Wettfahrten der Winde und jagenden Wolken. So kennt auch der indische Mythus nach dem Aitar. Br. 2, 25 (Muir a. O. 5, 144) eine Wettfahrt des Windgottes Vāyu und des Wolkengottes Indra zum Soma, bei dem jener den Indra besiegt, der RV. 1, 104, 9. 8, 50, 2 somakāma somagierig heisst, also eine Art Oenomaos ist.

In demselben Anschauungskreise bewegt sich die andere Hippodamia, die Braut des Pirithoos. Zwar wissen wir wenig von ihr selber, aber ihr Vater Butes ist nach Diodor. Sic. 5, 50 mit Lykurgos, dem Winterkönig der thrakischen Dionysossage, ein Sohn des Boreas und verfällt gleich Ixion in Wahnsinn, als er

---

[1]) Übrigens sehe ich nachträglich, dass das PW. und auch Grill (Hundert Lieder des AV. Tübingen 1879 S. 67) rathajit als liebreizend fassen, wogegen Weber für seine obige Übersetzung auf die anderen kriegerischen Apsarasnamen verweisen kann. Noch deutlicher spricht dafür der Apsarasname im Mbh. Surathā d. i. die mit dem schönen Wagen und ausserdem das Wagenfahren der Apsaras im Gefolge Indra's.

die Maenaden, die rasenden Windgöttinnen des Driosgebirgs, rauben will (Preller Gr. M.³ 2, 151. 486). Die eine wie die andere Hippodamia ist demnach eine Tochter wilder Sturmdaemonen, die mit anderen streiten, und zugleich eine Braut derselben, eine Windsbraut, die in stürmischen Werbungen, einer kampfvollen Wettfahrt oder einer kampfvollen Hochzeit, errungen wird. Beiden Hippodamien ist das schöne Loos zugefallen, an dem herrlichsten Tempel der Erde, dem olympischen, die eine auf dessen West-, die andere auf dessen Ostgiebel, wie wir jetzt sagen dürfen, für alle Zeiten verherrlicht zu werden. Zwar ihren Nereidencharakter hat auch die bildende Kunst nicht irgendwie kenntlich gemacht. Höchstens könnte man in den Eckfiguren des Westgiebels eine Erinnerung an die Teilnahme der Nereiden an der Pirithooshochzeit erblicken, wenn nicht hier der Gedanke an freie Erfindung des Künstlers näher läge (s. o. S. 126). Solcher Liebe zu festlichen, oft mit Gewalttaten endenden Zusammenkünften, welche die rege Einbildungskraft der alten Völker in dem Spiel der Wolken und Winde, des Regens und des Sonnenscheins, des Donners und des Blitzes zu erkennen glaubte, begegnen wir auch sonst bei den Nereiden, die z. B. bei der Hochzeit des Peleus und der Thetis fröhliche Reigen aufführen (S. 45). Und auch auf dieser Hochzeit wie auf der des Pirithoos sind mit ihnen Kentauren zugegen. Allerdings wird das Kentaurenvolk nur selten dazu herangezogen, wie von Euripides (S. 45 ff.). Aber der Kentaur Chiron, der Sohn der Baumnymfe Philyra, der Gatte der Nais oder Chariklo, der Vater der ἁγναὶ κοῦραι (S. 42), der neugriechischen κοράσια, wie die Neraiden noch heute heissen (Schmidt a. O. 100), spielt bei diesem Fest, wie der vorangegangenen gewaltsamen Werbung des Peleus um die Thetis (S. 128 ff.), eine hervorragende Rolle. Er ist eine Art von παράνυμφος, seine Gegenwart erscheint beidemal als notwendig, wie die des Gandharven Viçvāvasu, der dem Chiron als angesehenster, edelster und einflussreichster Gandharve überhaupt am meisten gleicht, der die Mädchen mannbar macht, den Hochzeitszug begleitet und dem ersten Beilager beiwohnt. Und wenn ihm und dem Peleus (S. 57) in Thessalien „nach altertümlicher Weise", wie ich vermutete, geopfert wird, so mag diese Darbringung um so mehr als ein Hochzeitsopfer angesehen werden, als neben Chiron auch Peleus genannt wird und der Raub der Thetis durch Peleus auf den Vasenbildern als ein Symbol des Vermählungsaktes dargestellt zu werden pflegt, denn die Umfassung des Handgelenks der Thetis durch Peleus, die χεὶρ ἐπὶ καρπῷ, bedeutet nach R. Förster's Hochzeit des Zeus und der Hera (Breslauer Winckelmannsprogramm 1867 S. 15) die eheliche Vermählung und ist nicht zu verwechseln mit der blossen Handreichung, dem Symbol des vorangegangenen Verlobungsaktes, sowie im germanischen Norden zwischen dem vom Verlober und dem Bräutigam auszutauschenden Handschlag (handsala) und der dextrarum junctio der Brautleute zu unterscheiden ist (K. Lehmann Verlobung u. Hochzeit n. d. nordgerm. Rechten des früheren Ma. 1882. S. 40 ff. 133). Wie Viçvāvasu bei der Vereinigung des Paares Verehrung, namas, empfieng (S. 10. 11), so wird auch Chiron ein Opfer erhalten haben, von altertümlicher Einfachheit gleich jenem oben erwähnten deutschen Windopfer. Und noch bis auf den heutigen Tag werden bei fast allen indogermanischen Völkern als Reste dieses Opfers die altertümlichsten Getränke und Speisen bei der Verlobung herumgereicht.

Wir behalten uns eine eingehendere Besprechung der Peleushochzeit für den nächsten Band vor und beschränken uns hier auf die Pirithooshochzeit, in der die Kentauren so hervorragen, dass man sie fast auch eine Kentaurenhochzeit nennen könnte. Dieses Fest zerfällt in zwei Abteilungen, in ein lautes, aber friedliches Gelage und einen wilden Kampf der Festgenossen. Die Winde gelten als gefrässig und trunkgierig, denn sie rauben ja alle lockern und losen Speisen und schlürfen und lecken den Regen bald wieder von der Erde weg. Die nach dem Soma züngelnden Maruts, die Amrita leckenden Windbläser sind bereits oben erwähnt, Vāyu heisst bhasman d. i. verzehrend, kauend RV. 5, 19, 5. Die Gefrässigkeit der Harpyien ist aus der Phineussage bekannt, aber auch der Vater ihrer Verfolger, Boreas, und seine Gesellen lieben die Freuden des Mahls. So trifft sie Iris in jener herrlichen Stelle der Ilias 23, 200 ff., als die Winde vom Achill herbeigefleht werden, den Scheiterhaufen des Patroklos anzublasen. Da sitzen sie versammelt beim Schmause im Hause des heftigen Zephyros, auf dessen Schwelle Iris vorsichtig stehen bleibt. Die Winde aber, sobald sie die Regenbogengöttin erblicken, springen alle auf und jeder ruft sie zu sich. Sie aber weigert das Sitzen kurz und ruft sie zum Beistand des Achilles auf. Dann eilt sie davon, Boreas und Zephyros aber stürmen mit göttlichem Rauschen empor, die

Wolken vor sich her treibend. Auf diese Scene beziehe ich
auch trotz Matz (Archäol. Zeitung. 1876 S. 20) die schönen
Relieffragmente des Palazzo Colonna zu Rom, auf denen zwischen zwei jugendlichen gegen einander blasenden Windgöttern
mit wildem Haarwuchs eine weibliche Figur mit bogenförmigem
Peplos aufsteigt.¹)

Wenn hier eine weibliche Vertreterin des Regenbogens,
die auch beim ἱερὸς γάμος des Zeus und der Hera zugegen
ist, die Winde zu ihrem wilden Tun vom Schmause aufruft,
so ist es in der Pirithooshochzeit ein männlicher Vertreter
desselben, derjenige Kentaur, welcher der Bogenspanner, Eurytos
oder Eurytion, heisst. Auch in der Gigantomachie kommt
ein Eurytos oder Erytos vor, den Dionys mit seinem Thyrsos,
dem Blitze (Kuhn Herabk. S. 243) erschlägt (Apollod. 1, 6, 2
vgl. Heyne ² S. 33). Darum ist Eurytion in der Pirithoos-
sage der Friedensbrecher, der seine Genossen vom Gelage
zu wildem Kampf auffordert. Darum ist er in der Dexamenossage derjenige, der von des Herakles furchtbarem
Blitzgeschoss auch auf einer Hochzeit erlegt wird. Trunk-
und Weibergier fasst er in sich zusammen, der frechste, rohste
aller Winddaemonen. Nun verbreitet sich das Amrita, der
Ambrosiaduft, den die Hirten der ältesten Zeiten und noch bei
Aristoteles und Plinius das vom Regenbogen fallende Nass aus-
strömt. Nun erheben sich lüstern auch die andern Winde, und
wenn die weisse Milch in Strömen von den Tischen fliesst und die
Brüste der festfröhlichen Weiber von ihnen umfasst werden, so
darf man nicht mehr an die Galaktophagie denken, welche die
Griechen wol bei barbarischen Völkern fanden, sondern vielmehr
an jene Gandharven, welche die Apsaras melken (S. 33), gleich
den Maruts, welche die nie versiegende Donnerwolke melken.

---

¹) Matz und Andre bezweifeln, dass die homerische Iris wirklich als
Regenbogengöttin zu fassen sei und führt als Grund für diesen Zweifel den
Gattungsnamen Ἶρις der obigen Stelle der Ilias an, ein Grund, der nicht
durchschlägt. Eos z. B. ist bei Homer bald das über den ganzen Himmel ver-
breitete unpersönliche Morgenrot, bald die rosenfingrige Göttin und Mutter
Memnons. Auch das sei hier nur vorläufig bemerkt, dass die Sendungen der
Iris in der Ilias bez. Theog. regelmässig erwähnt werden, wo stürmische
Vereinigungen des Zeus und der Hera oder ihre und andrer Götterkämpfe
meist ganz deutlich als Abbilder des Unwetters geschildert werden. Vgl.
Il. 14, 340 ff. 15, 55. 8, 397. 11, 185. 24, 32. Theog. 780. Theokr. 17, 134.

RV. 1, 64, 6. Es zechen die Vānīs süssen Amrita auf der Gandharvenhochzeit (oben S. 184) und die Kentauren stürzen über den honigsüssen Wein her. Aber nur die letzten kommen zum Kampf.

Die Lapithenhochzeit ist eine der hochkünstlerischen Ausgestaltungen einer weitverbreiteten indogermanischen Auffassung des Unwetters, insbesondere des eigentümlichen Wetterzustandes, in welchem Regen und Sonne mit einander wechseln, als eines Streits oder einer Hochzeit oder einer sonstigen lauten Festlichkeit. In Niederdeutschland sagt man vom schnellen Wechsel des Sonnenscheins und Regens: de Düwel bleket sin Möm, der Teufel bleicht seine Grossmutter, in der Schweiz: Der Teufel schlägt seine Mutter oder die Heiden haben Hochzeit, in Holland: de duivel slaat zyn wyf oder: 'tis kermis in de hel, in Frankreich: le diable bat sa femme (J. Grimm' D. M.³ 960. 3, 297). Die Letten meinen: Regen regnete in der Sonne, den Seelen wurde die Hochzeit getrunken oder: Regen rinnt im Sonnenschein, wenn sich die Geister frei'n (Z. f. Ethnol. 7, 86). In Masuren heisst es: Der Teufel fährt zur Hochzeit (Mannhardt W. F. K. 2, 96). Ähnliche Redensarten waren auch den alten Hellenen sicher nicht fremd, denn noch heute sagen z. B. die Bauern auf Zakynthos, wenn es donnert, blitzt und regnet: ὁ θεὸς παντρεύει τὸν υἱό του Gott verheiratet seinen Sohn (B. Schmidt a. O. 32).

Endlich bedarf ein charakteristisches Ereigniss der Schlacht der Lapithen und Kentauren, die Überschüttung des Lapithen Caeneus, noch kurzer Erwähnung. In der Gandharvensage wird schwerlich ein Analogon aufgefunden werden, wie ja überhaupt die Lapithenhochzeit, von der man auch sagen konnte:

    mit leide was verendet   des küneges hôhzît,
    als ie diu liebe leide   ze aller jungeste gît,

in Indien nicht zu dieser grossartigen Ausbildung und Ausstattung gelangte, während die griechische Götter- und Heldensage an solchen herrlichen, in die Poesie und auch in den Cultus tief eingreifenden Götter- und Heroenhochzeiten überreich ist. Zu jener Erstickung des Winddaemons Caeneus unter den Baum- und Steinmassen der kentaurischen Winddaemonen scheinen die Griechen durch den Anblick der sogenannten Windbrüche und der Steingerölle ihrer Gebirge geführt zu sein; denn auch dem russischen Bauern entspringen nach Afanasieffs Mitteilung (Mannhardt W. F. K. 2, 96) die Verwüstungen der Orkane aus dem Kampf der Waldgeister gegen einander, wobei die Streiter hundertjährige Baumstämme und viertausend Pfund schwere Felsstücke gegen einander schleudern.

Am Schluss dieses Abschnitts haben wir noch einen Blick auf die beiden mittelaeolischen Sagen zu werfen, deren Schauplatz der aeolische Fluss Euenus und Olenus, ob nun das achaeische oder das aetolische, jedenfalls eine aeolische Stadt ist. In beiden handelt es sich um die Befreiung eines Weibes Namens Deianira aus der Gewalt eines Kentauren durch Herakles. In der ausführlicheren Sage ist Deianira die Tochter des Oeneus, dessen Name wol einen ganz ähnlichen Sinn hat wie der des Oenomaos, des Vaters der elischen Hippodamia. Auch ist die Tochter des Oeneus, wie die des Oenomaos, nur durch gefahrvollen Kampf zu erringen. Denn Herakles muss sie zuerst der wilden Werbung des Herrn des mächtigsten aetolischen Stroms, des Achelous, durch Ringkampf entziehen und dann aus der frechen Umarmung des Kentauren Nessus, des Herrn eines andern Flusses Aetoliens, Euenos, durch Pfeilschuss erlösen. Aber Oeneus hat einen milderen Character als Oenomaos, und nicht der Vater, sondern die Freier Deianirens sind es, welche ihre Gewinnung so gefährlich machen. Und so hat schon Preller Gr. M.³ 2, 245 im gastlichen Dexamenos, dessen Tochter Deianira in der zweiten mittelaeolischen Sage Herakles ebenfalls befreit und zwar von dem ungestümen kentaurischen Freier Eurytion, den Oeneus wiedererkannt. In der Tat werden wir die aetolische Nessus- und Eurytionsage nur als zwei verschiedene Versionen einer einzigen älteren mittelaeolischen Kentaurensage anzusehen haben, deren Hauptinhalt folgender war: Einem weinhütenden gastlichen Daemon, dem Oeneus-Dexamenos, der wahrscheinlich ursprünglich auch ein Kentaur war, in dessen Gestalt er noch auf einer Vase erscheint (oben S. 65), und der an den milden Kentaur Pholos erinnert, gewann Herakles eine Tochter Deianira ab, die ein wilder Kentaur, der bald als Bogenspanner Eurytion, bald als ein von den Göttern zum Hüter des Flusses Euenos gesetzter Nessus auftrat, für sich zu seinem Verderben begehrte. Denn Herakles brachte ihn um. Wir haben die indische Somakampfsage hauptsächlich in der elischen, die indische Gandharven-Apsarashochzeit vorzugsweise in der thessalischen Kentaurensage wiedergefunden, dieser aetolischen kommt die Gandharvensage in der Fassung der

Brahmanas am nächsten, in welcher der Kampf sich um zwei
Objecte, um den Soma und um ein göttliches Weib, dreht.
Vāc, Gāyatrī oder Suparṇī soll den Göttern den Soma verschaffen,
der aber auch personificiert als Gandharvenfürst, also als vierte
Person der Fabel und dem Oeneus vergleichbar erscheint, wie
ja auch in der Pholossage Soma durch Wein ersetzt ist.
Der somahütende Gandharve Kriçānu, der Bogenspanner, aber
verfolgt das Weib und verletzt sie, wird jedoch von Indra erlegt,
wie Eurytion der Bogenspanner die Deianira gewaltsam angreift
und von Herakles getötet wird. Und wenn statt Eurytions
der Flusshüter Nessus als Umarmer der Deianira im Flusse genannt wird, so erinnere man sich des Namens des somahütenden
Gandharven, des himmlischen Gandharven der Wasser RV. 9, 86, 36
(oben S. 8), der im Wasser mit der Wasserfrau rauscht (rapad),
die den Geist beim Rauschen, Brüllen des Brüllers oder Stiers
(nadasya nāde) schützen soll RV. 10, 11, 2 (oben S. 9. 97). Auch ein
somahütender Gandharve in der Vaj. S. heisst Svana der Rauscher
(oben S. 12. 171). Denn Nessus ist der im Wasser Rauschende
(G. Curtius Gr. [5] 243 ff.), der das Wasser beherschende, über-
fahrende Wind und darum ein Fährmann.

Dem Kampf des Herakles mit dem Kentauren Nessus geht
ein anderer mit dem Wasserungeheuer Achelous voraus, der dem
Nessus nahe verwant ist. Die Theog. 340. 341 bezeichnet nicht
nur den Achelous, sondern auch den Nessus als Fluss und beide
als Söhne des Oceanus und der Thetys. Der Achelous hiess in
alter Zeit auch Thoas der Schnelle. Er wurde für die Griechen
der Fluss der Flüsse, κρείων Ἀχελώϊος Il. 21, 194, und wie an
beiden Seiten des corinthischen Golfs ein Olenus lag, gab es
auch hier wie dort einen Achelous (E. Curtius Gr. Gesch.
[4] 1, 107). Die feierlichsten Eide wurden bei ihm geschworen,
und er wurde an vielen Orten in Gemeinschaft mit den Nymfen
verehrt (Jahrb. f. class. Philol. 1860. S. 395). Nun haben wir
einen solchen Kampf, wie ihn Indra-Kereçāçpa-Herakles mit einem
schlangenartigen Wasserungeheuer zu bestehen hatte, bevor er in
den Kampf mit dem Gandharven-Kentauren gieng, bereits in der
südaeolischen Kentaurensage und ihren indischen und iranischen Seitenstücken gefunden. Wenn nun auch Achelous
gewöhnlich als ein Stier mit Menschenantlitz bildlich dargestellt
wird,[1]) so kennt ihn doch die alte Sage und die Vasenmalerei

---

[1]) Als Nachtrag zu S. 64 Anm. 1 bemerke ich, dass nicht nur Achelous,

(Gerhard Auserl. V. II. T. 125) auch in der Gestalt einer gewundenen Schlange, und die sicherste Deutung wenigstens der ersten Hälfte seines Namens mag in einer Nebenform für das gemeingriechische ἔχις, in ἄχις, Schlange zu suchen sein. Auch der indische Wasserschlangendaemon Ahi budhnya, der in der Tiefe der Wasser budhne nadīnām wohnt RV. 7, 34, 16, genoss noch lange Verehrung und Opfer (oben S. 174) wie der Achelous, und ein Horn, das Herakles diesem in gewaltigem Ringen abbricht, muss auch jene von Kereçāçpa besiegte Schlange getragen haben, denn sie hiess Çruvara die Gehörnte.

Sind diese allerdings teilweise unsicheren Gleichungen begründet, so muss in Deianira der früheren Darlegung gemäss eine Wolkenfrau, eine Nereide, verborgen sein, und allerdings ist ihr Name bereits von M. Müller Essays 2, 80 als eine sanskr. dāsyanarī eine Frau der Dāsas oder Feinde gedeutet. Mit diesem eigentümlichen Namen stellt sich Deianira zu den dāsapatnīs, den apās, den von den Dāsas Ahi und Vritra gefangen gehaltenen Wolkenfrauen, die Indra befreite (Z. V. S. 1, 464 ff.). Auch in dem verhängnissvollen Kleide, das sie dem Herakles schenkt, sieht M. Müller a. O. die Wolken, in deren Glut der Heros, der nach M. Müller ein Sonnengott ist, beim Sonnenuntergang sein Ende findet. Aber ich halte auch hier Herakles für einen Gewittergott, der rasend die Lichasklippen ins Meer schleudert und unter Donner und Blitz aus dem Scheiterhaufen zum Himmel fährt.

Die Hauptträger dieser Sage sind also der Gewittergott, dann ein freundlicher kentaurischer Winddaemon als Hüter des Wolkensegens und der Wolkenfrau, ferner ein feindseliger Winddaemon als Drache oder bogenspannender oder wild brüllender Kentaur und endlich eine Wolkenfrau, deren zwischen den beiden Parteien schwebendes Loos im Unwetter, wo Blitze und Stürme mit und gegen einander streiten, sich entscheidet. Aber während die orientalische Überlieferung noch deutlich die Luft und ihre Erscheinungen als Kampfplatz erkennen lässt, hat die aetolische Sage den Kampf ganz von den Himmelswassern auf die Erde verpflanzt, wozu die wilden Wasser des Landes fast gebieterisch

---

sondern die Flussgötter überhaupt in Grossgriechenland, dann auch auf Münzen der thessalischen Stadt Metropolis und auf einer wahrscheinlich kretischen Münze als Stiere mit menschlichem Antlitz dargestellt wurden (Monatsber. d. k. preuss. Akad. 1878 S. 451).

einluden, deren wütende Übergriffe Aristot. Metor. 1, 14 durch die Worte kennzeichnet: ὁ Ἀχελῶος πολλαχοῦ τὸ ῥεῦμα μεταβέβληκεν (oben S. 120). Und der Euenos mag es nicht viel sanfter getrieben haben.

Die Nessussage zeigt uns also einen Kentauren als Wasserwesen, aber als eines, das aus dem grossen Reiche der kentaurischen Windwesen nur differenziert ist. Dadurch erklärt sich das Schwanken Prellers Gr. M.³ 2, 16, der durch die Rossgestalt der Kentauren bald ein wildes Stürmen der Luft, bald und offenbar dies entschiedener, das galoppierende Wogen von Giessbächen ausgedrückt findet. Aber, wie wir gesehen, ist die Rossgestalt durchaus nicht entscheidend und, wie sie jenen Mythologen zum Schwanken, hat sie einen andern, Roscher, zu der einseitigen und darum verkehrten Auffassung der Kentauren als blosser Flussdaemonen verführt.

Wir müssten hier noch das Eingreifen der Gandharven-Kentauren in die Purūravas- und Peleussage besprechen, das wiederum die Gleichartigkeit dieser Wesen ergeben würde. Aber die vollere Entwicklung dieser Sagen verlangt für sich eine eigene Untersuchung.

d) Die Eigenschaften.

In dem vorangehenden Abschnitt sind bereits die wichtigsten Eigenschaften und Characterzüge, wie sie in den dort besprochenen Haupttaten der Gandharven-Kentauren an den Tag traten, erklärt worden. Aber nicht alle sind zu ihrem Recht gekommen, da auch ausserhalb jener Haupt- und Staats-Actionen die Windgeister sich rührig zeigen. Wir müssen deswegen noch in der Kürze einen Blick in ihr Privatleben werfen, das nicht ohne Schmuck und Gehalt erscheint, ja unter Chirons Führung sich zu einem ritterlich-weisen Musterdasein erhebt.

Dass die Gandharven-Kentauren bald in den Wolken oder in Verkehr mit den Wolken, bald in und an Gewässern, bald auf Bergen, in Wäldern und auf Bäumen leben, erklärt sich aus ihrer Windnatur, wie schon wiederholt bemerkt ist. Eine ebenso manichfaltige Lebensweise führen die Wolkenfrauen, die Apsaras-Nereiden. Und gerade die genaue Verbindung, in welcher diese weibliche Daemonengruppe mit jener männlichen steht, befördert ein gewisses Hinübergleiten der Vorstellungen von der einen zu der andern, so dass die Männer zuweilen mehr als Wolken-, denn als Windwesen und andrerseits die Weiber mehr als Wind-, denn als Wolkenwesen erscheinen. Zuweilen ist sogar nicht zu unterscheiden, ob ein Gandharve nach der Wolke oder nach dem Berge benannt, denn Parvata, ein Gandharvenname im Mbh. (oben S. 25) bedeutet das Eine, wie das Andere.[1]) Für die erste Auffassung könnte man anführen, dass des Sturmgottes Rudra Gemahlin im Çatarudriyam Parvatī heisst (Muir 4, 356 ff.), ferner dass Parvata's Freund Nārada d. i. der Wasserspender (Ind. Stud. 1, 483. 9, 2) genannt wird und ausserdem ein Gandharve Kabandha d. i. Wolke (oben S. 20. vgl. RV. 5, 85, 3. 8, 7, 10. 9, 74, 7) vorkommt. Auch heissen die Maruts kabandhin d. h. eine Tonne mit sich führend RV. 5, 54, 8. Aber eben in jenem Rudragebet heisst der Sturmgott auch Girisha der Bergbewohner,[2]) und so könnte man auch Parvata als indisches Seitenstück zu den griechischen Kentauren Oureios, Petraios, Orosbios und ähnlichen auffassen. Die über hundert Namen der griechischen Kentauren sind von Preller und Gerhard in ihren Mythologien, dann von Mannhardt (W. F. K. 2, 42 ff.), Roscher (Jahrb. f. class. Philol. 1872 S. 421 ff.) und Plew (ebenda 1873 S. 201 ff.) als Hinweise auf ihr Hausen in Wäldern und Bäumen), Wassern und Rossleibern genügend besprochen worden, so dass ich hier nur als Beispiele anführe: Hylaeos, Dryalos, Agrios dann Krenaios, Helimos, Clanis, Imbreus, Roitos, endlich Hippasos, Hippotion, Monychos, auch Kyllaros, Chromis (s. u. S. 206) und vielleicht Mimas, der gleich verschiedenen andern Kentauren auch unter den Giganten (Plew a. O. 202), aber auch in einem thessalischen Stammbaum (Diodor 4, 67) als Sohn des Aeolos und Enkel Poseidons vorkommt, wie auch der Kentaur Amykos Poseidons Sohn genannt wird (Gerhard Gr. Myth. § 666. 243. Heyne Observ. S. 30). Dagegen finden wir unter den Gandharven bezeichnender Weise keinen mit dem Worte Ross zusammengesetzten Namen,

---

[1]) Zu S. 25 sei noch bemerkt, dass Indrāparvata mehrere Male im RV. zusammen angerufen werden, wie RV. 1, 122, 3, wo Grassmann Indra und der Berggott, Benfey Indra und Wolke (Bezzenberger Beitr. 7, 292) übersetzt, während Ludwig Indra und Parvata gibt vgl. RV. 1, 132. 6. 3, 53, 1.
[2]) Rudra wird beim Tryambakaopfer hinter die Mujavats verwünscht (Çatap. Br. 3, 2, 2, 17), ein auch von den Apsaras bewohntes Gebirge, an dem nach RV. 10, 34, 1 die Somapflanze wächst.

obgleich die Namen auf -açva in Indien sehr beliebt sind, was wiederum bezeugt, dass die Rossgestalt keine characteristische Eigenschaft der Gandharven ist.

Aus ihrer Windnatur und ihrem Waldleben erklärt sich die Liebe der Gandharven-Kentauren zur Jagd. Der Sturmgott Rudra ist der wilde Jäger Indiens. Für ihn, den Paçupati, den Herrn der Tiere, Wälder und Bäume, der in den Büschen wohnt in Form von Echos, sind die Tiere des Waldes und die schön beschwingten Schwäne. Er hat weitmäulige heulende Hunde, die ihre Beute ungekäut verschlingen vgl. Çatarudr. Vaj. S. 16, 17 ff. AV. 11, 2, 24. 30 (Muir 4, 356 ff. 277). Rudra mag die Gandharven aus den Jagdrevieren hinausgedrängt haben. Doch treiben die Gandharven auch noch im RV. die Wolken vor sich her und gehen mit den mrigas auf einer Bahn. Im Mbh. erscheinen sie bogenbewaffnet im Walde. Kräftiger hat sich bei den Kentauren die Jagdleidenschaft erhalten, wie sie sich auch im Sturmgott Apollon Agreus und Hylatas (oben S. 191) erhielt. Wir finden hier Namen wie Thereus und Dorylas, und vielleicht gehört Asbolos hieher (Plew a. O. 201. Mannhardt a. O. 43). In der Bildnerei kehren die Kentauren oft mit ihrer Jagdbeute heim, und Chiron zumal erscheint in Bild und Gedicht und schon in der alten Peleus- und Achilleussage als ein Oberjägermeister.

Als Hauptwaffe haben wir den Sturmdaemonen und -göttern den Bogen zuerkannt, mit dem eine bogenführende Bevölkerung den Regenbogen, das Sturmzeichen, vergleichen musste. Der Bogen blieb deshalb den Gandharven von den alten Kämpfen mit Indra an durch alle Zeiten hindurch, wenigstens traten sie noch im ziemlich späten indischen Epos mit der Bogenwehr auf. Aber in Griechenland kam der Bogen bei den Menschen viel früher ausser Brauch als in Indien, deswegen wurde er auch früh manchen Göttern und Daemonen wieder entrissen, und selbst Herakles büsste ihn später wieder ein und erhielt die Keule. So haben ihn auch die Kentauren nach dem Eurytosnamen und einer allerdings undeutlichen Spur eines rhodischen Thonreliefs (oben S. 59) zu schliessen, wahrscheinlich in der Dichtung, wie in der Bildnerei einst besessen, aber früh wieder verloren, um ihn dann merkwürdiger Weise erst in den Anfängen der griechischen Astronomie und den späteren Zeiten der griechischen Kunst wieder zu erlangen. Jedoch bedarf diese Bogenfrage einer genaueren Untersuchung, als ich sie anzustellen vermag. Chiron schenkt dem Peleus zur Hochzeit eine Lanze (Il. 16, 140), die wie der Bogen des Eurytos die Eigenschaft hat, nur von wenigen auserlesenen Sterblichen benutzt werden zu können, und mit der Lanze versehen werden er und andere Kentauren auch wol auf Vasen dargestellt (oben S. 60). In den Blütezeiten der Dichtung und Bildnerei aber schwingen die Kentauren Stämme und Steine, und die Namen des Elatos, der Peukiden und ähnliche Kentaurennamen stammen aus dieser Zeit, oder sie schlagen bloss mit den Armen und Beinen auf ihre Gegner los. Die Gandharven des Veda und des indischen Epos dagegen, besonders ihre Fürsten, legen immer glänzenderen Waffenschmuck an und sind mit Streitwagen ausgestattet (oben S. 12. 30).

Wie die Tätigkeit des älteren Sturmgottes Apoll zwischen dem Bogenschiessen und dem Leierspiel geteilt ist, so führen nun auch die Gandharven-Kentauren nicht nur Waffen, sondern auch Musikinstrumente in der Hand. Die Winddaemonen gelten bei allen Völkern als Spielleute, Erfinder der Instrumente und Musik, die bald leise, liebliche, bald laute und grausige Musik machen. Der Sturmgott Rudra heisst RV. 2, 36, 2 bharata der Sänger, dem Zuge seiner Söhne, der Maruts, mögen sie zusammmen sprechen oder furchtbar einherbrausen, hört Mancher zu, lauscht (açrod) die Erde und alle Menschen fürchten sich. RV. 1, 39, 6. 37, 13. Die Rudrasöhne heulen Sturmlieder RV. 1, 72, 4 (Bollensen Z. D. M. G. 22, 606 ff.). Der Blasenden (Maruts) Musik (vānī) ist Indra lieb, um ihn ist Marutsmusik (marutvatī vānī) RV. 3, 30, 10. 7, 31, 8. Die Maruts singen bei Indra's Vritrakampf RV. 1, 52, 15. Die vānīs (Sturmbläser) machen Indra zu ihrem König RV. 7, 31, 12. Und wie die Maruts die Pfeife im Somarausch blasen, RV. 1, 85, 13, so lecken die vānīs vom süssen Amrita RV. 10, 123, 3 in jenem Lied von der Gandharvenhochzeit.[1] Manche Namen der Gandharven deuten auf ihre musikalischen Talente und die Kraft ihrer Stimme hin, wie Svana (oben S. 12. 200) und Dundubhi (Pauke vgl. RV. 6, 47, 29 ff.), der auch ein Apsarasname ist (oben S. 25). Citrasena, Nārada und Tumburu sind die Musiklehrer Indra's und Arjuna's,

---

[1] Die Windbläser sind aber auch böse Daemonen. So heisst der Sohn des Indrafeindes Vali Vāna (Pfeife), der Mbh. 1, 2528 wieder ein Diener Rudra's ist (Ind. Stud. 1, 415). Çushna und Vritra werden auch çvasana oder çvasan Bläser genannt RV. 1, 54, 5. 5, 29, 4. 8, 21, 11.

und die Gandharven heissen die Lautenschläger, wie denn im Epos ihre Hauptaufgabe ist die grossen Götter durch Sang und Musik zu erfreuen (oben S. 23 ff. 30. 33) Über die griechischen musicierenden Winddaemonen und -götter vgl. Roscher Hermes S. 50 ff. Nektar und Ambrosia S. 3. Unter den Kentaurennamen finden sich mehrere, die das Brausen und Geheul des Windes bezeichnen, wie Nessos, Teleboas, Erigdupos, Bromos und Chromis (s. o. S. 203). Nach Euripides' Darstellung (oben S. 46) stimmen die Kentauren ein lautes Hochzeitslied an und spielen Musikinstrumente auf späteren Bildwerken (oben S. 80), zu denen noch ein die Lyra haltender Kentaur auf einer Münze der Magneten zu rechnen ist (Monatsber. d. k. preuss. Akad. 1878 S. 450). Über sie hinweg und bereits auf früheren Darstellungen (oben S. 77) strebt Chiron auch in dieser Beziehung nach edleren Zielen, er ist der Lehrmeister der Heroen in der Musik, wie die Gandharven Nārada und Tumburu.

Auch eine andere Kunst, die Heil- und Arzneikunde, deren sich die Gandharven-Kentauren erfreuen, ist aus ihrer winddaemonischen Bedeutung entsprungen. Die Winde reinigen die Luft und führen den erquickenden Regen herbei. In Indien pflegt in der heissen Jahreszeit namentlich nach langer Windstille das Malariafieber sehr stark aufzutreten (Ind. Stud. 9, 391. Roscher Nektar und Ambrosia S. 5). Daher gelten alle Windgötter und -daemonen für Ärzte. Rudra ist der jalāshabheshaya d. h. Arzneibesitzer RV. 1, 43, 4. 5, 42, 11; er ist der bhishaktama bishajām der beste Arzt der Ärzte RV. 2, 33, 4. Er trägt in der Hand (hasta) die besten Arzneien 1, 114, 5. vgl. 8, 29, 5. AV. 2, 27, 6 (Ind. Stud. 13, 192). Er hat mridayākus bheshajas hastas weiche, linde, heilende Hände RV. 2, 33, 7. Als svapivāta, der durch seinen Windhauch in Schlaf versenkt, hat Rudra tausend Arzneien RV. 7, 46, 3. Hier berührt er sich mit dem sanfteren Windgott Vāyu. Rudra vertreibt nach der eben angeführten Stelle das Fieber durch den Schlaf, Vāyu wird gebeten RV. 1, 135, 7, über alle Schlafenden zu schreiten d. h. wol liebliche Träume zu senden. Vāyu und die Maruts verleihen Gesundheit, wofür Roscher's Hermes der Windgott S. 118 ausreichende Belege beibringt. Heilbringend ist auch Vāta, wenn er Menschen und Kühen Arznei heranweht, RV. 10, 169, 1. 186, 1, und 186, 3 finden wir die wichtige Stelle: „Wenn dort, o Vāta, in deinem Hause amritasya nidhis hitah d. h. der aufbewahrte Schatz (Ludwig das Gefäss) des Amrita hingestellt ist, so gib uns davon zum Leben". So ist in des Kentauren Pholos Hause der kostbare πίθος voll ambrosischen Weines aufbewahrt. Dies Amrita ist vorzugsweise der Regen, wie denn im Wasser alle Arznei vereint ist RV. 1, 23, 30 = 10, 9, 6. Indra erweckt durch sein Regenamrita die Toten (oben S. 25).

Heilkraft sprachen auch die Griechen ihren Wind- und Sturmgöttern zu. Hermes der Widderträger befreit von Seuchen (oben S. 139) und ist Traum oder Schlafgott (Roscher Hermes S. 64 ff. Nektar und Ambrosia S. 4). Er schenkt bei Sappho Fr. 51 den Göttern Ambrosia ein, und im Hermeshymnus V. 247 liegt in der Grotte seiner Mutter Maja ein reicher Vorrat von Ambrosia und Nektar. Apoll ist der ἀλεξίκακος, ἀκέσιος und ἰατρόμαντις, der sühnende, Leibes- und Geistesschaden heilende Gott und Vater des Asklepios. Boreas belebt durch seinen frischen Hauch den schon halbtoten Sarpedon wieder Il. 5, 697. Aus dem Regen werden auch nach griechischer Anschauung, denn diese wird jener Plinianischen Stelle (oben S. 162) zu Grunde liegen, Arzneimittel, ein divinum nectar.

So bezeugt denn auch die Heilkunde der Gandharven-Kentauren ihre Windnatur. Die Gandharven behüten den heilkräuterreichen Gandhamādana oder Oshadi, sie graben heilkräftige Wurzeln aus und vermögen damit halbtote Helden zu beleben (oben S. 13. 27). Wie genau stimmt das alles wieder zu den griechischen Kentauren! Denn auch diese bewohnen ein ὄρος πολυφάρμακον, wie Dicaearch Fr. 60 den Pelion nennt, der mit dem euboeischen Telethrion und dem Parnass für das heilkräuterreichste Gebirge galt und ein besonders durch Heilkräuter berühmtes Waldtal, das Pelethronion (von θρόνα Blumen, Kräuter s. Curtius Gr.⁵ 223. 501), besass. Nach diesem hiess auch Chiron der Pelethronier (oben S. 42), nach Chiron und den Kentauren wurden Heilkräuter benannt (oben S. 48). Chiron wurde als Rhizotom dargestellt (oben S. 77). Er ist Lehrer der Heilkunde, in der er selbst den Asklepios unterweist, und Stifter einer Schule und, wenn er den jagd- und kampfmüde eingeschlummerten Peleus wieder erweckt, so ist nach Mannhardts Darlegung W. F. K. 2, 53 ff. dieser Schlaf in den entsprechenden indogermanischen Sagen ein Halbtod, aus dem der Held durch einen Kentauren wieder ins Leben zurückgerufen wird, wie die halbtoten Helden der indischen Sage durch die

Gandharven. Höchst wahrscheinlich sind aus dieser heilenden Tätigkeit der Gandharven-Kentauren, bei der die kräutersuchende, grabende und tragende Hand, die ausserdem den μαλακόχειρα νόμον (oben S. 43), das linde Streichen des kranken Körpers, verstand, eine wichtige Rolle spielte, mehrere Namen dieser Wesen zu erklären. Rudra hält die besten Arzneien in seiner Hand, hasta (oben S. 206), seine mridayākus hastas stimmen fast wörtlich mit den μαλακόχειρες Chirons überein, und so begegnen uns unter den sieben gandharvischen Somahütern der Vaj. Sanh. (oben S. 12) die Namen Hasta und Suhasta, Χείρ und Εὔχειρ. Wie Rudra wird auch Chiron, die Kräuter in der Hand haltend, dargestellt, und Chirons Name stellt sich den beiden indischen gleichbedeutend zur Seite.

Wenn nun im Gegensatz hierzu die Gandharven-Kentauren andrerseits so gefährlich und boshaft auftreten, so ist auch das in der Natur von Winddaemonen begründet, in der heftigen, zerstörenden Gewalt der Stürme. Die Furchtbarkeit der indischen Stürme war schon Ktesias bekannt, der nach Lassen Ind. Altert. 2, 638 nicht übertreibt, wenn er sie als Alles mit sich fortreissende schildert, und nach Haug und Weber (Gött. Gel. Anz. 1875. S. 100. Ind. Stud. 14, 149) wüten sie ganz besonders heftig im Pendschab, der Heimat der vedischen Hymnen und dem Hauptsitz des Rudradienstes. Von dem Grausen, das mehrere der rigvedischen Rudralieder und noch mehr das Çatarudriyam (oben S. 159) erfüllt, ist etwas in die atharvavedische demütige Verehrung des zornig blickenden Gandharven übergegangen (oben S. 15). Ähnlich der wilden Jagd in Deutschland, die den Körper mit Kopfanschwellungen und Lähmungen trifft, und den Elben und Zwergen (Z. f. d. Philol. 1, 310 ff.), verwirren die Gandharven die Sinne des Menschen und verfolgen in die Hütten einbrechend die Wöchnerinnen und deren Kindlein mit Krankheit und Tod. Hier begegnet sich auffallend der atharvavedische Gandharvenglaube mit der neugriechischen Kalikantsarenvorstellung. Die Gandharven ergreifen das Innere der Menschen mit ihrem Geist, wie in Griechenland die Luftgeister und die Neraiden oder Nymfen (oben S. 186). Die Gandharven tragen so die Gabe murmelnder Weissagung in den Menschen hinein, wie die altgriechischen Nymfen. Sie verleihen die Fähigkeit, alles zu sehen, was man wünscht (oben S. 31) und verkünden die Wahrheit. So ist auch Chiron ein Prophet, der dem Apoll und der Thetis die Zukunft voraussagt. Man denke dabei an das älteste hellenische Orakel, das im Rauschen der dodonischen Eichen, im Flüstern des Windes, vernommen wurde.

In noch höhere, ethischere Regionen scheint sich die Gemeinschaft der Windvorstellungen und somit der Verwantschaft der Gandharven-Kentauren zu erstrecken. Wenn die Winde weissagten, so galt für wahr, was sie sagten, und so wird die Wahrheitskunde des Gandharven Viçvāvasu hervorgehoben, wie die Chirons, der nun auch in Sprüchen seine Weisheit den Menschen überlieferte (oben S. 37. 43) und schon in der Ilias der gerechteste der Kentauren heisst.

Endlich mag auch der Wind, wie er Soma- und Götterwächter war, als ein Hüter des Opfers und göttlichen Gesetzes aufgefasst sein, denn der Wind ist es, der die Opferflamme anbläst und umfliegt. Vāyu, und zwar er allein von allen Göttern, heisst im RV. 8, 26, 21 ritaspati der Herr des Opfers, des heiligen Gesetzes, und der Gandharve Viçvāvasu (oben S. 12) legt eine Schutzwehr um das Opfer und empfiehlt im Mbh. dem Arjuna (oben S. 31) und auch dem Purūravas das Feueropfer, das Unsterblichkeit gewährt. Und auch hier hat dieser Gandharve ein Gegenbild in Chiron, der die Götteropfer als vornehmste Menschenpflicht an's Herz legt und die heiligen Opfer, Götter, Eide und Gerechtigkeit lehrt (oben S. 37. 38).

Es mag sein, dass die zuletzt berührten ethischen Züge sich in Indien und Griechenland unabhängig entwickelt haben, aber derartige feinere Analogien erwachsen nur aus einem völlig gleichartigen Boden.

5. Mythologische Stellung.

Durch die vorstehende Untersuchung ist meines Erachtens zwar der Beweis für die ursprüngliche Einheit der Gandharven-Kentauren erbracht, aber durchaus noch nicht die ganze Gandharven-Kentaurenfrage erledigt. Nicht nur sind einige dunkle Punkte zurückgeblieben, wie z. B. das Verhältniss dieser Wesen zum Kitovras oder das des Kentauren zum Tierkreisbilde des Schützen, sondern es ist auch von mir die so wichtige Teilnahme der Gandharven-Kentauren an dem Schicksal der beiden Liebespaare Purūravas und Urvaçī und Peleus und Thetis, deren Verwantschaft den früheren Forschern entgangen ist, absichtlich nur obenhin berührt worden. Ferner darf man vielleicht von einer Einzeluntersuchung verlangen, dass sie die den Gandharven-Kentauren entsprechenden Figuren der anderen indogermanischen Völker nachweist. Aber wir dürfen uns hier auf Mannhardts einschlägige treffliche, wenn auch nicht ganz ausreichende Forschungen beziehen. Und wäre die mythologische Untersuchungsmethode bereits sicherer und ausgebildeter, als sie ist, so würde man sich nicht bedenken zu fragen, ob nicht sogar ausserhalb des indogermanischen Völkerkreises ähnliche mythische Vorstellungen zu ähnlichen mythischen Gebilden geführt haben, und es wäre z. B. das Verhältniss der Gandharven-Kentauren zu den hebräischen Cherubim und Seraphim und zu den kraftvollen assyrischen menschenköpfigen Flügeltieren darzustellen.

Aber am Schluss unserer Arbeit drängt sich eine notwendigere und bedeutsamere Aufgabe auf, der sich fortan die Untersuchung eines mythischen Wesens oder einer mythischen Gruppe nicht mehr entziehen sollte, wenn überhaupt die Mythologie zu einer historischen Wissenschaft, einer geistesgeschichtlichen Disciplin werden soll. Es ist meines Erachtens wenigstens der Versuch zu wagen, die chronologische, die historische Stellung der betr. mythischen Gebilde, die sie innerhalb der Gesamtentwicklung einnehmen, näher zu bestimmen. Wir müssen zu festen Daten, zur Abgrenzung gewisser Perioden zu gelangen suchen, wir müssen mehr Gewicht auf die historische, als auf die systematische Auffassung der Mythologie legen. Allerdings bedarf es da noch zahlloser sorgsamer Einzelforschungen, besonders auch solcher vergleichender Art, und vieler Verständigungen, um nur überhaupt die grossen Perioden der Entwicklung in allgemeinen Umrissen angeben zu können, und auf diesem Felde wird die vergleichende Mythologie ihre schönste, schwierigste und lohnendste Arbeit suchen müssen. Sie wird ihren Blick nicht auf den indogermanischen Völkerkreis beschränken, sondern den Mythenkosmos der ganzen Menschheit zu erfassen suchen.

Aus derartigen breiteren Studien haben sich mir folgende Anschauungen ergeben, die zunächst in kurzer Thesenform hier versuchs- und andeutungsweise zusammengefasst erscheinen, um im weiteren Verlauf dieser Untersuchungsreihe im Einzelnen tiefer begründet zu werden.

Die Mythengeschichte durchläuft drei Hauptperioden, die des Seelen-, Geister- und Götterglaubens.

Erste Periode: der Seelenglaube.

1. Das mythische Denken nimmt seinen Ausgang von der Vorstellung von der Seele d. h. von etwas dem Menschen Innewohnendem, das nach seinem Tode in einer unsichtbaren oder vielmehr dem Unsichtbaren nahen Form die Überlebenden umgibt.

2. Die geheimnisvolle, auffallende, Furcht und Mitleid erregende Erscheinung des Todes ruft die ersten freieren Gebilde menschlicher Einbildungskraft d. h. mythische Vorstellungen, zumal in den Träumen, hervor, in denen der Verstorbene sich den Seinigen oder seinen Feinden zeigt.

3. Die Vorstellung von der Existenz dieser menschlichen Seele geht der Beseelung der Naturgegenstände und -erscheinungen voran.

4. Sie erzeugt den Toten- oder Ahnencultus und eine Reihe von Vorstellungen von dem Fortwirken der Toten nach dem Tode, ihrem Aufenthaltsort, ihren Bedürfnissen und Ansprüchen und ihrem Charakter.

5. Das Leben nach dem Tode ist in ältester Zeit keine Unsterblichkeit, sondern ein einige Zeit über den Tod hinauserstrecktes, mit der Erinnerung der Überlebenden aufhörendes Dasein.

6. Dies Dasein haftet an der Wohnung des Verstorbenen, oder in dem Flecken Erde, der ihn aufnahm, oder in der umgebenden Luft.

7. Die Seelen bedürfen zu ihrem Dasein eines regelmässigen Lebensunterhaltes seitens der überlebenden Ihrigen. Der Cultus hat daher einen häuslichen Charakter und beschränkt sich auf die Mitglieder der Familie.

8. Je älter Opferbräuche, Orakel, Zaubereien u. dergl. sind, desto mehr tragen sie den Charakter des Totendienstes. Blut, Honig (bei vielen Völkern) und die Nahrung der Lebendigen bilden die Totenopfer. Das Brandopfer ist eine Neuerung, ebenso wie die Leichenverbrennung im Verhältniss zur Beerdigung.

9. Die Seelen erweisen sich als böse oder gute d. h. als schädliche oder nützliche, so dass also der Glaube schon dieser Periode den Keim des religiösen Dualismus in sich trägt.

10. Dagegen ist der Gegensatz des männlichen und weiblichen Geschlechts wenig bemerkbar, da die weiblichen Seelen sehr vernachlässigt erscheinen.

11. Tiere, besonders wilde und unheimliche, unruhige oder rasch in der Erde oder Luft verschwindende, oder auch im Hause des Menschen sich ansiedelnde, gelten als Seelen und spielen eine Hauptrolle in den Mythen.

12. Daher hängen andere Culte und Vorstellungen der ältesten Zeit mit dem Totenkult nahe zusammen, wie die Tier- und Pflanzenverehrung und die Lehre von der Seelenwanderung.

13. Den höchsten Ausdruck erlangt der Totencultus in der Verehrung eines einzigen Urahnen, des ersten Verstorbenen und also ersten Menschen, des Stammvaters, Königs und Richters im Totenreich und des Feuerfinders, jedoch wahrscheinlich noch nicht in dieser ersten Periode.

14. Die Culturstufe, auf der die Menschen diesen Grund

ihres Glaubens an das Unsichtbare, ihrer Religion und ihres Mythus, gelegt haben, ist die älteste, die des Jagdlebens.

15. Daher haben alle Völker der Erde, auch die niedrigsten, diese erste Periode aller religiös-mythischen Entwicklung durchlebt.

16. Daher haben alle Völker der Erde, auch die reifsten, nach dem Gesetz, dass das älteste Geistesproduct auch das unverwüstlichste ist, je nach Schicksal und Geistesrichtung von dem Seelenglauben mehr oder minder bedeutende Reste bewahrt, namentlich die niederen Klassen derselben. Im Schauder, der an Friedhöfen bei Nacht und an Mordstätten haftet, im katholischen Seelencultus und im Spiritismus lebt er noch heute auch unter Gebildeten fort.

17. Daher sind manche Völker, namentlich manche Jägervölker, gar nicht oder nur sehr wenig, man möchte sagen, nur versuchsweise über den Seelenglauben hinausgekommen.

18. Daher ist auch bei den conservativen Culturvölkern, z. B. bei den Chinesen, Ägyptern und Römern, der Totencultus der Kern ihrer Religion geblieben.

19. Daher sind auf keinem Gebiete der Mythologie die Übereinstimmungen bei den verschiedenartigsten Völkern aller Rassen zahlreicher und genauer als auf dem des Seelenglaubens und dem der damit zusammenhängenden Culte und Vorstellungen.

20. Diese erste Periode wird am zweckmässigsten zunächst in zwei Hauptabschnitte zerlegt, deren erster vor, deren zweiter hinter der Feuererfindung liegt, die um so tiefer in das religiöse Leben eines Volkes eingegriffen, je wirksamer sie dessen sociales Dasein umgestaltet hat.

21. Auch noch andere Abschnitte werden sich vielleicht mit der Zeit erkennen lassen, denn im weiteren Verlauf dieser ersten Periode lösen sich mehr und mehr von den in gewissen Naturerscheinungen und -kräften, wie Tieren, Pflanzen, Winden, wohnenden Seelen selbständigere Naturgeister ab, die man nicht mehr als Seelen betrachtete, vom Seelenbegriff entleerte, gleichsam unabhängig gewordene, ein eigenes Dasein führende Naturerscheinungen, die den Übergang zu der zweiten Periode vorbereiten.

Zweite Periode: der Geisterglaube.

1. In der zweiten Periode nimmt der Totendienst noch einen bedeutenden Raum im Cultus ein, wie überhaupt die Errungenschaften der einen Periode in die andere mit hinübergenommen werden, um in dieser bald unverändert, bald verwandelt fortzubestehen. Die Seelen werden mehr und mehr Geister.

2. Daher sind die Naturdaemonen, je älter sie sind, desto mehr mit den Eigenschaften der Seelen ausgestattet, je jünger, desto weniger.

3. Unter den Naturdaemonen werden jetzt die wichtigsten die Winddaemonen, weil eine Hauptseelenvorstellung die Seele als Wind auffasst und weil die Winde die rätselhafteste und doch nächste, die unsichtbarste und wieder sicht- und fühlbarste, die wirksamste, zudringlichste, rastloseste und überhaupt lebendigste Kraft in der Natur vorstellen. Der Hauptschauplatz der mythenbildenden Phantasie ist die Luft.

4. Neben ihnen, mit ihnen in Freundschaft oder Feindschaft, erscheinen die Gewitter- und Regengüsse als Daemonen, weil sie mit den Winddaemonen in nächster natürlicher Beziehung stehen und durch die Grossartigkeit ihrer Erscheinung und ihren Einfluss auf das menschliche Leben einen besonders tiefen Eindruck machen.

5. Denn die Culturstufe dieser zweiten Hauptperiode ist das Hirtenleben mit seinen Haustieren und seinem Weidebetrieb. Dadurch ist nicht ausgeschlossen, dass auch solche Völker, die das Hirtenleben nicht durchgemacht haben, wie die meisten indianischen Stämme, ihre Winddaemonenverehrung gehabt haben, denn, wie angedeutet, ergab sich einerseits diese als der natürliche Fortschritt des Seelencultus, andrerseits war für einen grossen Teil dieser amerikanischen Jägervölker auch der die Jagdgründe und deren Jagdtiere nährende Regen von hoher Bedeutung.

6. Die Vertreter der anderen grossen Himmelserscheinungen, die Lichtwesen, treten noch gegen die Wind- und Wetterdaemonen zurück. Jedoch haben die Wechsel und Flecken des Mondes und seine und der Sonne Verfinsterungen schon sehr früh Mythen veranlasst.

7. Die Wind- und Wetterdaemonen treten besonders in den früheren Abschnitten dieser Periode in Scharen, in Massen auf. Aber wie aus den Seelenscharen sich Seelenführer erheben, werden

auch aus dem Heer der Wind- und Wettergeister allmählich einzelne, durch irgend eine hervorragende Eigenschaft ausgezeichnete Individuen mit besonderen Charakterzügen versehen. Es entstehen mythische Eigennamen.

8. Feindliche und freundliche Verbindungen und Verhältnisse von daemonischen Vertretern der einen Naturerscheinung zu denen einer andern bilden sich. Auch gewinnt das weibliche Geschlecht in der Daemonenwelt mehr Raum.

9. Verschiedene in besonders innigem Zusammenhang sich darstellende Naturerscheinungen werden auch wol durch eine und dieselbe mythische Persönlichkeit vertreten. Es entstehen mythische Composita.

10. Die wol erst in dieser Zeit der Individualisirung gestalteten Ahnenführer übernehmen auch wol die Vertretung von Naturgeistern, des Windes, des Donners, der Sonne, des Feuers.

11. In den Mythen spielen die Haustiere, namentlich Rinder und bei den Indogermanen Rosse, eine Hauptrolle, bei gebildeten Völkern neben der Feuerfindung die Schmiedekunst.

12. Der Cultus bedient sich der Milch und nun auch sicher berauschender Getränke und des Feuers zum Opfer, woneben ältere Opferformen bestehen.

13. Der Cultus beschränkt sich nicht mehr auf das Haus, er hat öffentliche Stätten, vorzugsweise aber die nun gemeinsamen Bestattungsplätze der Toten und Versammlungsplätze der Lebenden. Aus dem Privatcultus wird mehr und mehr ein Gemeinde- und Gaucultus, geleitet vom Häuptling und seinen Dienern.

14. Schon in dieser Periode kann aus dem Mythus der höheren individuelleren Daemonen eine Heldensage entstehen, deren höhere Ausbildung allerdings in der Regel durch grosse historische Ereignisse veranlasst wird.

15. Die Übereinstimmungen der Mythen und Bräuche verschiedener Völkerfamilien sind in der zweiten Periode nicht mehr so genau wie in der ersten. Doch stehen sich z. B. die indogermanische und semitische noch sehr nahe. Die indogermanischen Völker haben diese Periode noch zum grössten Teil mit einander verlebt, am längsten die arisch-hellenischen Völker.

Dritte Periode: der Götterglaube.

1. Die dritte Periode ist nur denkbar bei Völkern des Ackerbaus und überhaupt einer staatlichen Cultur.

2. Die individualisierten Einzeldaemonen werden zu Göttern d. h. in ihrer Sphaere und Eigenart unvergleichlichen und unbeschränkt herschenden Idealwesen.

3. Aus den in der zweiten Periode wichtigsten Daemonenkreisen, denen der Wind- und Wetterdaemonen, sind solche Idealwesen hervorgegangen, aber nun gewinnen bei vielen Völkern besonders die Lichterscheinungen der Natur und deren Vertreter die Obmacht, oder es nehmen auch die älteren Wind- und Wettergottheiten mit der Zeit mehr und mehr die Eigenschaften von Lichtgottheiten an. Die Götter der Sonne und des lichten Himmels oder auch die Gewittergötter werden die obersten.

4. Diese Götter- und Mythenbildungen, verhältnissmässig späten Zeiten angehörend, tragen bereits einen überwiegend nationalen Charakter. Die Composition der Elemente, zumal die volle Ausreifung des Ideals, ist eine ganz nationale. Wenn trotzdem die Ähnlichkeit zweier Gottheiten z. B. zweier verschiedener indogermanischer Völker überrascht, so beruht dieselbe mehr auf der Gleichartigkeit der in den früheren Perioden geschaffenen Elemente, aus denen das höhere Gebilde besteht, und auf einer analogen Fortentwicklung derselben, als auf gemeinsamer Hervorbringung dieses Gebildes.

5. Die Daemonenscharen verlieren häufig ihre selbständige Bedeutung und werden zum dienenden Gefolge der grossen Götter herabgedrückt.

6. Die Gegensätze und Verbindungen von Himmel und Erde, von Licht und Finsterniss bringen die bedeutendsten Mythen hervor, und es regen sich kosmogonische Erklärungsversuche.

7. Götter kämpfen mit den Daemonen.

8. Götter kämpfen auch wol unter sich, jüngere gegen ältere, edlere gegen rohere oder die eines Stammes gegen die eines anderen.

9. Überhaupt werden die grösseren, verwickelteren Verhältnisse eines sesshaften Volks- und Staatslebens in das Götterleben übertragen. Es bilden sich Götterstaaten.

10. Die Mythenarten werden immer mannichfaltiger. Zu den Naturmythen gesellen sich z. B. seit dem Eintreten der Völker in die Geschichte historische, seit ihrer festen Ansiedelung Lokal- oder topische Mythen.

11. Die Formung der Mythen wird künstlerischer und dadurch auch von ästhetischen Rücksichten abhängiger.

12. Der Cultus wird grossartiger und bedarf besonderer Diener, der Priester, und besonderer Stätten, der Tempel.

13. Der Mytheninhalt vertieft sich. Ethische, speculative Elemente werden hineingetragen. Einige Völker gelangen auf diesem Wege zum entschiedenen Dualismus oder Monotheismus.

14. Die gebildeteren Klassen des Volks, die priesterliche oder die adlige oder auch die städtisch-bürgerliche, bestimmen wesentlich den Ton und Gehalt des Glaubens.

15. Aus diesen Kreisen geht erst spät die religiös-mythische Litteratur hervor, der wir den grössten Teil unserer Mythenkenntniss verdanken.

Der hier gegebene Überblick, der die vorhistorische Entwicklung des Mythus bis zu seiner ersten geschichtlichen Beurkundung verfolgt, vermag in wenigen dürren allgemeinen Formeln selbstverständlich das reiche Leben und Weben, die vieltausendjährigen Schicksale der innersten Menschenseele nicht wiederzugeben. Andrerseits ist er von gewissen Licenzen nicht freizusprechen, z. B. wenn er die Perioden der mythischen Entwicklung mit den Perioden der allgemeinen Cultur ohne Weiteres zusammenfallen lässt. Denn es ist nicht nur Rücksicht darauf zu nehmen, dass z. B. mehrere Völker der Indianerrasse, obgleich diese die zweite Stufe des Hirtenlebens durchweg nicht durchschritten hat, dennoch, wie zu der Stufe des Ackerbaus, auch zu einer höheren Götteranschauung gelangt sind, sondern auch z. B. darauf, dass die zweite Periode im früh cultivierten aegyptischen Sonnenlande eine weit geringere Geltung haben musste, als in anderen Ländern. Aber der Sinn dieser Thesenreihe wird durch ein einziges Beispiel deutlicher und fruchtbarer werden.

Die Gandharven-Kentauren sind als Winddaemonen charakterisiert worden, sie sind also wesentlich Geschöpfe der zweiten Periode, die erst in der zweiten Hälfte derselben ihre volle Ausbildung erlangt haben. Denn erstens treten sie zwar noch in grossen Massen auf, aber einzelne von ihnen erreichen bereits einen hohen Grad von Individualisierung und nähern sich dadurch den Göttergebilden, wie z. B. Viçvāvasu und Chiron. Zweitens ist ihr Zusammenhang mit der Periode des Glaubens an die Seelen, mit denen die Windgeister oft nahe verwant sind, bereits sehr gelockert, während ihre Verwantschaft mit den nächst höheren Göttergestalten, wie Rudra,

Vāyu und Vāta oder Apollo und Hermes überall hervortritt. Die grösste Ähnlichkeit aber haben die Gandharven mit den Maruts und Ribhu's. Sie teilen mit diesen beiden Windgeistergruppen, die wahrscheinlich ursprünglich zusammengehört haben, wie die entsprechenden deutschen Maren und Elben, das Leben in Scharen. Aber die Ribhu's zeichnen sich wie viele unsrer Elben (Zwerge) durch die Kunstfertigkeit ihrer Hände, besonders durch die Schmiedekunst, aus, die wir bei den Gandharven nicht finden, und die Maruts sehen wir gleich bei ihrer ersten litterarischen Beurkundung im Dienst eines höheren Gottes, in den die Gandharven erst viel später treten. Viel wichtiger ist aber hier für uns der andere Unterschied, dass Maruts, wie Ribhu's einst sterbliche Menschen gewesen sind, die erst später die Gemeinschaft der Götter erlangten.[1]) Sie sind also noch deutlich in unsterbliche Winde verwandelte Menschenseelen und sind demnach einer älteren mythischen Anschauung entsprossen als die Gandharven-Kentauren, wie denn ja auch ihre Namen in die germanischen Wälder vordrangen, während der der Gandharven-Kentauren auf einen engeren Kreis indogermanischer Völker beschränkt ist. Allein wie fast alle Winddaemonen, ja auch noch manche Windgötter, von denen ich nur Hermes und Wodan erwähne, in irgendwelcher Beziehung zu den Seelen stehen, so scheinen auch die Gandharven-Kentauren noch nicht jeglichen Zusammenhang mit den Hauptgegenständen der ältesten Verehrung, den Seelen der Verstorbenen, den Ahnen, gelöst zu haben. Denn der Einfluss, den namentlich die volkstümlichen Gandharven und Apsaras, sowie die Kentauren (Chiron und die Kalikantsaren) und Neraiden auf das Leben des Menschen, insbesondere auf Geburt und Hochzeit, ausüben, die innige Verbindung, welche jene Wesen mit Sterblichen verknüpft, der Tod und die Verklärung Chirons, sehen wie Reste eines älteren Glaubens aus, nach welchem bei vielen Völkern der Erde die Seelen der verstorbenen Familienmitglieder der Gemeinschaft mit höheren Wesen gewürdigt werden und gerade bei den er-

---

[1]) Kuhn in Haupt's Z. 5, 488 ff. Z. V. S. 4, 102 ff. Ludwig 4, 164 bestreitet die Sterblichkeit der Ribhu's, aber seine Auslegung des martāsah (sterblich) RV. 1, 110, 4 und des manushvat (als Menschen) RV. 4, 34, 3 ist gezwungen. Auch geht sein Commentar 4, 168 schweigend über RV. 4, 35, 8 hinweg, wonach die Ribhu's durch gute Werke Götter und unsterblich wurden.

wähnten Familienereignissen nach ihrem Hause zurückkehren und hold oder unhold in dieselben eingreifen. Gerade in solchen hervorragenden Familienfesten sind oft die urältesten Bräuche mit erstaunlicher Zähigkeit festgehalten, die in Indien sogar die spätere vedische Priesterschaft nicht zu beseitigen wagte (oben S. 86). Diese Bräuche wurden bei höherer Culturentwicklung nicht zerstört, sondern nur durch andere Bräuche überschichtet, so dass man, einem Geologen ähnlich, aus dieser Schichtenfolge die Geschichte des Gesamtinhalts des Festes sehr wol herauszulesen vermag. Hatten in der urältesten Zeit bei der Vermählungsfeier die Ahnen die Hauptverehrung genossen, so traten später für sie oder auch neben ihnen die Winddaemonen als anbetungs- und nachahmungswürdige Vorbilder der Feiernden oder als Festteilnehmer und Ehrengäste ein. Ein unvollkommenes Hochzeitsmuster war in Indien die Gandharvenhochzeit, die Hochzeit des Viçvāvasu, die später durch die Hochzeit der Sūryā, der Sonnengöttin, ersetzt wurde, in Griechenland vielleicht die Kentauren- und Peleushochzeit unter Chirons Leitung (oben S. 196), die später im ἱερὸς γάμος des Sturmgottes Zeus mit seiner Wolkengöttin Hera den erhabensten Ausdruck fand. Aber auch als unmittelbare Genossen bei der Hochzeit der Menschen wurden die Winddaemonen gedacht und vor ihnen bereits die Ahnen. Dieser Zug, der, wenn ich nicht irre, allen indogermanischen Völkern angehört, ist als solcher in den vortrefflichen Forschungen von Rossbach, Haas und Weber nicht genügend hervorgehoben und erkannt worden, einer der rührendsten Züge indogermanischen Urglaubens. In Indien eilen die Pitris (Ahnen) herbei, um am Wege die auf dem stierbespannten Wagen nach der neuen Heimat hinüberfahrende Braut zu sehen, und zu ihnen wird AV. 14, 2 gebetet, dass sie der jungen Frau und ihren Kindern Schutz verleihen möchten (Ind. Stud. 5, 207. 217. 277. 394. Ludwig 3, 476). Wie die Ahnen als Winde den Brautzug begleiten und um ihren Segen angefleht werden, so werden später statt ihrer auch die Gandharven und Apsaras, die von den Bäumen am Wege dem Zuge zusehen, um ihre Huld für die junge Frau gebeten (oben S. 16), und wahrscheinlich ist noch später ein einziger unter ihnen, Viçvāvasu, ein Hochzeitsgenius, eine Art Hymenaeus, geworden. Vor dem Abschied der Braut vom elterlichen Hause erhalten die Pitris ein Opfer, offenbar die des elterlichen Hauses, und ebenso verneigt sich den Pitris der neuen Heimat das junge Weib, nachdem sie das Herdfeuer gepflegt hat. AV. 14, 2, 20. (Ind. Stud. 5, 207. 299). So erhält später Viçvāvasu beim Abschied vom Hause der Braut seine Verehrung (oben S. 10) und vor dem ersten Beilager in der neuen Heimat (oben S. 16). Man sieht, wie in drei verschiedenen Hauptmomenten der Ehefeier die Gandharven sich an die Stelle der Pitris oder neben sie gesetzt haben.[1])

In Griechenland ist zwar auch die Teilnahme der Kentauren an den mythischen Hochzeiten, der Peleus- und Pirithooshochzeit, klar und insbesondere ist Chiron als eine Art Hochzeitsgenius kaum zu verkennen. Aber die Beziehungen zu den Ereignissen des gewöhnlichen menschlichen Familienlebens, die allerdings bei den Kalikantsaren noch wol hervortreten, sind minder deutlich, wenn wir nicht das dem Peleus und Chiron gebrachte Opfer als ein Zeugniss für den Brauch eines Hochzeitsopfers an den Kentauren annehmen wollen. Aber ein griechischer Hochzeitsbrauch liefert uns doch einen schönen Beweis für den Zusammenhang hochzeitlicher Ahnen- und Windverehrung, da die Athener bei der Hochzeit τοῖς Τριτοπάτορσι κοσμογόνοις δαίμοσι καὶ ζωοποιοῖς τοῦ ἀέρος opferten, um Kindersegen zu gewinnen. Diese Urgrossväter aber sind nach Suidas die Winde, schützende Daemonen, weshalb sie auch ἄνακες hiessen.[2])

Obgleich also die Gandharven-Kentauren bereits durchweg als reine unabhängige Naturdaemonen der zweiten Periode der vorhistorischen Mythenentwicklung erscheinen, haben sie doch noch nicht alle Fühlung mit den Typen der ersten Periode verloren, aus der auch noch ihre tiermenschliche Mischgestalt stammen

---

[1]) Darnach ist die Bemerkung auf S. 16 Z. 14 v. o. zu berichtigen.
[2]) Vgl. Lobeck Aglaoph. 1, 753. Bergk Jahrb. f. class. Philol. 1860. S. 309. 311. Das Laren- und Manenopfer bei der römischen, das Erscheinen der ungeladenen Maskers, Drulle- oder Trollgäste (αὐτόματοι Preller Gr. M.³ 2, 248) auf der deutschen Hochzeit, die germanischen und keltischen Sagen von den Hochzeiten der Elben und Zwerge und ihrer Teilnahme an den Hochzeiten der Menschen gehören hierher und bedürfen einer zusammenhangenden Untersuchung. Bei Manu 2, 284. 11, 221 heissen auch die Rudras Grossväter, allerdings im Gegensatz zu den freundlichen Vasus als Vätern und den Adityas als Urgrossvätern (Lassen Ind. Altert. 1, 617). Der *russische Wind- und Waldgeist Ljeschi wird als Grossvater djeduschka* zum Opfer herbeigerufen und erscheint in sanftem Wind (Mannhardt W. F. K. 1, 142). Auch ist hier daran zu erinnern, dass die Windopfer ausserordentlich genau mit den Totenopfern übereinstimmen (oben S. 212).

mag, die gerade in der ältesten, rohesten, dem Tiercult ergebenen Zeit sehr beliebt ist. Sie waren aber nicht nur seelenartige, in nahen Bäumen, Wassern und Nebeln wohnende Geister, die als missgestaltige tiermenschliche Wesen das Leben der ihnen verwanten Menschen bewachten oder umlauerten und, auf Seelenraub bedacht, zumal den Kindern und Weibern tückisch nachstellten, wie sie alle Völker der Erde, auch die wilden Jägerstämme, ähnlich hervorgebracht haben. Sie hatten auch ihre eignen Weiber, die Apsaras-Nereiden, ihre Tänze und Hochzeiten, ihre Kämpfe und Verbindungen mit mächtigen Wesen hoch droben in den Lüften und Wolken, als freie Winddaemonen. Je mehr der Zusammenhang der Winde mit dem Regen und die Bedeutung des letzteren für das Gedeihen der Triften von den Hirtenstämmen erkannt wurden, desto mehr wurden die Gandharven-Kentauren als regenschaffende Windgeister einem süssen berauschenden Getränk zugetan gedacht, mit dem der die Hirten so beglückende Regen verglichen wurde. Dies bestand wahrscheinlich ursprünglich aus wildem gegohrenen Honig mit Wasser- und Milchzusatz, und sein Name lief als skr. zend. madhu, gr. μέθυ, alts. medo, ahd. metu, kslav. medu, lit. medus und midus, altir. med durch alle indogermanische Sprachen, nur nicht durch die lateinische, in der Bedeutung von Honig (skr. zend. kslav. lit.), von einem süssen Trank oder Meth (skr. alts. ahd. lit. altir.) und von Wein (griech. kslv.) vgl. Curtius Gr. [5] 259. Fick Vgl. Wb. [2] 146. In dieser Periode brachten die sämtlich noch vereinten Indogermanen dieses ihr köstlichstes berauschendes Getränk als Gegengabe für den honigsüss und duftig vom Himmel auf ihre Weiden niederrauschenden Regen den Wind- und Wolkengeistern dar. Die Wolken und die Himmelswasser, die Apas, heissen im RV. an vielen Stellen madhureich, madhutriefend, madhuströmend, und wie sie, strömt auch Parjanya der Donnergott Madhu und Milch aus RV. 4, 57, 8. Aelian π. ξώων 15, 7 erzählte noch: ὕεται ἡ Ἰνδῶν γῆ διὰ τοῦ ἦρος μέλιτι ὑγρῷ, ... ὅπερ οὖν ἐμπῖπτον ταῖς πόαις καὶ ταῖς τῶν ἑλείων καλάμων κόμαις, νομὰς τοῖς βουσὶ καὶ τοῖς προβάτοις παρέχει θαυμαστάς, und ähnlich Sen. ep. 84, 4 (Roscher Nektar S. 15). Und noch heute singen die Kurgs, ein indisches Hirtenvolk des Westghatts: Im Juni strömt der Regen süss wie Honig nieder und schäumt wie Milch (Z. D. M. G. 32, 676). In einem Lande, wo nach langer Dürre endlich die Regenzeit eintritt, hat sich die alte Begeisterung für den Regen noch bis heute erhalten. Ausser den Açvins' sind es besonders die vātās oder Winde und die Maruts, welche das Madhu bringen RV. 1, 90, 6—8. 166, 2. Diesem noch indogermanischen Zeitraum der zweiten Periode wird jene Sage von der Berauschung der wilden harigen weiber- und trunkgierigen Windgeister angehören, die droben ihre Wolkenburgen im Nu auftürmten und der armen Hirteneinfalt so überlegen an Weltkunde und Zauberkraft schienen. Aus diesem Zeitraum stammt auch noch die Sage vom Raube des berauschenden Tranks, wie besonders aus der nordischen Fassung hervorgeht. Denn der Riese Suttungr, der Hüter Odhroerirs, der schwerlich mit Grimm D. M.³ 489 auf Suptungr zurückgeführt werden darf, ist von Weinhold Riesen S. 51 als Suhtungr, Svihtungr, Brauser, Rauscher[1]) erklärt, also auch ein Winddaemon wie der somahütende Gandharve Svana. Endlich mag auch die Sage von dem Kampf eines Gottes mit einer Schlange und von der Kesselgewinnung (oben S. 174) in diesen Zeitabschnitt fallen. Aber die germanische Sage hat diese zwei Taten einem andern Gotte zugeteilt, als den Raub des Trunkes, den Odhin ausführt, zum Beleg unserer obigen These, dass die eigentlichen Göttermythen der indogermanischen Völker weiter auseinander weichen als die Daemonenmythen.

Nachdem aber die meisten indogermanischen Stämme die alte Heimat im innern Asien verlassen hatten, entwickelten die länger vereinten Griechen, Iranier und Inder all die übrigen wesentlichen von uns nachgewiesenen Übereinstimmungen der Gandharven-Kentaurensage, bis sich auch die Griechen von den Ariern trennten und von semitischen Stämmen den Wein überkamen, den sie nun an die Stelle des Meths der alten Gandharven setzten. Die Gandharven wurden nun Kentauren, entfernten sich aber in Folge der eigentümlichen Lebensverhältnisse des aeolischen Stammes und des gerade sie vorzugsweise mächtig beeinflussenden künstlerischen und poetischen Aufschwungs des ionischen Stammes ziemlich bedeutend von der alten volkstümlichen Auffassung, ohne jedoch die Grundzüge derselben in den früheren Zeiten der historischen Entwicklung aufzugeben. Die Arier aber lernten an östlicheren Gebirgen die Soma-Haomapflanze kennen, deren Saft dem alten Opfertrank beigemischt oder auch allein

---

[1]) Vgl. Lancelot 3899: gröt wint ende gesoech. Servat. 3233: die winde begunden swegelen. Grimm D. M.⁴ 3, 179.

genossen und dargebracht wurde. Da er aber, wie es scheint, kein allgemeines Volksgetränk und keine volkstümliche Opfergabe wurde, fand er auch in der Volkssage von den Gandharven keine Aufnahme. Als sich endlich die Inder von den Iraniern trennten, wurden die Gandharven von diesen zu götterfeindlichen und untergeordneten Daemonen hinabgedrückt, von jenen aber, wie oben ausgeführt ist, in manichfaltiger Weise fortgepflegt und gehegt.

Die Gandharven-Kentauren gehören, im Verhältniss zu den Gebilden der dritten Periode, die vor der Zeit der Trennung der indogermanischen Völker beginnt und den grossen und namentlich den lichten Göttern die Hauptverehrung entgegenbringt, einer früheren, in vielen Beziehungen überwundenen und hie und da mit Bewusstsein verachteten mythischen Gruppe an. Sāyana deutet die viças devānām RV. 1, 50, 5 die grossen Massen der Götter auf die Maruts (vgl. Ludwig 4, 130) und auch an andern Stellen werden die Winde als die viças unter den Göttern betrachtet, wie Çat. Br. 2, 5, 1, 12. Cānkhāy. Br. 7, 8 (Z. D. M. G. 18, 277). Und wenn in der oben angeführten Opferliste der Vaj. S. (oben S. 13) der Vrātya den Gandharven und Apsaras, so wird den Winden daselbst der Vaiçya, der Bauer, geweiht. Etwas Plebejisches haben auch manche griechische Wind- und Wetterdaemonen und -götter an sich. Der Schweinehirt Eumaeos opfert den Nymfen und dem Hermes Od. 14, 435. Ich weiss nicht, ob der Name der Aeoler, die überall bei den Griechen als Bauern verspottet wurden, in irgend welchem tieferen Zusammenhang mit dem Windgott Aeolos steht.

Aber die Spitzen der Gandharven-Kentauren reichen aus der plebs superum, wie Ovid die Faunen, Satyrn und Laren nennt, bereits in die Welt der dii maiorum gentium hinüber. Die Gandharven-Kentauren sind die Versuchstypen, die unvollkommnen Modelle der späteren grossen Wind- und Wettergötter Indiens, namentlich Rudra's, Vāyu's und Vāta's, so wie der Hellenengötter Apollo, Hermes, Zeus, Poseidon und Dionysos. Die älteren Skizzen aber wurden nicht verworfen, sondern von den Indern und noch mehr von den Griechen wieder und wieder verbessert, sorgsam ausgeführt und zum Teil zu Kunstdarstellungen ersten Ranges ausgebildet. Zugleich aber wurden neue Entwürfe, allerdings nach dem Muster der alten Winddaemonen, in einem höheren Stil und Geist unternommen, neue grossartigere und edlere Winddaemonen, Windgötter, geschaffen.

Auf diese wurden die in den Gandharven-Kentauren noch vereinten Eigenschaften verteilt. So hat Rudra mehr die leidenschaftlicheren Züge der Gandharven, der volkstümlichen lüsternen Apsarasfreunde, übernommen. Er hat deren wilden lockigen Haarwuchs und führt einen furchtbaren Bogen. Er wird (als Çiva) des Minnespiels mit seinem Weibe nicht satt, Rudra wird auch als lingam verehrt und ist als solcher (sthirebhis angais) vielleicht schon in vedischer Zeit bildlich dargestellt RV. 2, 33, 9. (vgl. Bollensen Z. D. M. G. 22, 587). Er ist vielgestaltig wie die Gandharven RV. 2, 33, 9, er ist Jäger, Sänger, Arzt und Weiser wie sie. Wie die Gandharven mit den Apsaras, den Wolkengeistern, vermählt sind, ist Rudra der Gatte der Wolkengöttin Priçnī oder Parvatī oder auch der Blitzgöttin Rodasī. Aber er erhebt sich über die Gandharven, denn er führt den Blitz und straft mit ihm die Bösen und schützt die Frommen. Er ist Herr der Tiere und der Männer und der Vater der Maruts, der Winddaemonen, ja er wird sogar Vater der Welt genannt, wozu man besonders die rigvedischen Lieder 1, 114. 2, 33. 7, 46 und 6, 28, 7 vergleiche. Vāyu-Vāta ist ebenfalls Arzneispender, ihm oder ihnen wird die Kunst des Wagenfahrens viel häufiger nachgerühmt als dem Rudra, vor Allem aber sind sie Hüter des Soma-Amrita, der in Vāta's Hause verwahrt liegt. Vāyu insbesondere heisst deswegen çatadhāra hundertströmig RV. 10, 107, 4 und çuçipā hellen Trank trinkend 7, 90, 2. 91, 4. 92, 1. 10, 100, 2. Rudra steht danach der atharvavedischen Auffassung der Apsaras-Gandharven näher, Vāyu den brahmanischen Soma-Gandharven. In Griechenland hat der mit Rudra in vielen Stücken vergleichbare Apoll als ἀκερσικόμης und ἀρνοκόμης die Haarfülle der Kentauren übernommen, ihre Bogen- und Heilkunst, ihre prophetische und musikalische Begabung. Als Nymfen- und Musenführer und -liebhaber erinnert er an ihre Verhältnisse zu den Nereiden und andern Weibern. Auch tritt er als ἀγραῖος oder ἀγρεύς wie die Kentauren auf. In dem Windgotte Hermes, dem ἐπιθαλαμίτης, κριοφόρος, οἰνοχόος, dem Erfinder der Leier haben sich ähnliche oder andere kentaurische Beziehungen erhalten. Offenbar schaltet die griechische Götterbildnerei hier freier mit dem alten daemonischen Material, als die indische.

Schon aus dieser Ungleichheit der Benutzung der älteren daemonischen Stoffe für höhere Neubildungen erhellt die ausserordentliche Schwierigkeit, die grossen Götter verschiedener indogermanischer Völker in Gleichung zu stellen, die noch wesentlich dadurch erhöht wird, dass auf solche Götter Züge von andern mythischen Wesen übertragen sein können. Rudra z. B. ist offenbar schon an einigen rigvedischen Stellen (RV. 2, 33, 3 und oben S. 150) blitzführender Gewittergott und nach Weber (Ind. Stud. 1, 189. 2, 37. Muir 4, 328. 339) sind später mehrere Eigenschaften Agni's auf ihn übertragen. Als Hauptgott des unbrahmanischen Westens tritt er später als Çiva in Gegensatz zum Hauptgott des brahmanischen Ostens, dem Sonnengott Vishnu, während der ursprünglich mit Rudra in vielen Stücken allerdings verwante Apoll in Griechenland aus einem Sturmgott mehr und mehr in einen Gott des Lichts und der Sonne sich verwandelt. Wenn also die Jugend dieser beiden Götter wol eine Vergleichung zulässt, so gehen sie doch in weiteren Verlauf ihrer Entwicklung nach den entgegengesetzten Richtungen auseinander.

Aus den obigen Angaben geht deutlich hervor, dass die indogermanischen Völker in der zweiten Periode ihrer Mythenbildung mehrere Winddaemonenscharen geschaffen und zu mehreren höheren Windgöttereinzelgestalten die Keime gelegt haben. In der Schilderung jener grossen Massen sind die Inder vielleicht den Griechen überlegen, und es gibt Marutslieder, die den ganzen Verlauf eines Gewittersturms von seinem ersten Aufsteigen bis zu seiner gewaltsamsten Entfaltung mit einer bewundernswerten Naturtreue und zugleich mit einer Plastik der Vermenschlichung vorführen, wie man sie in den Darstellungen ähnlicher Gegenstände in der griechischen Litteratur wol vergebens sucht, eher noch in der hebraeischen wiederfindet. Die Griechen haben hinwiederum die Inder durch feine Individualisierung, durch die Zerlegung jener alten umfassenden Daemonenheere in verschiedene Specialtruppen und die Ausstattung dieser mit einzelnen führenden oder heroischen Persönlichkeiten weit übertroffen. Wir finden bei ihnen männliche und weibliche Scharen von Wind- und Wolkengeistern, neben den Lapithen, den Kyklopen und Kentauren, den Satyrn, Silenen und Panen die Harpyien, Graeen, Sirenen, Erinyen und Gorgonen, neben Typhoeus, Geryoneus, Ixion, Aeolos, Harpalykos, Boreas, Zephyros, Athamas die Iris, Oreithyia, Harpalyke und andre. Durch mehrere Generationen hindurch bringt die weitverzweigte Sippe des Thaumas und des Phorkys, die Milchhöfer Anf. S. 155 zusammengestellt hat, nur Sturm- und Wolkenwesen hervor. Und neben Apoll und Hermes tragen viele Sturmelemente der nordhellenische Zeus, Poseidon und Dionys in sich. Irre ich nicht, so hat der aeolische Stamm, der ja überhaupt dem ländlichen Leben in Kleinasien und Europa treuer ergeben blieb als die andern griechischen Stämme, wie die Kentauren, so auch die übrigen Winddaemonen und -götter länger geehrt und gefeiert als die andern Hellenen, bei denen der Cultus der Lichtgötter früh eine grössere Ausdehnung gewann, wie der dorische Apolldienst und der ionische Odysseusmythus bezeugen. Man kann die Aeolier mit den indischen Pendschabstämmen vergleichen, die den Rudradienst zäher festhielten und fleissiger ausbildeten als die Bewohner Hindustans, die sich dem Sonnengotte Vishnu hingaben. Mit andern Worten, der Übergang von der zweiten mythenbildenden Periode zu der dritten ist innerhalb einer und derselben Nation nicht nur von den verschiedenen Volksklassen, sondern auch von den verschiedenen Stämmen derselben mit ungleicher Energie vollzogen worden.

Die mit den Gandharven-Kentauren so eng verbundenen Apsaras-Nereiden haben einen älteren Typus als ihre Liebhaber, da in allen Mythologien das Streben bemerkbar ist, das männliche Daemonen- oder Göttergeschlecht früher und gründlicher auszugestalten als das weibliche. So ist es gekommen, dass selbst in der dritten Periode die Göttinnen viel weniger scharf charakterisiert und viel mehr geneigt sind in einander überzufliessen als die Götter und dass von den Indogermanen eigentlich nur die Griechen zu einer durchgeführten Charakteristik der himmlischen Frauenwelt gelangt sind. In der zweiten Periode aber ist die schönere Hälfte der Daemonen so wenig fortentwickelt worden, dass die Apsaras und Nereiden-Nymfen ihren Schwestern bei den andern indogermanischen Völkern, den persischen Pairika's oder Peri's, den italischen Lymphae, den germanischen Elbinnen, den keltischen Banshi oder Beansighe und den slavischen Rusalky aufs überraschendste ähnlich sind. Man bemerkt nur geringe Schattierungen in dieser Familienähnlichkeit. Z. B. sind die Elbinnen und Banshi noch mit dem Menschenleben inniger verbunden, seelenhafter und darum auch oft von feinsten, winzigsten Formen. Aber auch die Apsaras leben in den Sonnenstäubchen (oben S. 28. 148), die nach Aristot. de an. I, 2 (τὰ ἐν τῷ ἀέρι ξύσματα) Seelen sind. Die Gandharven-Kentauren ruhen auch auf einer ähnlich umfassenden und ausgebreiteten Winddaemonengruppe, den Satyrn, Faunen und wilden Männern, aber während die

Apsaras-Nereiden die Grenze einer bis ins Einzelne durchgreifenden Gemeinschaft indogermanischer Mythenbildung bezeichnen, gehören die aus jener Winddaemonenschaar hervorgewachsenen Gandharven-Kentauren zu denjenigen mythischen Gebilden, die erst nach der Absonderung der übrigen indogermanischen Völker in der graeco-arischen Gemeinschaft ihre letzte vorhistorische Prägung erhalten haben. So scheinen sie uns die wichtigsten Fingerzeige für die Erkenntniss der ihnen vorangegangenen, wie der ihnen nachfolgenden Schöpfungen indogermanischen Geistes, sowie der Verwantschaftsverhältnisse und Vorgeschichte der Indogermanen zu geben.

Der Gandharven-Kentaurenmythus ist nur ein kleiner, aber wichtiger Ausschnitt aus der Geschichte der Bestrebungen des Menschengeistes, hinter den sichtbaren Dingen der Natur, über die er doch nicht hinaus kann, etwas höheres Unsichtbares zu entdecken, zu ergreifen und für sich selber in sichtbarer Form darzustellen und dieses Dargestellte wiederum zu vergeistigen. Wie viel tausend Versuche dieses nie vollkommen gelungenen und gelingenden Unternehmens liegen in einer kaum übersehbaren Stufenreihe zwischen dem ersten traumhaften Zerrbild des Verstorbenen, vor dem der Wilde noch heute zusammenschrickt, und dem Zeus des Phidias oder dem Gottvater Christi! Aber auch innerhalb der Grenzen des zwischen jenen äussersten Polen mitteninne gelegenen Gandharven-Kentaurenmythus, wie himmelweit sind von einander geschieden der geile, hässliche, tückische Kindermörder des indischen Volksglaubens und der edle, menschen- und götterfreundliche Kentaur Chiron! Doch als einem Sohn jener Daemonenperiode, die es kaum je zu reinen Idealen gebracht hat, haften auch ihm noch einige erniedrigende Züge an, und so steht der mischgestaltige, dem Schmerz unterworfene und der Unsterblichkeit nicht gewachsene Daemon nur im Vorhof des Olymp, wo die makellos schönen, seligen, ewigen Götter wohnen.

> Von deinem Angesicht ein Zug,
> Ein Himmelsabglanz ward auch mir,
> Und meines Geists Gedankenflug
> Hebt mich hinauf, o Zeus, zu dir.
> Doch weh! an das gemeine Tier
> Dein Bann mich unaufhörlich schloss,
> Und dunkle, dumpfe Sinnengier
> Ist meines lichten Geists Genoss.

An Leib ein Ross —
Was frommt des Hauptes Götterzier?

Herakles lauschte mir mit Lust
Und Jasons hoher Heldenkreis,
Und in Achilleus' junger Brust
Hegt' ich und pflegt' ein Edelreis;
Doch von den Helden Keiner weiss,
Was heimlich mir das Herz durchschreckt,
Wenn mich aus Himmelsträumen leis
Der Schall des eignen Hufs erweckt —
Mit Nacht bedeckt,
Und ewiglich verschwiegen sei's.

O heb' an deine Kniee mich,
Wo reine Geistesflamme loht!
O gieb, dass ganz mit Bestien ich
Auch Bestie sei in Sumpf und Kot!
Mein Herz erliegt in Zwistes Not;
Nun will's in Reu und Scham vergehn,
Nun trotzend will's auf dem Gebot
Roh waltender Natur bestehn!
Vernimm mein Flehn:
Mach Ende, sende, Herr, den Tod.

Der Centaur.
A. Fitger Winternächte.

Anhang.

I.

Anm. zu S. 184. RV. 10, 10, ein Gespräch zwischen Yama und Yamī d. h. Zwillingsbruder und Zwillingsschwester, bezeichnet Str. 4 den Gandharven und die Wasserfrau als Ursprung (nābhih) und beste Verwantschaft (jāmi) jenes Geschwisterpaars. Aus diesen Worten hat Kuhn (Z. V. S. 1, 447 ff.) weittragende Schlüsse gezogen, unter anderen den, dass der Gandharve kein anderer sei als Tvashtar-Savitar, mithin auch dieser dem Vivasvat, der RV. 10, 23, 1 als Vater Yama's erscheint, gleich stehe. Diese Stelle hat Kuhn dadurch zu einer Hauptstütze seiner Ansicht von der Sonnennatur des Gandharven gemacht. Aber sie verdient diese Bedeutung keineswegs. Denn das ganze Lied RV. 10, 10 ist der Form, wie dem Inhalt nach ein offenbar sehr spätes und gehört bereits der Zeit willkürlicher theologischer Speculation an. Zunächst erweckt schon die Form eines längeren völlig durchgeführten Dialogs, die in älteren Teilen des RV. schwerlich nachzuweisen sein wird, erhebliches Bedenken. Dann aber fällt sofort das eine Glied des sich unterredenden Paares, nämlich Yamī, auf. Denn während Yama sehr häufig und in höchst bedeutsamer Rolle als der erste Verstorbene, als König des Jenseits im RV. genannt wird, hören wir von Yamī und von ihrem höchst sonderbaren Verhältniss zu Yama nur in diesem einzigen Liede des RV. Als ein zweites rigvedisches Zeugniss für den Glauben an ein solches Zwillingspaar pflegt man zwei in den Anfang des Lieds RV. 10, 17 versprengte Strophen anzuführen. Aber mit Unrecht. Denn in der 1. Strophe heisst Saranyu ausdrücklich nur die Mutter Yama's, nicht Yama's und Yamī's, und die Zwillinge (mithunā) der zweiten Strophe: „Mit Vivasvat trug Saranyu die beiden Açvins als Leibesfrucht und gebar die beiden Zwillinge" sind eben nur die Açvins, wie sie auch RV. 3, 39, 3. 10, 40, 12 und an verschiedenen andern Stellen heissen. Ob überhaupt Yamī innerhalb der Sanskritlitteratur in einer Schrift vorkommt, die nicht unmittelbar von unserm gekünstelten Erzeugniss RV. 10, 10 abhängig ist, kann ich nicht beurteilen, muss es aber vorläufig bezweifeln. Yamī ist keine echte mythische Gestalt, sondern eine später erfundene weibliche Kunstfigur, wie es deren so viele in der indischen Mythologie giebt, gleich Indrānī, Varunānī, die auch schon im RV. vorkommen, ohne je Form und Gestalt gewinnen zu können. Noch mehr als Indra und Varuna aber drängte, wie auch Roth (s. u.) wol erkannte, das Wort Yama wegen seiner Bedeutung als Zwilling zur Ergänzung durch ein weibliches Gegenstück, und daraus erklärt sich auch wol die Tatsache, dass auch Yama's iranisches, aber spätiranisches Gegenbild Dschem ein Weib Dscheme oder eine Schwester Dschemak hat, die aber auch erst in den verworrenen Capiteln 23 und 32 des Bundelsesch zum Vorschein kommt, nicht jedoch in den alten Zendbüchern, in denen doch Yima's Taten und Beziehungen ziemlich ausführlich besprochen werden (Roth Z. D. M. G. 4, 417 ff. 25, 69. 80. 81. Ind. Stud. 14, 393). Auch der Dschemschid der persischen Heldensage hat keine Schwesterfrau bei sich. Trotz dieses Mangels alter, guter Zeugnisse hält Roth in seiner schönen Abhandlung (Z. D. M. G. 4, 421) die Vorstellung von diesen Zwillingseltern der Menschheit für alt, die allerdings zur Zeit der Abfassung des RV.hymnus 10, 10 schon verblasst gewesen, und sieht in Yama den ersten besonders als Fortpflanzer gedachten Menschen, während Manus, der im indischen Altertum überall als der Stammvater der Menschen erscheint, den vernunftbegabten Menschen bedeute, der erst später dem Yama zur Seite gesetzt sei und denselben aus seiner Stammvaterrolle verdrängt habe. Aber man bedenke doch, dass selbst in jener einzigen Stelle der Vedalitteratur, die von einer Yamī weiss, die eheliche Vereinigung mit Yama zwar gewünscht, aber nicht vollzogen, im Gegenteil vom Bruder mit Abscheu zurückgewiesen wird. Und doch sollen sie sich vereinigt haben und dadurch die Stammeltern der Menschheit geworden sein? Nicht nur die kunstvolle Form des durchgeführten Dialogs und die Erfindung dieser Carrikatur, die gern Ahnfrau des Menschengeschlechts werden will, gehört einer späteren reflectirenden Zeit an, sondern auch der ganze Gedankengang des fraglichen Liedes, dieser dialektische Kampf der gottesfürchtigen verständigen Ehrbarkeit des Bruders mit der frechen sophistischen Lüsternheit der Schwester. So führt sie z. B. Str. 3 für ihr unreines Begehren an, dass die Götter ihre Vermischung wollen, weil sie vom einzigen Sterblichen einen Sprössling zu haben wünschen, und er meint Str. 10, dass allerdings in späteren Geschlechtern Geschwister Unschwisterliches treiben würden, anspielend auf die späteren häufigen Übertretungen des Verbots der Geschwisterehe, wie sie wenigstens in buddhistischen Legenden erwähnt werden (Ind. Stud. 5, 427. 10, 76). Zu diesem neuen Zeichen späteren Ursprungs gesellt sich endlich noch ein andres, dass die 5. Str. nach beliebter mystischer Manier zwei in guter alter Zeit stets gesonderte mythische Persönlichkeiten, Tvashtar und Savitar, zu einer Person vermengt.

Wie nun aber der Name Yama zu erklären sei, das kann ich hier nur mit wenigen Worten andeuten, unter Vorbehalt einer späteren tieferen Begründung. Yama ist im RV. überall (vgl. insbesondere 10, 14. 135, 1. 9, 113, 8. 1, 38, 5) der erste verstorbene Mensch, der fromme Pfadfinder zum Jenseits, der freundliche König desselben, der Herscher und Wirt der Pitri's, aber auch der grimme Gott des Todes und Richter der Unterwelt, und Yima ist im Zend ebenfalls der König eines Paradieses, aber eines auf die Erde verlegten. Beide Anschauungen gehen zurück auf die im RV. noch durchaus bekannte Idee von einem ersten Verstorbenen, der als Seele, als Geist Yama-Yima d. h. der Verbundene, Verschwisterte, Zwilling des lebendigen Menschen hiess, wie man die Seele, den Geist des Toten, auch sein Bild, sein Traumbild, seinen Schatten, seinen Atem und Hauch und ähnlich benannte. So will ein Krankheitszauberspruch RV. 10, 60, 8, am Lager eines Sterbenden gesprochen, den entfliehenden Geist festhalten, wie man ein Joch festbindet. Yama-Yima ist der Alter Ego des Manus, des noch mit manas d. h. Seele versehenen, lebendigen Menschen. Daher ist Manus überall im indischen Altertum der Stammvater der Menschen, Yama aber der König der Pitri's, beide sind, aber wol erst später, zu Söhnen Vivasvats, eines Glanzdaemonen, gemacht. Diese Erhebung des ersten Toten ist nicht auf die indoiranischen Völker beschränkt.

Neben Minos, der in Griechenland nun ebenfalls in die Unterwelt versetzte Manus, finden wir Aeacus d. h. den Erdensohn oder Chthonius, der nach Apollod. 3, 12, 6 allein auf der Insel Aegina lebte und welchem Zeus aus Ameisen (s. oben S. 163) oder auch aus der Erde (Pausan. 2, 29, 2) Menschen zu Gefährten bereitet. Er ist also nicht nur Stammvater der Menschen, sondern auch ihr εὐσεβέστατος, wie Yama, und hütet ähnlich wie dieser die Schlüssel der Unterwelt, gleich Minos ein Richter der Toten, und befreit Hellas von der Unfruchtbarkeit, wie Yima Iran. Das Bruderverhältniss von Yama und Manus scheinen die Deutschen in ein Kindschaftsverhältniss verwandelt zu haben. Tvisto d. i. der Zwilling, der Erdensohn (terra editus), ist Vater des Mannus und Stammvater der Menschen. Ähnliche Figuren, wie Yama-Yima, Aeacus und Tvisto sind bei vielen Völkern der Erde wiederzufinden; denn sie bilden das vornehmste individuellste Erzeugniss der ältesten grossen Epoche der Mythenbildung, die man als die des Seelenglaubens und -cultus bezeichnen kann (s. o.), und manche Völker sind auf den Gedanken gekommen, diesen ihren Seelengöttern ein Oberhaupt zu setzen in der Person des ersten Verstorbenen. In diese Reihe eigentümlicher Gestalten gehört z. B. der Unkulunkulu der Zulu und wahrscheinlich der Heitsi-Eibip der Hottentotten, der Haetsch der Kamtschadalen, der Mauitiki der Polynesier, der Tamoi der Guanarani und der Viracocha der Peruaner; jedoch haben sich an diesen alten Kern im Lauf der weiteren mythischen Entwicklung mehrfach Eigenschaften von Naturgöttern gesetzt. So ist denn auch Yama der Sohn eines Sonnengottes geworden, Aeacus zwischen Zeus als Vater und Peleus als Sohn d. h. zwischen zwei Gewittergottheiten eingeschoben, Tvisto zum Grossvater von Irmin, Ingo und Istio gemacht.

Durch alle diese Bemerkungen soll nicht in Abrede gestellt werden, dass es der Natur der Dinge gemäss auch einen Mythus von einem Urmenschenpaar gab, der sich auch wol später mit dem Mythus vom ersten Toten verband, wie denn der einsame Junggeselle Aeacus, nachdem ihm bereits Zeus Erdensöhne geschenkt hatte, die Endeis heiratete und mit ihr den Peleus und Telamon zeugte. Es kam mir hier nur vorzugsweise darauf an nachzuweisen, dass Yama in echter Sage nichts mit einer Yamī zu tun hat, und so auch die damit in Verbindung stehenden Nachrichten über seine Verwantschaft zum Gandharven höchst bedenklicher Natur sind.

II.

Es wäre der Mühe wert die Kentaurenschicksale durch die Kunst und Litteratur des Mittelalters und der Neuzeit bis zu Böcklins Kentauren hin zu verfolgen, womit bereits Piper Mythol. u. Symbolik der christl. Kunst 1, 39, 275 ff. 292 ff. 309. 393 ff. 401 den Anfang gemacht hat. Mir fehlen die Kenntnisse dazu, und nur einige kleine Nachträge zu Pipers reichhaltiger Arbeit kann ich hier geben.

Die Kentauren erscheinen durchweg als Ungeheuer höllischer Art, wozu sie ja bereits Vergil gestempelt hatte (oben S. 133). So steht Christus auf dem Tympanon der alten romanischen Kirche zu Pachten Kr. Saarlouis zwischen einem schiessenden Kentauren und einem Drachen (Ernst ausm Weerth Kunstdenkm. d. christl. Mittelalters I. Abtheil. Sculptur. 3. Bnd. T. LXIII. 2). Ein Kranz von Basreliefs, unter denen sich mehrere rückwärts gewante kentaurische Bogenschützen finden, schmückt das Baptisterium von Parma (Michele Lopez Battistero di Parma. T. X. 9. 28. 27 vgl. T. X. 36 und T. XI. 56. 66).

Ein als Centaurus erscheinender Daemon gilt als ein gefallener Engel bei Gualt. Mapes d. Nugis Curial. dist. 2 cap. 15 (ed. Wright S. 83) nach Vogt Salman und Marolf S. XLVII. Über den saietaire in Centaurengestalt bei Benoit, den in Herborts Liet von Troie entsprechenden Schützen ohne Centaurengestalt, den sagittaer oder centauroen genannten Rossmenschen bei Maerlant und den sagittaer-centauroen im Flandrijs, der ausser Ross- auch Stierformen hat und so schnell wie ein Hirsch läuft vgl. Franck Flandrijs S. 24, gegen den zu bemerken ist, dass die Beifügung des Namens Centaur zu dem überlieferten Namen Sagittaer, welche sich der Dichter des Flandrijs und Maerlant erlauben, ebenfalls auf alter und zwar schon aus dem Altertum stammender Überlieferung beruht (oben S. 54. 128). Im Eckenlied Str. 52 (D. Heldenb. 5, 228) bekämpft Dietrich ein Ungetüm, das halb Ross, halb Mensch ist. Die Gestalt des Centauren nimmt mit der Zeit so sehr die allgemeine Bedeutung eines Ungeheuers an, dass z. B. Nic. Höniger Hoffhaltung des Türckhischen Keisers (Vorr. 1573) S. 148 ein mahomedanisches Fabelwesen, einen vierzighörnigen Ochsen, der die Erde trägt und auf einem Berg über der Hölle steht, durch einen Centauren illustriert, dem aber seltsamer

Weise die Vorderbeine ganz fehlen.[1]) Noch lange haben diese Wesen auch die gelehrten Naturforscher beschäftigt, wie denn noch der Jesuit Joh. Euseb. Nieremberg in seiner Historia nat. l. 5 cap. 8 v. J. 1635 untersucht, ob die Hippokentauren wirklich existieren oder nicht vgl. Acta Sanct. Januar. 1, 604.

---

[1]) Ähnlich wird schon auf den Katakombenbildern der Fisch, der den Propheten Jonas verschlingt, in ein hippokampenartiges Ungeheuer verwandelt, vielleicht um das Christus bezeichnende Symbol des Fisches nicht zu missbrauchen.

Zusätze.

Zu S. 5: Die isolierte Stellung, die das 8. RV.buch durch seine Verfasserschaft und seine Gandharvenberücksichtigung unter den Familienbüchern einnimmt, wird noch weiter durch die Eigentümlichkeit seiner Sprachformen beleuchtet, denn nach Lanman On noun-inflection in the Veda (Journ. of the American orient. soc. 10, 325 ff.) unterscheidet sich das 8. Buch des RV. durch ältere Casusformen von den andern Familienbüchern, während umgekehrt nach Brunnhofer das 8. Buch in Bezug auf Infinitivbildungen jünger ist als diese (Z. V. S. 25, 374). Collitz (Bezzenberger Beitr. 7, 182 ff.) pflichtet Lanman bei.

Zu S. 17. 90: Der Daemonen vertreibende gelbe Pinga scheint noch heute gebraucht zu werden, denn in Lal Behari Day's Folktales of Bengal. 1883. S. 199 wird ein böser Geist durch verbrannten „turmeric" verscheucht. Turmeric aber ist Gelbwurz, Curcuma.

Zu S. 47. 128: Wenn Kratinos den Perikles als Kentaurenfürsten verspottete, so nannte ihn Hermippos sogar einen „Fürsten der Satyrn" (E. Curtius Gr. Gesch. 4 2, 374).

Zu S. 55: Dem Vergil durfte betreffs der rosskundigen pelethronischen Lapithen keine Flüchtigkeit vorgeworfen werden nach O. Müller Orchomenos S. 191. 193.

Zu S. 76: Eine Münze der thessalischen Stadt Mopsion stellt einen Kentauren dar, der mit beiden Händen ein grosses Felsstück zum Wurf gegen den mit einem Schwert sich wehrenden Lapithen Mopsos erhebt (Monatsber. d. preuss. Akad. 1878 S. 450).

Zu S. 78: Auf den Münzen der thessalischen Magneten schultert ein Kentaur einen Zweig, die Rechte vorstreckend, ein andrer hat eine Lyra im Arm (Monatsber. d. preuss. Akad. a. O. S. 450).

Zu S. 112: Eine der abenteuerlichsten kentaurischen Mischgestalten ist der löwenbändigende Kentaur auf einem in Lübke's Denkm. T. 26 No. 6 abgebildeten geschnittenen Stein. Er gehört im Wesentlichen dem (2.) Typus an, an dessen menschlichem Vorderteil ein Pferdehinterteil angesetzt ist. Aber der auffallend dicke Menschenkopf ist von Haarschlangen umflattert und die Beine, von denen das eine im Übrigen ganz menschlich geformt ist, laufen in Krallen aus. Ausserdem sitzen an seinen Schultern mächtige Flügel.

Zu S. 120: Über den aeolischen Ursprung der homerischen Gedichte und den aeolischen Grundcharacter ihrer Sprache handelt Fick in Bezzenbergers Beiträgen z. Kunde der indogermanischen Sprache 7, 139 ff. und nimmt an, dass der gesamte ältere Bestand der homerischen Gedichte ursprünglich von aeolischen Dichtern in aeolischer Mundart gedichtet und erst später, wahrscheinlich nicht viel vor 700 v. Chr., von ionischen Rhapsoden ganz roh und äusserlich ins Ionische umgesetzt worden sei.

Zu S. 120. 144: Der auffallend innige Zusammenhang, der mir thessalische Landschaft und Sage zu verbinden scheint, besteht nach J. Friedländer auch zwischen thessalischer Landschaft und Kunst. Er bemerkt in den Monatsber. d. k. preuss. Akad. der Wissensch. 1878 S. 454: „Man sieht aus all diesen (Münz)bildern, wie hier (in Thessalien) die Kunst weit mehr als in anderen Landschaften recht eigentlich dem Boden entwachsen ist".

Zu S. 139: Über den Widder als Wolkensymbol vgl. Lauer Syst. d. griech. Myth. 402 ff.

Zu S. 153: Bei Orpheus wird Kronos von Zeus durch Honig trunken gemacht und weissagt (Porphyr. de antro nymph. 16 p. 118 Barnes).

Zu S. 170: Rudra erhält übrigens die Somaspende schon RV. 1, 122, 1.

Zu S. 176: Nach Plut. plac. phil. III 5 trinkt Iris das Wasser des Oceanus und der Flüsse und speist damit die Wolken, weshalb man sie auch mit einem Stierhaupt vorstellte. Die Römer sagten: bibit arcus (Jahrb. f. class. Philol. 1860. S. 406).

Zu S. 190: parijri herumlaufend wird RV. 1, 64, 5 von den Maruts, RV. 5, 54, 2 von den Apas gebraucht.

Zu S. 182: Der äusserste Westen am Okeanos ist die Stätte

der Ambrosia und des Nektar, wo die Gewitterwolken nach griechischem Glauben aufsteigen (Roscher Nektar u. Ambrosia S. 95), und nach der Dichterin Moiro bei Athen. 491 b bringen die τρήρωνες die Ambrosia von dorther, den Nektar aber ein immer schöpfender grosser Adler aus dem Felsen in seinem Schnabel als Trank für Zeus, der ihn deswegen unsterblich machte und in den Himmel aufnahm. Wir haben hier Indra's somaraubenden Falken, der also demselben Orte entfliegt, wo Euryton und Orthros (d. h. Kriçānu und Vritra) hausen.

Zu S. 200: Bergk fasst in seinem schönen Aufsatz von der Geburt der Athene (Jahrb. f. class. Phil. 1860 S. 394) den Achelous ebenfalls als die Wolkenschlange auf und bezieht nach Ausscheidung von Il. 21, 194, den schon Zenodot als späteren Zusatz erkannt hatte, den vor Zeus' Blitz und Donner sich fürchtenden nicht auf Oceanus, sondern auf Achelous, den unter Donner und Blitz aus der Wolke herabrauschenden Regen. Es stände dann auch hier Zeus an Herakles' Stelle, wie in jenem Kentaurenkampf (oben S. 131). Den innigen Zusammenhang des Achelous mit den Winddaemonen bezeugt auch Nonnus 13, 315, der ihn ἀελλήεις παρακοίτης der Terpsichore und Vater der Sirenen nennt. Über Flüsse dieses Namens auch in Thessalien, Arkadien, bei Larissa in Troas und am Sipylos vgl. Bergk a. O. 395. 397. Auch Ahi hat die gleiche Herkunft wie die Gandharven, er heisst RV. 7, 34, 16 abjā wassergeboren wie diese nabhojā wolkengeboren (oben S. 148).

Zu S. 203: Den Namen Mimas trägt ein ionischer Berg Chios gegenüber und ein thrakischer bei Pimpleia (Jahrb. f. class. Phil. 1860. S. 51).

Zu S. 224: Wie Ambā und Thetis bedeutet auch der Name der Wolkenfrau, welche die Mutter der Hermes ist, nämlich Maja soviel wie Nährmutter.

Register.

Acastus 43. 52. 57.
Achelous 45. 63. 120. 132. 199 ff. 237.
Achilleus 36. 42. 45. 47. 52. 57 ff. 63. 65. 68. 76. 78. 81. 109. 114. 120. 127 ff. 196. 204.
Açvamedha 138. 149.
Açoka 33.
Actaeon 52.
Açvins 171. 222. 229.
Aditi 26. 28.
Adonis 58.
Adrikā 28.
Aeacus 52. 62. 119 ff. 163. 231 ff.
Aegis 139 ff.
Aeolus 38. 150. 170. 203. 223. 225.
Aeshma 151 ff. 179.
Aethiker 36. 124.
Agni 6. 10 ff. 15. 156. 165. 170. 225.
Agreus 50. 204. 224.
Agrios, Akrios 50. 69. 124. 203.
Agru 157.
Ahi 8. 93. 170. 201. 237.
Ahi budhnya 174. 201.
Ahiçuva 174. 178.
Aja 169. 174.
Ajaçringī 17. 90. 169.
Alcyone 51.

Amarāvati 24.
Amazonen 80.
Ambā, Ambikā, Ambayavā 20. 28. 89. 149. 184. 237.
Ambhrina 148.
Ambrosia 207. 236.
Amphion 50.
Amrita 8 ff. 14. 25. 97. 99. 155. 166. 171. 184. 196 ff. 205 ff.
Amycus 149. 171. 203.
Amyklaeischer Thron 63. 128. 131 ff.
āndād 17.
Anel mit der Laugen 148.
Angiras 19.
Anigros 57. 120.
Apas 148. 184 ff. 220. 236.
Aphrodite 139. 189.
Apī 7.
apiā yoshā, yoshanā 7. 9.
Apollo 36 ff. 43. 46. 54. 72 ff. 77. 108. 119. 126. 129. 131. 191. 204 ff. 207 ff. 218. 223 ff. 225.
Apsarasām loka 89.
Apsarasnamen 14 ff. 17. 20. 28. 89. 183 ff.
Arātaki 17. 90.
Ardviçura 35.
Areion 107. 141.

Aresaltar 41. 53. 75. 125.
Ariadne 76. 80.
Arjuna 25. 27. 29 ff. 33. 99. 131. 160. 205. 209.
Arjuneya 5.
Arkesilasschale 67. 70.
Arktos 38. 50. 124.
Artemis 42. 61. 127. 189.
Ārūpā 32.
Asbolos 38. 69. 124. 204.
Asclepius 42 ff. 52. 54. 77. 126. 129. 207.
Asha 151.
Ashmedai 150 ff.
Assos 18.
Asuras 18. 23. 150.
Atalante 52. 57. 133.
Athamas 139. 225.
Atharvan 19.
Athene 42. 65. 77. 127. 237.
Atidarpa 157.
Athwja 172.
Atreus 139.
Augeias 146.
Azanes 51.
Azhi dahāka 172.

Babutsikarius 168.
Bacchanten 80 ff.
Bacchus s. Dionysos.
Baja 17. 90.
Baldrian 91.
Banshi 226.

Beansighe 226.
Bellerophon 105.
Bhaga 15.
Bhīma 27.
Bhrāja 12. 171.
Bifröst 162.
Boreaden 111.
Boreas 71. 107. 137. 141 ff.
146. 190. 194. 196 ff. 207.
225.
Brahman 26.
Briareus 56.
Brihaspati 13.
Bromos 206.
Butes 53. 194.

Caeneus 35. 38 ff. 41.
44. 48 ff. 54. 61. 72 ff.
75. 123 ff. 125 ff. 198 ff.
Çakradhanus 159.
Çakuntala 19. 24.
Çāma 172.
Çambara 170.
Çatakratu 5.
Çatarudriyam 159. 203.
208.
Chariklo 38. 54. 65. 69.
119. 195.
Cherubim 210.
Chimaera 37. 56. 74. 105.
Chiones 192.
Chiron 36 ff. 45. 47 ff.
51 ff. 54. 56. 58. 62 ff.
65 ff. 68 ff. 70. 76 ff.
81. 103. 114. 119 ff.
121 ff. 126 ff. 129. 133.
145 ff. 149. 180. 195 ff.
204 ff. 207 ff. 209. 217 ff.
227.
Chironion 48.
Chromis 203. 206.
Çikhandhin 17. 137. 141.
Circe 62.
Citrāngada 28. 30.
Citraratha 25. 29 ff. 33.
143. 178.

Citrasena 25. 28. 30.
205.
Çiva 24. 26 ff. 35. 92.
140 ff. 160. 189. 224.
Clanis 203.
Cocytus 58. 127.
Crenaeus 203.
Crotus 55.
Çruvara 173. 201.
Çushna 170. 205.
Cyllarus 53. 137. 203.

Daitya 93.
Damysus 58.
Dānavas 23. 170.
Daphnis 50.
Dānu 170.
Deianira 45. 52. 54. 65.
77. 189. 199 ff.
Demeter 52. 108. 190.
Devagandharven 20.
Devakanya 24.
Devastriya 24.
Dexamenus 47. 51. 54.
65. 120. 123. 132. 146.
182. 199 ff.
Dhanvantari 23. 160.
Dharma 29.
Dill 91.
Dione 131. 193.
Dionysos 50. 58. 69. 78 ff.
130. 134. 177. 194. 223.
225.
Dios Kodion 139.
Dorant und Dost 91.
Dorylas 204.
Draupadī 29.
Dryalus 38. 124. 203.
Drullegäste 220.
Dschemschid 151. 230.
Dundubhi 25. 205.
Dupon 50.

Eieropfer 167.
Elaiuara 94.
Elatus 51. 205.

Elben 93. 168. 188. 208.
218. 220. 226.
Endeis 52. 119. 232.
Eos 197.
Ephialtes 168.
Ergotimus 68 ff.
Erichthonius 109.
Erigdupos 206.
Erinys 108. 110. 225.
Eros 78. 81.
Erytus 181.
Euenus 45. 51 ff. 63. 120.
199 ff.
Eupheme 55.
Eurydike 29.
Eurystheus 51.
Eurytion 36. 51. 54. 72.
77. 102. 116. 124. 146.
179 ff. 199 ff. 237.
Eurytus 53. 126. 146.
179 ff. 204 ff.

Faunus 91. 138. 153. 223.
226.
Françoisvase 39. 54. 65.
66 ff. 76. 115. 117. 125.
Freya 150.
Fravashis 100.

Gamotsaruchos 169.
Gandhamādana 25 ff. 98.
207.
gandharvagrihīta 20.
186.
Gandharvaloka 21. 150.
Gandharvanāgaram 21.
35. 89. 89. 150.
Gandharvenehe 22. 91.
Gandharvennamen 12.
20. 161.
Gandharvī 9. 25.
Ganga 141.
Ganymedes 45.
Gāyatrī 19. 200.
Geryon 40. 146. 182. 225.
Ghritācī 28.

240   Register.

Giganten 37. 58. 71. 75. 203.
Girisha 203.
Gorgonen 38. 56. 225.
Graeen 225.
Grendel 170.

Hackelberg 177.
Hades 79. 107.
Haetsch 232.
Hanumant 27.
Haoma s. Soma.
Hari 176.
Hariscandra 25.
Harpalyke 225.
Harpalykos 225.
Harpina 194.
Harpyien 56. 105. 109 ff. 115. 138. 141. 194. 196. 225.
Hasta 12. 208.
havirdhāna 15.
Heitsi-Eibip 232.
Helimos 203.
Helios 131. 146.
Hephaestus 50. 62. 69. 128.
Hera 40. 53. 120. 131. 164. 197. 219.
Herakles 37. 39 ff. 45. 47 ff. 49 ff. 58. 60 ff. 63 ff. 65. 77 ff. 105. 115. 122 ff. 125 ff. 128 ff. 131. 146. 181 ff. 190 ff. 204. 237.
Hermes 36. 65. 108. 128. 139. 146. 177. 207. 218. 223 ff. 237.
Himmelsschüsselein 166.
Hippalektryon 74. 113.
Hippasus 53. 137. 203.
Hippokentauren 41. 53. 57. 135. 233.
Hippodamia 44. 53. 72. 76. 124. 187. 189. 193 ff.
Hippolyte 43. 51.
Hippotion 50. 203.

Homadus 51.
Hyade 193.
Hydra 37. 56 ff. 175.
Hylaeus 52. 55. 57. 69. 124. 149. 203.
Hylatas 191. 204.
Hylonome 53.
Hymenaeus 189. 219.
Hymir 174.
Hypseus 43.

Jag den Düvel 91.
Iason 37. 42 ff. 129.
Jehovah 164.
Imbreus 203.
Incubo 91. 168.
Indra 5 ff. 11. 13. 15. 17. 24 ff. 34. 95. 131. 138. 143. 157 ff. 164. 168. 171. 174 ff. 177 ff. 181. 183. 194. 200. 203. 205. 207. 237.
Indradhanus 159.
Indrakanya 24.
Indrāparvata 203.
Ingo 232.
Jonas 233.
Joseph 164.
Iris 69. 111 ff. 115. 120. 164. 196 ff. 225. 236.
Irmin 232.
Isoples 50.
Istio 232.
Ixion 40 ff. 47. 53. 119. 147. 190. 194. 225.

Kaanthos 149.
Kabandha 20. 149. 203.
Kaçyapa 28. 147 ff.
Kaeneus s. Caeneus.
Kajanier 172.
Kaikias 190.
Kailāsa 25. 35.
Kalikantsaren 102. 168. 189. 208. 218. 220.
Kāma 32. 160.

Kāmarūpini 32.
Kapilā 28.
Kārttikeya 35.
Kentauroktonoi 48.
Kentauros 41. 145.
Kereçāni 152. 177 ff.
Kereçāçpa 35. 95. 99. 131. 172 ff. 181. 200 f.
Keren 111.
Kimīdin 18. 151.
Kimnara, Kinnara 34 ff. 143 ff.
Kimpurusha 143 ff.
Kitovras 152 ff. 210.
Klitias 68 ff.
Klōsīgi 138.
Kora 80.
Kriçānu 12. 19. 96. 171. 177 ff. 200.
Kriçāçva 173 ff.
Krishna 24. 176.
Kronos 37. 42. 54. 56. 119. 145. 236.
Kudlkraut 90 ff.
Kumbhāndas 32.
Kushtha 28.
Kutsa 5.
Kutsodaimon 169.
Kuvera 23. 25 ff. 29. 31. 143.
Kuyava 170.
Kuzah 164.
Kyklopen 225.
Kyllaquelle 139.
Kyllene 177.
Kymothoe 185.
Kypseloslade 39. 60 ff. 106. 111. 128. 131.
Kyrene 43.

Lamia, Lamien 186 ff.
Laodamia 76.
Lapithen 36 ff. 38 ff 41. 44. 48 ff. 53 ff. 71 ff. 75. 122 ff. 182 ff. 189 ff. 196 ff. 225.

Lares 220. 223.
Laume 148.
Lernaea (bellua) 56.
Lichasklippen 201.
Ligyron 52.
Ljeschi 138. 220.
Loki 150.
Lycotas 53.
Lycurgos 194.
Lymphae 226.

Machaon 36.
Madhu 176.
Maenaden 80 ff. 195.
Magneten 41 ff. 206. 235.
Mahadeva 160.
Maja 207. 237.
Malea 43. 51.
Mandala 24.
Manes 220.
Manmatha 24.
Mantua 133.
Manushyagandharven 14. 20.
Maren 91.
Mares 58.
Marīci 28. 147 ff.
Markolf 154.
Maruts 15. 27. 138. 141 ff. 145. 147. 156. 159. 171.. 196. 198. 203. 205 ff. 218. 222 ff. 236.
Maskers 220.
Mātariçvan 147.
Mauitiki 232.
Māyā 150.
Medeius 37. 129.
Melanchaites 50. 69.
Melanippe 38. 46. 107. 127.
Melia 50. 119. 149.
Memnon 197.
Menakā 24. 28 ff. 189.
Merlin 153 ff.
Meru 24. 34.
Midas 153.

Mimas 38. 124. 203. 237.
Minos 231.
Mireutle 91.
Mnesimache 51.
Monychus 203.
Mopsus 38 ff. 235.
Morolf 153 ff.
mrigas 11. 90. 140.
Mujavat (Munjavat) 26. 203.
Muni 11. 90. 140.
Munī 28.
Musen 191. 224.
Myrmidonen 163.

Nadyās 20. 148. 185.
Nahusha 31.
Nais 37. 43. 47. 119. 190. 195.
Nakshatras 19.
Namuci 149. 170 ff.
Nandana 24.
Nārada 25. 28. 30 ff. 33. 203. 205.
Nārītīrtha 32.
Nausikaa 62.
Naxos 50.
Nektar 207. 236.
Nephele 40 ff. 47. 50. 53. 119. 122. 130 ff. 139. 147. 155. 176. 190.
Nereiden 45. 62. 102. 119. 129. 184 ff. 190. 192 ff. 195. 208. 218. 221. 226.
Nereus 43. 184.
Nessus 45. 51 ff. 58. 63. 65. 77. 103. 123. 132 ff. 199 ff. 206.
Nike 76. 80. 126.
Notus 146.
Numa 153.
Nymfen 105. 129. 149. 186 ff. 190. 208. 223.
Nymfolepsie 186 ff.

Oceanide 193.

Oceanus 38. 54. 146. 200 236 ff.
Octoberpferd 138.
Ocyrhoe 54. 127.
Odhin 222.
Odhroerir 222.
Odysseus 62. 181. 226.
Oechalia 181.
Oeneus 77. 199 ff.
Oenomaus 187. 193 ff. 199.
Olenus 51. 120. 123. 199 ff.
Orcus 56. 121. 130.
Oreius 50.
Oreithyia 190. 225.
Oreus 50.
Orosbios 69. 124. 203.
Orpheus 29.
Orthros 182. 236.
Oshadi 27. 98. 207.

Paçupati 146. 204.
Pairika 99 ff. 173. 226.
Palilien 138.
Pan 80. 82. 138. 190. 225.
Pançāpsaras 25.
parijman 190.
parijri 236.
Parjanya 8. 145. 156. 221.
Parnassus 190 ff. 207.
Parvata 25. 28. 203.
Parvatī 26. 35. 189. 203. 224.
Patroklus 36. 196.
Pegasus 41.
Pelethronius 42. 53. 55.
Peleus 37 ff. 42 ff. 45 ff. 52 ff. 57. 63. 65. 68. 76. 78. 114. 119. 122. 127 ff. 184. 186. 193. 195 ff. 202. 204 ff. 207. 219. 210 ff. 232.
Pelias 43.
Pelion 36. 41. 43. 45. 47. 52. 56. 120. 124. 126· 139. 144 ff. 207.

Percuna tete 148.
Peri 99. 226.
Peridromus 190. 192.
Perikles 47. 128. 235.
Perimedes 38. 124.
Perrhaebiden 44. 49. 53.
Perseus 38.
Petraeus 38. 69. 124. 203.
Peukiden 38. 205.
  heres (φῆρες) 35 ff. 41
  ff. 105 ff. 116. 120 ff.
  124 ff. 128.
Philyra 37 ff. 42 ff. 47.
  54. 56. 119. 149. 195.
Phineus 111. 196.
Phoenix 45. 52. 127.
Pholoe 41. 45. 47. 120 ff.
  126. 130.
Pholus 40. 43. 45. 47 ff.
  49 ff. 54. 63. 65 ff. 70.
  77 ff. 103. 115. 119.
  122 ff. 126. 129 ff. 133.
  149. 153. 175 ff. 207.
Phorkys 225.
Phoroneus 149.
Phrixus 50. 137.
Piçâca 17. 93.
Picumnus 168.
Picus 153.
Pilatussee 142.
Pilumnus 168.
Pinga 17.˙18. 90. 235.
Pirithous 35 ff. 41. 44.
  49. 53. 58. 60. 73. 76.
  122 ff. 182. 186. 190 ff.
  196 ff.
Pischdadier 172.
Pitris 20. 219 ff. 231.
Planetes 190.
Plejade 193.
Podarge 105. 109.
Poseidon 52. 107. 141.
  149. 190. 193. 203. 223.
  225.
Prādhā 28.
Prajāpati 13. 20. 159.

Pramatha 93 ff.
Priçnī 9. 146 ff. 189. 224.
Prithivī 18.
Prometheus 44. 51. 121.
Psyche 81.
Psylla 194.
Puitika 179.
purīsha 156 ff.
Purūravas 19. 25. 29. 100.
  159. 184. 202. 209 ff.
Purvacitti 28.
Pylenor 57.
Pyracmon 53.
Pyros 69. 124.

Rākshasas 17. 151.
Rama 30.
Rambhā 24. 28 ff. 33.
Rathajit 15. 194.
Ravana 29.
Renukā 29.
Rhoecus (Rhoetus) 52. 55.
  57. 203.
Ribhus 218.
Rodasī 224.
Rudra 140 ff. 146 ff. 150.
  157 ff. 164. 170. 177.
  189 ff. 203 ff. 206. 208.
  217. 223 ff. 226. 236.
Rudras 220.
Ruru 29.
Rusalky 226.
Rustem 139.

Sabhūtā 94.
Salvadeghs, Salvanels
  153.
Sagittarius 54. 82. 118.
  210. 233.
Sahajanyā 28.
Salomo 150 ff.
Saranyu 229.
Sarasvatī 19. 149.
Sarpedon 207.
Satyavatī 30.

Satyrn 70. 78. 80. 111.
  116. 138. 153. 190. 223.
  225 ff. 235.
Saugandhika 26 ff.
Sauvarna 33.
Sauvīra 30.
Savitar 12. 165. 229.
Schedim 151 ff.
Schiffszeichen 74.
Schildzeichen 74.
Scylla 56. 74. 83.
Seraphim 210.
Silen 43. 50. 80. 111 ff.
  116. 119. 138. 153. 225.
Silvanus 138. 167 ff.
Sirenen 48. 70. 105. 225.
  237.
Sirius 162. 179.
Sita 30.
Skanda 26. 35. 93.
Soma (Haoma) 5. 8. 11.
  13. 15. 18. 20 ff. 25.
  95 ff. 98 ff. 152. 165 ff.
  169 ff. 172 ff. 175 ff
  189. 196. 200. 203.
  222 ff.
Somahüter 12. 19. 170 ff.
  177 ff.
Somārudra 170.
Sphinx 115.
Sudhanvan 20. 178.
Suhasta 12. 20₈.
Suparnī 19. 178. 200.
Sūra 5.
Sūrya 8.
Sūryā 184. 219.
Suttungr 222.
Svadilfari 150.
Svana 12. 171. 200. 205.
  222.
Svayambhu 148.

Tamoi 232.
Taurokathapsien 113.
Taygetus 142.
Telamon 52. 119. 232.

Teleboas 53. 206.
Telethrion 207.
Terpsichore 237.
Tethys 200.
Thaumas 225.
Thereus 50. 204.
Thero 37. 119.
Thersites 120.
Theseus 53. 58. 60. 63. 69. 72 ff. 75 ff. 78. 124 ff.
Thetideion 120.
Thetis 45 ff. 52. 55. 62. 65. 68. 76. 115. 119. 128 ff. 184 ff. 193. 195 ff. 208. 210. 237.
Thoas 200.
Thörketil 174.
Thörr 150. 174.
Thraētōna 172.
Thrita 172.
Thyia 191.
Tilottama 24.
Tishya 178 ff.
Tistrya 179.
Tiverinde 91.
Trita 10. 175.
Tritopatores 220.
Trollgäste 220.
Typhoeus 71. 141. 225.
Tumburu 28 ff. 30. 33. 205.
Tvashtar 170. 229.
Tvisto 232.

Ulūpī 33.

Uma 26.
Unkulunkulu 232.
Urana 138.
Ureius 38. 124. 203.
Uriskin 138.
Urnāyu 28 ff. 137.
Urvaçī 19. 28 ff. 30. 32 ff. 100. 159. 184. 210.

Vāc 10. 18 ff. 96. 147 ff. 149. 178. 182. 200.
Vali 205.
Vamra 157.
Varcin 170.
Varuna 10. 20. 26. 138. 170.
Varunapraghāsās 138 ff.
Vasu 10.
Vāsuki 166.
Vāta 5. 140. 143. 147. 156. 171. 190. 206. 218. 222 ff.
vātāpi 166.
Vāyu 24. 140. 143. 167. 170 ff. 189. 194. 206. 209. 218. 223 ff.
vāyukeça 7. 137. 140.
Vena 9 ff. 27.
Viçvaçī 25. 28.
Viçvāvasu 8. 10 ff. 12 ff. 14 ff. 19. 21. 25. 28 ff. 90. 96. 166. 180. 195 ff. 209. 217. 219 ff.
Vidyutprabhā 28.
Vijara 20.
Viracocha 232.

Viradha 30.
Virwitz 189.
Vishnu 26. 29. 157 ff. 160. 176 ff. 225 ff.
Vivasvat 172. 229. 231 ff.
Vourukasha 35. 179.
Vratya 13. 89. 97. 223.
Vritra 157. 170. 174 ff. 182. 201. 205.

Waldfänken 153.
Welandzroot 91.
Widerton, Widritat 90 ff.
Wilde Jäger 177. 208.
Wilde Mann 138. 153 ff. 226.
Wireutle 91.
Wodan 218.

Xanthias 129.

Yama 9 ff. 26. 97. 228 ff.
Yamī 9. 97. 228 ff.
Yima 172. 230 ff.

Zairipāçna 35. 99. 173. 176. 180.
Zarex 48.
Zephyrus 109. 142. 190. 196 ff. 225.
Zeus 37. 43. 82. 120. 131. 137. 139. 142. 144. 162 ff. 177. 193. 197. 219. 223. 225. 227. 231. 237.
Zwerge 168. 208. 218. 220.

Ebenfalls im SEVERUS Verlag erhältlich:

Fritz Graebner
Das Weltbild der Primitiven
SEVERUS 2011 / 176 S. / 29,50 Euro
ISBN 978-3-86347-025-8

In seinem letzten großen Werk nimmt der deutsche Ethnologe Fritz Graebner 1924 „eine wesentlich andere Wertung der ältesten Entwickelung" vor, vom überkommenen Evolutionismus hin zum Modell der Kulturkreislehre, als dessen früher Hauptvertreter er gilt.

Von Haus aus Experte für die Südseeregion, nimmt Graebner den Leser mit auf eine von historischen, philosophischen und linguistischen Exkursen gesäumte Weltreise, während der er einen umfassenden Abriss über die Vielzahl der Kulturen vermittelt und gleichzeitig die Idee vertritt, dass diese durch Austausch mit anderen sowie zeitlich versetzt entstehen.

Graebners Theorie ist nicht nur ein wichtiges und kontrovers diskutiertes Stück Wissenschaftsgeschichte, sondern passt auch hervorragend in den aktuellen Diskurs um Immigration und Assimilation.

www.severus-verlag.de

Bisher im SEVERUS Verlag erschienen:

Achelis, Th. Die Entwicklung der Ehe * **Andreas-Salomé, Lou** Rainer Maria Rilke * **Arenz, Karl** Die Entdeckungsreisen in Nord- und Mittelafrika von Richardson, Overweg, Barth und Vogel * **Aretz, Gertrude (Hrsg)** Napoleon I - Briefe an Frauen * **Ashburn, P.M** The ranks of death. A Medical History of the Conquest of America * **Avenarius, Richard** Kritik der reinen Erfahrung * Kritik der reinen Erfahrung, Zweiter Teil * **Bernstorff, Graf Johann Heinrich** Erinnerungen und Briefe * **Binder, Julius** Grundlegung zur Rechtsphilosophie. Mit einem Extratext zur Rechtsphilosophie Hegels * **Bliedner, Arno** Schiller. Eine pädagogische Studie * **Blümner, Hugo** Fahrendes Volk im Altertum * **Brahm, Otto** Das deutsche Ritterdrama des achtzehnten Jahrhunderts: Studien über Joseph August von Törring, seine Vorgänger und Nachfolger * **Braun, Lily** Lebenssucher * **Braun, Ferdinand** Drahtlose Telegraphie durch Wasser und Luft * **Brunnemann, Karl** Maximilian Robespierre - Ein Lebensbild nach zum Teil noch unbenutzten Quellen * **Büdinger, Max** Don Carlos Haft und Tod insbesondere nach den Auffassungen seiner Familie * **Burkamp, Wilhelm** Wirklichkeit und Sinn. Die objektive Gewordenheit des Sinns in der sinnfreien Wirklichkeit * **Caemmerer, Rudolf Karl Fritz** Die Entwicklung der strategischen Wissenschaft im 19. Jahrhundert * **Cronau, Rudolf** Drei Jahrhunderte deutschen Lebens in Amerika. Eine Geschichte der Deutschen in den Vereinigten Staaten * **Cushing, Harvey** The life of Sir William Osler, Volume 1 * The life of Sir William Osler, Volume 2 * **Dahlke, Paul** Buddhismus als Religion und Moral, Reihe ReligioSus Band IV * **Eckstein, Friedrich** Alte, unnennbare Tage. Erinnerungen aus siebzig Lehr- und Wanderjahren * Erinnerungen an Anton Bruckner * **Eiselsberg, Anton Freiherr von** Lebensweg eines Chirurgen * **Eloesser, Arthur** Thomas Mann - sein Leben und Werk * **Elsenhans, Theodor** Fries und Kant. Ein Beitrag zur Geschichte und zur systematischen Grundlegung der Erkenntnistheorie. * **Engel, Eduard** Shakespeare * Lord Byron. Eine Autobiographie nach Tagebüchern und Briefen. * **Ferenczi, Sandor** Hysterie und Pathoneurosen * **Fichte, Immanuel Hermann** Die Idee der Persönlichkeit und der individuellen Fortdauer * **Fourier, Jean Baptiste Joseph Baron** Die Auflösung der bestimmten Gleichungen * **Frimmel, Theodor von** Beethoven Studien I. Beethovens äußere Erscheinung * Beethoven Studien II. Bausteine zu einer Lebensgeschichte des Meisters * **Fülleborn, Friedrich** Über eine medizinische Studienreise nach Panama, Westindien und den Vereinigten Staaten * **Goette, Alexander** Holbeins Totentanz und seine Vorbilder * **Goldstein, Eugen** Canalstrahlen * **Graebner, Fritz** Das Weltbild der Primitiven: Eine Untersuchung der Urformen weltanschaulichen Denkens bei Naturvölkern * **Griesser, Luitpold** Nietzsche und Wagner - neue Beiträge zur Geschichte und Psychologie ihrer Freundschaft * **Hartmann, Franz** Die Medizin des Theophrastus Paracelsus von Hohenheim * **Heller, August** Geschichte der Physik von Aristoteles bis auf die neueste Zeit. Bd. 1: Von Aristoteles bis Galilei * **Helmholtz, Hermann von** Reden und Vorträge, Bd. 1 * Reden und Vorträge, Bd. 2 * **Henker, Otto** Einführung in die Brillenlehre * **Kalkoff, Paul** Ulrich von Hutten und die Reformation. Eine kritische Geschichte seiner wichtigsten Lebenszeit und der Entscheidungsjahre der Reformation (1517 - 1523), Reihe ReligioSus Band I * **Kautsky, Karl** Terrorismus und Kommunismus: Ein Beitrag zur Naturgeschichte der Revolution * **Kerschensteiner, Georg** Theorie der Bildung * **Klein, Wilhelm** Geschichte der Griechischen Kunst - Erster Band: Die Griechische Kunst bis Myron * **Krömeke, Franz** Friedrich Wilhelm Sertürner - Entdecker des Morphiums * **Külz, Ludwig** Tropenarzt im afrikanischen Busch * **Leimbach, Karl Alexander** Untersuchungen über die verschiedenen Moralsysteme * **Liliencron, Rochus von / Müllenhoff, Karl** Zur Runenlehre. Zwei Abhandlungen * **Mach, Ernst** Die Principien der Wärmelehre * **Mausbach, Joseph** Die Ethik des heiligen Augustinus. Erster Band: Die sittliche Ordnung und ihre Grundlagen * **Mauthner, Fritz** Die drei Bilder der Welt - ein sprachkritischer Versuch * **Müller, Conrad** Alexander von Humboldt und das Preußische Königshaus. Briefe aus den Jahren 1835-1857 * **Oettingen, Arthur von** Die Schule der Physik * **Ostwald, Wilhelm** Erfinder und Entdecker * **Peters, Carl** Die deutsche Emin-Pascha-Expedition * **Poetter, Friedrich**

www.severus-verlag.de

Christoph Logik * **Popken, Minna** Im Kampf um die Welt des Lichts. Lebenserinnerungen und Bekenntnisse einer Ärztin * **Prutz, Hans** Neue Studien zur Geschichte der Jungfrau von Orléans * **Rank, Otto** Psychoanalytische Beiträge zur Mythenforschung. Gesammelte Studien aus den Jahren 1912 bis 1914. * **Rohr, Moritz von** Joseph Fraunhofers Leben, Leistungen und Wirksamkeit * **Rubinstein, Susanna** Ein individualistischer Pessimist: Beitrag zur Würdigung Philipp Mainländers * Eine Trias von Willensmetaphysikern: Populär-philosophische Essays * **Sachs, Eva** Die fünf platonischen Körper: Zur Geschichte der Mathematik und der Elementenlehre Platons und der Pythagoreer * **Scheidemann, Philipp** Memoiren eines Sozialdemokraten, Erster Band * Memoiren eines Sozialdemokraten, Zweiter Band * **Schlösser, Rudolf** Rameaus Neffe - Studien und Untersuchungen zur Einführung in Goethes Übersetzung des Diderotschen Dialogs * **Schweitzer, Christoph** Reise nach Java und Ceylon (1675-1682). Reisebeschreibungen von deutschen Beamten und Kriegsleuten im Dienst der niederländischen West- und Ostindischen Kompagnien 1602 - 1797. * **Stein, Heinrich von** Giordano Bruno. Gedanken über seine Lehre und sein Leben * **Strache, Hans** Der Eklektizismus des Antiochus von Askalon * **Thiersch, Hermann** Ludwig I von Bayern und die Georgia Augusta * **Tyndall, John** Die Wärme betrachtet als eine Art der Bewegung, Bd. 1 * Die Wärme betrachtet als eine Art der Bewegung, Bd. 2 * **Virchow, Rudolf** Vier Reden über Leben und Kranksein * **Wecklein, Nikolaus** Textkritische Studien zu den griechischen Tragikern * **Weinhold, Karl** Die heidnische Totenbestattung in Deutschland * **Wellmann, Max** Die pneumatische Schule bis auf Archigenes - in ihrer Entwickelung dargestellt * **Wernher, Adolf** Die Bestattung der Toten in Bezug auf Hygiene, geschichtliche Entwicklung und gesetzliche Bestimmungen * **Weygandt, Wilhelm** Abnorme Charaktere in der dramatischen Literatur. Shakespeare - Goethe - Ibsen - Gerhart Hauptmann * **Wlassak, Moriz** Zum römischen Provinzialprozeß * **Wulffen, Erich** Kriminalpädagogik: Ein Erziehungsbuch * **Wundt, Wilhelm** Reden und Aufsätze * **Zoozmann, Richard** Hans Sachs und die Reformation - In Gedichten und Prosastücken, Reihe ReligioSus Band III

www.severus-verlag.de